Gymnasium G9 · Nordrhein-Westfalen

# Deutschzeit

## 5

Lese- und Sprachbuch

Herausgegeben von
Anja Fandel und Ulla Oppenländer

Erarbeitet von
Susanne Behlert, Julia Bobsin, Andreas Borrmann,
Dennis Breitenwischer, Alexandra Dauth, Benedikt Engels,
Anja Fandel, Renate Gross, Angelika Held, Franziska Jaap,
Anne Neudeck, Ulla Oppenländer, Katja Rothgerber,
Maren Scharnberg und Jan Wohlgemuth

Cornelsen

Lese- und Sprachbuch: **5**

Redaktion: Verena Walter, Mareike Zastrow

Illustrationen:
Michael Fleischmann, Waldegg: S. 12/13, S. 33–37, S. 46–149, S. 190–193, S. 200/201, S. 210–289
Sulu Trüstedt, Berlin: S. 14–25, S. 42, S. 152–172, S. 202–209
Umschlag- und Layoutkonzept: WERNERWERKE GbR, Berlin
Umschlaggestaltung: Klein & Halm Grafikdesign, Berlin, unter Verwendung von Fotos
von shutterstock (Wiese) und Robert Nadolny/nadolny.design, Berlin (Schmetterlinge)
Layout und technische Umsetzung: Klein & Halm Grafikdesign, Berlin

www.cornelsen.de

Die Webseiten Dritter, die in diesem Lehrwerk angegeben sind, wurden vor Drucklegung sorgfältig geprüft. Der Verlag übernimmt keine Gewähr für die Aktualität und den Inhalt dieser Seiten oder solcher, die mit ihnen verlinkt sind.

Soweit in diesem Lehrwerk Personen fotografisch abgebildet sind und ihnen von der Redaktion fiktive Namen, Berufe, Dialoge und Ähnliches zugeordnet oder diese Personen in bestimmte Kontexte gesetzt werden, dienen diese Zuordnungen und Darstellungen ausschließlich der Veranschaulichung und dem besseren Verständnis des Inhalts.

1. Auflage, 1. Druck 2019

Alle Drucke dieser Auflage sind inhaltlich unverändert und können im Unterricht nebeneinander verwendet werden.

© 2019 Cornelsen Verlag GmbH, Berlin

Das Werk und seine Teile sind urheberrechtlich geschützt.
Jede Nutzung in anderen als den gesetzlich zugelassenen Fällen bedarf
der vorherigen schriftlichen Einwilligung des Verlages.
Hinweis zu §§ 60 a, 60 b UrhG: Weder das Werk noch seine Teile dürfen ohne eine solche Einwilligung an Schulen oder in Unterrichts- und Lehrmedien (§ 60 b Abs. 3 UrhG) vervielfältigt, insbesondere kopiert oder eingescannt, verbreitet oder in ein Netzwerk eingestellt oder sonst öffentlich zugänglich gemacht oder wiedergegeben werden.
Dies gilt auch für Intranets von Schulen.

Druck: Firmengruppe APPL, aprinta Druck, Wemding

ISBN 978-3-06-063375-3 (Schülerbuch)
ISBN 978-3-06-063376-0 (E-Book)

 **auf einen Blick:**

**Das Buch ist in vier Kompetenzbereiche aufgeteilt:**

**Jedes Kapitel hat zwei Teile:**

 **1. Kernkapitel**
Hier erarbeitest du das jeweilige Thema Schritt für Schritt, z. B. „Erzählen", „Märchen untersuchen und schreiben" oder „Sachtexte erschließen".

 **2. Leseteil**
Dieser Teil des Kapitels bietet dir eine Auswahl spannender und interessanter Texte zum **Schmökern, Schauen, Weiterdenken**.

**Merkwissen findest du hier:**

| | |
|---|---|
| Merkwissen im Überblick | am **Ende jedes** thematischen **Kapitels** |
| Merke | in den Kapiteln **Grammatik** und **Rechtschreibung** |

Auf den gelben Seiten am Ende des Buches kannst du das **Orientierungswissen** noch einmal nachschlagen.

| | |
|---|---|
| Ausdruckstraining | Diese Seiten helfen dir, gezielt deinen Ausdruck zu verbessern. |
| Gewusst wie | Hier lernst du Arbeitstechniken und Methoden, die du immer wieder benötigst, z. B. „Diagramme lesen". |
| **Medienkompetenz:**  | Hier liegt der Schwerpunkt auf der Schulung von Medienkompetenz. |
| **Fordern und Fördern:** ② | Wahl- oder Zusatzaufgabe |
| Tipps & Hilfen | Hier gibt es zusätzliche Hilfestellungen hinten im Buch. |

# Inhaltsverzeichnis

Sprechen – Zuhören – Schreiben

## 1 Neue Schule, neue Klasse, neues Buch …
und viele Fragen ............................................................ 12

Sich gegenseitig kennen lernen ................................. 14
Miteinander sprechen und aktiv zuhören .................. 16
Fragen stellen – Interviews führen ............................. 19
Schule weltweit – Texte lesen .................................... 20
*Yiting, 10, aus Schanghai in China* ............................ 21
*Beatrix Schnippenkoetter: Chile* ................................ 22
*Beatrix Schnippenkoetter: Oriana, 10, aus Santiago de Chile in Chile* ........................................................... 23
▸ Gewusst wie: Einen Brief schreiben ........................ 24

**Kompetenzschwerpunkte**
**Typ 1: Erzählendes Schreiben**
von Erlebtem erzählen (einen Brief schreiben)
**Texte**
Sachtexte funktional nutzen
**Kommunikation**
aktiv zuhören, Interviews führen
**Medienkompetenzrahmen**
3.2 digital und nicht-digital angemessen kommunizieren
5.1, 5.4 Printmedien und digitale Medien gezielt auswerten

## 2 Erzählen wie die Profis
Geschichten lesen und selbst schreiben ..................... 26

Erzählende Texte erschließen .................................... 28
*Kirsten Boie: Im Schwimmbad* ................................... 28
Zu einer Bildergeschichte schreiben .......................... 30
*e.o. plauen: Die vergessenen Rosinen* ...................... 30
Eine Geschichte weiterschreiben ............................... 33
▸ Ausdruckstraining: Gefühle in Worte fassen .......... 34
▸ Ausdruckstraining: Wörtliche Rede sinnvoll einsetzen ... 36
Zu Reizwörtern und Erzählkernen schreiben ............. 37
▸ Gewusst wie: Filmbilder untersuchen .................... 40

Zum Schmökern, Schauen, Weiterdenken ................. 44
*Charles M. Schulz: Peanuts* ....................................... 44
*Cornelia Funke: Tiger und Leo* .................................. 45
*Gina Ruck-Pauquèt: Ein Hund mit blauen Augen* ..... 47
*Xavier-Laurent Petit: Steppenwind und Adlerflügel* .. 50
*Benno Pludra: Die Schwäne auf dem Wasser* ........... 55
*Åsa Lind: Alle arbeiten sie dauernd!* ......................... 56
Merkwissen im Überblick: Erzählen ........................... 59

**Kompetenzschwerpunkte**
**Typ 1: Erzählendes Schreiben**
von Erlebtem erzählen; auf der Basis von Materialien oder Mustern erzählen
**Texte**
eigene Texte zu literarischen Texten verfassen;
ein Schreibziel benennen, die eigenen Texte angeleitet überarbeiten
**Medienkompetenzrahmen**
1.2, 1.3 digitale und nicht-digitale Medien zur Dokumentation und Organisation von Lernprozessen und Arbeitsergebnissen einsetzen
4.2 Texte medial umformen und verwendete Gestaltungsmittel beschreiben

## 3 Ansichtssache: Freizeit
### Die eigene Meinung begründen .................... 60

**Kompetenzschwerpunkte**
**Typ 3: Argumentierendes Schreiben**
begründet Stellung nehmen
**Texte**
eine persönliche Stellungnahme zu den Ereignissen und zum Verhalten von literarischen Figuren textgebunden formulieren
**Kommunikation**
zu strittigen Fragen aus dem eigenen Erfahrungsbereich eigene Standpunkte begründen und in Kommunikationssituationen lösungsorientiert vertreten
**Medienkompetenzrahmen**
5.1, 5.4 Printmedien und digitale Medien gezielt auswerten (Diagramme lesen)

Begründungen untersuchen .................................................. 62
*Irina Korschunow: Gunnar spinnt* .................................. 62
Die eigene Meinung begründen ........................................... 64
*Bill Watterson: Calvin und Hobbes* ................................ 65
Begründungen prüfen ............................................................. 66
Einen Leserbrief schreiben .................................................... 67
▶ Ausdruckstraining:
  Begründungen schriftlich formulieren ........................ 68
▶ Ausdruckstraining: Begründungen überarbeiten ...... 69
▶ Gewusst wie: Diagramme lesen ..................................... 70

Zum Schmökern, Schauen, Weiterdenken ....................... 72
*Gina Ruck-Pauquèt: Ein Fisch sein* ................................. 72
*Josephina Maier: Skaten in Kabul* ................................. 73
*Jeff Kinney: Gregs Tagebuch – Von Idioten umzingelt!* .... 75
*Cornelia Funke: Tintenherz – Ein Fremder in der Nacht* ... 76
*Insa Gall: Oma, wie war das früher, ein Kind zu sein?* ... 78
Statistik: Freizeitaktivitäten von Jugendlichen .............. 80
Merkwissen im Überblick: Meinungen begründen ....... 81

## 4 „Ich sehe was ..."
### Beschreibungen untersuchen und verfassen ........... 82

**Kompetenzschwerpunkte**
**Typ 2: Informierendes Schreiben**
in einem funktionalen Zusammenhang sachlich berichten und beschreiben
**Texte**
grundlegende Funktionen innerhalb eines Sachtextes unterscheiden;
ein Schreibziel benennen und Texte angeleitet überarbeiten
**Medienkompetenzrahmen**
5.1, 5.4 Printmedien und digitale Medien gezielt auswerten (Beschreibungen)

Beschreibende Texte erschließen ....................................... 84
Ähnliche Tiere beschreiben .................................................. 86
Gegenstände beschreiben .................................................... 88
Personen beschreiben ............................................................ 90
▶ Ausdruckstraining: Treffende Adjektive verwenden ..... 91

Zum Schmökern, Schauen, Weiterdenken ....................... 92
*Konrad Lorenz: Zwei Raubtiere im Aquarium* ............ 92
*Bibi Dumon Tak: Der Mistkäfer* ..................................... 94
*Marie von Ebner-Eschenbach: Krambambuli* ............ 94
*Patrick Süskind: Die Geschichte von Herrn Sommer* ... 95
*Jan Vermeer: Das Mädchen mit dem Perlenohrgehänge* ... 97
*Joanne K. Rowling: Harry Potter – Der Feuerblitz* .... 98
Merkwissen im Überblick: Beschreiben ........................... 99

5

Lesen – Umgang mit Texten und Medien

## 5 Einfach märchenhaft …
### Märchen untersuchen und schreiben ... 100

Märchen lesen ... 102
*Jacob und Wilhelm Grimm: Die Bienenkönigin* ... 102
*Japanisches Märchen: Kleiner Ein-Zoll* ... 105
Märchen schreiben ... 106
Ein Märchen fortsetzen ... 109
▶ Ausdruckstraining: Die Märchensprache nachahmen ... 110
▶ Ausdruckstraining: Die richtige Zeitform verwenden ... 111
▶ Gewusst wie: Mündlich nacherzählen ... 112
*Hans Christian Andersen: Die Prinzessin auf der Erbse* ... 112
*Jacob und Wilhelm Grimm: Die Sterntaler* ... 113

Zum Schmökern, Schauen, Weiterdenken ... 116
*Schneewittchen und die sieben Zwerge* ... 116
*Chinesisches Volksmärchen: Der Student und der Kranich* ... 117
*Rotkäppchen – reloaded* ... 118
*Türkisches Märchen: Das Töpfchen* ... 120
*Hans Christian Andersen: Das Liebespärchen* ... 122
Merkwissen im Überblick:
Märchen untersuchen und Märchen schreiben ... 124

**Kompetenzschwerpunkte**

**Typ 6: Produktionsorientiertes Schreiben**
Texte nach Textmustern fortsetzen, produktionsorientiert zu Texten schreiben
**Texte**
erzählende Texte unter Berücksichtigung von Ort, Zeit, Konflikt und der erzählerischen Vermittlung untersuchen;
eigene Texte zu literarischen Texten verfassen (u. a. Ausgestaltung, Fortsetzung, Paralleltexte)
**Medien**
an literalen und audiovisuellen Texten Merkmale virtueller Welten identifizieren

## 6 Kolossal komisch
### Merkwürdige Geschichten untersuchen ... 126

Lügengeschichten untersuchen ... 128
*Walter Moers: Zwergpiraten* ... 128
*G. A. Bürger: Wunderbare Reisen …* ... 130
Eine Schelmengeschichte untersuchen ... 132
*D. und A. Seliger: Wie Eulenspiegel ein neues Kostüm erwarb …* ... 132
Literarische Figuren beschreiben ... 134
*J. R. R. Tolkien: Der Hobbit* ... 134
▶ Ausdruckstraining: Figuren beschreiben ... 136
▶ Ausdruckstraining: Übertreibend schreiben ... 137
  *Walter Moers: Der gefürchtete Malmstrom* ... 137
▶ Gewusst wie: Szenisch lesen und spielen ... 138
*Josef Guggenmos: Haudenhund, …* ... 140

**Kompetenzschwerpunkte**

**Typ 6: Produktionsorientiertes Schreiben**
Texte nach Textmustern fortsetzen, produktionsorientiert zu Texten schreiben
**Texte**
in literarischen Texten Figuren untersuchen und Figurenbeziehungen erläutern;

| | |
|---|---|
| Zum Schmökern, Schauen, Weiterdenken | 142 |
| Robert Gernhardt: Auf der Insel der weinenden Riesen | 142 |
| Astrid Lindgren: Pippi erzählt von Agaton und Theodor | 144 |
| Roald Dahl: Matilda | 146 |
| D. und A. Seliger: Wie Eulenspiegel dem Propst des Klosters Roda eine Mondfinsternis verdarb | 148 |
| **Merkwissen im Überblick:** | |
| Lügen- und Schelmengeschichten | 150 |
| Literarische Figuren beschreiben | 151 |

eigene Texte zu literarischen Texten verfassen (eine Lügengeschichte schreiben); dialogische Texte untersuchen

**Medienkompetenzrahmen**
4.2 Texte medial umformen und verwendete Gestaltungsmittel beschreiben

## 7 Lauter Unsinn?
### Besonderheiten von Gedichten entdecken ... 152

| | |
|---|---|
| Heinz Erhardt: Warum die Zitronen sauer wurden | 152 |
| Joachim Ringelnatz: Im Park | 153 |
| **Den Klang von Gedichten untersuchen** | 154 |
| Die besondere Sprache der Lyrik | 154 |
| Johann Wolfgang Goethe: Der Musensohn | 155 |
| Heinz Erhardt: Die Beichte | 155 |
| **Reimformen entdecken** | 156 |
| Frantz Wittkamp: Reimreise | 156 |
| Paul Klee: Rach und Degen | 157 |
| ▶ **Ausdruckstraining: Reimwörter finden** | 158 |
| Mirjam Pressler: Zauberspruch | 159 |
| **Das Metrum untersuchen** | 160 |
| Hugo Ramnek: Herz und Schmerz | 160 |
| Abzählreime | 161 |
| Wolfgang Menzel: Unsinnverse | 161 |
| **Vers und Satz untersuchen** | 162 |
| Heinz Erhardt: Drei Bären | 162 |
| Peter Härtling: Satz für Satz | 162 |
| **Ein Parallelgedicht schreiben** | 163 |
| Christian Morgenstern: Der Schaukelstuhl auf der verlassenen Terrasse | 163 |
| **Wer spricht denn da? Das lyrische Ich entdecken** | 164 |
| Salah Naoura: Monsterliebe | 164 |
| Christine Nöstlinger: Alles Glück | 165 |
| ▶ **Gewusst wie: Ein Gedicht vortragen** | 166 |
| Heinz Erhardt: Der Mathematiker | 167 |

**Kompetenzschwerpunkte**

**Typ 4a: Analysierendes Schreiben**
einen literarischen Text analysieren und interpretieren (Gedichtanalyse)

**Typ 6: Produktionsorientiertes Schreiben**
Texte nach Textmustern verfassen und fortsetzen; produktionsorientiert zu Texten schreiben

**Sprache**
einfache sprachliche Gestaltungsmittel (Metapher, Personifikation, Vergleich, klangliche Gestaltungsmittel) in ihrer Wirkung beschreiben

**Texte**
lyrische Texte untersuchen – auch unter Berücksichtigung formaler und sprachlicher Gestaltungsmittel (Reim, Metrum, Klang, strophische Gliederung; einfache Formen der Bildlichkeit)

**Medienkompetenzrahmen**
4.2 Texte medial umformen (Vertonung/Verfilmung bzw. szenisches Spiel) und verwendete Gestaltungsmittel beschreiben

Zum Schmökern, Schauen, Weiterdenken ... 168
*Felix Janosa: Das Raphuhn-Lied* ... 168
*Christian Morgenstern: Gruselett* ... 169
*Lewis Carroll; Christian Enzensberger: Der Zipferlake* ... 169
*Christian Morgenstern: Das große Lalula* ... 170
*Klapphornverse* ... 170
*Erich Kästner: Die Fabel von Schnabels Gabel* ... 171
*Edwin Bormann: Der alte Marabu* ... 172
Merkwissen im Überblick: Gedichte untersuchen ... 173

# 8 Detektive des Alltags
Sachtexte erschließen ... 174

*Warum rauscht das Meer in der Muschel?* ... 175
**Strategie: Sich einen Überblick verschaffen** ... 176
*Woher kommt das Meeresrauschen in Muscheln?* ... 176
*Wie funktioniert ein Kugelschreiber?* ... 177
**Strategie: Informationen markieren** ... 178
*Warum ist die Banane krumm?* ... 178
**Strategie: Einen Text durch Fragen gliedern** ... 180
*Warum kann ich nicht richtig schmecken, wenn ich mir die Nase zuhalte?* ... 180
**Strategie: Schwierige Begriffe klären** ... 181
*Ricos Erklärungen; Lexikonartikel* ... 181
**Strategie: Inhalte wiedergeben** ... 182
*Warum tränen die Augen, wenn man Zwiebeln schneidet?* ... 182
▶ Gewusst wie: Einen Kurzvortrag halten ... 184
Zum Schmökern, Schauen, Weiterdenken ... 188
*Warum laufen Athleten im Stadion immer gegen den Uhrzeigersinn?* ... 188
*Können Pferde wirklich nicht kotzen?* ... 190
*Vom Pferd erzählen* ... 192
*Da liegt der Hund begraben* ... 192
*Etwas im Schilde führen* ... 193
*Laura Hennemann: Tierisch klug* ... 194
Merkwissen im Überblick:
Sachtexte lesen und verstehen ... 197

**Kompetenzschwerpunkte**
**Typ 4: Analysierendes Schreiben**
**Typ 4 a** einen Sachtext analysieren und interpretieren
**Typ 4 b** durch Fragen geleitet aus kontinuierlichen und/oder diskontinuierlichen Texten Informationen ermitteln und ggf. vergleichen
**Sprache**
Wortbedeutungen klären
**Texte**
einfache diskontinuierliche und kontinuierliche Sachtexte beschreiben; Sachtexte gezielt einsetzen
**Medienkompetenzrahmen**
2.1 dem Leseziel und Medium angepasste einfache Lesestrategien einsetzen und die Lektüreergebnisse darstellen
2.1, 2.2 grundlegende Recherchestrategien in Printmedien und digitalen Medien funktional einsetzen
5.1, 5.4 Printmedien und digitale Medien gezielt auswerten

# 9 Bildschirmzeit …?
## Medien sinnvoll nutzen ... 198

Über Medien diskutieren ... 200
*Thomas Irion, Christian Fricke: Brauchen Kinder ein Smartphone?* ... 200
Medien als Informationsquelle nutzen ... 202
Texte am Computer gestalten ... 206
*Christian Morgenstern: Vormittag am Strand* ... 206
*Wilhelm Busch: Der Esel* ... 206
*Joachim Ringelnatz: Die Ameisen* ... 207
*Christian Morgenstern: Die drei Spatzen* ... 207
*Jacob und Wilhelm Grimm: Der Fuchs und die Katze* ... 208

**Kompetenzschwerpunkte**

**Medienkompetenzrahmen**
1.2 Textverarbeitungsprogramme gezielt einsetzen
2.1, 2.2 grundlegende Recherchestrategien in Printmedien und digitalen Medien funktional einsetzen
2.3, 2.4 altersgemäße Quellen prüfen und bewerten
5.1, 5.4 Printmedien und digitale Medien gezielt auswerten

Nachdenken über Sprache

# 10 Sprache erforschen
## Wortarten, Satzglieder und Sätze untersuchen ... 210

Wortarten unterscheiden ... 212
Das Nomen ... 213
Das Nomen und seine Begleitwörter ... 213
Genus und Numerus des Nomens ... 214
Die Veränderung des Nomens im Satz ... 215
Der Artikel ... 217
▶ Ausdruckstraining: Artikel richtig verwenden ... 218
Das Adjektiv ... 219
Mit Adjektiven beschreiben ... 219
Mit Adjektiven vergleichen ... 221
▶ Ausdruckstraining: Richtig und sinnvoll vergleichen ... 223
Das Personalpronomen ... 224
▶ Ausdruckstraining: Personalpronomen richtig verwenden ... 226
Das Verb ... 227
Der Infinitiv und die Personalformen ... 227
Der Imperativ ... 228
Die Tempusformen des Verbs ... 229
Das Präteritum ... 230
Präsens und Perfekt ... 231
▶ Ausdruckstraining: Tempusformen richtig verwenden ... 233

**Kompetenzschwerpunkte**

**Typ 5: Überarbeitendes Schreiben**
einen Text überarbeiten und ggf. die vorgenommenen Textänderungen begründen

**Sprache**
flektierbare Wortarten (Verben, Nomen, Artikel, Pronomen, Adjektive) und Flexionsformen unterscheiden;
Sprachstrukturen mithilfe von untersuchen;
grundlegende Strukturen von Sätzen (Prädikat, Subjekt, Objekte, Satzarten, Haupt- und Nebensatz, Satzreihe, Satzgefüge) untersuchen;
Wörter in Wortfeldern und -familien strukturieren und Bedeutungen erläutern;
im Hinblick auf Grammatik Texte angeleitet überarbeiten

| | |
|---|---|
| Der Satz und seine Gliederung | 234 |
| Das Subjekt | 236 |
| Die Objekte | 238 |
| ▶ Ausdruckstraining: Texte mithilfe von Proben überarbeiten | 241 |
| Haupt- und Nebensätze unterscheiden | 244 |
| Die Satzreihe | 244 |
| Das Satzgefüge | 245 |
| ▶ Ausdruckstraining: Den treffenden Ausdruck finden | 248 |
| ▶ Ausdruckstraining: Den richtigen Ton treffen | 252 |

relevantes sprachliches Wissen (u. a. auf Wort- und Satzebene) beim Verfassen eigener Texte einsetzen;
an einfachen Beispielen Alltagssprache, Standardsprache und Bildungssprache unterscheiden;
an einfachen Beispielen Abweichungen von der Standardsprache beschreiben

Rechtschreibung

## 11 Der Rechtschreibung auf der Spur
### Regeln und Strategien nutzen ............ 254

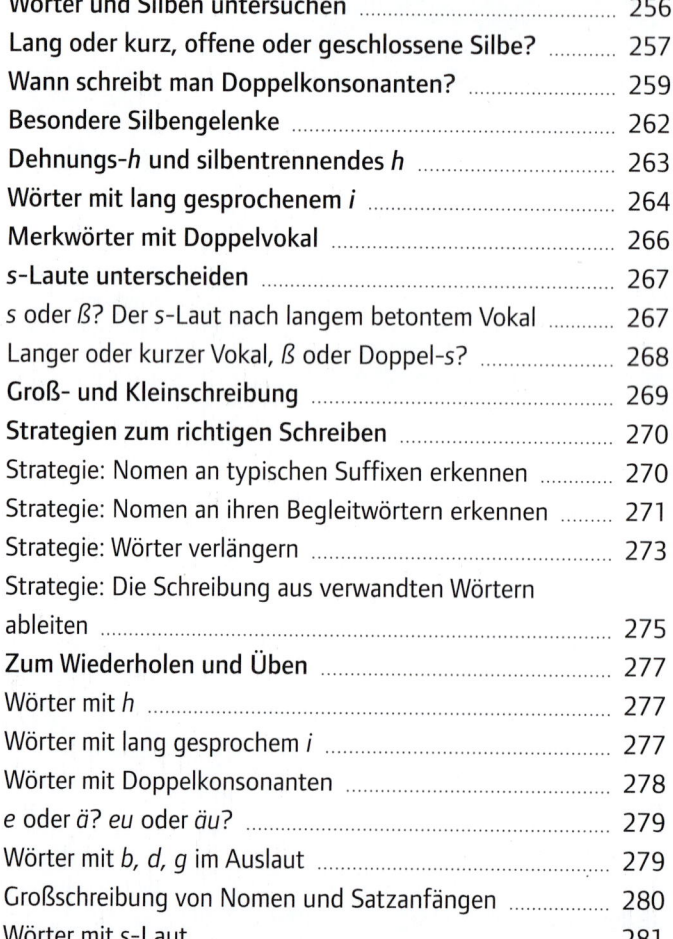

| | |
|---|---|
| Wörter und Silben untersuchen | 256 |
| Lang oder kurz, offene oder geschlossene Silbe? | 257 |
| Wann schreibt man Doppelkonsonanten? | 259 |
| Besondere Silbengelenke | 262 |
| Dehnungs-*h* und silbentrennendes *h* | 263 |
| Wörter mit lang gesprochenem *i* | 264 |
| Merkwörter mit Doppelvokal | 266 |
| *s*-Laute unterscheiden | 267 |
| *s* oder *ß*? Der *s*-Laut nach langem betontem Vokal | 267 |
| Langer oder kurzer Vokal, *ß* oder Doppel-*s*? | 268 |
| Groß- und Kleinschreibung | 269 |
| Strategien zum richtigen Schreiben | 270 |
| Strategie: Nomen an typischen Suffixen erkennen | 270 |
| Strategie: Nomen an ihren Begleitwörtern erkennen | 271 |
| Strategie: Wörter verlängern | 273 |
| Strategie: Die Schreibung aus verwandten Wörtern ableiten | 275 |
| Zum Wiederholen und Üben | 277 |
| Wörter mit *h* | 277 |
| Wörter mit lang gesprochem *i* | 277 |
| Wörter mit Doppelkonsonanten | 278 |
| *e* oder *ä*? *eu* oder *äu*? | 279 |
| Wörter mit *b*, *d*, *g* im Auslaut | 279 |
| Großschreibung von Nomen und Satzanfängen | 280 |
| Wörter mit *s*-Laut | 281 |

Kompetenzschwerpunkte
**Typ 5: Überarbeitendes Schreiben**
einen Text überarbeiten und die vorgenommenen Textänderungen begründen
**Sprache**
mittels geeigneter Rechtschreibstrategien (auf Laut-Buchstaben-Ebene, Wortebene, Satzebene) Texte angeleitet überprüfen;
im Hinblick auf Orthografie Texte angeleitet überarbeiten;
eine normgerechte Zeichensetzung für einfache Satzstrukturen realisieren;
angeleitet zu Fehlerschwerpunkten passende Rechtschreibstrategien (u. a. silbierendes Sprechen, Verlängern, Ableiten, Wörter zerlegen, Nachschlagen, Ausnahmeschreibung merken) zur Textüberarbeitung einsetzen

| | |
|---|---|
| Satzarten und Satzschlusszeichen | 286 |
| Die Kommasetzung | 283 |
| Das Komma bei Anreden | 284 |
| Das Komma in Aufzählungen | 284 |
| ▶ Gewusst wie: Wortbildung | 286 |
| ▶ Gewusst wie: Nachschlagen im Wörterbuch | 288 |

## Tipps & Hilfen

| | | |
|---|---|---|
| 2 | Erzählen wie die Profis | 290 |
| 3 | Ansichtssache: Freizeit | 292 |
| 4 | „Ich sehe was …" | 294 |
| 5 | Einfach märchenhaft … | 296 |
| 6 | Kolossal komisch | 298 |
| 7 | Lauter Unsinn? | 300 |
| 8 | Detektive des Alltags | 302 |

## Orientierungswissen

| | |
|---|---|
| Sprechen und Zuhören | 304 |
| Schreiben | 308 |
| Mit Texten und Medien umgehen | 312 |
| Nachdenken über Sprache | 317 |
| Arbeitstechniken und Methoden | 329 |
| Text- und Bildquellenverzeichnis | 330 |
| Sachregister | 333 |

# 1 Neue Schule, neue Klasse,
… und viele Fragen

Zu welchem Märchen gehört dieses Bild? Auf welcher Seite steht es im Buch? Welches ist dein Lieblingsmärchen?

Nenne drei Gesprächsregeln. Welche findest du besonders wichtig? Welche kannst du am leichtesten/schwersten einhalten?

Was soll das Papageienpärchen kosten, das im Kapitel „Ich sehe was …" angeboten wird?

Auf welchen Seiten ist das Inhaltsverzeichnis dieses Buches zu finden? Gibt es ein Kapitel, das dich besonders interessiert?

Fast jedes Kapitel dieses Buches hat zwei Teile. Was ist jeweils im zweiten Teil zu finden?

WEITER SO!!

Wie heißt der Tagebuchschreiber, der viel lieber Videospiele spielt, als nach draußen zu gehen? Suche im Buch, wo du etwas über ihn findest.

„Auch finden wir das Gelb abscheulich, wir wollen rot sein oder bläulich!" Wie heißen die nächsten beiden Verse dieses Gedichts?

# neues Buch …

Diese Gestalt ist Held der Geschichten auf den Seiten 132 f. und 148 f.
Wie heißt sie?

Wie kannst du hier im Buch schnell nochmals alles Wichtige nachschlagen?
Gib ein Beispiel.

Suche das Textquellenverzeichnis.
Welche Autorin/Welchen Autor kennst du?
Was hast du von ihr/ihm gelesen?

Auf welcher Seite findest du ein Diagramm zu den Lesegewohnheiten von Jugendlichen?

Du brauchst Formulierungshilfen zum schriftlichen Begründen?
Auf welchen Seiten findest du sie?

*Andreas angelt Aale. Kathrin kaut Kichererbsen. Marie mag Meerschweinchen.*
Bilde nach diesem Muster einen Namenssatz für dich: Subjekt (hier: dein Name) – Prädikat – Objekt. Du kennst die Begriffe *Subjekt, Prädikat, Objekt* nicht?
(→ S. 234–240)

*Genus* –
Was ist das eigentlich?
Schau im Sachregister nach, wo du etwas darüber erfährst.

*Matthes mischt Mehl.*
Solche Sätze kann man sich gut merken, weil ihre Wörter mit den gleichen Lauten beginnen. Wie nennt man so etwas?
**Tipp:** Schau mal auf Seite 173 nach.

*run(d/t), Ta(g/k), …*
Kennst du die Schreibung am Ende?
Wie klärst du sie?
(→ S. 273 f.)

# Sich gegenseitig kennen lernen

## Namensätze

❶ a) Namensätze, bei denen alle Wörter mit dem gleichen Anfangsbuchstaben beginnen, kann man sich besser merken als einzelne Namen, z. B.:
*Markus malt Maiglöckchen.*
Stelle dich deiner Klasse mit deinem Satz vor.
b) Spielt ein Spiel mit den Namensätzen: Die/Der Erste beginnt mit ihrem/seinem Namensatz, die/der Nächste wiederholt ihn und fügt den eigenen hinzu. Alle der Reihe nach! Wer kann zuerst alle Namensätze? Wer kann sie auch noch am nächsten Tag?

## Vier Felder

❷ Auch mithilfe eines solchen Blattes kannst du dich gut vorstellen und du erfährst etwas über deine Mitschüler/-innen.
a) Teile ein DIN-A 4-Blatt wie im Beispiel ein und beschrifte es.
b) Vergleicht eure Eintragungen, besprecht und erläutert sie.
– Gibt es gleiche Vornamen, das gleiche Lieblingsessen, ähnliche Interessen oder Vorlieben?
– Frage nach. So kann sich ein richtiges Partnerinterview entwickeln.

# Steckbrief

**3** Du kannst auch einen Steckbrief über dich selbst oder jemand anderen erstellen:
  – Der **Namensatz** bildet die Überschrift.
  – Danach kommen **Lebensdaten**: Geburtstag, Geburtsort, Wohnort, …
  – Schließlich kannst du **Interessen und Vorlieben** ergänzen.
  – Du kannst auch persönliche **Informationen** anschließen, z. B.:
    Das würde ich gerne im Handumdrehen lernen? Davon träume ich …

### Matthes mischt Mehl

Geboren: 23. März in Köln

Wohnort: Waldstraße 17, Waldstadt

Familie: Anne (17), Clara (14 1/2) und unsere Eltern

Sport: Fußball, Basketball

Lieblingsessen: Pizza (mit Salami)

Lieblingsbuch: Harry Potter

Lieblingstier: Blauwal

Lieblingsfach: Mathematik, Englisch

Berufsziel: Ich möchte als Astronaut zum Mars fliegen.

### Pia packt Päckchen (und plant Pausen)

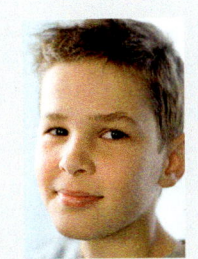

Ich bin mitten im Winter in Duisburg geboren – am 15. Januar.

Jetzt wohne ich mit meinem kleinen Bruder Piet, mit Mama, Papa, Oma und der Katze Anton im Annenweg 9 a.

Seit zwei Wochen habe ich ein eigenes kleines Zimmer. Ganz besonders mag ich den Garten, wo ich gern mit Anton spiele. Zur Schule komme ich mit dem Fahrrad.

Ich esse besonders gern Gemüsesuppen, aber auch Pommes. Und ich gehe sehr gern schwimmen. Meine Lieblingsmusik ist, wenn Papa Gitarre spielt. Ich selbst singe sehr oft.

Ich lese gerade ein Buch über Katzen, weil ich mir immer vorstelle, was Anton wohl macht, wenn er nicht im Haus ist.

# Miteinander sprechen und aktiv zuhören

## Gesprächsregeln festlegen und einüben

**Herr Herzog:** Da unsere Lesenacht bald stattfindet, sollten wir darüber sprechen, wie wir sie gestalten wollen. Wichtig ist zum Beispiel die Frage, ob wir sie unter ein bestimmtes Thema stellen wollen. Was meint ihr dazu?

5 **Max:** Ich hab eine gute Idee! Ich schlage Gruselgeschichten vor.
**Luisa:** Der Vorschlag ist blöd. Ich interessiere mich nicht für Gruselgeschichten und möchte lieber Pferdegeschichten lesen, außerdem …
**Max:** Das war ja total klar! Immer muss sich alles um Pferde drehen!
**Anna:** Bei uns im Reitstall wurde gestern ein Fohlen geboren.
10 **Herr Herzog:** Anna, das hat doch nichts mit unserer Lesenacht zu tun. Max will noch was sagen.
**Max:** Noch mal zu den Gruselgeschichten: Wir könnten um Mitternacht eine richtig gruselige Geschichte vorlesen, dazu machen wir alles dunkel. Rocco, du hast doch eine super Taschenlampe, oder?
15 **Rocco:** Also ich lese überhaupt nicht gern. Wenn wir eine Lesenacht machen, will ich ein Hörbuch mitbringen.
**Marie:** Aber nur, weil du gar nicht lesen kannst!
**Rocco:** Natürlich kann ich lesen! Im Gegensatz zu dir, du schaust ja beim Comic immer nur die Bilder an!
20 **Herr Herzog:** Halt, so kommen wir nicht weiter! Wir müssen doch noch so viel klären. Dazu brauchen wir jedoch erst mal ein paar Regeln …

❶ a) Nenne Gründe, warum dieses Gespäch zu keinem Ergebnis führt. An welchen Stellen im Text wird dies deutlich?
b) Schlage Regeln vor, die der Klasse im Gespräch helfen können.

❷ Wenn viele Menschen miteinander sprechen und das Gespräch gelingen soll, muss man Regeln finden, um Situationen wie die oben geschilderte zu verhindern.
   a) Formuliert in Gruppen weitere Gesprächsregeln, die dazu beitragen, dass Gespräche in der Klasse gelingen. Unterstreicht besonders wichtige Regeln.
   b) Stellt eure Ideen der Klasse vor und einigt euch dann auf gemeinsame Gesprächsregeln. Beginnt mit den wichtigsten Regeln. Achtet darauf, keine Regel doppelt zu nennen.
   c) Haltet die Gesprächsregeln auf einem großen Blatt Papier fest und hängt sie für alle gut sichtbar im Klassenzimmer auf.

❸ Nun geht es darum, eure Gesprächsregeln einzuüben. Führt dazu die folgenden Übungen durch:

### Übung: Die Regel der Woche
– Legt eine Gesprächsregel fest, auf die ihr in dieser Woche besonders achten wollt.
– Schreibt diese Regel z. B. auf ein großes Blatt Papier und hängt es gut sichtbar im Klassenzimmer auf.
– Vereinbart ein Zeichen, das ihr gebt, wenn die Regel verletzt wird.
– Am Ende der Woche besprecht ihr, ob die Regel schon gut eingehalten wurde.
  Falls ja, wählt ihr eine neue Wochenregel.
  Falls nein, übt ihr diese Gesprächsregel noch weiter.

### Übung: Gesprächsregeln einhalten und beobachten
– Bildet Gruppen mit maximal sechs Schülerinnen und Schülern. Legt fest, wer die Gesprächsleitung übernimmt und wer auf die Einhaltung der Gesprächsregeln achtet.
– Diskutiert in der Gruppe euer Thema.
  Die Gesprächsleitung bestimmt, wer als Nächstes sprechen darf.
  Die Beobachter/-innen achten auf die Einhaltung der Gesprächsregeln. Sie können sich auch Notizen machen.
– Besprecht anschließend, wie euer Gruppengespräch verlaufen ist und wer welche Regeln noch genauer beachten sollte.

Ihr könnt diese Beobachtungsübung auch mit der ganzen Klasse durchführen. Bei der Überprüfung der Gesprächsregeln kann für jede Regel jemand anderes zuständig sein.

## Aktiv zuhören

**1** Nicht nur miteinander zu reden will gelernt sein, auch richtiges Zuhören. Wählt in der Klasse eine oder mehrere der folgenden Übungen aus und führt sie durch:

### Stille Post
Bildet Gruppen mit fünf bis sechs Kindern. Eine/Einer denkt sich ein Wort aus und flüstert es seiner Nachbarin / seinem Nachbarn ins Ohr, diese/dieser gibt es leise an ihren Nachbarn / seinen Nachbarn weiter usw. Die/Der Letzte in der Reihe sagt das Wort laut. Ist es immer noch dasselbe Wort oder hat es sich verändert? Die Gruppe, bei der am Ende die meisten richtigen Wörter ankommen, hat gewonnen.

### Der Hörspaziergang
Tut euch in Zweiergruppen zusammen. Eine/Einer bekommt die Augen verbunden und die/der andere führt sie/ihn, ohne zu reden, durchs Schulhaus und über den Pausenhof. Wechselt dann die Rollen.
Tauscht euch anschließend darüber aus, was ihr nur über das Hören wahrgenommen habt und inwiefern sich euer Hören dadurch, dass ihr nichts gesehen habt, verändert hat.

### Erzähl-Tandem
Setzt euch immer zu zweit einander gegenüber. Eine/Einer von beiden erzählt dem anderen eine Geschichte, z. B. von einem eigenen Erlebnis oder eine Fantasiegeschichte.
Die/Der andere darf Fragen zur Geschichte stellen, z. B.:
  *Ist es Sara nicht komisch vorgekommen, dass …?*
  *Habe ich es richtig verstanden, dass …?*
Zudem fasst sie/er das Erzählte in kürzeren Abschnitten in eigenen Worten zusammen, z. B.:
  *Du bist also in Köln angekommen und hast dich gewundert, dass …*

### Körpersprache deuten
Bildet Zweiergruppen: Die/Der eine drückt nur mit Mimik und Körpersprache Gefühle aus, z. B. Wut, Freude, Langeweile oder Aufregung. Die/Der andere muss raten, um welche Gefühle es sich handelt, und seine Vermutungen begründen.
Wechselt im Anschluss die Rollen.

**2** Tauscht euch darüber aus, wie sich euer Zuhören durch die Übungen verändert hat.

**3** Formuliert Tipps für gelungenes Zuhören.

# Fragen stellen – Interviews führen

In wen würdest du dich gerne für einen Tag verwandeln?

*Welche drei Gegenstände würdest du auf eine einsame Insel mitnehmen?*

Was würdest du tun, wenn du an einem Tag mit deinen Eltern die Rollen tauschen könntest?

**Was würdest du verbieten, wenn du es könntest?**

*Was ist dein größter Wunsch?*

❶ a) Sammelt in Partnerarbeit drei Fragen, die ihr euren Mitschülerinnen und Mitschülern gern stellen würdet.
b) Setzt euch mit einer anderen Zweiergruppe zusammen und einigt euch auf die beiden interessantesten Fragen. Stellt diese beiden Fragen der Klasse vor.

❷ a) Gute Fragen – schlechte Fragen? Probiert in Partnerarbeit aus, auf welche Fragen ihr ausführlichere Antworten bekommt.
b) Sortiert die Fragen in eurem Heft nach gut geeigneten und weniger gut geeigneten Interviewfragen.

**Wie gefällt es dir in unserer Schule?**   Was gefällt dir besonders gut in unserer Schule?

*Was ist dein größter Wunsch?*   **Hast du einen Wunsch?**

**Magst du lieber Urlaub am Meer oder in den Bergen?**   *Wie sieht dein Traumurlaub aus?*

❸ a) Überprüft eure Fragen aus Aufgabe 1: Welche Fragen sind besonders gut geeignet und welche weniger gut? Begründet.
b) Erstellt einen Fragebogen mit 10 Fragen und befragt Schüler/-innen aus euren Parallelklassen.

❹ Erstellt einen Fragebogen, mit dem ihr erwachsene Personen an eurer neuen Schule befragen könnt, z. B. die Schulleitung oder die Elternvertreterin / den Elternvertreter.

> **Info**  **Ein Interview führen**
>
> Bereite Fragen vor, die du deinem Gegenüber stellen möchtest. Achte darauf, dass du sogenannte **offene Fragen** stellst, auf die sie/er nicht mit nur einem einzigen Wort oder mit *Ja* oder *Nein* antworten kann, sondern ausführlicher antworten muss, z. B.:
> *Was tust du, wenn du dich langweilst?* (anstelle von: *Langweilst du dich manchmal?*)
> *Was kannst du mir über deine Geburtsstadt erzählen?* (anstelle von: *Wo bist du geboren?*)
> Notiere während des Interviews die Antworten in Stichpunkten oder nimm sie mit dem Handy auf, wenn die Interviewpartnerin / der Interviewpartner einverstanden ist.

# Schule weltweit – Texte lesen

Das Foto stammt aus der Serie Classroom Portraits (2004–2012) des Fotografen Julian Germain.

Koishikawa School of Secondary Education, Tokio, Japan.
Vierte Klasse, Internationale Studien (07.09.2009)

❶ Die Fotos auf dieser Doppelseite stammen aus der Serie „Classroom Portraits" (2004–2012) des Fotografen Julian Germain, der in Hunderten von Schulen weltweit Klassenzimmer fotografierte.
Beschreibe die Klassenräume.

❷ Wie sähe ein Foto von deinem Klassenraum aus? Beschreibe es.

❸ Skizziere deinen Wunsch-Klassenraum und verfasse eine kurze Beschreibung, wie er aussehen soll. Begründe auch, warum du dir so einen idealen Klassenraum vorstellst.

❹ Erkunde deine Schule. Du kannst dir zur Vorbereitung eine Checkliste anlegen, worauf du achten möchtest, z. B.:
 – Welchen Grundriss hat die Schule? Versuche, ihn aufzuzeichnen.
 – Wie viele Stockwerke gibt es?
 – Wie viele Räume gibt es insgesamt?
 – Wie viele Klassenräume und wie viele Fachräume gibt es?
 – Wie viele Lehrer/-innen und Schüler/-innen hat die Schule?
 – Wo ist das Lehrerzimmer und wo das Sekretariat?
 – Wann wurde die Schule gebaut?
 – Woher kommt der Name der Schule?
 – Gibt es Partnerschulen in anderen Ländern? Wenn ja, wo?

⑤ Fertige einen Steckbrief deiner Schule an.

*Steckbrief*
*Name: Erich-Kästner-Gymnasium, Köln*
*Adresse: ...*

Das Foto stammt aus der Serie Classroom Portraits (2004–2012) des Fotografen Julian Germain.

Escuela Primaria Angela Landa, Havanna, Kuba. Zweite Klasse, Mathematik (30.11.2011)

**6** Lies den folgenden Text über die chinesische Schülerin Yiting. Welche Fragen würdest du Yiting gerne stellen? Überlege dir Fragen für ein Interview und schreibe sie auf.
Tipp: Nutze den Info-Kasten auf Seite 19. Du kannst als Vorlage auch das Interview mit Oriana aus Chile (→ S. 23) verwenden.

### Yiting, 10, aus Schanghai in China

Die zehnjährige Yiting und ihre Mutter verlassen ihr Haus in Schanghai um 7 Uhr. Der kurze Schulweg führt vorbei am Spielplatz und einem Spielwarenladen. Yiting hat keine Geschwister, spielt aber oft mit einer Freundin.

An fünf Wochentagen ist von 7:15 Uhr bis 16:15 Uhr Unterricht. Yiting
5 nennt ihren Lehrer Zhang Laoshi *(Lehrer Zang)*. [...] Meist tragen die Kinder ihre eigene Kleidung. Nur montags ziehen sie für die Fahnenzeremonie die Schuluniformen an.

Schachkurse werden in China häufig nach der Schule angeboten, aber in Yitings Schule haben die Kinder jede Woche 45 Minuten Schachunterricht.
10 Die Schule ist berühmt für die Leistungen ihrer Schüler bei Schachwettbewerben.

Yitings Lieblingsfach ist Sport. Sie spielt auch sehr gerne draußen. In der Pause treiben sie und ihre Mitschüler gern Reifen mit Stöcken an oder balancieren auf Wackelbrettern.

**7** Stellt euch gegenseitig Fragen zum Thema „Schule", z. B.:
– Wann musst du morgens aufbrechen?
– Wie sieht dein Schulweg aus?
– Was machst du in der Pause besonders gern?

## Chile  *Beatrix Schnippenkoetter*

Chile ist ein schmales, dafür aber unglaublich lang gestrecktes Land in Südamerika. Wenn du ungefähr in der Mitte von Dänemark loslaufen und erst in der Sahara in Afrika anhalten würdest,
5 dann hättest du Chile einmal der Länge nach durchquert. Wegen dieser Besonderheit gibt es in Chile ganz unterschiedliche Klimazonen. Im Norden Chiles erstreckt sich die trockenste Wüste der Welt, die Atacama-Wüste. Dort hat es schon
10 seit über 100 Jahren nicht mehr geregnet. Weil aus diesem Grund der Himmel über der Wüste auch immer sehr klar ist, wurden in der Atacama mehrere Weltraumteleskope aufgestellt, mit denen Forscher aus aller Welt die Sterne beobachten.
15 Ganz im Süden von Chile fühlen sich im ewigen Eis vor allem die Pinguine pudelwohl. Bei diesen

extremen Klimaunterschieden zwischen Nord und Süd ist es nicht verwunderlich, dass die meisten Chilenen in der Mitte des Landes leben, wo ähnlich gemäßigte Temperaturen wie bei uns herrschen.

20 Vor Chile liegt die sagenhafte Robinson-Crusoe-Insel. Dort hat vor mehreren Hundert Jahren ein schottischer Schiffbrüchiger vier Jahre lang ganz alleine ausgeharrt, bis ihn endlich ein Schiff rettete. Diese Geschichte inspirierte den Schriftsteller Daniel Defoe zu seinem Roman *Robinson Crusoe*. Weil das Buch ein riesiger Erfolg wurde, hat man die Insel nach
25 dem Helden des Romans benannt. […]

Die Kinder in Chile gehen abends spät ins Bett. Die Fernsehfilme, die bei uns in der Regel um Viertel nach acht starten, beginnen in Chile erst um 22 Uhr. Und wenn Jugendliche in die Disko gehen, treffen sie sich selten vor ein Uhr nachts. Dafür stehen die Chilenen morgens allerdings auch
30 nicht so zeitig auf wie wir und auch die Schule beginnt erst später.

Am 18. September ist in Chile Nationalfeiertag. Dann haben die Kinder eine Woche Schulferien, überall wird getanzt, gegessen und gefeiert.

❶ Was ist das Besondere an Chile? Erläutere es in eigenen Worten.

❷ Was erfährst du über das Leben der Kinder in Chile?

❸ Stelle dir vor, du lernst ein Kind aus Chile kennen. Was könntest du über Deutschland berichten, z. B. über das Klima, die Schule, den Tagesablauf von Kindern …?

## Oriana, 10, aus Santiago de Chile in Chile
*Beatrix Schnippenkoetter*

Was machst du am liebsten?
*Sport, tanzen, malen, basteln und klettern.*
Was war der schönste Moment in letzter Zeit?
*Als wir wandern gegangen sind.*
5 Was hat dir nicht gefallen?
*Als meine Spanischlehrerin mal wieder sehr streng war.*
Was ist dein größter Wunsch?
*Dass alle glücklich und gerecht sind.*
Wovon hast du diese Woche geträumt?
10 *Dass ich vom Boot ins Wasser gefallen bin. Ich bin gestorben!!!*
Was würdest du gerne an dir ändern?
*Ich rede zu viel.*
Was würdest du gerne an deinen Eltern ändern?
*Sie sollten mehr mit mir spielen.*
15 Was würdest du gerne an der Welt ändern?
*Die Tatsache, dass es Reiche und Arme gibt.*
Wenn du ein Tier sein könntest, welches wäre das und warum?
*Ein Krokodil oder eine Schlange oder eins dieser gefährlichen,
abstoßenden Viecher – das wäre wunderbar, weil die Leute*
20 *Angst vor mir hätten!*
Wenn du genug Geld hättest, was würdest du kaufen?
*Ein nicht zu großes Haus mit Schwimmbad.*
Wenn du einen Safe hättest, was würdest du aufbewahren?
*Meine Geheimnisse, alles, was ich liebe ...*
25 Was würdest du gerne im Handumdrehen lernen?
*Mathe und ohne Rechtschreibfehler schreiben.*
Wie alt wärst du jetzt gerne?
*20, dann hätte ich eine eigene Wohnung und könnte
machen, was ich will.*
30 Worüber freust du dich?
*Über Feiertage.*
Wovor fürchtest du dich?
*Dass einem Familienmitglied etwas zustoßen könnte.*

❶ Was würdest du auf die Fragen antworten? Wähle drei Fragen aus und beantworte sie für dich.

❷ Entwickelt selbst einen Fragebogen und stellt euch gegenseitig die Fragen im Partnerinterview (→ S. 19).

# Einen Brief schreiben

Schnellstadt, den 1. 9. 20..

Lieber Paul,

es ist echt schade, dass du umgezogen bist und wir nicht mehr in einer Klasse sind! Ich bin jetzt in der 5 c der Droste-Hülshoff-Schule. Unser Schuljahr hat gerade erst begonnen: Vor 2 Wochen bin ich eingeschult worden. In meiner neuen Klasse sind 24 Kinder (10 Mädchen und 14 Jungen). Wir haben viele neue Lehrer, die ich sehr nett finde, und neue Fächer, z. B. Biologie. Am meisten Spaß macht mir Deutsch.

Ich will dir eine Geschichte aus meiner Schule erzählen. Sie ist ja sehr groß, über 800 Kinder besuchen sie! Der Unterricht in manchen Fächern findet in extra Räumen statt. Als wir gestern aus der Pause kamen, hatten Clara und ich unsere Biologiesachen vergessen. Also sind wir zum Klassenraum gerannt. Aber der war abgeschlossen. Dann wollten wir zum Biologieraum, aber den haben wir nicht gefunden. Wir waren schon total in Panik. Zum Glück hat uns dann ein Lehrer gefragt, was wir suchen. Er hat uns den Klassenraum aufgeschlossen und uns mit unseren Heften zum Biologieraum begleitet. Und unsere Biologielehrerin hat gar nicht gemeckert. Aber die halbe Schulstunde war schon rum.

Gehst du inzwischen auch zur Schule oder hast du noch Ferien? Wie viele Kinder seid ihr in der Klasse? Hast du schon neue Freunde? Und wie findest du deine Lehrer?

Schick mir doch mal ein Foto von deiner Klasse!

Ich freue mich darauf, von dir zu hören.

Tschüss und bis hoffentlich bald
Lara

❶ Briefe sind oft ähnlich aufgebaut. Welche typischen Teile erkennst du hier?

❷ a) Sammelt gemeinsam weitere Möglichkeiten, wie ihr die Empfänger eurer Briefe anreden und wie ihr euch verabschieden könnt.
b) Wovon hängt die Formulierung der Anrede und der Grußformel ab? Nenne Beispiele.

❸ Schreibe einen Brief an eine Freundin oder einen Freund, in dem du von deinen ersten Tagen in der neuen Schule berichtest. Orientiere dich dabei an den Angaben im Info-Kasten.

❹ Schreibe einen solchen Brief an deine Klassenlehrerin oder deinen Klassenlehrer aus der Grundschule. Was ändert sich hier? Beachte die Informationen im Info-Kasten.

❺ a) Beschreibe, wie der Briefumschlag beschriftet ist.
b) Beschrifte selbst einen Briefumschlag für deinen Brief.

*Lara Engler*
*Fuchssteige 7*
*12345 Schnellstadt*

*Paul Flemes*
*Kirchgasse 3*
*23456 Weststadt*

---

### Info — Einen persönlichen Brief schreiben

**Ort und Datum:**
Notiere oben rechts auf der Seite Ort und Datum, an dem du den Brief verfasst hast, z. B.:
*Herne, den 23. August 20..* oder *Ratingen, den 27.08.20..*

**Anrede:**
Mit der Anrede fängt der Brief an. Die Art der Anrede hängt davon ab, an wen du schreibst und wie gut du den Adressaten (Empfänger) kennst, z. B.:
*Liebe Mama, … / Hallo Kim, … Sehr geehrte Frau Blume, … / Lieber Herr Klein, …*
Am Ende der Anrede setzt du ein **Komma** und schreibst dann in der nächsten Zeile klein weiter.

**Ansprache der Empfängerin / des Empfängers:**
Duzt du die Adressatin / den Adressaten, kannst du die Anredewörter klein- oder großschreiben: Sprichst du die Adressatin / den Adressaten mit Sie an, musst du die Anredewörter großschreiben z. B.:

*Gestern habe ich versucht, Dich/dich und Deine/deine Schwester anzurufen.*   *Morgen möchte ich Sie und Ihren Mann zu unserer Theateraufführung einladen.*

**Grußformel:**
Das Ende eines Briefs bilden die Grußformel und deine Unterschrift, z. B.:

*Tschüss und bis bald*        *Herzliche Grüße*        *Mit freundlichen Grüßen*
*Dein/dein Jonas*             *Ihr Jonas*              *Ihr Jonas*

# 2 Erzählen wie die Profis
## Geschichten lesen und selbst schreiben

**A** „Vor allem muss man sich alles, was man erzählen und beschreiben will, ganz genau vorstellen, so genau, dass man es wirklich in der Fantasie vor sich sieht bis in die kleinsten Einzelheiten. Das heißt nicht, dass man alles auch bis in die kleinsten Einzelheiten beschreiben muss. Beim Beschreiben genügt es dann, sich auf das Wesentliche, das Charakteristische zu beschränken. Man muss sich also *viel mehr* vorstellen, als dann im geschriebenen Text steht." *Michael Ende*

**B** „Zuerst denke ich nur nach. Dann schreibe ich mir ganz viele Stichwörter auf. Für manche Bücher muss ich auch recherchieren, d.h. andere Bücher oder im Internet lesen, um mich schlauzumachen. Dann schreibe ich mir einen Plan für das ganze Buch auf […]." *Kirsten Boie*

**C** „Ich habe schon als Kind davon geträumt, irgendwann mal eine Tür aufzumachen, hindurchzugehen und in einer fremden Welt zu sein. Das fände ich immer noch wahnsinnig aufregend. Aber eine solche Tür habe ich nirgendwo gefunden … außer beim Schreiben: Da tauche ich in jede Welt ein, auf die ich Lust habe – ich brauche sie mir einfach nur auszudenken." *Markus Stromiedel*

**D** „In der Regel schreibe ich aus dem Bauch. Ich sammle ein paar Ideen, tippe wild drauflos, und irgendwann fügt das Ganze sich zu einer Geschichte ... oder auch nicht. Der Vorteil einer solchen Arbeitsweise besteht darin, dass man offenbleibt für weitere Ideen, die spontan in die Story eingebaut werden können. Der Nachteil ist, dass man sich dabei womöglich unglaublich verzettelt, weil man irgendwann viel zu viele lose Erzählfäden in den Händen hält [...]." *Andreas Steinhöfel*

❶ Tragt zusammen, wie die Autorinnen und Autoren beim Schreiben ihrer Geschichten vorgehen.

❷ Ihr habt bestimmt schon einmal eine eigene Geschichte geschrieben. Welche Erfahrungen habt ihr gemacht? Worauf habt ihr geachtet? Tauscht euch darüber aus.

### In diesem Kapitel ...

- untersuchst du, wie eine gute Erzählung geschrieben ist.
- schreibst du zu einer Bildergeschichte.
- lernst du, eigene Geschichten zu planen, zu schreiben und zu überarbeiten.

# Erzählende Texte erschließen

## Im Schwimmbad  *Kirsten Boie*

Im Schwimmbad ist es genauso wie immer. Als Markus vom Duschen kommt, sind die anderen schon im Wasser. Lütfiye steht auf dem Einer und macht einen Kopfsprung wie in der Sportschau.

Ganz gerade.

5 Markus klettert blitzschnell die Leiter nach unten. Jetzt muss er klug sein.

Immer genau aufpassen, dass er hinter Frau Rautenberg bleibt, zum Beispiel. Direkt hinter ihrem Rücken. Dann sieht sie ihn die ganze Stunde nicht. Und dann kommt sie auch nicht auf den Gedanken, dass Markus
10 heute aber endlich vom Dreier springen muss.

Seit vier Wochen will sie das schon. Unbedingt. Seit vier Wochen schickt sie ihn in jeder Schwimmstunde hoch aufs Dreimeterbrett. Weil sie findet, es ist eine Schande, wenn so ein guter Schwimmer nicht auch springt.

„Markus?", sagt Frau Rautenberg da auch schon.

15 „Ach, da bist du ja endlich! Dass du auch immer so lange unter der Dusche trödeln musst!"

Jaja, schon alles klar, denkt Markus. Wenn du mich nicht jedes Mal auf den Dreier schicken würdest, würde ich auch nicht so trödeln.

„Dann geh mal hoch auf das Brett, Markus!", sagt Frau Rautenberg jetzt
20 schon viel freundlicher. „Ich hab so ein Gefühl, dass du es heute ganz bestimmt schaffst."

Das Gefühl hat Markus leider nicht. Er spürt, wie in ihm drin alles ganz starr wird. Jetzt ist er noch nicht mal hochgeklettert, aber das schreckliche Gefühl hat er trotzdem schon. Ein Gefühl wie in einer anderen Welt. Da
25 kann er gar nichts mehr machen.

Markus setzt ganz langsam einen Fuß nach dem anderen auf die Leitersprossen. Unter den Fußsohlen spürt er die Riffel im Metall und der Handlauf ist in seinen Händen eiskalt. Aber das ist nicht der Grund dafür, dass Markus jetzt die Zähne klappern.

30 Es sind ja nur drei Meter, denkt Markus. Das ist ja gar nicht so hoch. Wenn ich auf Dennis' Schultern steige, dann sind wir zusammen auch fast drei Meter. Das ist doch gar nicht so hoch.

Aber es hilft überhaupt nichts, was er in seinem Kopf zu sich sagt. Weil es in Wirklichkeit eben doch schrecklich hoch ist. So hoch, dass es Markus
35 ganz schwindelig wird.

„Spring, Markus, spring!", ruft Frau Rautenberg.

Nicht mal sein Herz kann Markus jetzt mehr klopfen hören, so schrecklich ist das alles. Er fühlt sich wie ein fremder Mensch, wie einer, der ganz woanders ist, und von unten glitzert das Wasser blau und gefährlich wie
40 eine andere Welt.

Langsam, ganz langsam geht Markus rückwärts, zur Leiter zurück. Das Brett schwankt unter seinen Füßen und der raue Läufer, den sie hingelegt haben, damit man nicht rutscht, kratzt ein bisschen an seinen Fußsohlen. Daran kann er merken, dass er noch lebt. Und plötzlich hat Markus so ein
45 Gefühl, als ob er aufgewacht ist. Plötzlich sieht das Wasser wieder wie das normale Schwimmbadwasser aus und Frau Rautenberg schimpft auch ganz normal.

Jetzt macht es Markus plötzlich wieder etwas aus, dass die andern ihn in der Umkleidekabine nachher bestimmt wieder auslachen.
50 Unten an der Leiter steht Lütfiye. Sie hat einen geblümten Badeanzug an und ihre Haut ist nicht mal jetzt mitten im Winter richtig käsig.

„Ich spring auch viel lieber vom Einer, das ist schöner!", sagt sie und guckt Markus so an. Dann rennt sie plötzlich über das Brett und landet im Wasser, dass es spritzt.

**❶** a) Was geht in Markus vor, als er auf dem Sprungbrett steht? Nenne Textstellen, in denen das deutlich wird.
b) Untersuche, wie seine Gedanken und Gefühle im Text dargestellt werden.
Tipps & Hilfen (→ S. 290)

**❷** Viele Geschichten – auch die von Kirsten Boie – enthalten folgende typische Erzählbausteine. Findest du sie in der Geschichte wieder?
Notiere,
– in welcher Ausgangssituation sich Markus befindet,
– vor welchem Problem Markus steht,
– wie er auf das Problem reagiert oder welche Lösungsversuche er unternimmt,
– wie seine Situation am Ende der Geschichte aussieht.
Tipps & Hilfen (→ S. 290)

| Ausgangssituation der Hauptfigur | Problem der Hauptfigur | Lösungsversuche der Hauptfigur | Ende der Geschichte |
|---|---|---|---|
| *Markus weiß, dass er heute im Schwimmunterricht vom Dreimeterbrett springen soll.* | … | … | … |

# Zu einer Bildergeschichte schreiben

## Die vergessenen Rosinen  *e.o. plauen*

Die vergessenen Rosinen, *Berliner Illustrirte* 12/1935

## Die Bildergeschichte verstehen

**❶** „Lies" die Bildergeschichte auf Seite 30, indem du dir die Bilder genau anschaust:
– Achte auf die Körperhaltung der Figuren, auch auf kleine Veränderungen.
– Was ist nicht zu sehen, kann man sich aber denken?

**❷** Findest du die vier Erzählbausteine von Seite 29 auch in dieser Bildergeschichte?
Versuche, die Bilder den Bausteinen zuzuordnen.
*Ausgangssituation: Bild 1 und ...*
*Problem: Bild ...*

**❸** Erzähle die Bildergeschichte als mündliche Geschichte.

**❹** Tragt zusammen: Worin unterscheiden sich Bildergeschichten von Geschichten, die mit Worten erzählt werden? Was ist bei beiden gleich?

## Einen Schreibplan anlegen

**❶** Du sollst nun zu der Bildergeschichte auf Seite 30 eine Geschichte schreiben. Dafür ist es hilfreich, die Geschichte zunächst genau zu planen. Übernimm die Tabelle in dein Heft und plane
– die Handlung der Geschichte mithilfe der Bilder und der Erzählbausteine,
– die Gedanken und Gefühle der beiden Hauptfiguren,
– den Einsatz wörtlicher Rede.

|  | Ort, Zeit, Handlung | Gedanken/Gefühle: Was denken/fühlen die Hauptfiguren? | Wörtliche Rede: Wo sprechen die Figuren? |
|---|---|---|---|
| Ausgangssituation der Hauptfiguren | – Sohn backt mit Vater ... | – beide freuen sich auf ... | – beim Blick in den Backofen: ... |
| Problem | ... | ... | ... |

**❷** Schreibe deine Geschichte, und zwar aus der Sicht des Jungen.
Tipps & Hilfen (→ S. 290)

**❸** a) Wie gefällt dir die Überschrift der Bildergeschichte? Begründe.
b) Versuche, selbst eine passende Überschrift für deine Geschichte zu finden.
Tipps & Hilfen (→ S. 290)

**❹** a) Zeichne eine eigene Bildergeschichte. Fertige zu jedem Erzählbaustein ein Bild an.
b) Schreibe eine Geschichte zu deiner Bilderfolge.

# Den Text prüfen und überarbeiten

*Ole und sein Vater backen einen Kuchen*

*An einem Wintertag haben Ole und sein Vater Lust, einen Kuchen zu backen. Als sie den Kuchen in den Backofen geschoben hatten, fand Ole die Rosinen unterm Esstisch. Schlechte Laune breitete sich aus.*
*Plötzlich hatte Ole eine Idee: In der Küche hing doch ein Gewehr an der Wand. Also holte Ole es. Anschließend schoss sein Vater die Rosinen in den Kuchen. Zum Schluss ist es doch noch ein Rosinenkuchen.*

❶ a) Überprüfe diese Geschichte mithilfe der Fragen im Info-Kasten unten.
b) Mache Vorschläge, wie die Geschichte „Ole und sein Vater …" überarbeitet werden kann:
– An welchen Stellen sollte wörtliche Rede eingebaut werden? Mache Vorschläge.
– Formuliere weitere Ergänzungen an passenden Stellen, z. B. anschauliche Adjektive, einen Gedanken des Jungen, weitere Einzelheiten.
– Überprüfe die Zeitformen der Verben im Text. An welchen Stellen sind sie nicht korrekt?
c) Überarbeite die Geschichte.
Tipps & Hilfen (→ S. 290)

❷ Untersuche deine eigene Geschichte. Orientiere dich dabei an den Fragen im Info-Kasten.

---

**Info** **Eine Geschichte prüfen und überarbeiten**

Anhand der folgenden Fragen kannst du deine Geschichte überprüfen:

**Inhalt:**
– Passt der Text zu den Bildern der Bildergeschichte?
– Hast du durchgehend aus der Sicht einer Person erzählt?
– Sind die einzelnen Erzählbausteine (→ S. 29) nachvollziehbar dargestellt?
  – Wird die **Ausgangssituation** der Hauptperson deutlich?
  – Ist das **Problem** verständlich dargestellt?
  – Können die Leser/-innen den **Lösungsversuch** der Hauptfigur verstehen?
  – Ist das **Ende** der Geschichte gut nachvollziehbar?

**Sprache:**
– Sind die **Sätze sinnvoll** miteinander **verbunden**?
– Prüfe den **Titel** der Geschichte: Passt er zu dem, was du erzählst? Verrät er nicht zu viel?
– Ist die **wörtliche Rede** an passenden Stellen eingesetzt?
– Wurden **passende Verben** und **Adjektive** verwendet?
– Wurde im **Präteritum** erzählt?
– Kann man **Gedanken und Gefühle** der Figuren gut nachvollziehen?

# Eine Geschichte weiterschreiben

❶ Die Geschichte „Im Schwimmbad" (→ S. 28 f.) könnte noch weitergehen, z. B. so:
Markus hat eine Woche später wieder Schwimmunterricht: Dieses Mal soll es anders ausgehen!
a) Lege in deinem Heft einen Schreibplan an und plane
— die Handlung der Geschichte mithilfe der Erzählbausteine,
— die Gedanken und Gefühle der beiden Hauptfiguren,
— den Einsatz wörtlicher Rede.

|  | Ort, Zeit, Handlung | Gedanken/Gefühle: Was denken/fühlen die Hauptfiguren? | Wörtliche Rede: Wo sprechen die Figuren? |
|---|---|---|---|
| Ausgangssituation der Hauptfiguren | — Markus soll wieder vom Dreimeterbrett springen | — beim Betreten des Schwimmbads wird Makus kalt vor Angst | — Lütfiye entdeckt Markus |
| Problem | … | … | … |

b) Schreibe deine Geschichte. Achte dabei darauf, dass du
— abwechlungsreiche Satzanfänge formulierst,
— passende Verben und Adjektive verwendest und
— im Präteritum schreibst.
Tipps & Hilfen (→ S. 291)

❷ Erzähle die Geschichte aus der Sicht von Lütfiye.
*Schon wieder soll Markus vom Dreierbrett springen, obwohl er fürchterliche Angst davor hat. …*

Ausdruckstraining

# Gefühle in Worte fassen

❶ Gefühle müssen in Geschichten in Worte gefasst werden. Dafür gibt es mehrere Möglichkeiten.
Ordne die Beispiele in der rechten Spalte den unterschiedlichen Möglichkeiten zu.

A das Gefühl direkt benennen
(mit Nomen/Adjektiven)

B das Gefühl veranschaulichen
(mit Vergleichen/Redewendungen)

C der Figur Gedanken durch den Kopf gehen lassen

D zum Gefühl passende Handlungen / körperliche Reaktionen darstellen

(1) „Hoffentlich sieht sie mich nicht!", dachte er.

(2) Er hatte Angst.

(3) Er bekam eine Gänsehaut.

(4) Er war wie gelähmt.

❷ Ordne die Wörter und Wendungen zum Gefühl „Ärger" im Wortspeicher den in Aufgabe 1 genannten Möglichkeiten zu.
Lege dazu eine Liste in deinem Heft an.

(A) <u>Das Gefühl direkt benennen:</u>
eingeschnappt, empört, ...

(B) <u>Das Gefühl veranschaulichen:</u>
kochen vor Wut (Redewendung), ...

(C) <u>Zum Gefühl passende Handlungen/ Reaktionen darstellen:</u>
die Faust ballen, ...

(D) <u>Gedanken nennen:</u>
...

eingeschnappt · empört · zittern · drohen · brüllen · die Faust ballen ·
mit dem Fuß aufstampfen · kochen vor Wut · entrüstet · beben vor Wut · rotsehen ·
rasend vor Wut · wie eine Rakete · rot wie eine Tomate · stinksauer ·
So ein Mistkerl! · Das ist gemein! · Immer ich!

❸ Notiere weitere Wörter und Wendungen, die das Gefühl „Ärger" ausdrücken.

❹ Sammle Wörter und Wendungen zu folgenden Gefühlen:
*Begeisterung, Aufregung, Scham, Freude/Stolz, Erleichterung.*

# Ausdruckstraining

**5** a) Versetze dich in folgende Situationen: Was denkst und fühlst du?
b) Schreibe zu jeder Situation fünf bis sieben Sätze.

- A Englisch ist eigentlich nicht deine Stärke. Als ihr die Klassenarbeit zurückbekommt, siehst du, dass du eine Zwei bekommen hast.
- B Du hast deine Hausaufgaben in Biologie nicht gemacht. Das fällt dir aber erst auf, als die Lehrerin schon den Klassenraum betritt.
- C Dein Wecker klingelt – leider eine halbe Stunde zu spät! In zehn Minuten fährt dein Schulbus.
- D Deine Mutter erzählt dir, dass deine Cousine mit in den Urlaub fährt. Du kannst sie absolut nicht leiden.

**6** a) Wie kann man das Gefühl „Angst" in Worte fassen? Lege eine Liste an wie in Aufgabe 2 (→ S. 34) und sammle passende Wörter und Wendungen.

*Zittern, mit den Zähnen klappern, ...*

b) Überarbeite die folgenden Sätze so, dass die Gefühle des Erzählers anschaulich beschrieben werden.

*Im Zimmer war es dunkel und still. Plötzlich hörte ich ein Knacken und bekam riesige Angst. Gleich darauf knackte es wieder und meine Angst wurde immer größer.*

**7** Ein Gefühl wie Vorfreude, Angst, Aufregung oder Scham kann dazu führen, dass man die Umgebung intensiver wahrnimmt.
Ordne die Wahrnehmungen im Text den folgenden Sinnen zu:

sehen   hören   riechen   tasten / fühlen

*Ich sitze im Wartezimmer meiner Zahnärztin. Der Junge neben mir rutscht ungeduldig auf seinem Stuhl hin und her. Ob er wohl auch diesen stechenden Geruch bemerkt? Das Geräusch des Bohrers dringt gedämpft ins Wartezimmer. Draußen scheint die Sonne, aber hier drinnen ist es kühl, meine Hände sind eiskalt.*

**8** a) Stelle dir eine der folgenden Situationen vor. Welches Gefühl herrscht vor?
- am Morgen deines Geburtstags, du liegst noch im Bett
- abends allein im Haus nach einem gruseligen Film
- hinter dem Vorhang, bevor du auf die Theaterbühne deiner Schule trittst
- vor einem wichtigen Fußballturnier deiner Mannschaft
- im Naturkundemuseum in einer fremden Stadt, du hast deine Eltern verloren
- bei einem Konzert deiner Lieblingssängerin

b) Wähle eine der Situationen aus und schildere in einem kurzen Text, was du in dieser Situation siehst, hörst, fühlst, riechst oder sogar schmeckst.

Ausdruckstraining

# Wörtliche Rede sinnvoll einsetzen

❶ Der Wechsel zwischen dem, was erzählt wird (Erzähler/-in), und dem, was die Figuren sagen, macht eine Geschichte lebendig und anschaulich.
Im folgenden Text fehlt wörtliche Rede. Wo und wie könnte wörtliche Rede für mehr Anschaulichkeit sorgen?

> *Nach dem Besuch im Schwimmbad geht Markus mit seinem Freund Dennis nach Hause. Dennis ärgert sich darüber, dass Markus Angst hat, vom Dreier zu springen. Markus will aber nicht gern darüber reden.*

❷ Ordne zu: Wer könnte in der Geschichte „Im Schwimmbad" (→ S. 28 f.) die folgenden Sätze sagen und wie sagt sie oder er es?
Wähle passende Verben des Sagens aus dem Wortspeicher.
„Spring doch endlich!", schrie sein Mitschüler Bennett.

„Spring doch endlich!"
„Markus, gib dir einen Ruck! Du bist doch so ein guter Schwimmer."
„Beeil dich, Markus, wir wollen doch noch Wasserball spielen!"
„Ich spring auch lieber vom Einer, Markus!"
„Spring, Markus! Du schaffst das!"
„Angsthase!"
„Schau auf die Wasseroberfläche, nicht direkt in das Wasser hinein.
Es ist gar nicht so tief, wie du denkst!"

> anfeuern · aufmuntern · giften · grölen · einwerfen · erwidern ·
> raten · rufen · schreien · zischen · zugeben

❸ Ersetze die folgenden Aussagen durch wörtliche Rede mit passendem Redebegleitsatz.
Denke daran: Der Redebegleitsatz kann vor oder hinter der wörtlichen Rede stehen oder die wörtliche Rede unterbrechen, z. B.:

– „Du weißt immer alles besser!", schimpfte Markus.
– Markus schimpfte: „Du weißt immer alles besser!"
– „Ja klar", schimpfte Markus, „du weißt immer alles besser!"

– Markus ärgert sich über seinen großen Bruder.
– Ben will Lena auf sich aufmerksam machen.
– Mein Vater kündigt an, mir kein Taschengeld auszuzahlen.
– Hanna leidet plötzlich an Schmerzen im rechten Knie.
– Sara will sich nicht mit David verabreden.
– Lev möchte sich bei Simon entschuldigen.
– Karla möchte ihren Vater überraschen.

# Zu Reizwörtern und Erzählkernen schreiben

## Zu Reizwörtern erzählen

❶ Suche dir drei bis fünf Wörter aus dem Wortspeicher aus, zu denen du eine Geschichte schreiben möchtest.
Tipps & Hilfen (→ S. 291)

> Katze · Geräusch · Freund/-in · Igel · Gelächter · Wald · Zeltlager · Film · Ferien · Pony · Stock · Spannung · Schule · Geheimnis

❷ Notiere Ideen zum Handlungsverlauf:
 – Welche Figuren sollen in deiner Geschichte vorkommen?
 – Wer ist die Hauptfigur?
 – Aus wessen Sicht wird die Geschichte erzählt?
 – Wann und wo spielt die Geschichte?

❸ Lege mithilfe der Erzählbausteine einen Schreibplan an und ordne deine Notizen zur Handlung ein. Ergänze weitere Stichpunkte, falls notwendig.

| Bausteine | Handlung: Was passiert? | Gedanken/Gefühle: Was denkt/fühlt die Hauptfigur? | Wörtliche Rede: Wo sprechen die Figuren? |
|---|---|---|---|
| Ausgangssituation | … | … | … |

❹ Schreibe deine Geschichte auf.

❺ Überprüfe deine Geschichte mithilfe der Checkliste auf Seite 59 und überarbeite sie.

## Einen Erzählkern ausgestalten

Manchmal erzählt auch das Leben interessante Geschichten!
In der Zeitung findest du oft kurze Meldungen, die von seltsamen Vorfällen berichten.
Ein Fünftklässler hat zu folgender Zeitungsmeldung eine Erzählung verfasst:

### Bumerang

*Schweinfurt.* Ausgerechnet Zivilfahnder der Schweinfurter Polizei suchten sich Marburger Schüler als Opfer eines Lausbubenstreichs aus. Vermutlich aus Langeweile hatten die hessischen Teenager während einer Klassenfahrt nach Bamberg auf der Autobahn Schweinfurt – Bamberg einen Zettel mit den Worten: „Wir werden entführt! Hilfe!" an die Heckscheibe des Busses gehalten. Pech für die unternehmungslustigen Ausflügler: Im nachfolgenden Fahrzeug saßen Polizisten in Zivil. Mit geschultem Blick durchschauten die Fahnder die angeblich so bedrohliche Situation der „Opfer" sofort. Als die Beamten den Bus anhielten, versanken die Übeltäter in ihren Sitzen. Mit einigen ermahnenden Worten war die Angelegenheit aber erledigt.

### Die Entführung

„Wann sind wir endlich da?" Heute fahre ich mit meiner Klasse nach Bamberg. Ich freue mich schon sehr, weil ich finde, dass Klassenfahrten eigentlich immer schön sind, vor allem wenn mein bester Freund Peter dabei ist. Immer wenn Peter Auto oder Bus fährt, sagt er alle fünf Minuten: „Wann sind wir endlich da?" Da, schon wieder, lange halte auch ich das hier nicht mehr aus. Wir, das sind Peter, Richard, Paul und ich, sitzen in der letzten Reihe vom Bus. Uns ist langweilig, weil wir die Kartenspiele, die wir mitgenommen hatten, alle schon mindestens fünfmal durchgespielt haben. Da sagt Richard zu uns anderen: „Ich weiß, was wir machen können. Wir können einen Zettel mit den Worten ‚Wir werden entführt! Hilfe!' an die Heckscheibe halten und warten, was passiert. Bestimmt gucken die Autofahrer nur dumm, aber vielleicht kriegen sie auch Angst und holen die Polizei, aber das glaube ich nicht." Weil ich nichts Besseres anzufangen weiß, stimme ich zu. Nun macht Richard also den Zettel. Ich gucke ihm zu und stelle mir die lustigen Gesichter der Autofahrer vor, die den Zettel sehen. Jetzt ist Richard fertig und hält den Zettel an die Heckscheibe. Da flüstert Peter mir zu: „Hast du die Männer in dem silbernen Auto gesehen?" – „Nee, wieso?" – „Der eine hat gerade in ein Funkgerät gesprochen, aber vielleicht war es auch ein Handy."
*Da sehe auch ich das silberne Auto und tatsächlich: Der Wagen überholt uns und*

*plötzlich hören wir die Durchsage: „Polizei! Fahren Sie an den Rand!" Als Erstes denke ich: „Polizei?" Dann denke ich: „O mein Gott, die sind bestimmt wegen des Zettels da!", und nun: „Hoffentlich komme ich nicht ins Gefängnis – oder meine Eltern!" Auch die anderen haben Panik: Richard zerknüllt den Zettel, steckt ihn schnell in den Rucksack und setzt sich ganz gerade hin, sehr unauffällig. Peter beißt sich vor Schreck seine Lippe auf und Paul sitzt pfeifend in der Ecke. Wir sind alle „total" unauffällig. Der Bus hält an. Die Bustür wird geöffnet. Die Polizisten betreten den Bus. Wir vier versinken in unseren Sitzen. Da poltert der eine Polizist los: „Polizei! Ein paar von euch finden es wohl sehr lustig, Autofahrern Angst einzujagen!" Mit diesen Worten sieht er sich suchend um, und da wir so „unauffällig" sind, bleibt sein Blick auch an uns heften. Er kommt auf uns zu und sagt: „Hiermit seid ihr festgenommen." Paul schreit auf, Richard fängt an zu weinen, Paul weint mit und ich heule innerlich, vielleicht auch äußerlich. Da grinst der eine Polizist und meint: „Na, da hab ich euch aber Angst eingejagt! Natürlich seid ihr nicht festgenommen, aber wenn ihr noch mal so etwas macht, kriegt ihr viel mehr Ärger. Ihr könnt von Glück reden, dass ich so ein gut gelaunter Polizist bin ..." Nun fällt mir ein Stein vom Herzen in der Größe eines Wolkenkratzers. Jetzt gehen die Polizisten mit wichtiger Miene zurück zu ihrem Wagen. Eines weiß ich jetzt: So etwas machen wir nie wieder!*

❶ a) Wie gefällt dir die Geschichte? Formuliere deinen ersten Eindruck.
b) Überprüfe den Text mithilfe der Checkliste auf Seite 59.

❷ Verwende die folgende Zeitungsmeldung als Grundlage für deine eigene Geschichte.
a) Schreibe in Stichpunkten Antworten auf die W-Fragen aus der Zeitungsnachricht heraus:
*Wer? Wann? Wo? Was? Wie? Warum? Mit welcher Folge?*
b) Kläre, aus wessen Sicht du die Geschichte am besten erzählst.
Tipps & Hilfen (→ S. 291)
c) Lege einen Schreibplan an (→ S. 59) und formuliere deine Geschichte.
Tipps & Hilfen (→ S. 291)
d) Überprüfe die fertige Geschichte mithilfe der Checkliste auf Seite 59 und verbessere sie.

## Ängstlicher Einbrecher

In Duisburg hat ein Einbrecher selbst die Polizei gerufen. Laut eigener Auskunft hatte er es mit der Angst zu tun bekommen, als er plötzlich Geräusche aus einem Zimmer des Hauses hörte und vermutete, dass ein weiterer Einbrecher im Haus sei. Wie sich später herausstellte, stammten die Geräusche vom Hamster der Familie, der in der Dunkelheit seine Runden im Hamsterrad drehte.

Gewusst wie

# 🖱 Filmbilder untersuchen

1

2

3

40

❶ a) Auch Filme erzählen Geschichten. Diese Filmbilder stammen aus einer Verfilmung des Romans „Das fliegende Klassenzimmer" von Erich Kästner. Beschreibe die Bilder.
b) Lies den folgenden Anfang des 8. Kapitels, das hier verfilmt wurde, und erzähle die Geschichte weiter. Nutze die Filmbilder als Anregung.

### Das fliegende Klassenzimmer   *Erich Kästner*

Uli hatte sich, ohne dass die anderen es gemerkt hätten, aus der Turnhalle gestohlen. Er fürchtete, dass sie ihn an seinem Vorhaben hindern könnten. Und das durfte nicht geschehen.

Über fünfzig Jungen standen neugierig auf der verschneiten Eisbahn und erwarteten ihn. Es waren lauter Unterklassianer. Den Älteren hatte man nichts erzählt. Die Jungen hatten gleich das Gefühl gehabt, dass etwas Außergewöhnliches und Verbotenes bevorstehe. […]

❷ a) Untersuche die Filmbilder auf Seite 40 f. daraufhin, wo die Kamera jeweils steht. Begründe deine Einschätzung.
b) Erläutere, welche Wirkung die unterschiedlichen Blickwinkel der Kamera auf dich haben.

❸ a) Informiere dich im Info-Kasten auf Seite 43, was hinter den einzelnen Bezeichnungen in folgendem Wortspeicher steckt.
b) Betrachte die folgenden Illustrationen zu den Einstellungsgrößen und Kameraperspektiven und ordne ihnen die passenden Bezeichnungen aus dem Wortspeicher zu.

> Panoramaeinstellung · Totale · Halbtotale · Nahaufnahme · Detailaufnahme ·
> Froschperspektive · Vogelperspektive

❹ a) Ordne die Bilder auf den Seiten 40 und 41 den verschiedenen Einstellungsgrößen und Kameraperspektiven zu. Begründe deine Zuordnung.
b) Warum wurde bei den untersuchten Bildern die jeweilige Kamera-Einstellung oder Kamera-Perspektive gewählt?
Formuliere eine kurze Begründung.

> *Bild 1: Panoramaeinstellung*
> *Die Panoramaeinstellung wurde gewählt, damit die Zuschauer/-innen sich einen Eindruck von der Umgebung verschaffen können.*
>
> *Bild 2: ...*

❺ Welche Geschichten aus dem Kapitel „Erzählen" lassen sich deiner Meinung nach gut verfilmen? Begründe deine Auswahl.

❻ Diskutiert: Welche Einstellungsgrößen und Kameraperspektiven würdet ihr für den Beginn der Geschichte „Im Schwimmbad" verwenden? Begründet eure Ideen.

❼ Wählt eine Geschichte aus und setzt sie als Fotostory um. Achtet beim Fotografieren auf passende Einstellungsgrößen und Kameraperspektiven.

## Info — Die Einstellungsgrößen der Kamera und die Kameraperspektiven

Eine Kamera zeigt – wie ein Bilderrahmen – nur einen Ausschnitt aus einer Szene. Je nachdem, wie nah am Geschehen (oder wie fern davon) der Betrachter sein soll, wählt man die **Größe des Bildausschnitts:**

**Die Panoramaeinstellung:**
Bei der Panoramaeinstellung werden keine Einzelheiten gezeigt. Die Zuschauer/-innen sollen so einen Überblick über das Geschehen erhalten. Häufig werden Landschaftsaufnahmen in dieser Einstellung gezeigt.

**Die Totale (totale Einstellung):**
Bei der Totalen wird ebenfalls ein großer Bildausschnitt gezeigt. Im Unterschied zur Panoramaeinstellung ist aber eine Person oder eine Gruppe von Personen in einer Umgebung zu sehen. Die Zuschauer/-innen sollen mit dieser Einstellung einen Überblick über das Geschehen bekommen.

**Die Halbtotale:**
Diese Einstellung verwendet man z. B. für Szenen, in denen der dargestellte Mensch das Bild (fast) ganz ausfüllen soll bzw. in denen die Figur vollständig zu sehen ist. Hier steht die Person im Mittelpunkt, die Umgebung ist eher unwichtig. Meistens soll mit dieser Darstellung die Beziehung zwischen zwei oder mehreren Personen verdeutlicht werden.

**Die Nahaufnahme:**
Von einer Nahaufnahme spricht man, wenn der Oberkörper einer Person in etwa bis zur Brust gezeigt wird. Diese Einstellungsgröße wird oft für die Darstellung von Gefühlen genutzt, da das Gesicht der gefilmten Person und ihre Mimik im Zentrum des Bildes stehen.

**Die Detailaufnahme:**
Eine Detailaufnahme stellt einen Gegenstand oder einen Teil einer Person vergrößert dar. Damit rückt sie das gezeigte Detail (Einzelheit) in den Mittelpunkt der Aufmerksamkeit, so als würde man es unter einem Vergrößerungsglas betrachten.

Auch die **Kameraperspektive**, also der Blickwinkel der Kamera, spielt eine wichtige Rolle:

**Die Froschperspektive (Untersicht):**
Die Kamera befindet sich unterhalb des gefilmten Objekts und zeigt schräg nach oben. Diese Perspektive führt den Blick von unten nach oben und lässt Gegenstände und Figuren häufig groß, mächtig und bedrohlich wirken.

**Die Vogelperspektive (Aufsicht):**
Die Kamera befindet sich oberhalb des gefilmten Objekts und zeigt nach unten. Diese Perspektive zeigt das Geschehen von oben. Gegenstände und Figuren erscheinen dadurch häufig klein und unterlegen.

# Zum Schmökern, Schauen, Weiterdenken

**Peanuts**  *Charles M. Schulz*

Der US-amerikanische Comiczeichner Charles M. Schulz (1922–2000) ist der Erfinder der berühmten Comicserie „Die Peanuts", die jahrzehntelang täglich erschien. Zu den Hauptfiguren gehören der Junge Charlie Brown und sein Hund Snoopy.

❶ Ordne die Bilder der Bildergeschichte den Handlungsbausteinen zu:
  – Ausgangssituation, in der sich die Hauptfigur befindet
  – Problem der Hauptfigur
  – Lösungsversuch(e)
  – Ende

❷ Achte genau auf Snoopys und Charlies Mimik. Was könnte in ihnen vorgehen? Verfasse einen Dialog (ein Gespräch) zwischen den beiden.

❸ Formuliere die Geschichte schriftlich. Überlege, ob du
  – aus der Sicht von Snoopy oder
  – aus der Sicht von Charlie
  erzählen willst. Formuliere auch einen passenden Titel.

# Tiger und Leo  *Cornelia Funke*

Jans Hund hieß Tiger. Sein bester Freund Max fand, dass das ein alberner Name war für einen kleinen schwarzen Hund, aber der hatte sowieso immer was zu meckern.

Tiger war faul und verfressen, bellte den Briefträger und die Mülleimerleute an, bis er heiser war, lag auf dem Sofa, obwohl Mama es verboten hatte, und war für Jan der wunderbarste Hund, den er sich vorstellen konnte. Wenn er Schularbeiten machte, legte Tiger sich auf seine Füße. Und wenn er morgens aufstehen musste, zog Tiger ihm die Decke weg und leckte ihm so lange die Nase, bis er die Beine aus dem Bett streckte.

Jan und Tiger waren sehr glücklich miteinander. Bis Oma sich das Bein brach. Ja, damit fing der ganze Ärger an. Oma hatte einen dicken Kater namens Leo und der konnte natürlich nicht allein bleiben, während Oma mit ihrem Gipsbein im Krankenhaus lag. Was machte Mama also? Obwohl sie genau wusste, dass Tiger Katzen nicht leiden konnte? Dass er ganz verrückt wurde, wenn er eine sah?

„Wir nehmen Leo", sagte sie. „Das wird schon klappen."

Gar nichts klappte!

Papa musste dauernd niesen, weil er die Katzenhaare nicht vertrug, und Tiger – Tiger hatte den ganzen Tag nichts anderes mehr im Kopf als den Kater.

Am ersten Tag lag Leo nur auf dem Wohnzimmerschrank und schlief. Das heißt, er tat so, als ob er schlief. In Wirklichkeit blinzelte er zu Tiger hinunter, der stundenlang vor dem Schrank saß und zu Leo hinaufsah. Wenn der Kater fauchte, wedelte Tiger mit dem Schwanz. Und wenn der Kater das orangefarbene Fell sträubte, bellte Tiger. Stundenlang vertrieben die beiden sich so die Zeit. Nicht ein einziges Mal legte Tiger sich auf Jans Füße.

Am nächsten Morgen wurde Jan wie immer davon wach, dass jemand seine Nase leckte. Aber irgendwie fühlte die Zunge sich rauer an als sonst.

Verschlafen hob Jan den Kopf – und guckte in Leos bernsteinfarbene Augen. Dick und fett saß der Kater auf seiner Brust und schnurrte.

Die Zimmertür war zu und keine Spur von Tiger.

Können Kater Türen zumachen?

Leo schnurrte, grub seine Krallen ins Bett und rieb seinen dicken Kopf an Jans Kinn. Nett fühlte sich das an. Sehr nett. Obwohl Jan Katzen eigentlich nicht mochte.

Als Jan Leo hinter den Ohren kraulte, schnurrte der, als wäre ein kleiner Motor in seinem Bauch.

„Jan?" Mama machte die Tür auf. „Hast du Tiger ausgesperrt?"

Eine schwarze Fellkugel schoss durch Mamas Beine. Mit lautem Gebell sprang Tiger auf Jans Bett und fletschte die kleinen Zähne. Fauchend fuhr Leo hoch, machte einen Buckel und rettete sich mit einem Riesensatz auf den Schreibtisch. Dann jagte Tiger Leo durch die Wohnung.

Mama und Jan konnten nur dastehen und sich die Ohren zuhalten. Bellend und fauchend rasten Hund und Kater vom Wohnzimmer in den Flur, vom Flur in die Küche und von der Küche zurück ins Wohnzimmer, wo Leo sich endlich mit gesträubtem Fell auf dem Schrank in Sicherheit brachte.

„O nein!", stöhnte Mama. „Nun sieh dir das an."

Die Blumentöpfe waren von den Fensterbrettern gefegt. Der Wohnzimmertisch war zerkratzt von Leos Krallen und auf dem Küchenfußboden schwammen kaputte Eier in einer Pfütze Gemüsesuppe. Tiger war gerade dabei, sie aufzuschlecken.

„Wie sollen wir denn bloß die nächsten drei Wochen überstehen?", fragte Mama. „Ich glaub, wir müssen den Kater doch ins Tierheim bringen."

„Nein!", rief Jan erschrocken. Er musste an Leos raue Zunge denken, an den Schnurrmotor und seine bernsteinfarbenen Augen. „Ich werd mich um die zwei kümmern, Mama. Heiliges Ehrenwort."

Und das tat er. Jan gewöhnte den beiden an, nebeneinander zu fressen. Das war nicht einfach, weil Tiger viel schneller fraß und dann Leos Futter klauen wollte. Er schlief mit Leo auf den Füßen und Tiger auf dem Kissen, auch wenn die zwei sich manchmal auf seinem Bauch rauften. Er legte Tiger eine Decke in seinen Korb, die nach Leo roch, und brachte dem Kater bei, nicht gleich einen Buckel zu machen, wenn Tiger auch auf Jans Schoß wollte.

Es war Schwerstarbeit, aus den beiden Freunde zu machen. Aber Jan schaffte es. Mit Streicheln, bis ihm die Finger prickelten, und vielen, vielen Hunde- und Katzenbrekkies als Bestechungsmittel.

Aber als dann eines Abends beim Fernsehen Leo seinen dicken Kopf auf Jans linkes Knie legte und Tiger seine schwarze Schnauze auf sein rechtes, da wusste Jan, dass sich die Mühe gelohnt hatte.

❶ Jan mag eigentlich keine Katzen. Erkläre, warum er sich trotzdem bemüht.

❷ Aus wessen Sicht wird die Geschichte erzählt? Zeige, an welchen Stellen dies deutlich wird.

❸ Erzähle die Geschichte aus der Sicht von Leo oder von Tiger.

# Ein Hund mit blauen Augen  *Gina Ruck-Pauquèt*

Solange er denken konnte, hatte sich Amak einen Hund gewünscht. Einen Hund, der nur ihm gehörte. Aber sein Vater hatte stets den Kopf geschüttelt. Besaßen sie nicht dreizehn Schlittenhunde? Das sollte auch Amak genügen.

So war wieder ein Sommer vergangen, den sie mit Jagd und Fischfang verbracht hatten, und wieder war ein Winter gekommen. Sie hatten das Zelt aus Fellen gegen den Iglu vertauscht, und immer noch hatte sich Amaks Wunsch nicht erfüllt.

„Wenn ich einen Hund hätte", sagte er eines Abends leise, „wäre er bei mir in der Nacht."

Der Vater schnitzte an einer Elfenbeinfigur.

„Nimm dir einen", sagte er lächelnd. „Es liegen dreizehn Hunde vorm Eingang."

Aber das war es ja. Amak wollte nicht irgendeinen Hund. Jung sollte er sein, dass er sich an ihn gewöhnte. Und dann, vor allem, musste er blaue Augen haben. Drüben auf der Insel, die „Heimat der Winde" hieß, hatten sie Hunde mit blauen Augen. Amak hatte sie selber gesehen.

„Mein Sohn will einen besonderen Hund!" Der Vater lachte.

Die Mutter schnitt ein Stück vom gefrorenen Robbenfleisch herunter und legte es in die Pfanne. Dann warf sie den Schlittenhunden ihre Fische vor wie alle Tage. Niemand sprach mehr ein Wort an diesem Abend. Lange lag Amak wach in seinem Bett aus Fellen. Ein Hund, mit Augen so blau wie der Himmel an einem guten Tag.

Am anderen Morgen zog der Vater früh mit dem Kajak los.

„Warum hat er mich nicht mitgenommen?", wollte Amak wissen.

Doch die Mutter nähte ruhig weiter an ihrem neuen Parka und lächelte nur. Da lief Amak hinaus zu seinem Eisloch und fischte. Aber heute fing er nichts. Es mochte daran liegen, dass er zu unruhig war. Bald lungerte er wieder um den Iglu herum.

Lang zogen sich die Stunden, bis endlich der Kajak in der Ferne auftauchte. Amak rannte dem Vater entgegen.

„Langsam", sagte er lächelnd. „Langsam, Söhnchen!"

Und dann wurde es Wirklichkeit: Unter den Fellen sprang ein Hund hervor – ein Hund für Amak. Es war ein halbwüchsiges, langhaariges, dunkles Tier von starkem Körperbau. „Er heißt Punjon", sagte der Vater. „Und er wird einmal der größte Hund weit und breit sein."

„O!", stammelte Amak. „Danke!"

Er starrte Punjon an und Punjon starrte zurück.

Der größte Hund weit und breit, dachte Amak. Aber er hat keine blauen Augen. Und seine Enttäuschung war wie ein dumpfer Schmerz, der ihn schlug.

Der Hund blieb an Amaks Seite, den Blick auf seinen neuen Herrn gerichtet. Amak aber ging umher und grübelte. Und endlich nahm der Plan in ihm Gestalt an.

Er würde Punjon zur „Heimat der Winde" bringen. Er würde ihn eintauschen gegen einen Hund mit blauen Augen. Punjon war schön und stark, warum sollten sie ihn nicht wollen? Amak war sicher, dass sie ihn nehmen würden.

Im Sommer hätte Amak mit seinem leichten Fellboot fahren können. Jetzt aber, wo alles Wasser Eis war, musste er laufen.

„Komm!", sagte er zu dem Hund, und sie gingen los.

Die erste Zeit kamen sie gut vorwärts. Große Schritte machte Amak in seinen dicken Pelzstiefeln, und Punjon folgte ihm mühelos. Dann aber, als die „Heimat der Winde" schon greifbar vor ihnen zu liegen schien, brach der Schneesturm los. Längst hatte Amak gesehen, dass der Himmel schwefelgelb und dann schwarz wurde. Er kannte die Zeichen. Aber was blieb ihm übrig, als weiterzugehen?

Anfangs sprang der Wind ihn von hinten an. Da jagte er mit den Flocken der Insel entgegen.

60 „Komm!", schrie er. Und Punjon war da.

Dann aber schlug der Sturm um. Wie ein rasend wehender Vorhang warf der Schnee sich ihnen jetzt entgegen. Millionen eisiger Speere trafen Amaks Gesicht. Verzweifelt stemmte er sich gegen sie, kämpfte sich mühsam Schritt für Schritt tiefer in die plötzliche Dunkelheit. Waren nicht
65 auch die Schneeflocken schwarz? Laut schrie der Wind.

„Punjon?", fragte Amak. Da war die Schnauze des Hundes an seiner Hand.

Weit konnte es nicht mehr sein zur Insel. Doch dann jagte der Schnee von rechts heran, von links, von hinten, von vorne, von allen Seiten. Amak drehte sich um sich selbst. Wohin mussten sie? Nach dort? Nach da?
70 Er machte ein paar Schritte und blieb stehen. Und im selben Augenblick fühlte er, wie bleischwer die Müdigkeit in seine Glieder kroch. Wohin sollten sie denn?

„Punjon?", fragte Amak. Der Hund stupste ihn an.

„Ja", sagte Amak, und er taumelte weiter.
75 Nach einer Weile aber wurde die Müdigkeit so stark, dass er nicht mehr standhalten konnte. „Geh heim", sagte er, bevor er sich einfach fallen ließ. „Du findest vielleicht heim." Aber während er in den Schlaf sank, spürte er die Wärme des Hundes an seiner Seite! Punjon war da.

Als es wieder hell wurde, fanden sie ihn. Er hatte die Insel fast erreicht.
80 „Der Hund hat dich warm gehalten", sagten sie, als er bei ihnen im Iglu saß und heiße Fischsuppe schlürfte. Amak nickte. Vor ihm auf dem Boden spielten drei junge Hunde. Ihre Augen waren so blau wie der Himmel an einem guten Tag.

„Warum bist du gekommen?", wollte der Schamane[1] wissen.
85 Amak legte den Arm um Punjon. Fest hielt er ihn an sich gedrückt. Und Punjon blickte zu ihm auf.

„Wir wollten euch besuchen", sagte Amak. „Mein Hund und ich. Nur so."

1 der Schamane: Person mit magischen Fähigkeiten, tätig z. B. als Medizinmann oder Zauberpriester

❶ Was wird Amak seinem Vater erzählen, wenn er mit Punjon von der Insel zurückkommt? Belege deine Einschätzung mit dem Text.

❷ Untersuche, wie die Autorin die Enttäuschung Amaks darstellt, als sein Vater ihm Punjon schenkt.

❸ Lies den Abschnitt über den Schneesturm (Z. 53–69) noch einmal. Untersuche, wie der Sturm dargestellt wird.

# Steppenwind und Adlerflügel  *Xavier-Laurent Petit*

*Die zwölfjährige Galshan, die mit ihrer Familie in der Stadt lebt, muss den Winter bei ihrem Großvater Baytar und seinen Tieren in der mongolischen[1] Steppe verbringen. Am Vortag hat ihr Vater Ryham sie mit seinem Lastwagen zu ihm gebracht und ist am frühen Morgen weggefahren, ohne sich zu verabschieden. Baytar gibt Galshan ein Pferd aus seiner Herde mit dem Auftrag, es kennen zu lernen.*

Überraschend schwungvoll für sein Alter sprang Baytar auf sein Pferd, griff sich die Urga, einen langen Stock, an dessen Ende ein lassoartiger Riemen befestigt war, und entfernte sich in Richtung einer kleinen Gruppe von Pferden, die an einem Abhang weidete. In großem Bogen trabte er
5 gegen den Wind von hinten an sie heran. Die Tiere schienen ihn nicht bemerkt zu haben. Ruhig beobachtete er sie einen Moment, als plötzlich einer der Hengste ein leises Wiehern ausstieß, um die anderen zu warnen. Die Pferde stoben auseinander, aber Baytar war einen Sekundenbruchteil schneller. Ruckartig schwang er die Urga. Die Schlinge legte sich um einen
10 Hals. Das Pferd schnaubte, schlug aus und versuchte, sich aufzubäumen, doch Baytar war bereits neben ihm. Er beugte sich über das Tier, als wollte er mit ihm sprechen. Es dauerte nur kurz, dann hatte es sich, wie durch ein Wunder, beruhigt.

Als er im Schritttempo zur Jurte[2] zurückkehrte, folgte ihm das Pferd,
15 ohne auch nur zu versuchen, am Führstrick zu zerren. Baytar deutete auf einen Verschlag aus Stein.

„Galshan, da drinnen findest du alles, was du brauchst, um es aufzuzäumen. Reite sofort los, lerne es kennen, sprich mit ihm, lass es deinen Geruch wahrnehmen und nimm du seinen wahr. Auf ihm zu reiten soll für
20 dich genauso normal werden wie gehen."

Ohne ein weiteres Wort zu verlieren, übergab er ihr den Führstrick. Der

---
1 die Mongolei: Hochland und Staat in Zentralasien
2 die Jurte: traditionelles Zelt der Nomaden mit Holzgerüst und Abdeckung, z.B. aus Baumwolle, Wollfilz, Segeltuch

alte Mann kniff die Augen zusammen, bis sie nur noch Falten zwischen Dutzenden anderer Falten waren, die sein Gesicht durchzogen.

„Ryham hat mir versichert, dass du genauso gut reiten kannst wie er. Das möchte ich gerne glauben, aber noch lieber möchte ich es sehen."

Einen Moment schwieg er und sagte dann schulterzuckend: „Aber was kann Ryham heute denn noch? Kann er noch etwas anderes, als sich auf seinen Hintern in den Dreckslaster zu setzen …?"

Baytar stieß leicht in die Flanken seines Pferdes und galoppierte davon. Erdklumpen flogen auf. Die Hunde blieben ihm dicht auf den Fersen. Kurz drehte er sich um und rief:

„Dein Pferd heißt übrigens Eisengrau!"

Ohne anzuhalten oder langsamer zu werden, ritt er eine Anhöhe hinauf und verschwand dann auf der anderen Seite.

In ihrer Tasche drückte Galshan den kleinen Stein aus Istanbul. Durch die fast geschlossenen Lippen zischte sie: „Ich hasse dich, verrückter Alter!"

\*

Eisengrau verfiel von selbst in den Passgang, was Galshan von den Ausritten mit ihrem Vater vertraut war. Es war die typische Gangart für lange Strecken. Allen Reittieren in der Steppe wurde beigebracht, sich auf diese Weise vorwärtszubewegen, wobei sie beide Beine einer Seite gleichzeitig hoben.

Zunächst hatte das Mädchen vor, in der Nähe der Jurte zu bleiben, doch das Pferd scharrte mit zuckenden Muskeln ungeduldig auf der Stelle. Es wollte nur eins: sich die Hufe heiß laufen …

Galshan fasste sich ein Herz und lenkte das Pferd in leichtem Trab in Richtung der Anhöhe, hinter der Baytar verschwunden war. Das Gras reichte ihr bis zu den Oberschenkeln und die Schafe sprangen blökend zur Seite, als sie vorbeiritt.

Sie gelangte zum Kamm des Hügels. Um sie herum gab es nichts als Gras, Felsen und Himmel. Das war alles! Auf der anderen Seite ging es fast senkrecht nach unten, ein bedrohlicher, steiniger Steilhang, übersät mit Saxaulsträuchern[3]. Sie musterte jede Felsspalte, jede Unebenheit. Keine Spur von Baytar! … Sie war ganz allein. Winzig klein! Eine starke Windböe fegte über sie hinweg, dass die Halme pfiffen. Tsagüng, das hinter ihr lag, schien unglaublich weit entfernt.

Galshan schauderte. Sie hatte plötzlich das grausame Gefühl, keine Luft mehr zu bekommen, wie an jenem Tag, als sie in den Fluss gefallen war. Die Strömung hatte sie mitgerissen. Unmöglich zu entkommen. Sowie sie versuchte, Luft zu holen, hatte sie noch mehr Wasser geschluckt,

---

[3] der Saxaul: hoher Strauch der Wüsten und Steppen in Zentralasien

das ihr den Atem nahm. Eiskalter Schweiß rann ihr den Rücken hinunter und die Angst fraß sich wie eine fette Ratte in ihren Bauch. Sie richtete sich in ihren Steigbügeln auf und schrie aus voller Kehle.

„Baytar! … Baytar! …"

Eisengrau legte die Ohren an und zuckte zusammen. Mit einem beklemmenden Gefühl im Bauch verharrte sie reglos und lauschte. Doch nur der Wind antwortete und ein Greifvogel, der hoch am Himmel segelte, stieß einen spitzen Schrei aus. Er kreiste über ihr, als würde er ihr auflauern.

Galshan konnte nicht anders, als wild mit den Armen zu fuchteln und „Hau ab! Hau ab!" zu rufen. Sie hatte nur noch eins im Kopf: zurückreiten! Sofort zurückreiten! Ihr Herz hämmerte wie ein Kolben. Panisch stieß sie die Fersen in Eisengraus Flanken, der sofort den Abhang hinuntergaloppierte. Sie klammerte sich an seiner Mähne fest und hing wie ein schwankender Strohhalm auf seinem Rücken, um ein Haar hätte er sie abgeworfen. Plötzlich glitten ihre Stiefel aus den Steigbügeln, sie verlor den Halt und merkte, wie sie rutschte und rutschte … Das Gras und die Steine sausten unter ihr vorbei, die Hufe hämmerten auf den Boden.

Wäre Ryham bei ihr gewesen, hätte er ihr zugeschrien: „Hoch mit dir!" Mit enormem Kraftaufwand und zum Zerreißen gespannten Muskeln schaffte sie es tatsächlich, sich wieder aufzurichten. „Nach hinten lehnen, Gewicht auf den Po …" Nach hinten … Gewicht auf den Po. Sie fand ihr Gleichgewicht wieder. Ihre Muskeln arbeiteten jetzt besser im Rhythmus des Pferdes, nach und nach fühlte es sich ähnlich an wie auf den langen Ausritten mit ihrem Vater. Die Mähne peitschte ihr ins Gesicht, der Wind pfiff in ihren Ohren. Genauso wie mit Ryham. Besser noch! Sie hatte das Gefühl, noch nie so viel galoppiert zu sein, so schnell … Mit geschlossenen Augen ließ sie sich tragen. Sie öffnete sie erst wieder, als Eisengrau abrupt vor der Jurte stehen blieb. Über seinen schweißnassen Hals gebeugt, verharrte sie eine Weile reglos und spürte, wie das Blut des Tieres in den Adern pulsierte, während es mit weit geöffneten Nüstern ihren Geruch aufsog.

Baytar kehrte erst am Nachmittag zurück. Er jagte vom Kamm herunter direkt vor die Jurte und brachte das Pferd nur wenige Schritte vor ihr zum Stehen. Sie rührte sich nicht vom Fleck.

„Hast du gar keine Angst?"

„Nein, mein Vater macht das Gleiche mit seinem Lastwagen, und der ist um einiges größer als dein Pferd."

Der Alte tat, als habe er nichts gehört.

„Ich dachte, ich hätte dir gesagt, dass du mit deinem Pferd ausreiten sollst."

„Das habe ich den ganzen Vormittag getan."

„Tut dir der Hintern weh?"

100 „Ein bisschen …"

„Nur ein bisschen! Das reicht nicht. Rauf aufs Pferd!"

„Aber ich …"

„Rauf mit dir!"

Der Ton war unmissverständlich. Baytar ritt mit Galshan bis zu den
105 letzten Jurten. Sie waren groß und rund und die zerrissenen Filzmatten peitschten im Wind. Innerhalb von wenigen Minuten hatte sich der Himmel zugezogen.

„Am Ende des Tals gibt es eine Quelle, wo wir die Pferde tränken können. Wer als Erster da ist!"

110 Baytar stieß einen Schrei aus und versetzte Eisengrau einen Hieb auf den Rücken. Galshan kippte nach hinten, als das Pferd davonstob, und musste sich an der Mähne festhalten. Sobald sie das Gleichgewicht wiedergefunden hatte, war der Alte ihr dicht auf den Fersen und schrie wie ein Wahnsinniger. Und bei jedem Schrei, den er ausstieß, wurde Eisengrau
115 schneller, immer schneller.

„Nicht so schlaff", brüllte Baytar, „du hast eine Haltung wie eine Schnecke!"

Sie wusste genau, dass das nicht stimmte! Er sagte das bloß, um sie zu reizen, um zu sehen, wie weit er mit ihr gehen konnte. Sie schluckte die
120 Tränen hinunter. „Ich hasse dich!" Er wollte es sehen, der alte Spinner?

Dann sollte er es sehen! Mit ganzer Kraft hieb sie Eisengrau die Stiefel in die Flanken. Sein Hals war fast waagerecht nach vorn gestreckt, die Nüstern weit geöffnet, das Maul schäumte. Die Landschaft raste wie in einem Höhenzug an ihnen vorbei, die Hufe brachen krachend in den harten Boden ein. Bald konnte sie nichts mehr sehen, nichts mehr hören, sie spürte nur noch die Kraft der Muskeln ihres wie wahnsinnig galoppierenden Pferdes.

Kurz geriet Baytars Pferd aus dem Rhythmus und dann geschah das Wunder: Ohne sich umzudrehen, merkte Galshan, dass er zurückblieb. Das Ende des Tals war jetzt ganz nah. Sie würde gewinnen! Sie würde ihn schlagen! Mit zusammengekniffenen Augen konnte sie das Wasserband hinter dem hohen Gras bereits erahnen. Und sie sollte also die Haltung einer Schnecke haben! Jetzt stieß auch sie einen Schrei aus, nicht weniger laut, als er es zuvor getan hatte. Nur noch hundert Meter!

Er reagierte hinter ihr ebenfalls mit einem Schrei.

„Yeeaaah!"

Plötzlich war er wieder da, ganz dicht neben ihr. Einen Moment lang galoppierten sie Schenkel an Schenkel, Flanke an Flanke. Noch wenige Meter! Wenige Meter noch durchhalten! Plötzlich löste sich Baytars Pferd. Er zog vorbei und erreichte mit einer Halslänge Vorsprung das Ziel.

Die Tiere schäumten vor Schweiß und schnauften wie Schornsteine, der Wind trug lange Speichelfäden mit sich, die aus ihren Mäulern hingen. Mit einem kaum sichtbaren Lächeln auf den Lippen riss Baytar ein Büschel Gras aus, um sein Pferd abzureiben.

Wortlos beobachteten der Alte und Galshan, wie die Tiere in langen Zügen tranken. Als die ersten Tropfen auf der Erde zerplatzten, wälzten sich die abgesattelten Pferde im Gras.

Den Rückweg legten sie bei strömendem Regen im Schritttempo zurück.

Am Abend holte Galshan im flackernden Licht des Ofens ein kleines Heft, das sie mitgebracht hatte, aus ihrer Tasche hervor und strich den ersten der einhundertdreiundfünfzig Tage aus, die sie in Tsagüng verbringen sollte.

Sie hatte das Gefühl, bereits viel länger da zu sein.

**❶** Welches Verhältnis hat Galshan zu ihrem Großvater? Suche Textstellen, die deine Meinung stützen.

**❷** Galshan durchlebt viele unterschiedliche Gefühle. Beschreibe ihre Gefühle im Verlauf dieses einen Tages.

**❸** Stelle dir vor, Galshan schreibt über diesen Tag in ihr „kleines Heft". Verfasse diesen Eintrag.

## Die Schwäne auf dem Wasser  *Benno Pludra*

Der kleine Junge hatte in diesem Sommer schwimmen gelernt. Er war noch sehr klein und alle Leute bewunderten ihn. „Seht mal", sagten die Leute, „der kleine Junge kann schwimmen."

Zum ersten Mal schwamm er heute ganz allein. Kein Vater war dabei, niemand am Ufer sah ihn. Der See war groß und glatt; er lächelte im Sonnenschein. Seerosenfelder blühten gelb und weiß. Zwischen den Seerosenfeldern, auf einer blanken Wassergasse, schwamm der kleine Junge vom Ufer weg und hin zu einem Pfahl. Dort hielt er sich fest, das Kinn knapp über dem Wasser, und verschnaufte. Die Wiese am Ufer erschien ihm fern, die Büsche und Bäume ruhten reglos wie im Schlaf. Der kleine Junge war glücklich und stolz. „Ich habe keine Angst mehr", sagte er zu sich selber, „ich könnte sonst wohin und sonst wie weit noch schwimmen." Nun sah er die Schwäne. Es waren drei und sie zogen gemächlich heran, zwischen den Seerosenfeldern die blanke Wassergasse herauf, leicht und ruhig wie weiße, segelnde Schiffe. Der kleine Junge blieb am Pfahl. Zwei Lehren hatte ihm sein Vater gegeben: „Den Seerosen weiche aus, den Schwänen komm nicht zu nahe. Hüte dich, pass auf!" Die Schwäne begannen zu fressen. Sie beugten die hohen Hälse nieder und schnatterten mit den harten Schnäbeln flach durchs Wasser. Die schweren Schwingen waren aufgestellt und sahen aus, als wären sie federleicht. Der kleine Junge klebte am Pfahl. Das Holz war glatt, von Algen bewachsen, und die Schwäne ließen sich Zeit. Sie gaben den Weg nicht frei, die blanke Wassergasse blieb versperrt.

Der Junge fror. Er war klein und ein bisschen mager, darum fror er bald und wünschte, dass die Schwäne jetzt verschwinden möchten. Er überlegte auch, ob er die Seerosenfelder nicht umschwimmen sollte; doch er war nun schon lange im Wasser und fühlte sich nicht mehr so stark, seine Muskeln waren kalt. Der kleine Junge wagte nicht, die Seerosenfelder zu umschwimmen. Die Schwäne indessen glitten langsam näher. Sie fraßen nach links und rechts und glitten auf den kleinen Jungen zu. Er hörte ihre Schnäbel schnattern, und er wusste, dass diese Schnäbel zuschlagen konnten, heftig wie die Faust eines Mannes.

Noch beachteten sie den kleinen Jungen nicht. Er verhielt sich still. Er fror immer mehr, und die Schwäne lagen drei Schritte entfernt auf dem Wasser. ...

❶ Welches Problem hat der Junge in dieser Geschichte? Begründe.

❷ Wie könnte die Geschichte weitergehen? Schreibe einen Schluss.

## Alle arbeiten sie dauernd! *Åsa Lind*

Im Haus am Meer war es Morgen. Zackarina saß in der Küche und frühstückte zusammen mit ihrer Mama. Sie aß langsam, aber Mama aß sehr schnell. Sie musste ihre Hafergrütze hinunterschlingen, weil sie es so eilig hatte, zur Arbeit zu kommen.

5 „Du, Mama", sagte Zackarina, „sollen wir Verstecken spielen?"

„Jetzt nicht! Ich habe keine Zeit, der Bus kommt!", sagte Mama. Sie rief: „Tschüss" und „Kuss" und „Wir sehen uns heute Abend", und schon war sie fort und auf dem Weg zu ihrer Arbeit.

Da ging Zackarina zu ihrem Papa. Er saß in seinem Arbeitszimmer am
10 Schreibtisch. Vor sich hatte er Stapel von Papieren und dicke Bücher.

„Du, Papa", sagte Zackarina, „sollen wir heute angeln gehen, du und ich?"

„Liebe Zackarina, nicht gerade jetzt, ich muss arbeiten", sagte Papa. „Dies hier sind wichtige Sachen, verstehst du!"

„Angeln ist doch auch wichtig", sagte Zackarina.

15 „Jaja, aber nicht jetzt, ich arbeite", sagte Papa. „Geh raus und spiel ein bisschen."

Zackarina stampfte auf ärgerlichen Füßen davon. Arbeit, Arbeit, Arbeit! Immer dasselbe, nur Arbeit und Arbeit. Sie stampfte aus dem Haus hinaus und im Garten herum. Aber dort, unter dem Apfelbaum, fiel ihr plötzlich
20 etwas ein.

Der Sandwolf! Ob er noch unten am Strand war? Er machte sicherlich nie langweilige Sachen, nur richtige und wichtige. Zackarina lief den Pfad zum Strand hinunter. Da saß er tatsächlich. Glitzergelb und mit gespitzten Ohren, die Nase direkt auf das Meer gerichtet, saß er da, unbeweglich wie
25 eine Statue aus Sand. Aber er lebte, das sah man, denn er funkelte.

„Hallo", sagte Zackarina und kletterte auf einen Stein.

„Hallo", sagte der Sandwolf und bewegte kaum seinen Kopf. „Hast du so gestampft?"

„Ja, so fest ich nur konnte", sagte Zackarina.

30 Sie sprang vom Stein herunter und hüpfte rund um den Sandwolf herum, erst auf dem einen Bein, dann auf dem anderen, bis sie schließlich umfiel.

„Das ist so dumm", sagte sie und machte einen Engel in den Sand. „Alle arbeiten und arbeiten nur und niemand hat Zeit für andere Sachen!"

„Ich arbeite auch", sagte der Sandwolf.

35 „Stimmt überhaupt nicht", sagte Zackarina. „Du sitzt doch nur still da." Sie stand auf und versuchte, einen Handstand zu machen. Das war ziemlich schwierig.

„Natürlich arbeite ich", sagte der Sandwolf. „Ich arbeite und schufte wie ein Verrückter. Ich arbeite mich fast zu Tode, das siehst du doch wohl."

40 „Aber du machst doch gar nichts", sagte Zackarina und schlug einen Purzelbaum.

„Genau", sagte der Sandwolf. „Ich mache nichts, und die Arbeit heißt Nichts, und das ist die schwerste Arbeit, die es gibt." Er seufzte tief. „Ich weiß nicht, wie ich das schaffen soll. Es ist so anstrengend."

45 „Aber ich kann dir helfen", sagte Zackarina und setzte sich neben den Sandwolf. „Was muss ich tun?"

Der Sandwolf zeigte es ihr und sie machte es genau so. Bald merkte sie, dass der Sandwolf recht hatte. Die Nichts-Arbeit war wirklich schwer. Man musste absolut still sitzen und absolut nichts tun. Man durfte nicht spre-
50 chen, nicht mit den Zehen wackeln, noch nicht einmal mit dem Finger im Sand pulen. Man musste nichts machen, die ganze Zeit!

Zackarina saß still wie ein Stein, bis ihr ganzer Körper schmerzte. Sie schnaufte und stöhnte, und gerade als sie merkte, dass sie keine Sekunde länger arbeiten konnte, streckte sich der Sandwolf aus.

55 „Ah, endlich", sagte er. „Endlich sind wir fertig!"

Er wandte sich ihr zu und lächelte mit seinen tausend scharfen Zähnen.

„Es ist unglaublich, wie gut wir heute gearbeitet haben", sagte er. „Und sieh nur, wie schnell es geht, wenn zwei sich die Arbeit teilen!"

Zackarina streckte sich auch aus. Oh, war das schön! „Puh, wie anstren-
60 gend die Arbeit war", sagte sie.

„Ja, aber jetzt haben wir frei", sagte der Sandwolf. „Und das ist der eigentliche Sinn dieser Arbeit: dass man so glücklich wird, wenn man ausruhen und machen kann, was man will!"

Zackarina sprang hoch. Sie wusste genau, was sie machen wollte, während sie sich ausruhte. Sie wollte den Strand schön machen. Umräumen vielleicht? Ja, das war eine gute Idee! Alle Steine umräumen!

„Weil sie so unaufgeräumt herumliegen, oder was meinst du?", fragte sie.

Der Sandwolf stimmte ihr zu. Die Steine lagen wirklich kunterbunt durcheinander. Mit etwas Ordnung würde es ihnen sicherlich besser gehen. Also fingen der Sandwolf und Zackarina an, die Steine umzusetzen. Sie rollten und stießen sie, trugen und schleppten sie, heulten und sangen: „Auf die Beine, alle Steine, seid nicht dumm, ihr zieht um!"

Als sie fertig waren, lagen alle Steine in einer neuen Ordnung da, viel besser als vorher. Und genau als der letzte Stein an seinem Platz war, tauchten Mama und Papa auf dem Pfad auf. Der Sandwolf funkelte, glitzerte und wirbelte über den Strand davon. „Mach's gut!", rief Zackarina.

„Mach's gut?", fragte Papa.

„Nein, ich meine ... nun ist's gut!", sagte Zackarina.

„Ja, genau", sagte Mama. „Nun bin ich für heute mit der Arbeit fertig."

„Ich auch", sagte Papa.

„Und ich auch", sagte Zackarina. „Ich bin schon lange mit der Arbeit fertig."

Mama ging am Strand entlang. „Wie schön es heute hier ist", sagte sie.

„Ja, weil ich aufgeräumt habe", sagte Zackarina. „Ich habe alle Steine umgeräumt und sie ordentlich hingelegt."

„Du meine Güte, was für eine Arbeit!", sagte Papa.

„Nein, das war keine Arbeit", sagte Zackarina. „Die Steine habe ich nach der Arbeit umgeräumt, als ich frei hatte."

Mama nickte und versuchte, so auszusehen, als ob sie alles verstanden hätte, aber das hatte sie natürlich nicht. „Zackarina", sagte sie dann, „jetzt habe ich Zeit. Wir könnten Verstecken spielen, wenn du willst."

„Oder wir könnten angeln gehen", sagte Papa, „denn ich habe auch Zeit."

Aber Zackarina wollte weder Verstecken spielen noch angeln gehen. Sie wollte Mama und Papa zeigen, was sie den ganzen Tag bei ihrer anstrengenden Arbeit getan hatte. Also setzte sie sich auf einen der umgeräumten Steine und tat absolut nichts. Und Mama und Papa setzten sich daneben und halfen mit.

❶ Prüfe, ob die Geschichte die Erzählbausteine (→ S. 29) enthält.

❷ Erkläre, was Zackarina unter „Arbeit" und was sie unter „frei haben" versteht.

❸ Der Sandwolf sagt: „Und das ist der eigentliche Sinn dieser Arbeit: dass man so glücklich wird, wenn man ausruhen und machen kann, was man will!" (Z. 61–63). Hast du das auch schon einmal erlebt? Erzähle.

# Erzählen

**1. Schritt: Eine Geschichte planen**
– Sammle Ideen für deine Geschichte. Du kannst dich z. B. von Bildern, Reizwörtern oder Zeitungsberichten inspirieren lassen.
– Lege einen Schreibplan an, mit dem du deine Ideen nach den einzelnen Erzählbausteinen deiner Geschichte ordnest.
– Entscheide, aus wessen Sicht du erzählen willst.

| Erzählbausteine | Handlung: Was passiert? | Gedanken/Gefühle: Was denkt/fühlt die Hauptfigur? | Wörtliche Rede: Wo sprechen die Figuren? |
|---|---|---|---|
| Ausgangssituation | … | … | … |

**2. Schritt: Eine Geschichte schreiben**
– Verknüpfe die einzelnen Erzählbausteine zu einer nachvollziehbaren Geschichte.
– Veranschauliche die Gedanken und Gefühle der Figuren. Du kannst
  – das Gefühl direkt benennen *(sie fühlte ihre Wut; wütend)*,
  – ein Gefühl durch einen Vergleich veranschaulichen *(blind vor Wut)*,
  – der Figur Gedanken durch den Kopf gehen lassen *(„O nein!")* oder
  – Handlungen und körperliche Reaktionen der Figur darstellen, die mit dem Gefühl verbunden sind *(sie verkrampfte sich; er zitterte)*.
– Verwende an passenden Stellen wörtliche Rede (→ S. 36).
– Schreibe im Präteritum (→ S. 230).

**3. Schritt: Die Geschichte überprüfen und überarbeiten**
Überprüfe deine Geschichte mit folgender Checkliste und überarbeite sie, falls notwendig:

**Checkliste ✓ Eine Erzählung überarbeiten**

- ✓ Sind alle Erzählbausteine in der Geschichte enthalten?
- ✓ Erzählst du immer aus der Sicht einer bestimmten Figur?
- ✓ Sind die Gedanken und Gefühle deiner Figuren gut veranschaulicht, z. B. durch Vergleiche?
- ✓ Hast du an passenden Stellen wörtliche Rede eingebaut?
- ✓ Hast du einen Titel gefunden, der neugierig macht und nicht zu viel verrät?
- ✓ Steht deine Erzählung im Präteritum?

# 3 Ansichtssache: Freizeit
## Die eigene Meinung begründen

- Skateboard fahren
- Geige spielen
- Comic lesen
- Einrad fahren
- zeichnen

Charlotte und Jakob haben heute keine Hausaufgaben. Sie überlegen, wie sie ihre freie Zeit gestalten wollen.

❶ Nenne Charlottes und Jakobs Ideen für den Nachmittag. Welche gefällt dir besonders? Begründe deine Wahl.

❷ Wie verbringst du einen freien Nachmittag? Gestalte eine Wunschblase mit Ideen für deinen freien Nachmittag.

*Ich will schwimmen gehen, weil …*

Ein Nachmittag ohne Hausaufgaben! Ihr wollt den Tag zusammen verbringen – nur wie?

❸ Suche aus dem Bild drei Aktivitäten aus, die du mit deinen Freundinnen oder Freunden gern unternehmen möchtest. Erstelle eine Rangliste.

❹ Formuliere für jede Idee auf deiner Liste mindestens eine Begründung, warum du den Tag auf diese Weise verbringen möchtest.

❺ Tragt eure Begründungen vor und versucht, euch gegenseitig von euren Wünschen zu überzeugen. Einigt euch auf drei Vorschläge und erstellt eine Rangliste.

## In diesem Kapitel …

- lernst du, deine Meinung zu äußern und zu begründen.
- formulierst du deine Meinung auch schriftlich.
- übst du, die Meinung anderer Leute zu erkennen.
- lernst du, einen Leserbrief zu schreiben.

# Begründungen untersuchen

**Gunnar spinnt**  *Irina Korschunow*

Ich heiße Lars. In den Ferien war ich mit Gunnar an der Nordsee. Gunnar ist mein Freund. Wir sind in derselben Klasse und machen alles zusammen. Deshalb bin ich auch mit ihm an die Nordsee gefahren. Und dort hätten wir uns beinahe für immer verkracht.

5   Gleich am ersten Tag ging es los. Gunnars Eltern hatten ein Ferienhaus gemietet. Gunnar kannte es schon von früher, und als wir in unser Zimmer kamen, sagte er: „Das obere Bett ist meins. Da habe ich sonst auch geschlafen."

Das ärgerte mich ein bisschen. Er hätte wenigstens fragen können, ob
10 es mir passt.

Nach dem Essen gingen wir an den Strand. Ich hatte mich so aufs Baden gefreut. Aber Gunnar wollte zuerst mit der Burg anfangen: „Das habe ich immer so gemacht", sagte er. „Los! Komm!"

Wir schaufelten eine Weile. Dann brauchten wir Wasser zum Begießen
15 und ich lief zweimal ans Meer mit dem Eimer. „Du kannst auch mal Wasser holen", sagte ich schließlich. Gunnar schüttelte den Kopf. „Ich muss an meiner Burg arbeiten. Weil ich am besten weiß, wie man das macht."

Meine Burg! Ich dachte, ich höre nicht richtig. Meine Mutter hatte mir gesagt, ich sollte mir Mühe geben und nett sein. Aber jetzt langte es mir. Am
20 liebsten wäre ich nach Hause gefahren. Der Gunnar war immer in Ordnung gewesen. Und plötzlich fing er an zu spinnen. Als ob die ganze Nordsee ihm gehörte. Abends bekamen wir dann einen Riesenkrach. Gunnars Eltern waren weggegangen und wir saßen vor dem Fernseher. Doch wir guckten nicht, wir zankten uns nur. Ich wollte den Krimi sehen, Gunnar die Show.

25 Wir stritten und brüllten uns an und auf einmal schrie er: „Du hast überhaupt nichts zu bestimmen! Das ist unser Haus! Und unser Fernseher!"

Da hatte ich genug. „Morgen fahre ich wieder weg", habe ich gesagt. „Wenn alles dir gehört und nur du zu bestimmen hast, dann bleibe ich nicht hier."

30 Ich habe meine Sachen zusammengepackt und mich ins Bett gelegt. Aber schlafen konnte ich nicht. Immerzu musste ich daran denken, wie gut wir uns verstanden hatten. Und nun war es aus.

Nach einer Weile kam Gunnar. Er kletterte in sein Bett und deckte sich zu. Dann flüsterte er: „Du, Lars!" Der soll mich in Ruhe lassen, dachte ich.

35 „Mann, Lars", sagte Gunnar. „Ich meine das doch nicht so. Natürlich hast du genauso viel zu bestimmen wie ich. Ist doch klar."

„Ich denke, alles hier ist deins", sagte ich.

„Fang doch nicht wieder an", sagte Gunnar. „War ja gesponnen. Ehrlich. Und fahr bloß nicht weg. Ist doch Mist ohne dich. Okay?"

40 Da habe ich auch okay gesagt und meinen Kram wieder ausgepackt. Es sind ganz tolle Ferien geworden. Und ich bin froh, dass Gunnar noch mein Freund ist.

❶ a) Warum streiten Gunnar und Lars? Begründe deine Einschätzung mit Textstellen.
b) Hättest du dich an Lars' Stelle genauso verhalten (Z. 27–32)? Begründe.
c) Untersuche Gunnars Begründungen (Argumente) im Text. Übertrage die Tabelle in dein Heft und ergänze sie.
d) Beurteile Gunnars Begründungen: Überzeugen sie dich?
Tipps & Hilfen (→ S. 292)

| Aussage/Forderung | Begründung (Argument) |
|---|---|
| Das obere Bett ist meins, | weil ich immer dort schlafe. |
| Ich will zuerst mit der Burg anfangen, | weil … |
| Du sollst das Wasser holen, | weil … |
| Du hast überhaupt nichts zu bestimmen, | weil … |

❷ Was könnte Lars entgegnen, um seine Ansichten und Wünsche deutlich zu machen? Ergänze die Aussagen und formuliere Begründungen, die Gunnar wirklich überzeugen.
– „Es ärgert mich, dass du im oberen Bett schläfst, weil …"
– „Bevor wir eine Sandburg bauen, möchte ich …, da …"
– „Du kannst auch mal Wasser holen gehen, …"
– „Ich möchte mit dir gemeinsam das Fernsehprogramm aussuchen, …"
Tipps & Hilfen (→ S. 292)

# Die eigene Meinung begründen

Für einen Nachmittag mit Freunden packst du einen kleinen Rucksack. Da darin nur wenig Platz ist, kannst du außer Essen und Getränken nur drei Dinge mitnehmen.

❶ a) Entscheide dich für drei Gegenstände, die du mitnehmen möchtest. Begründe deine Auswahl.
Tipps & Hilfen (→ S. 293)
b) Stellt euch in Zweierteams gegenseitig eure Ideen vor. Einigt euch auf drei Dinge, die ihr mitnehmen wollt. Begründet bei jedem Gegenstand, warum er unbedingt mit muss.
c) Stellt eure Auswahl einem anderen Team vor und einigt euch wiederum auf drei Dinge.
d) Präsentiert der Klasse eure Entscheidungen und Begründungen.

❷ a) Urlaub ohne Handy? Untersuche das folgende Gespräch anhand dieser Fragen:
– Welche Aussagen geben nur eine Meinung wieder, ohne sie zu begründen?
– Wer begründet den eigenen Standpunkt?
Tipps & Hilfen (→ S. 293)

> **Ben:** Das geht gar nicht! Ohne Handy kann ich nicht leben!
> **Sven:** Ich finde es wichtig, dass ich auch im Urlaub ein Handy dabeihabe, damit ich mit meinen Freunden chatten kann und immer weiß, was los ist.
> **Lena:** Im Urlaub braucht man kein Handy. Schließlich fährt man doch
> 5  weg, um den Tag anders als zu Hause zu verbringen: schwimmen, was erleben, ...
> **Merve:** Meine Eltern finden ein Handy für Kinder im Urlaub unnötig, da zu viel Zeit am Handy angeblich nicht gut ist. Das sehe ich nicht so.
> **Carola:** Ich finde ein Handy gerade im Urlaub ganz wichtig, weil ich mit
> 10  meinem Handy vor allem Erinnerungsfotos mache.

b) Nenne weitere Argumente für oder gegen eine handyfreie Zeit im Urlaub.
Tipps & Hilfen (→ S. 293)
c) Überlege, welche Argumente für das Handy im Urlaub deine Eltern vermutlich am ehesten überzeugen.

❸ Formuliere ein Gespräch zwischen dir und einer Freundin oder einem Freund zum Thema „Handys im Urlaub – ja oder nein?".
Achte auf sinnvolle Begründungen.

# Calvin und Hobbes  *Bill Watterson*

**4** Calvin fährt mit seinen Eltern am Wochenende an einen See.
Untersuche die Aussagen von Calvin und seinem Vater:
– Was gefällt dem Vater an dem Ausflug? Welche Meinung hat Calvin?

**5** Urlaub kann man auf verschiedene Art und Weise verbringen, z. B. als Campingurlaub auf einem Zeltplatz.
– Was spricht für einen Campingurlaub?
– Was spricht gegen einen Campingurlaub?
Lege eine Tabelle in deinem Heft an und ergänze weitere Begründungen.

| Das ist schön am Campingurlaub: | Das spricht gegen einen Campingurlaub: |
|---|---|
| Man ist den ganzen Tag draußen. | Es gibt keinen Fernseher. |
| ... | ... |

**6** Untersuche die Einträge in deiner Tabelle:
– Gelten diese Begründungen für dich und deine Eltern gleichermaßen?
– Welche Begründungen gelten nur für dich, welche nur für deine Eltern? Woran liegt das?

# Begründungen prüfen

## Schulfrei für ein Abenteuer?

Die 14-jährige Laura Dekker aus der Nähe von Utrecht in den Niederlanden hat für zahlreiche Schlagzeilen und wilde Diskussionen gesorgt. Mit ihrer Idee, allein mit einem Segelschiff in eineinhalb Jahren die Welt zu umrunden, stieß sie zwar bei ihren Eltern auf offene Ohren, aber ein Gericht sah das anders. Es argumentierte mit der Schulpflicht für Laura und schränkte sogar das Sorgerecht der Eltern ein, damit diese ihr das geplante Abenteuer nicht mehr erlauben konnten. Nach einer einjährigen Auseinandersetzung gelang es Laura trotz aller Widerstände, ihren Plan in die Tat umzusetzen.

❶ Schulfrei für ein Abenteuer?
Zu dieser Frage kann man sehr unterschiedlicher Ansicht sein.
Gib die Meinungen der Kinder mit eigenen Worten wieder.

> *Ich finde es ganz in Ordnung, dass Laura diese Reise macht. Natürlich muss sie danach nachholen, was die anderen in ihrer Klasse lernen. Aber das weiß sie bestimmt. Später hat sie vielleicht nie wieder die Chance, so eine aufregende Reise zu unternehmen. Das sollte sie sich nicht entgehen lassen.*   Finn, 11 Jahre

> *Was wird passieren, wenn Jugendliche wie Laura regelmäßig von der Schule beurlaubt werden? Dann wollen bestimmt noch mehr Schülerinnen und Schüler lieber Abenteuer erleben, als zur Schule zu gehen. Die müsste man doch dann auch beurlauben, sonst wäre das ja ungerecht.*   Cleo, 12 Jahre

> *Die Idee, die Welt zu umsegeln, ist natürlich toll. Aber das ist doch auch ganz schön gefährlich. Ich finde es nicht gut, für solche gefährlichen Abenteuer Kinder von der Schule freizustellen. Laura kann doch warten, bis sie größer ist.*   Noah, 10 Jahre

> *Auf jeden Fall: ja! Erwachsene dürfen ihre Träume doch auch leben. Dann muss man das genauso auch Kindern erlauben.*   Ege, 11 Jahre

❷ Überprüfe die Argumente der Kinder. Begründen sie ihren Standpunkt überzeugend?

❸ Diskutiert in der Klasse die Frage, ob man für Abenteuer schulfrei bekommen sollte.

❹ Formuliere deine Meinung zu der Frage schriftlich und begründe sie.

# Einen Leserbrief schreiben

*Münster, den 10.02.20..*

*Artikel über Laura Dekker im Tageblatt vom 21. Januar 20..*

*Sehr geehrte Tageblatt-Redaktion,*
*mit großem Interesse habe ich Ihren Artikel gelesen, in dem Sie von der 14-jährigen Laura Dekker berichtet haben, die für eine Weltumrundung mit dem Segelboot schulfrei erhalten wollte.*
*Ich bin der Ansicht, dass dies nicht erlaubt werden darf. Denn auch ich muss mein liebstes Hobby, mit dem Fahrrad große Touren zu machen, in den Schulferien ausüben. Für alle Schülerinnen und Schüler sollte gleiches Recht gelten. Wer legt fest, welches Hobby eine Ausnahme wert ist? Das kann nicht fair entschieden werden. Daher bin ich gegen solche Ausnahmen. Ich wünsche mir eine Gleichbehandlung für alle.*

*Mit freundlichen Grüßen*
*Charlotte Welke (11 Jahre)*

❶ Untersuche, wie der Leserbrief von Charlotte aufgebaut ist. Ordne die Informationen aus dem Info-Kasten ihrem Brief zu.

❷ Verfasse selbst einen Leserbrief zur Frage: Schulfrei für ein besonderes Abenteuer?
*Sehr geehrte ...,*
*ich fand Ihren Bericht über Laura Dekker ...*
Tipps & Hilfen (→ S. 293)

> **Info   Einen Leserbrief schreiben**
>
> Ein **Leserbrief** ist eine **schriftliche Meinungsäußerung zu einem bestimmten Thema**. Dabei äußern sich Leser/-innen von Zeitungen oder Zeitschriften oder auch Fernsehzuschauer/-innen zu einem Artikel bzw. einer Sendung.
>
> 1. Gib in der **Betreffzeile** an, zu welchem Artikel und Thema du Stellung nehmen willst.
> 2. Formuliere eine passende **Anrede** an die Redaktion.
> 3. Achte auf großgeschriebene **Anredepronomen** bei Personen, die du nicht duzt.
> 4. Formuliere deinen **Standpunkt** zum Thema als Zustimmung oder Widerspruch und begründe ihn. Am **Schluss** kannst du ihn nochmals zusammenfassen.
> 5. Beende den Brief mit einer **Grußformel** und **unterschreibe** ihn. Hier kannst du auch kurze Informationen über dich hinzufügen (→ S. 24 f.).

Ausdruckstraining

# Begründungen schriftlich formulieren

**❶** Die Schülerinnen und Schüler der Klasse 5b finden, dass sie zu viele Hausaufgaben in den verschiedenen Fächern aufhaben. Um das zu ändern, will die Klasse in einem Brief an die Schulleitung ihre Forderung „Weniger Hausaufgaben – mehr Freizeit!" begründen.

Sammle Begründungen (Argumente) für die Forderung „Weniger Hausaufgaben – mehr Freizeit!". Notiere sie in einer Liste.

<u>Weniger Hausaufgaben – mehr Freizeit</u>

– mehr Zeit für Freundinnen und Freunde
– kein Zeitdruck bei Hausaufgaben
– …

**❷** Prüfe deine gesammelten Begründungen (Argumente). Beachte dabei, an wen sich der Brief richtet, also wer der Adressat ist:
 – Welche Begründungen werden vermutlich die Schulleitung überzeugen?
 – Welche Begründungen wird sie eher nicht gelten lassen?

**❸** Formuliere deine Begründungen in ganzen Sätzen. Nutze die Formulierungshilfen im Info-Kasten.
 – Formuliere im Plural, da du aus Sicht der Klasse schreibst, z.B.: *Wir Schülerinnen und Schüler der Klasse 5b finden, dass …*
 – Schreibe so, dass der Adressat (Schulleitung) die Argumente gut nachvollziehen kann, z.B.: *Sicher können Sie nachvollziehen, dass …*

---

**Info**    **Formulierungshilfen zum schriftlichen Begründen**

**So kannst du deine Meinung einleiten:**
Wir sind der Meinung, dass … / Unserer Ansicht nach … / Wir denken, dass …, z.B.:
 *Wir sind der Meinung, dass weniger Hausaufgaben besser für uns wären.*

**So kannst du deine Sätze einleiten oder verknüpfen:**
– weil, denn, da … (Grund), z.B.:
 *…, weil Erholungspausen wichtig sind.*
– sodass, folglich, darum … (Folge), z.B.:
 *…, sodass auch Zeit zur Erholung bleibt.*
– außerdem, darüber hinaus … (Aufzählung), z.B.:
 *Zeitdruck führt zu Fehlern. Außerdem macht das Lernen unter Zeitdruck keinen Spaß.*
– Besonders wichtig ist … (Hervorhebung), z.B.:
 *Besonders wichtig ist, dass genügend Zeit für besondere Interessen bleibt.*
– beispielsweise, so … (Beispiel), z.B.:
 *Beispielsweise spielen viele von uns ein Instrument oder sind in einem Sportverein.*

# Begründungen überarbeiten

**❶** Die Schülerinnen und Schüler der Klasse 5 b schreiben Entwürfe für den Brief an die Schulleitung.
Lies die Briefauszüge von Jakob, Tim und Viola und untersuche:
– Wurde der Adressat des Briefs berücksichtigt, passen also Sprache und Inhalt zu einem Brief an die Schulleitung?
– Wo wurden die Formulierungshilfen aus dem Info-Kasten auf Seite 68 genutzt?

> Ich bin der Meinung, dass wir weniger Hausaufgaben haben sollten, damit noch genug Zeit für unsere Hobbys bleibt. Denn Bewegung ist ebenso wichtig, wie für die Schule zu üben. So hat man einen Ausgleich zum Stillsitzen am Vormittag. Nach einem langen Schultag ist es beispielsweise gut, Fußball zu spielen, um den Kopf freizukriegen. (Jakob)

> Weniger Hausaufgaben sind besser. Wenn man weiß, dass man nachmittags mehr Zeit für andere Aktivitäten hat, lernt man morgens umso lieber und erledigt auch die Hausaufgaben gerne. Toll ist es auch, ohne Zeitdruck zu lernen. Zum Beispiel braucht man für Vokabeln Ruhe und Zeit. Viele von uns machen mehrmals in der Woche Sport in einem Verein. Sie schaffen es dann kaum, Sport und Hausaufgaben unter einen Hut zu bringen. Außerdem wollen wir genug Zeit haben, um Freunde zu treffen, am Computer zu spielen oder einfach mal gar nichts zu tun. (Tim)

> Ich möchte weniger Hausaufgaben haben. Es bleibt durch die vielen Aufgaben oft keine Zeit für mein Instrument. Klavierspielen ist ja auch wichtig, und man muss regelmäßig üben, wenn man gut werden will. (Viola)

**❷** An welchen Stellen würdest du die Briefauszüge umformulieren? Überarbeite die Textstellen. Nutze dabei die Formulierungshilfen auf Seite 68.

Gewusst wie

# Diagramme lesen

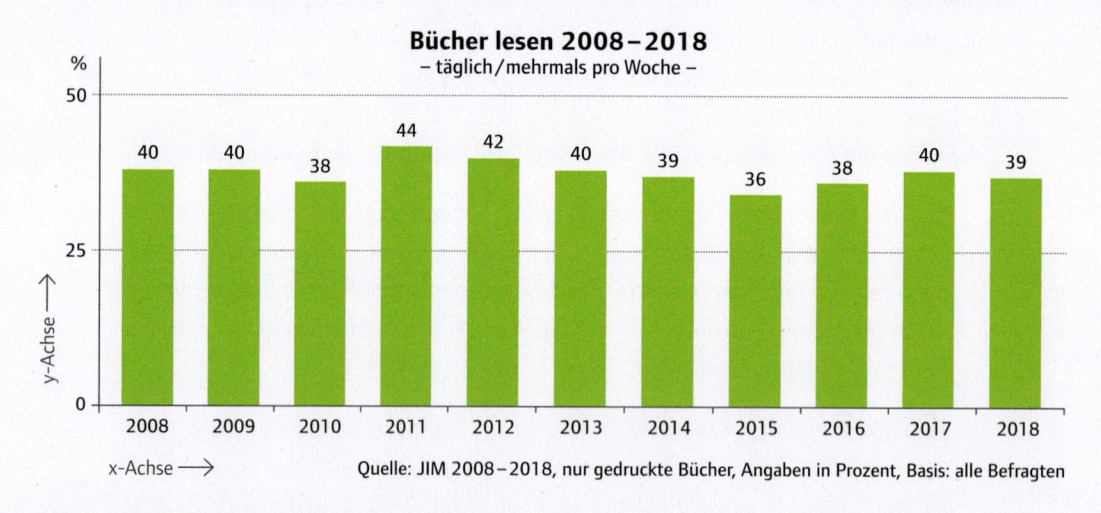

**Eine Umfrage unter Jugendlichen zwischen 12 und 19 Jahren**

**Bücher lesen 2008–2018**
– täglich/mehrmals pro Woche –

| Jahr | 2008 | 2009 | 2010 | 2011 | 2012 | 2013 | 2014 | 2015 | 2016 | 2017 | 2018 |
|---|---|---|---|---|---|---|---|---|---|---|---|
| % | 40 | 40 | 38 | 44 | 42 | 40 | 39 | 36 | 38 | 40 | 39 |

y-Achse → , x-Achse →

Quelle: JIM 2008–2018, nur gedruckte Bücher, Angaben in Prozent, Basis: alle Befragten

❶ Erläutere, worüber das Diagramm informiert.

❷ Die folgenden Aussagen zu dem Diagramm haben Schüler/-innen der Klasse 5 gemacht. Lies die Aussagen durch und verbessere inhaltliche Fehler.

A Das Säulendiagramm zeigt, wie viele Jugendliche täglich oder mehrmals in der Woche Bücher lesen.
B Im Jahr 2016 gaben 38 % aller Befragten an, täglich oder mehrmals in der Woche Bücher zu lesen.
C 2011 lasen mehr Jugendliche täglich oder mehrmals pro Woche Bücher als 2018.
D Die Umfrage-Ergebnisse aller Jahre zeigen, dass weniger als die Hälfte aller befragten Jugendlichen täglich oder mehrmals in der Woche ein Buch lesen.
E Insgesamt ist eine sehr starke Schwankung zwischen 2008 und 2018 festzustellen.

❸ Werte das folgende Säulendiagramm in den genannten Schritten 1 bis 5 (→ S. 71) aus.

❹ a) Erstellt eine Umfrage für eure Klasse zu folgenden Themen:
– Wie viele von euch lesen täglich oder mehrmals pro Woche ein gedrucktes Buch?
– Wie viele von euch lesen täglich oder mehrmals pro Woche ein E-Book?
– Wie viele von euch lesen täglich oder mehrmals pro Woche Bücher auf dem Handy?
b) Stellt die Ergebnisse eurer Umfrage als Säulen- oder Balkendiagramm dar, z. B.:

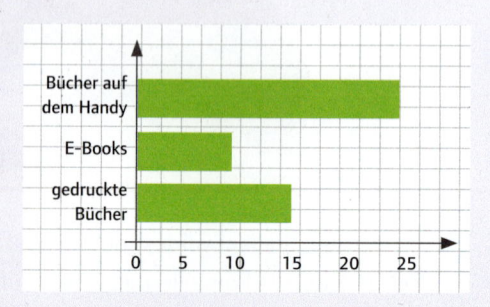

# Gewusst wie

## Info  Ein Diagramm lesen

**Diagramme** stellen Zahlenwerte und Größenverhältnisse in einer anschaulichen, übersichtlichen Form dar. Es gibt unterschiedliche Diagrammtypen, z. B.:

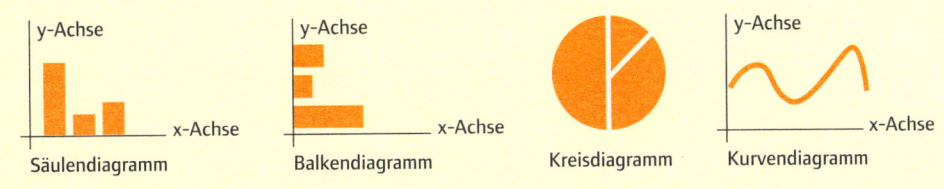

Säulendiagramm  Balkendiagramm  Kreisdiagramm  Kurvendiagramm

So wertest du ein Diagramm aus:

**Schritt 1: Verschaffe dir einen Überblick über das Diagramm.**
– Lies dazu die Überschrift oder die Bildunterschrift.
– Worüber informiert das Diagramm? Benenne das Thema.
  *Das Diagramm zeigt die Ergebnisse einer Befragung von Jugendlichen im Alter zwischen …*
  *Es ging um die Frage, …*

**Schritt 2: Lies die Angaben auf der x-Achse und der y-Achse.**
– Kläre die Maßeinheit (Meter, Kilogramm, …).
  Überprüfe: Werden Prozentsätze oder absolute Zahlen aufgeführt?
– Wird eine zeitliche Entwicklung (meist auf der x-Achse) dargestellt (z. B. 2010, 2012, …)?
– Von wem stammen die Zahlen? Wer hat z. B. die Umfrage beauftragt?
– Achte auf zusätzliche Erklärungen in einer Legende (meist unten und klein gedruckt).

**Schritt 3: Beschreibe die Angaben und werte sie aus.**
– Ermittle den höchsten und den niedrigsten Wert.
  *Im Jahr … war der Prozentsatz der Befragten, die täglich oder mehrmals pro Woche ein*
  *Buch lasen, am niedrigsten …*
– Welche Werte sind ähnlich oder gleich groß?
– Wo siehst du deutliche Unterschiede?
– Nehmen die Werte über den Zeitverlauf ab oder nehmen sie zu?

**Schritt 4: Fasse die Ergebnisse in eigenen Worten zusammen.**
Was lässt sich an dem Diagramm ablesen? Formuliere die Ergebnisse in ganzen Sätzen.
  *Zwischen 36 % und 44 % der Befragten lasen in den Jahren 2008 bis 2018 täglich oder …*

**Schritt 5: Stelle Überlegungen zu den Ergebnissen an.**
– Welche Ursachen könnte es für die Ergebnisse geben?
– Welche Ergebnisse kannst du nachvollziehen, welche nicht?
– Lassen sich Schlussfolgerungen aus den Ergebnissen ableiten?

# Zum Schmökern, Schauen, Weiterdenken

### Ein Fisch sein   *Gina Ruck-Pauquèt*

Hanna steht am Fenster. Es regnet. Der Regen rinnt die Scheibe hinab, unaufhörlich, endlos. Schön ist das. Hanna gefällt es. Draußen ist es neblig und grau. Verschwommen sind die Konturen der Bäume und die Lichter in der Ferne leuchten gelblich und matt.

„Hanna", sagt Dietz, „spiel doch mit mir."

„Nein", sagt Hanna. „Ich mag jetzt nicht. Lass mich." Dietz ist ihr kleiner Bruder. Er fällt ihr auf die Nerven. Immer will er was. Hanna starrt hinaus. Nebelwelt, Wasserwelt. Ringsum ist es still.

Als wären alle Geräusche ertrunken, denkt Hanna. Das Wasser hat die Welt zugeflutet, das Land, die Stadt, die Straße, das Haus, dieses Zimmer. Ich bin ein Fisch in einem Aquarium.

„Hanna", ruft Dietz, „bei dem roten Auto ist ein Rad ab! Kannst du das wieder dranmachen?"

„Nein", sagt Hanna. „Jetzt lass mich endlich in Ruhe!" Sie braucht ein paar Minuten, bis sie wieder ein Fisch geworden ist. Weich, flink und geschmeidig. Taucht hinab, immer tiefer auf den Grund, wo es leuchtende Muscheln gibt, glitzernden Sand und Korallen.

Stille – nur ein Klang ist da. Es mag das Geläut einer fernen Glocke sein. Vielleicht ist es aber auch einfach das Lied des Wassers, das nur die Fische hören können.

„Hanna", dringt da die Stimme aus der anderen Welt, die Stimme von Dietz, quengelig, fordernd. „Hanna, das gelbe Auto ist auch kaputt."

„Dietz", sagt Hanna, „wenn du mich nicht in Ruhe lässt, werde ich nie wieder mit dir spielen. Im ganzen Leben nie wieder. Hast du verstanden?"

Ein Fisch. Ich bin ein Fisch, denkt sie. Ich will wieder ein Fisch sein. Drückt ihre Nase gegen das Fenster, die Fischnase gegen das Glas des Aquariums, lässt sich sinken, tief, tief. Spürt die Beweglichkeit ihrer Flossen und das Wasser, das sie trägt, so weich und doch so fest. Stille zwischen den Muscheln, Stille über dem Sand, Stille zwischen den Korallen, endlos. Nur der Hall der fernen Glocke, der sich nicht verändert. Hanna ist ein Fisch, der sich in der Stille wiegt, wiegt und wiegt, Stunden und Tage, wiegt und wiegt.

Nichts verändert sich je. Selbst die kleine Säule der Luftblasen, die vor dem Fischmaul aufsteigt, bleibt immer gleich. Hanna ist ein Fisch. Ein einsamer Fisch in einem Aquarium. Hebt sich ein wenig, lässt sich hinabsinken, weiter nichts. Ein einsamer Fisch. Ein einsamer, trauriger Fisch. Nichts als die Welt im Dämmerlicht, in der Lautlosigkeit, nichts als Wasser ringsum.

Nein, denkt Hanna, Fische können nicht weinen. Oder doch? „Dietz", ruft sie. Es klingt ganz erstickt, so unter Wasser ausgesprochen. „Dietz?"

„Ja?", sagt Dietz mit seiner sehr kleinen Stimme.

40 Hanna taucht auf, schnell. Die Aquariumwand wird wieder ein Fenster, an dem das Wasser hinabrinnt. Auf dem Boden des Zimmers hockt Dietz, der kleine Dietz, und heult. Auf einmal ist es toll, dass es ihn gibt.

„Dietz", sagt Hanna, „hör auf. Bitte, hör auf und lass uns was spielen."

❶ a) Warum will Hanna nicht mit Dietz spielen und wie begründet sie dies?
b) Wie hätte sie besser begründen können? Sammle Beispiele.

❷ Überzeuge Hanna mit guten Argumenten, an diesem verregneten Nachmittag mit dir zu spielen. Schreibe ein mögliches Telefongespräch zwischen dir und ihr auf.

❸ Zeichne Hannas Aquariumfenster. Halte dich dabei an die Beschreibung im Text.

## Skaten in Kabul   *Josephina Maier*

Tamana mag am liebsten den „Ollie". Das ist ein Trick auf dem Skateboard, bei dem man so abspringt, dass man das Brett in der Luft unter den Füßen behält und danach wieder darauf landet. Vor zwei Jahren stand Tamana zum ersten Mal in ihrem Leben auf einem Skateboard. Inzwischen ist sie
5 zwölf Jahre alt und so gut geworden, dass sie anderen Kindern ihre Tricks beibringt: Tamana ist Trainerin bei Skateistan, einer Skateboardschule in der afghanischen Hauptstadt Kabul. Wenn ein Mädchen richtig gut skateboarden kann, ist das schon in Deutschland etwas Besonderes. In Afghanistan, wo Tamana lebt, sind Mädchen auf dem Skateboard eine Sensation. […]

10 Dass es die Skateboardschule überhaupt gibt, ist ein großer Zufall. Vor sechs Jahren kam Oliver Percovich aus Australien nach Afghanistan. Er wollte dort eine Freundin besuchen, die für eine Hilfsorganisation arbeitete. Als begeisterter Skateboarder hatte er ein paar Bretter im Gepäck. Die Kinder in Kabul kannten Skateboards, wenn überhaupt, nur aus dem
15 Fernsehen. Als sie sahen, wie Oliver auf den staubigen Straßen seine Tricks übte, wollten sie es unbedingt auch mal versuchen. Anfangs trafen sie sich nur draußen, aber das war sehr gefährlich. […] Deshalb hatte Oliver die Idee, eine Skatehalle in Kabul zu bauen, mit Rampen und einer richtigen Halfpipe. Dazu sammelte er Spenden in aller Welt. Ende 2009 wurde die

Halle schließlich eröffnet und inzwischen kommen mehr als 350 Kinder regelmäßig dorthin.

Natürlich könnte man sagen, dass es für Kinder, die in einem Kriegsland wie Afghanistan leben, Wichtigeres gibt, als skaten zu lernen. Andererseits sind für sie in Kabul kaum Freizeitangebote vorhanden. Bei Skateistan sind sie sicher und können einfach Spaß haben. Außerdem gibt es eine Vereinbarung: Für jede Stunde Skaten in der Halle müssen die Teilnehmer eine Unterrichtsstunde belegen. Bei Skateistan gibt es nämlich auch Klassenzimmer und Lehrer. Mit ihnen pauken die Kinder Mathe und Englisch oder lernen, mit dem Computer umzugehen. Sie spielen aber auch Theater, malen, lernen zu fotografieren und Filme zu drehen.

In vielen afghanischen Familien müssen die Kinder mitverdienen, damit alle etwas zu essen haben. Sie gehen auf die Straße und betteln oder versuchen, Kleinkram zu verkaufen. Mehr als der Hälfte der Skateistan-Schüler ergeht es so. Weil neben der Arbeit oft keine Zeit für die Schule bleibt, lernen viele erst hier lesen und schreiben. [...] Tamana muss nicht auf der Straße arbeiten. Ihrem Vater ist es wichtig, dass sie zur Schule geht. Dennoch war er anfangs unsicher, ob er seiner Tochter erlauben sollte, zu Skateistan zu gehen.

Ein Mädchen auf dem Skateboard? Zusammen mit Jungs? Weil viele Eltern solche Bedenken haben, kommen Jungen und Mädchen an verschiedenen Tagen in die Halle. Und weil es für Mädchen alleine auf den Straßen Kabuls zu gefährlich ist, holt ein Busfahrer sie ab und bringt sie nach dem Unterricht wieder nach Hause. „Wenn sie das hören, sind die meisten Eltern beruhigt", erklärt Oliver. „Inzwischen haben wir hier fast genauso viele Mädchen wie Jungs." Was Tamana und ihre Freundinnen alles draufhaben, sehen die Jungen zum Beispiel bei gemeinsamen Skatewettbewerben, die hin und wieder stattfinden.

Suliman, ein 13-jähriger Junge, ist überzeugt: „Es ist Quatsch zu denken, dass Skateboarden nur was für Jungs ist." Für Tamana ist das sowieso klar. „Mit dem Skateboarden mache ich auf jeden Fall weiter", sagt sie, „und später werde ich es auch meinen Töchtern erlauben."

① Was ist das Besondere an Skateistan? Welche Argumente könnten Gegner dieses Projekts ins Feld führen? Lies dazu vor allem die Zeilen 22 bis 35.

② Diskutiert in der Klasse, ob es typische Mädchenhobbys und typische Jungenhobbys gibt.

③ Gestalte ein Werbeplakat für Skateistan.

# Gregs Tagebuch – Von Idioten umzingelt! *Jeff Kinney*

> Dienstag
>
> Hab ich eigentlich schon erwähnt, dass ich SUPER-GUT Videospiele spielen kann? Ich wette, ich kann jeden in meiner Klasse im direkten Duell schlagen.
>
> Leider weiß mein Dad meine Begabung nicht wirklich zu schätzen. Stattdessen nervt er mich immer damit, ich solle rausgehen und etwas „Aktives" machen.
>
> Als mein Dad mich heute nach dem Abendessen wieder damit zugetextet hat, nach draußen zu gehen, wollte ich ihm erklären, dass man beim Videospielen genauso Fußball oder Basketball spielen kann – und das ohne dass einem dabei total heiß wird und man ins Schwitzen kommt.
>
> Das hat Dad aber wie immer nicht kapiert.

① Welche unterschiedlichen Meinungen zur Freizeitgestaltung haben Vater und Sohn?

② Teilst du Gregs Meinung, dass Videospiele eine Alternative zum Sport sind? Begründe.

③ Schreibe und zeichne eine Fortsetzung der Geschichte.

## Ein Fremder in der Nacht  *Cornelia Funke*

Es fiel Regen in jener Nacht, ein feiner, wispernder Regen. Noch viele Jahre später musste Meggie bloß die Augen schließen und schon hörte sie ihn, wie winzige Finger, die gegen die Scheibe klopften. Irgendwo
5 in der Dunkelheit bellte ein Hund, und Meggie konnte nicht schlafen, sooft sie sich auch von einer Seite auf die andere drehte.

Unter ihrem Kissen lag das Buch, in dem sie gelesen hatte. Es drückte den Einband gegen ihr Ohr, als
10 wollte es sie wieder zwischen seine bedruckten Seiten locken. „Oh, das ist bestimmt sehr bequem, so ein eckiges, hartes Ding unterm Kopf", hatte ihr Vater gesagt, als er zum ersten Mal ein Buch unter ihrem Kissen entdeckte. „Gib zu, es flüstert dir nachts seine Geschichte ins Ohr." – „Manchmal!", hatte Meggie geantwortet. „Aber
15 es funktioniert nur bei Kindern." Dafür hatte Mo sie in die Nase gezwickt. Mo. Meggie hatte ihren Vater noch nie anders genannt.

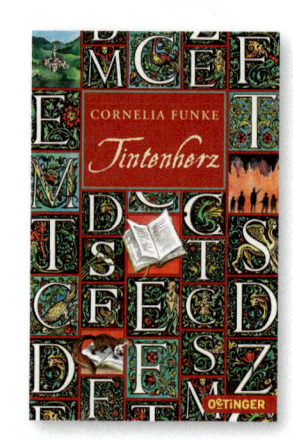

In jener Nacht – mit der so vieles begann und so vieles sich für alle Zeit änderte – lag eins von Meggies Lieblingsbüchern unter ihrem Kissen, und als der Regen sie nicht schlafen ließ, setzte sie sich auf, rieb sich die Müdig-
20 keit aus den Augen und zog das Buch unter dem Kissen hervor. Die Seiten raschelten verheißungsvoll, als sie es aufschlug. Meggie fand, dass dieses erste Flüstern bei jedem Buch etwas anders klang, je nachdem, ob sie schon wusste, was es ihr erzählen würde, oder nicht. Aber jetzt musste erst einmal Licht her. In der Schublade ihres Nachttisches hatte sie eine
25 Schachtel Streichhölzer versteckt. [...] Meggie liebte es, bei Kerzenlicht zu lesen. Drei Windlichter und drei Leuchter hatte sie auf dem Fensterbrett stehen. Sie hielt das brennende Streichholz gerade an einen der schwarzen Dochte, als sie draußen die Schritte hörte. Erschrocken pustete sie das Streichholz aus – wie genau sie sich viele Jahre später noch daran erinner-
30 te! –, kniete sich vor das regennasse Fenster und blickte hinaus. Und da sah sie ihn. Die Dunkelheit war blass vom Regen und der Fremde war kaum mehr als ein Schatten. Nur sein Gesicht leuchtete zu Meggie herüber. Das Haar klebte ihm auf der nassen Stirn. Der Regen triefte auf ihn herab, aber er beachtete ihn nicht. Reglos stand er da, die Arme um die
35 Brust geschlungen, als wollte er sich wenigstens auf diese Weise etwas wärmen. So starrte er zu ihrem Haus herüber.

Ich muss Mo wecken!, dachte Meggie. Aber sie blieb sitzen, mit klopfendem Herzen, und starrte weiter hinaus in die Nacht, als hätte der Fremde sie angesteckt mit seiner Reglosigkeit. Plötzlich drehte er den Kopf und Meggie schien es, als blickte er ihr direkt in die Augen. Sie rutschte so hastig aus dem Bett, dass das aufgeschlagene Buch zu Boden fiel. Barfuß lief sie los, hinaus auf den dunklen Flur. In dem alten Haus war es kühl, obwohl es schon Ende Mai war.

In Mos Zimmer brannte noch Licht. Er war oft bis tief in die Nacht wach und las. Die Bücherleidenschaft hatte Meggie von ihm geerbt. Wenn sie sich nach einem schlimmen Traum zu ihm flüchtete, ließ sie nichts besser einschlafen als Mos ruhiger Atem neben sich und das Umblättern der Seiten. Nichts verscheuchte böse Träume schneller als das Rascheln von bedrucktem Papier.

Aber die Gestalt vor dem Haus war kein Traum.

Das Buch, in dem Mo in dieser Nacht las, hatte einen Einband aus blassblauem Leinen. Auch daran erinnerte Meggie sich später. Was für unwichtige Dinge im Gedächtnis kleben bleiben!

„Mo, auf dem Hof steht jemand!"

Ihr Vater hob den Kopf und blickte sie abwesend an, wie immer, wenn sie ihn beim Lesen unterbrach. Es dauerte jedes Mal ein paar Augenblicke, bis er zurückfand aus der anderen Welt, aus dem Labyrinth der Buchstaben.

„Da steht einer? Bist du sicher?"

„Ja. Er starrt unser Haus an."

Mo legte das Buch weg. „Was hast du vorm Schlafen gelesen? Dr. Jekyll und Mr Hyde?"

Meggie runzelte die Stirn. „Bitte, Mo! Komm mit."

Er glaubte ihr nicht, aber er folgte ihr. Meggie zerrte ihn so ungeduldig hinter sich her, dass er sich auf dem Flur die Zehen an einem Stapel Bücher stieß. Woran auch sonst? Überall in ihrem Haus stapelten sich Bücher. Sie standen nicht nur in Regalen wie bei anderen Leuten, nein, bei ihnen stapelten sie sich unter den Tischen, auf Stühlen, in den Zimmerecken. Es gab sie in der Küche und auf dem Klo, auf dem Fernseher und im Kleiderschrank, kleine Stapel, hohe Stapel, dicke, dünne, alte, neue ... Bücher. Sie empfingen Meggie mit einladend aufgeschlagenen Seiten auf dem Frühstückstisch, trieben grauen Tagen die Langeweile aus – und manchmal stolperte man über sie.

❶ Welche Bedeutung haben die Bücher für Meggie?

❷ Stelle dein Lieblingsbuch der Klasse vor. Begründe, warum du es gern magst.

❸ Eine Jugendzeitschrift fragt ihre Leser/-innen nach Buchtipps für die Ferien. Schreibe einen Leserbrief an die Redaktion und begründe deinen Buchvorschlag.

# Oma, wie war das früher, ein Kind zu sein? *Insa Gall*

*Wie war es eigentlich früher, ein Kind zu sein? Gab es Taschengeld? Mehr Aufgaben? Vielleicht auch mehr Freiheit? Der neunjährige Benni aus Ahrensburg hat seine Großmutter Freya Hamann gefragt und von der pensionierten Lehrerin viel über deren Kindheit erfahren. Hier folgt ein Ausschnitt aus diesem Interview:*

**Benni:** Was musste man früher im Haushalt machen, das heute Maschinen übernehmen? Habt ihr Waschmaschinen benutzt?
**Freya Hamann:** Nicht nur nicht benutzt, wir hatten gar keine. Das Waschen bedeutete einen unheimlichen Aufwand. Die Stoffe waren dick und schwer, die wurden in großen Zinkwannen über Nacht eingeweicht und immer wieder geknetet oder mit dem Stock hin- und hergewälzt. Am nächsten Tag wurde die Wäsche auf dem Waschbrett gerubbelt, damit die Flecken rausgingen. Wenn die Flecken gar nicht rausgingen, wurden Laken und Bettwäsche in der Sonne zum Bleichen auf der Wiese hinter dem Haus ausgebreitet. Wir Kinder mussten sie immer wieder gießen, damit beim Trocknen die Flecken rausgingen. Bei Heidelbeerflecken konnte das Tage dauern. Darum waren die Erwachsenen damals ziemlich streng, wenn die Kinder ihre Kleider schmutzig machten. [...]

**Benni:** Waren die Lehrer streng?
**Freya Hamann:** Schon, allerdings nicht zu uns Mädchen. Wir fanden unseren Lehrer toll, weil er den frechen Jungs die Leviten gelesen hat[1].

**Benni:** Wie habt ihr eure Freizeit gestaltet?
**Freya Hamann:** Unsere Freizeit bestand oftmals daraus, dass wir helfen mussten – Schuhe putzen, Holz stapeln. Häufig war das Spiel in die Arbeit einbezogen. Nachdem wir das Holz gestapelt hatten, haben wir gefragt, ob wir damit spielen durften, und uns richtige Zimmer daraus gebaut. Wenn wir uns an die Regeln hielten und hinterher alles aufräumten, durften wir das. Wir haben im Garten gearbeitet oder mussten in den Wald gehen und Heidel- und Walderdbeeren, Nüsse und Bucheckern sammeln. Das war einerseits Arbeit, andererseits auch Spiel. Und wir hatten danach etwas zu essen.

**Benni:** Gab es auch Spiele, die heute noch gespielt werden?

---
1 jemandem die Leviten lesen: jemanden tadeln, zurechtweisen

**Freya Hamann:** Einige schon, wie etwa mit Kreide Kästchen zum Hüpfen auf das Pflaster malen. Wir konnten ja den ganzen Tag auf der Straße spielen, da kam kein Auto vorbei, sondern höchstens mal das Ochsenfuhrwerk eines Bauern. Unser ganzes Dorf war für uns Spielplatz. Wir durften überall hin, auf Mauern balancieren, über Gräben springen. Darum hat sich kein Erwachsener gekümmert, auch wenn wir mal reingefallen sind.

**Benni:** Durften Kinder früher mehr als heute?

**Freya Hamann:** Ja und nein. Auf der einen Seite hatten wir viel mehr Freiheiten und standen nicht dauernd unter Beobachtung, auf der anderen Seite mussten wir auch ganz schön mit anpacken. Man wurde wenig ausgeschimpft für Dinge, wegen denen heute großes Theater gemacht wird. Aber es gab richtige Strafen – Stubenarrest oder Gartenarbeit – für alles, was mit der Moral zu tun hat, wenn also beispielsweise gelogen oder jemand beleidigt wurde. Man musste zu Tisch kommen, wenn das Essen fertig war. Endlose Diskussionen wie heute gab es nicht. Kinder waren wichtig, weil sie zum gemeinsamen Leben etwas beigetragen haben. Heute sind Kinder durch ihre Überbehütung manchmal ausgegrenzt.

Mutter und Kind legen Wäsche zum Trocknen auf den Rasen (ca. 1945–1955).

❶ Was erfährst du über die Freizeitgestaltung von Bennis Großmutter?

❷ Vergleiche mit deiner eigenen Freizeitgestaltung. Gelten die von Bennis Großmutter beschriebenen Unternehmungen für dich als Freizeitbeschäftigungen?

❸ Befrage weitere Personen, z. B. deine Eltern. Nutze Bennis Fragen und finde mehr über die Freizeitgestaltung deiner Interviewpartner in ihrer Kindheit heraus. Du kannst dir auch andere Fragen überlegen.

## Freizeitaktivitäten von Jugendlichen 2018

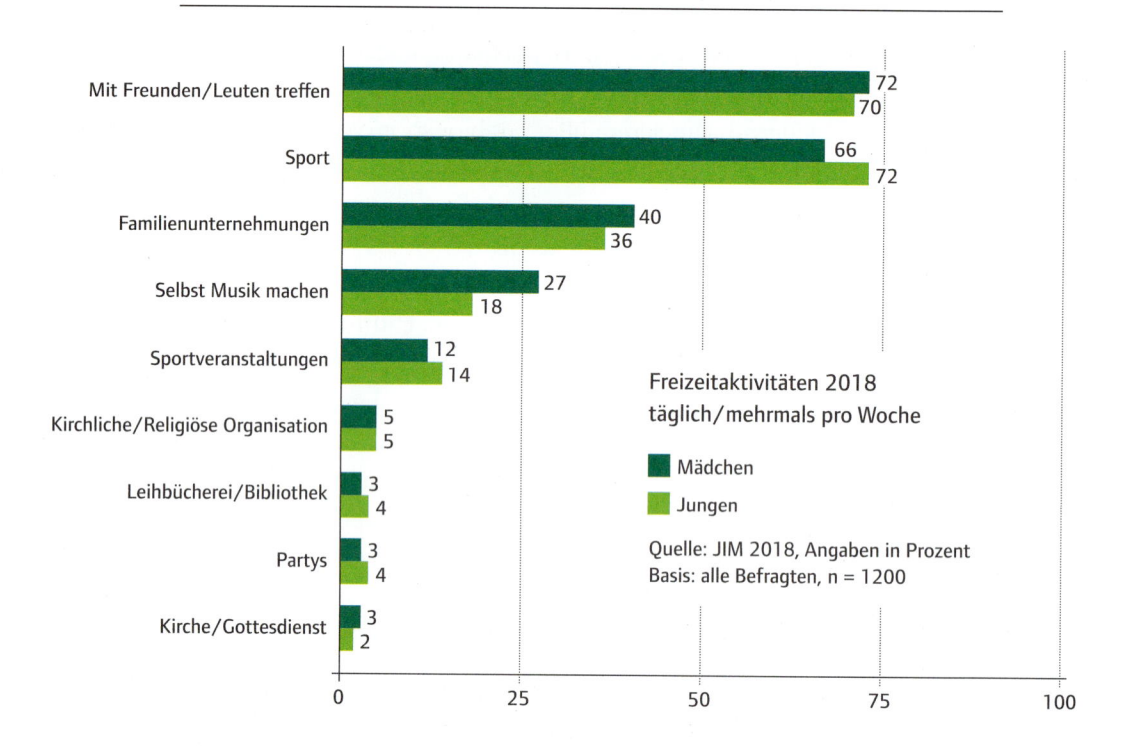

| Aktivität | Mädchen | Jungen |
|---|---|---|
| Mit Freunden/Leuten treffen | 72 | 70 |
| Sport | 66 | 72 |
| Familienunternehmungen | 40 | 36 |
| Selbst Musik machen | 27 | 18 |
| Sportveranstaltungen | 12 | 14 |
| Kirchliche/Religiöse Organisation | 5 | 5 |
| Leihbücherei/Bibliothek | 3 | 4 |
| Partys | 3 | 4 |
| Kirche/Gottesdienst | 3 | 2 |

Freizeitaktivitäten 2018 täglich/mehrmals pro Woche

Quelle: JIM 2018, Angaben in Prozent
Basis: alle Befragten, n = 1200

## Freizeitaktivitäten von Jugendlichen

Internet und Computer stehen bei vielen Jugendlichen hoch im Kurs. Dass die Jugendlichen jedoch auch anderen Freizeitaktivitäten nachgehen, zeigten die Ergebnisse der sogenannten JIM-Studie – JIM steht für Jugend, Information und (Multi-)Media. Seit 1998 werden im Rahmen dieser Studie jedes Jahr über 1000 Jugendliche zu ihrem Freizeitverhalten befragt, so auch im Jahr 2018. Es zeigte sich, dass beispielsweise die große Mehrheit der Jugendlichen täglich oder mehrmals in der Woche Freunde trifft. Aktivitäten mit Freunden sind beliebter als Familienunternehmungen. Ungefähr zwei Drittel der Jugendlichen treiben Sport, davon anteilig mehr Jungen als Mädchen. Hoch im Kurs stehen außerdem der Besuch von Sportveranstaltungen, Malen und Basteln sowie das Musikmachen. Der Kirchenbesuch ist allerdings von 2 bis 3 % im Jahr 2013 auf 1 % zurückgegangen.

① Werte das Diagramm aus. Nutze dazu die Hinweise auf Seite 70 f.

② Wie verbringt ihr eure Freizeit? Führt eine Klassenumfrage durch.

③ Vergleiche mit dem Text: Welche zusätzlichen Informationen enthält er?

Merkwissen im Überblick

# Meinungen begründen

Um deine Meinung für alle nachvollziehbar zu vertreten, musst du sie gut begründen.
Gehe in folgenden Schritten vor, wenn du deine eigene Meinung schriftlich begründen willst:

| Schritte | Beispiele |
|---|---|
| **1. Schritt: Die Fragestellung lesen**<br>Lies genau die Fragestellung, denn erst wenn du die Fragestellung genau verstanden hast, kannst du dich überzeugend äußern. | *Sollte man <u>im Urlaub</u> <u>bewusst aufs Fernsehen verzichten</u>?* |
| **2. Schritt: Deine Meinung formulieren**<br>Überlege, welche persönliche Meinung du zu dieser Fragestellung hast, und formuliere deinen Standpunkt in einem Satz. | *– Meiner Meinung nach sollte man auch im Urlaub fernsehen dürfen.*<br>*– Ich bin der Ansicht, dass man im Urlaub unbedingt aufs Fernsehen verzichten sollte.*<br>*– Ich denke, dass …* |
| **3. Schritt: Argumente/Begründungen sammeln**<br>– Notiere Argumente/Begründungen, mit denen du deine Meinung untermauern kannst.<br>– Überlege, wen du mit deinen Argumenten überzeugen willst, und entscheide, welche Argumente dazu geeignet sind, genau diese Person(en) zu überzeugen. | *– … , weil man dann mehr Zeit als in der Schulzeit hat, seine Lieblingssendungen anzuschauen.*<br>*– … , da man durch das Fernsehen Zeit für andere schöne Dinge verliert.*<br>*– … , denn im Urlaub sollte man die Chance nutzen, sich viel an der frischen Luft zu bewegen.* |
| **4. Schritt: Argumente/Begründungen ordnen und formulieren**<br>– Ordne deine Argumente nach Wichtigkeit (zuerst das schwächste und zuletzt das stärkste Argument).<br>– Formuliere einen zusammenhängenden Text, z. B. für einen Leserbrief. | ***Ich bin der Ansicht**, dass man im Urlaub unbedingt aufs Fernsehen verzichten sollte, **da** man durch das Fernsehen Zeit für andere schöne Dinge verliert, **zum Beispiel** neue Freunde kennen zu lernen. **Besonders wichtig ist aber**, dass man im Urlaub die Chance hat, sich viel an der frischen Luft zu bewegen, indem man **beispielsweise** draußen Fußball spielt, auf Bäume klettert oder schwimmen geht.* |

# 4 „Ich sehe was …"
## Beschreibungen untersuchen und verfassen

### Tierische Plappermäuler

Es gibt sie auf fast allen Erdteilen außer in Europa, ihr Gefieder leuchtet in den unterschiedlichsten Farben des Regenbogens, ist manchmal aber auch schneeweiß oder grau und es gibt sie von winzig klein bis ziemlich groß: Papageien. Viele lieben die Schönheit dieser Vögel, doch das Faszinierendste an Papageien ist sicher, dass einige Arten von ihnen sprechen können. Doch wie funktioniert das?

Papageien verfügen nicht nur über einen besonders kräftigen Schnabel, mit dem sie harte Schalen von Nüssen und Früchten knacken können, sondern auch über eine dicke Zunge, deren Lage sie so geschickt verändern, dass sie gezielt Laute formen und Gehörtes nachahmen können. Das können Geräusche aus dem Regenwald sein oder gesprochene Sprache, je nachdem, was der Papagei in seiner Umgebung hört.

Mittlerweile wurde sogar herausgefunden, dass Papageien nicht nur sinnlos alles nachplappern oder Geräusche nachahmen. Alex, der Graupapagei der amerikanischen Wissenschaftlerin Irene Pepperberg, kennt angeblich die Bedeutung von etwa 100 Wörtern und kann Farben und Formen erkennen, benennen und unterscheiden. Graupapagei Rocco, ebenfalls

aus den USA, kann mit „Alexa" bestellen. Bei seinen Besitzern hat er sich abgeschaut, wie sie das Gerät bedienen. Über Sprachbefehle legte er also
20 sein Lieblingsfutter in den virtuellen Warenkorb oder startet seine geliebte Rockmusik, zu der er gerne tanzt.

❶ Welche Informationen über Papageien gibt dir der Text?

❷ Wähle einen Papagei von den Fotos aus und beschreibe ihn so, dass deine Zuhörer/-innen erkennen können, um welchen Papagei es sich handelt.

❸ Überlege, welche Anlässe es gibt, ein Tier zu beschreiben.

### In diesem Kapitel …
- lernst du Anlässe für unterschiedliche Arten von Beschreibungen kennen.
- lernst du, was eine gute und verständliche Beschreibung ausmacht.
- beschreibst du selbst Tiere, Gegenstände und Personen.
- findest du heraus, wie Beschreibungen in literarischen Texten wirken.

# Beschreibende Texte erschließen

## M 1  Halmahera-Papageien

### Aussehen

Halmahera-Edelpapageien gehören zu den schönsten Vögeln der Tropen. Wie bei allen Edelpapageien
5 unterscheiden sich Weibchen und Männchen so stark, dass man sie früher sogar verschiedenen Arten zurechnete. Die Männchen sind grün mit wenigen roten Farbtupfen
10 auf den Körperseiten. An Hinterkopf, Nacken und Rücken sind sie fast gelblich. Die Schwanzfedern haben einen weißlich gelben Saum. Die Schwanzunterseite ist schwärz-
15 lich. Der Schnabel ist orange mit gelber Spitze. Die Weibchen haben eine violette bis rote Brust. Der Schwanz ist auf der Ober- und Unterseite rot und hat einen bis zu vier Zentimeter breiten Saum. Halmahera-Edelpapageien werden etwa 38 Zentimeter groß und wiegen etwa 450 Gramm. Die Flügelspannweite beträgt bis zu
20 70 Zentimetern.

### Heimat

Edelpapageien kommen in Neuguinea und den kleinen Inseln rund um Neuguinea und Indonesien vor. Manche Unterarten leben auch im Nordosten Australiens. Die Halmahera-Edelpapageien stammen von den indo-
25 nesischen Zentral- und Nordmolukken, unter anderem von der Insel Halmahera, nach der sie benannt sind.

### Lebensraum

Halmahera-Edelpapageien sind in Wäldern, Savannen mit einzelnen Baumgruppen und auch in Mangrovenwäldern zu finden. Sie kommen bis
30 in 1900 Meter Höhe vor. [...]

### Lebenserwartung

Wie andere Papageien können auch Halmahera-Edelpapageien mehrere Jahrzehnte alt werden.

## M 2  Papagei entflogen

Mein Papagei ist am Vormittag des 14.09. im Birkenweg 12 entflogen. Es handelt sich um einen ca. 60 cm großen Ara mit blau-gelbem Gefieder. Die Flügel sind blau, die Brust ist gelb. Er hat einen schwarzen Schnabel. Der Bereich um die Augen ist weiß mit schwarzen Streifen. Der Ara kann „hallo" sagen. Wer hat ihn gesehen und kann mir helfen, ihn wiederzufinden? Bitte melden Sie sich unter der Telefonnummer 0155…

## M 3  Papagei sucht neues Zuhause

Wegen eines Umzugs muss ich mein Graupapageien-Pärchen Maxi und Moni schweren Herzens abgeben. Beide sind ein Jahr alt, ca. 30 cm groß und sehr kinderlieb, verspielt und zutraulich. Da die beiden aneinander gewöhnt sind, kann ich sie leider nicht einzeln abgeben – sorry!
Notwendig sind ein ausreichend großer Käfig und die Möglichkeit, die Papageien auch mal frei fliegen zu lassen. Preis inkl. Käfig: 500 €. Kontakt: 0166…

❶ Zu welchem Zweck sind die einzelnen Texte verfasst worden? Formuliere zu jedem Text einen Satz.

❷ Vergleiche die Texte M 1 bis M 3. Welche Informationen enthält welcher Text? Ordne die folgenden Oberbegriffe zu:

> Abstammung · Größe · Gewicht · Gefieder · besondere Kennzeichen · Lebensraum · Eigenschaften · Hinweise zur Haltung

❸ Welche Begriffe der folgenden Paare passen zu welchem Text? Begründe.

| | | |
|---|---|---|
| sachliche Beschreibung | – | persönliche Beschreibung |
| Tierart allgemein | – | einzelnes Tier |
| ausführlich | – | kurz zusammengefasst |
| allgemein | – | speziell |
| Fachbegriffe | – | Umgangssprache |

❹ Untersuche M 2 noch einmal genau: An welcher Stelle informiert der Text? Wo appelliert er an die Leser/-innen und fordert sie zum Handeln auf?

❺ Ordne die drei Beschreibungen den Fotos auf den Seiten 82 und 83 zu. Welcher Papagei wird / Welche Papageien werden jeweils beschrieben?

# Ähnliche Tiere beschreiben

Australian Shepherd    Beagle    Springer Spaniel

❶ Wähle einen Hund aus und beschreibe ihn mündlich.

❷ a) Übertrage den folgenden Steckbrief in dein Heft.
b) Entscheide dich für einen der drei Hunde und ergänze in deinem Steckbrief die allgemeinen äußeren Merkmale.
   Tipps & Hilfen (→ S. 294)
c) Denke dir Informationen zu den besonderen Merkmalen aus und ergänze sie.

| Biologische Einordnung |
| --- |
| Tierart: *Hund* |
| Rasse: |
| **Allgemeine äußere Merkmale** |
| Größe (geschätzt): |
| Fell (Beschaffenheit): |
| Farbe/Muster: |
| Körperbau: |
| Ohren: |
| **Besondere Merkmale** |
| auffällige Besonderheiten / äußere Kennzeichen: |
| Charakter/Eigenschaften/Verhalten: |

**3** a) Lies den folgenden Schülertext. Um welche Art von Beschreibung handelt es sich hier? Auf welchen der drei Hunde passt die Beschreibung?
b) Was ist an dem Text besonders gut gelungen? Nenne mindestens drei Pluspunkte.
c) Die markierten Textstellen müssen noch überarbeitet werden. Mache einen Vorschlag.
Tipps & Hilfen (→ S. 294)

### Hund entlaufen

*Wer kann mir helfen, meinen Hund wiederzufinden?*
*Mein Hund Charly ist am 2. Juli am Rheinufer in Köln weggelaufen.*
*Er ist mittelgroß und kräftig gebaut. Charly hat wunderbar flauschiges braun-weißes Fell, eine ockerfarbene Schnauze und herabhängende Ohren.*
*Wenn Sie ihn gesehen haben, rufen Sie mich bitte an unter 0170…*

**4** Entscheide, ob du einen Lexikonartikel, eine Suchanzeige oder eine Vermittlungsanzeige für den ausgewählten Hund verfassen möchtest. Schreibe den Text.
Tipps & Hilfen (→ S. 294)

**Lexikonartikel:**
– Verfasse auf der Grundlage des Steckbriefs eine Tierbeschreibung für ein Kinderlexikon oder einen Wiki-Artikel.
– Verwende für den Text alle Informationen aus dem Steckbrief und gehe bei deiner Beschreibung in der Reihenfolge vor, die der Steckbrief vorgibt.

**Suchanzeige:**
– Welche Informationen aus dem Steckbrief benötigst du für die Suchanzeige? Markiere sie in deinem Steckbrief.
– Welche zusätzlichen Informationen benötigt der Finder? Ergänze sie in deinem Steckbrief.
– Bringe die Stichpunkte in eine sinnvolle Reihenfolge, z. B. vom Allgemeinen zum Speziellen, vom Großen zum Kleinen. Orientiere dich an M 2 auf Seite 85.

**Tiervermittlung:**
– Welche Informationen aus dem Steckbrief benötigst du dafür?
– Markiere sie im Steckbrief.
– Welche zusätzlichen Informationen benötigt derjenige, der sich für das Tier interessiert? Ergänze sie.
– Bringe die Stichpunkte in eine sinnvolle Reihenfolge.
– Verfasse die Vermittlungsanzeige. Nutze dabei M 3 auf Seite 85 als Beispiel.

# Gegenstände beschreiben

❶ Stelle dir vor, du hast einen der abgebildeten Gegenstände in der Schule verloren und möchtest eine Suchanzeige verfassen, die du am schwarzen Brett aushängen kannst.
a) Lege eine Tabelle nach folgendem Muster in deinem Heft an.
b) Wähle einen der Gegenstände aus und ergänze die Tabelle in Stichpunkten.
c) Bringe die Merkmale in eine sinnvolle Reihenfolge, indem du deine Stichpunkte nummerierst. Du kannst z. B. von außen nach innen, von oben nach unten oder vom allgemeinen Eindruck zum Speziellen vorgehen.

Einen Gegenstand beschreiben

| Bezeichnung | Sonnenbrille |
|---|---|
| Größe | 20 cm lang |
| Form | ... |
| Farbe | ... |
| Material | ... |
| Besondere Kennzeichen | linkes Glas zerkratzt |
| ... | ... |

❷ Verfasse eine Suchanzeige.
Am Montag, den 4. April, habe ich meine ... vermutlich ... verloren ...
Tipps & Hilfen (→ S. 295)

❸ a) Stellt euch vor, Archäologen des Jahres 2990 sind bei Ausgrabungen auf neue Fundstücke aus unserer heutigen Zeit gestoßen, die in einem Museum ausgestellt werden sollen. Für den Museumskatalog sollen Texte verfasst werden, die die Gegenstände genau beschreiben und ihre Verwendung erläutern. Überlegt, was die Museumsbesucher über diese Gegenstände interessieren könnte.
b) Untersuche den folgenden Text: Welche Merkmale und Besonderheiten der Brille werden hier beschrieben?
c) Diskutiert: Ist der Text für die Beschreibung der Brille in einem Museumskatalog im Jahr 2990 geeignet?

*Die Brille*

*Bei diesem Fundstück handelt es sich um eine Brille.*
*Damals gab es noch keine Laser-Operationen, wenn jemand eine Sehschwäche hatte. Die Menschen trugen Gläser vor den Augen, die an einem Metall- oder Plastikgestell befestigt waren, das man sich auf die Nase setzte und mit*
5 *Bügeln hinter den Ohren befestigte. Wenn man die Brille abnahm, ließen sich die Bügel einklappen, sodass die Brille transportiert werden konnte. Die Gläser waren rund, oval oder eckig und in besonderer Weise geschliffen, sodass die Sehschwäche ausgeglichen wurde. Einige trugen sie als Lesehilfe (Weitsichtige), andere zum Autofahren (Kurzsichtige). Brillen mit getönten Gläsern wurden*
10 *als Sonnenschutz oder als Schmuckstück getragen. Es gab sehr einfache Modelle, die man in einem Supermarkt kaufen konnte, aber auch sehr teure Markenmodelle. Für den Sport gab es extra stabile Sportbrillen. Beim Schwimmen schützte eine Schwimmbrille mit Plastikgläsern die Augen vor dem Wasser. Hier haben wir das Modell der dekorativen Sonnenbrille.*

❹ Wähle einen anderen Gegenstand von Seite 88 aus. Notiere Stichpunkte zu Bezeichnung, Größe, Form, Farbe, Material, besonderen Kennzeichen und zur Verwendung/Funktion.

*Der Schlüssel*
*Funktion: Gerät zur Öffnung von Türen, …*
*Spezielle Arten von Schlüsseln: Haustürschlüssel, …*

❺ Verfasse eine Beschreibung zu deinem Gegenstand.
Denke dabei immer daran, dass deine Beschreibung Museumsbesuchern im Jahr 2990 Gegenstände aus längst vergangenen Zeiten verständlich erklären soll.
Tipps & Hilfen (→ S. 295)

⑥ Entwirf für das Jahr 2990 eine Seite eines Museumskatalogs für einen Alltagsgegenstand deiner Wahl.

# Personen beschreiben

❶ Auf welches Kind auf dem Foto oben passt folgende Beschreibung? Begründe.

*Das Kind hat sehr kurze, glatte, blonde Haare mit ganz kurzen Ponyfransen. Die Gesichtsform ist leicht dreieckig. Zudem hat es blaue Augen, eine schmale Nase und einen großen Mund. Ein besonderes Kennzeichen ist eine kleine Lücke zwischen den Schneidezähnen.*

❷ Übertrage die Tabelle in dein Heft und trage die Angaben aus Aufgabe 1 ein.

| Haare | Gesichtsform | Augen | Nase | Mund/ Lippen | Besondere Kennzeichen |
|---|---|---|---|---|---|
| kurz, … | … | … | … | … | … |

❸ a) Wähle ein anderes Gesicht aus und ergänze die Tabelle in Stichpunkten.
Im Wortspeicher findest du einige Vorschläge.
Tipps & Hilfen (→ S. 295)

> kantig · länglich · gerade · lang · gebogen · lockig · gewellt · stoppelig · oval · eng beieinander · weit auseinanderliegend · breit · schmal · voll · gescheitelt

b) Beschreibe das Gesicht nun so genau, dass die Leser/-innen deines Textes erkennen können, um welches Gesicht es sich handelt.
*Das Kind, das ich beschreibe, hat …*
Tipps & Hilfen (→ S. 295)

❹ Beschreibt euch gegenseitig Personen, die ihr kennt, und besprecht euch im Anschluss, welche Erkennungsmerkmale besonders wichtig waren.

Ausdruckstraining

# Treffende Adjektive verwenden

Adjektive sind beim Beschreiben unverzichtbar. Sie benennen Merkmale und Eigenschaften eines Lebewesens oder eines Gegenstands, sodass die Leser/-innen sich etwas gut vorstellen können, das sie nicht vor Augen haben. Wichtig sind Adjektive, die Angaben zu Farbe, Form, Beschaffenheit und Eigenschaften einer Sache machen.

**1** Um Farben genau zu benennen, werden Farbadjektive häufig mit einem Nomen oder einem anderen Adjektiv zusammengesetzt.
Ergänze weitere Zusammensetzungen in deinem Heft. Nutze den Wortspeicher.

- rot: fuchsrot, feuerrot, …
- gelb: strohgelb, …
- blau: himmelblau, …
- grün: moosgrün, …
- braun: schokoladenbraun, …
- schwarz: pechschwarz, …

> blut-, raben-, hell-, tief-, dunkel-, lind-, smaragd-, zitronen-, reh-, nacht-

**2** a) Wie kann etwas beschaffen sein? Ordne den unterstrichenen Begriffen passende Adjektive aus dem Wortspeicher zu. Schreibe in dein Heft.
Achtung: Einige Adjektive passen zu mehreren Begriffen!

– So kann ein <u>Kleidungsstück</u> sein: bunt, …
– So kann die <u>Figur</u> eines Menschen sein: dünn, …
– So kann das <u>Fell</u> eines Tieres sein: kuschelig, …
– So kann ein <u>Schuh</u> sein: abgetragen, …
– So kann eine <u>Frucht</u> sein: matschig, …

> bunt · gemustert · matschig · geblümt · abgetragen · zerrissen · kuschelig · schäbig · schick · glatt · stumpf · rau · dünn · dick · groß · lang · kurz · flauschig · geriffelt · weich · hart · hager · spitz · rund · mehlig · gedrungen · untersetzt · winzig · gefleckt · gepunktet · schlank · saftig · kratzig · borstig · schmal · breit · langhaarig · dicht · wollig · zottelig · gestreift · geringelt · kariert · zerknittert · muskulös · schwer · leicht · glänzend

b) Einige dieser Adjektive beschreiben nicht nur, sondern bewerten auch. Markiere sie in deinem Heft.

**3** Welche Adjektive aus dem Wortspeicher (Aufgabe 2) eignen sich besonders gut für eine Verkaufsanzeige für Schuhe oder einen Pullover?
Notiere sie.

**4** Sammle Adjektive, die sich für die Beschreibung eines Möbelstücks eignen.

# Zum Schmökern, Schauen, Weiterdenken

## Zwei Raubtiere im Aquarium  *Konrad Lorenz*

Furchtbare Raubtiere gibt es in der Welt des Tümpels, die Grausamkeit eines unerbittlichen Kampfes ums Dasein spielt sich da vor unseren Augen ab. Hat man einen gemischten Käscherfang, der nur nicht zu viele Tiere enthalten darf, in das Aquarium gesetzt, wird man sogleich eine Probe dieses Kampfes zu sehen bekommen; denn wahrscheinlich ist unter den angesiedelten Tieren auch eine Larve eines Wasserkäfers, des Gelbrandes (Dytiscus). Gemessen an der verhältnismäßigen Größe der Beutetiere, an der Fressgier und dem Raffinement der Tötungsmethode verblassen neben diesem Tier so berüchtigte Räuber wie Tiger, Löwen, Wölfe, Mörderwale, Haie und Raubwespen. Sie alle sind wahre Lämmer gegen die Dytiscuslarve.

Sie ist ein schlankes, stromlinienförmiges Insekt, etwa sechs Zentimeter lang; die breiten Borstenruder an den sechs Beinen ermöglichen im Wasser eine rasche und sichere Bewegung. Der breite, flache Kopf trägt ein gewaltiges Paar zangenförmige Kiefer; die sind hohl und dienen als Gift-Injektionsspritzen sowie gleichzeitig auch zum Aufsaugen der Nahrung.

Das Tier sitzt ruhig lauernd an Wasserpflanzen; plötzlich schießt es mit raschem Vorstoß an seine Beute heran, und zwar unter sie, blitzschnell zuckt der Kopf empor, sodass das Opfer in die Zange gerät. „Beute" aber ist diesem Räuber alles, was sich bewegt oder einigermaßen „nach Tier riecht". Es ist mir wiederholt passiert, dass ich, ruhig im Wasser eines Tümpels stehend, von einer Dytiscuslarve „gefressen" wurde; auch für den Menschen ist die Injektion des giftigen Verdauungssaftes ungemein schmerzhaft.

Diese Käferlarven gehören nämlich zu den wenigen Tieren, die sozusagen „außer Hause" verdauen. Das Drüsensekret, das sie durch ihre hohlen

*Dytiscuslarve*

Zangen in das Beutetier einspritzen, löst dessen gesamte Innereien in eine flüssige Suppe auf, die dann durch denselben Kanal in den Magen wandert. Selbst große Beutetiere, wie dicke Kaulquappen und Libellenlarven, die von einer Dytiscuslarve gebissen werden, erstarren nach wenigen Abwehrbewegungen, ihr Inneres, das bei den meisten Wassertieren mehr oder weniger durchsichtig ist, wird trübe, wie in Formalin fixiert, das Tier quillt auf, scheint zuerst größer zu werden und schrumpft dann allmählich zu einem schlaffen Hautsack, der in der tödlichen Zange hängt, zusammen und wird schließlich fallen gelassen.

Im engen Raum des Aquariums fressen einige große Dytiscuslarven innerhalb weniger Tage alles Lebende, das größer als etwa einen halben Zentimeter ist, restlos auf. Und dann? Dann fressen sie einander, wenn sie es nicht schon vorher getan haben; und zwar kommt es dabei durchaus nicht darauf an, wer größer und stärker ist, sondern wer zuerst zufasst.

Ich habe es oft erlebt, dass zwei annähernd gleich große Larven gleichzeitig einander schnappten und beide den raschen Tod der inneren Auflösung starben. Es gibt nur sehr wenige Tiere, die in höchster Not, in der Gefahr zu verhungern, gleich große Artgenossen anfallen, in der Absicht, sie zu fressen. Sicher weiß ich dies nur von Wanderratten und einigen verwandten Nagern; dass Wölfe ein Gleiches tun, bezweifle ich auf Grund einiger vielsagender Tatsachen, von denen später die Rede sein wird. Dytiscuslarven aber fressen gleich große Artgenossen auch dann, wenn genug andere Nahrung vorhanden ist. Und das tut, soviel ich weiß, kein anderes Tier.

ausgewachsener Gelbrandkäfer

❶ Fasse in wenigen Sätzen zusammen, was du aus dem Text über das Aussehen und die Verhaltensweisen der Wasserkäferlarve (Dytiscuslarve) erfährst.

❷ Mit welchen Formulierungen macht der Autor deutlich, wie gefährlich die Dytiscuslarve ist? Nenne Beispiele.

❸ Schreibe einen Lexikonartikel (maximal 200 Wörter) zur Dytiscuslarve.

## Der Mistkäfer  *Bibi Dumon Tak*

Sie sehen aus wie Lakritzbonbons. Ja, wenn man sie über den Boden schlurfen sieht, will man sie aufsammeln und in den Mund stecken. Sie sind glänzend schwarz, selbst ihre Beine schimmern. Sie sehen funkelnagelneu aus, als ob sie mit einem weichen Tuch poliert worden wären. Sie kommen frisch aus der Süßigkeitenfabrik, hmmmmmmmmmmmm.

Aber bevor du an ihnen rumlutschst, solltest du wissen, dass diese krabbelnden Lakritzbonbons im Kot wohnen. Kuhdung, Pferdemist, Erdmännchenkacke. Eigentlich völlig unklar, wie sie es schaffen, immer so blitzeblank auszusehen.

Sie nehmen kleine Stücke Kot zwischen die Vorderbeine und kneten Bälle daraus. Diese Bälle graben sie dann zusammen mit ihren Eiern im Boden ein. Das finden die Larven, die später geboren werden, lecker. Beim Kneten schlecken die Käfer natürlich selber auch daran. Praktisch, denn das ist nichts anderes als vorgekaute Nahrung. Da ist eigentlich nichts schmutzig dran.

Die Mistkäfer räumen aber nicht nur den Mist anderer auf. Durch das Eingraben sorgen sie auch dafür, dass der Boden nahrhaft bleibt. Kot ist Essen für sie selbst, für ihre Kinder und für die Blumen und Pflanzen. Und als wäre das noch nicht genug, haben die Mistkäfer auch noch einen Nebenjob als Gärtner. Die Kotkugeln, die sie einbuddeln, stecken nämlich voller Blumensamen. So sorgen sie jedes Jahr wieder für einen neuen Blumengarten.

Der Mistkäfer ist Putzmann, Koch und Gärtner gleichzeitig. Der Mistkäfer ist ein Wunderlakritzbonbon.

**❶** Erkläre, was den Mistkäfer zu einem „Wunderlakritzbonbon" macht.

**❷** Was erfährst du über den Mistkäfer? Schreibe alle Informationen heraus, die auch in einem Lexikonartikel stehen könnten.

**❸** Untersuche die Sprache des Textes. Wie gelingt es der Autorin, die Beschreibung anschaulich zu machen? Welche Textstellen findest du lustig?

## Krambambuli (Auszug) *Marie von Ebner-Eschenbach*

*Der Revierjäger Hopp trifft in einem Wirtshaus auf einen Vagabunden (Landstreicher) mit einem Hund, der Hopp auf Anhieb gefällt. Er bezahlt die Schulden des Vagabunden und erhält dafür den Hund.*

Hopp wartete geduldig und bewunderte im Stillen den trotz der schlechten Kondition, in der er sich befand, wundervollen Hund. Höchstens zwei Jahre mochte er alt sein, und in der Farbe glich er dem Lumpen[1], der ihn hergab, doch war die seine um ein paar Schattierungen dunkler. Auf der
5 Stirn hatte er ein Abzeichen, einen weißen Strich, der rechts und links in kleine Linien auslief, in der Art wie die Nadeln an einem Tannenreis[2]. Die Augen waren groß, schwarz, leuchtend, von tauklaren, lichtgelben Reiflein umsäumt, die Ohren hoch angesetzt, lang, makellos. Und makellos war alles an dem ganzen Hunde von der Klaue bis zu der feinen Witternase;
10 die kräftige, geschmeidige Gestalt, das über jedes Lob erhabene Piedestal[3]. Vier lebende Säulen, die auch den Körper eines Hirsches getragen hätten und nicht viel dicker waren als die Läufe eines Hasen. Beim heiligen Hubertus! Dieses Geschöpf musste einen Stammbaum haben, so alt und rein wie der eines deutschen Ordensritters.

1 der Lump: Gauner, mieser Typ
2 das Tannenreis: Tannenzweig
3 das Piedestal: wörtlich: Sockel, Unterbau

❶ Beschreibe, welchen Eindruck Hopp von dem Hund hat.
❷ Die Beschreibung enthält viele Vergleiche. Wie wirken sie auf dich?
❸ Verfasse eine Suchanzeige für den beschriebenen Hund.

## Die Geschichte von Herrn Sommer *Patrick Süskind*

*Der Erzähler schildert einen Bewohner seines Dorfes:*

Er war leicht zu erkennen. Auch auf die Entfernung war seine Erscheinung ganz unverwechselbar. Im Winter trug er einen langen, schwarzen, überweiten und sonderbar steifen Mantel, der ihm bei jedem Schritt wie eine viel zu große Hülse um den Körper hüpfte, dazu Gummistiefel und auf der
5 Glatze eine rote Bommelmütze. Im Sommer aber – und der Sommer dauerte für Herrn Sommer von Anfang März bis Ende Oktober, also die weitaus längste Zeit des Jahres –, da trug Herr Sommer einen flachen Strohhut

mit schwarzem Stoffband, ein karamellfarbenes Leinenhemd und eine kurze, karamellfarbene Hose, aus der seine langen, zähen, fast nur aus Sehnen und Krampfadern bestehenden Beine lächerlich dürr hervorstaken, ehe sie unten in einem Paar klobiger Bergstiefel versanken. Im März waren diese Beine blendend weiß und die Krampfadern zeichneten sich darauf als ein vielverzweigtes tintenblaues Flusssystem deutlich ab; aber schon ein paar Wochen später hatten sie eine honiggleiche Färbung angenommen, im Juli leuchteten sie karamellenbraun wie Hemd und Hose, und im Herbst waren sie von Sonne, Wind und Wetter dermaßen dunkelbraun gegerbt, dass man an ihnen weder Krampfadern noch Sehnen oder Muskelstränge unterscheiden konnte, sondern dass Herrn Sommers Beine nun aussahen wie die knotigen Äste eines alten, rindenlosen Föhrenbaums, bis sie schließlich im November unter den langen Hosen und unter dem langen schwarzen Mantel verschwanden und, allen Blicken entzogen, bis zum nächsten Frühjahr ihrer ursprünglichen käsigen Weiße entgegenbleichten.

Zwei Dinge hatte Herr Sommer sowohl im Sommer als auch im Winter bei sich und kein Mensch hat ihn je ohne sie gesehen: Das eine war sein Stock und das andere sein Rucksack. Der Stock war kein gewöhnlicher Spazierstock, sondern ein langer, leicht gewellter Nussbaumstecken, der Herrn Sommer bis über die Schulter reichte und ihm als eine Art drittes Bein diente, ohne dessen Hilfe er niemals die enormen Geschwindigkeiten erreicht und die unglaublichen Strecken bewältigt haben würde, die die Leistungen eines normalen Spaziergängers um so vieles übertrafen. Alle drei Schritte schleuderte Herr Sommer seinen Stock mit der Rechten nach vorn, stemmte ihn gegen den Boden und schob sich damit im Vorübergehen mit aller Macht voran, sodass es aussah, als dienten ihm die eigenen Beine bloß noch zum Dahingleiten, während der eigentliche Schub aus der Kraft des rechten Arms herstammte, die mittels des Stockes auf den Boden übertragen wurde – ähnlich wie bei manchen Flussschiffern, die ihre flachen Kähne mit langen Stangen übers Wasser staken. Der Rucksack aber war immer leer, oder fast leer, denn er enthielt, soweit man wusste, nichts anderes als Herrn Sommers Butterbrot und eine zusammengefaltete hüftlange Gummipelerine[1] mit Kapuze, die Herr Sommer anzog, wenn ihn unterwegs ein Regen überraschte.

1 die Pelerine: Schulterumhang; ärmelloser Regenmantel

**❶** Wie wird Herr Sommer beschrieben? Nenne Beispiele.

**❷** Der Erzähler findet Herrn Sommer merkwürdig. Woran zeigt sich das im Text?

**❸** Eines Tages ist Herr Sommer verschwunden. Verfasse eine Suchanzeige.

# Das Mädchen mit dem Perlenohrring  *Jan Vermeer*

Das Mädchen mit dem Perlenohrring (Jan Vermeer, 1665, Öl auf Leinwand)

1. Gefällt dir das Bild? Begründe.
2. Beschreibe die auf dem Gemälde abgebildete Person möglichst genau.
3. Wer ist das Mädchen, warum wurde es gemalt …? Schreibe eine kleine Geschichte dazu.

# Harry Potter – Der Feuerblitz  *Joanne K. Rowling*

*Ein neues Schuljahr in Hogwarts beginnt. Harry ist fest entschlossen zu sparen, aber er stöbert trotzdem gern in den Läden der Winkelgasse …*

Doch eine Woche nach seiner Ankunft im *Tropfenden Kessel* tauchte etwas in seinem Lieblingsladen *Qualität für Quidditch* auf, das seine Entschlossenheit hart auf die Probe stellte.

Neugierig geworden durch den Menschenauflauf im Laden, drängelte
5 Harry hinein und quetschte sich zwischen den aufgeregten Hexen und Zauberern durch bis vor ein eigens errichtetes kleines Podest, auf dem der herrlichste Rennbesen ausgestellt war, den er je gesehen hatte. […]

Eine große Hexe vor Harry trat zur Seite und jetzt konnte er das Schild neben dem Besen lesen:

10 **Der Feuerblitz**
Dieser Rennbesen nach neuestem Stand der Technik hat einen stromlinienförmigen, superveredelten Stiel aus Eschenholz mit diamantharter Politur und von Hand eingemeißelter Registriernummer. Jede handverlesene Birkenholzrute des Schweifs ist aerodyna-
15 misch optimal abgeschliffen, was dem Feuerblitz unvergleichliche Stabilität und haarscharfe Präzision verleiht. Der Feuerblitz beschleunigt von 0 auf 250 Stundenkilometer in 10 Sekunden und ist mit einem unbrechbaren Bremszauber ausgestattet. Preis auf Nachfrage.

Preis auf Nachfrage … Harry mochte sich lieber nicht ausmalen, wie viel
20 der Feuerblitz kosten würde. Nie hatte er sich etwas sehnlicher gewünscht – doch immerhin hatte er auch noch nie ein Quidditch-Spiel auf seinem Nimbus Zweitausend verloren, und weshalb sollte er sein Verlies in Gringotts für den Feuerblitz plündern, wenn er bereits einen sehr guten Rennbesen hatte? Harry fragte nicht nach dem Preis, doch er kam fast jeden
25 Tag in den Laden, nur um den Feuerblitz zu sehen.

❶ Wie stellst du dir den Feuerblitz vor? Zeichne ihn und beschrifte ihn mit den beschriebenen Eigenschaften.

❷ Denke dir selbst einen magischen Gegenstand aus und beschreibe ihn.

❸ Dein Gegenstand soll in einem Laden in der Winkelgasse verkauft werden. Entwirf ein Schild für ihn.

# Beschreiben

### 1. Schritt: Die Beschreibung vorbereiten
– Beachte die Aufgabe:
  Für wen und zu welchem **Zweck** sollst du eine Beschreibung verfassen, z. B. *für einen Lexikonartikel, für eine Suchanzeige oder eine Verkaufsanzeige?*
  Welche Informationen benötigen die **Adressaten** der Beschreibung?
– Betrachte das Tier, die Person oder den Gegenstand genau und notiere deine Beobachtungen stichpunktartig in einem Steckbrief.

| Merkmale | Beispiele |
| --- | --- |
| **Allgemeine Merkmale:** | |
| – genaue Bezeichnung (Art, Name, Geschlecht) | *– Ara / jüngerer Mann / Werkzeug* |
| – Gesamteindruck | *– struppig / gepflegt / gut erhalten* |
| – wichtige äußere Merkmale (z. B. Größe, Form) | *– hellrot / klein / aus Stahl* |
| **Besondere Merkmale:** | |
| – Charakter, Verhalten, Eigenschaften | *– wachsam / zutraulich / freundlich* |
| – auffällige Besonderheiten (z. B. Verletzungen, Gebrauchsspuren) | *– Verletzung am Ohr / Narbe am Kinn / abgebrochene Spitze* |
| **Weitere Informationen:** | |
| – Lexikonartikel: | *– Herkunft, Verwendung, Haltung, …* |
| – Tiervermittlung: | *– Alter des Tieres, Eigenschaften, …* |
| – Suchanzeige | *– Kontaktadresse für Finder/-in* |

### 2. Schritt: Die Beschreibung verfassen
– Wähle die Stichpunkte aus, die du für deine Beschreibung brauchst. Denke immer daran, welchen Zweck deine Beschreibung erfüllen soll.
– Formuliere einen einleitenden Satz, der auf den Zweck deiner Beschreibung hinführt, z. B.:
  *Am Montag, dem 3. 9., ist mein Hund im Stadtwald entlaufen. / Ich verkaufe einen gebrauchten Wanderrucksack.*
– Beschreibe zunächst die allgemeinen Merkmale und dann auffällige Besonderheiten. Ergänze weitere Informationen, falls notwendig.
– Schreibe im Präsens (→ S. 231 f.).

### 3. Schritt: Die Beschreibung überarbeiten
– Überprüfe deine Beschreibung: Erfüllt die Beschreibung ihren Zweck? Sind alle notwendigen und keine überflüssigen Informationen enthalten? Überarbeite sie, falls notwendig.

# 5 Einfach märchenhaft ...
## Märchen untersuchen und schreiben

1

2

**Der goldene Schlüssel**  *Jacob und Wilhelm Grimm*

Zur Winterszeit, als einmal tiefer Schnee lag, musste ein armer Junge hinausgehen und Holz auf einem Schlitten holen. Wie er es nun zusammengesucht und aufgeladen hatte, wollte er, so erfroren er war, noch nicht nach Hause gehen, sondern erst Feuer anmachen und sich ein bisschen
5 wärmen. Da scharrte er den Schnee weg, und wie er so den Erdboden aufräumte, fand er einen kleinen goldenen Schlüssel. Nun glaubte er, wo der Schlüssel wäre, müsste auch das Schloss dazu sein, grub in der Erde und fand ein eisernes Kästchen. „Wenn der Schlüssel nun passt!", dachte er. „Es sind gewiss kostbare Sachen in dem Kästchen."

❶ Lies den Märchenanfang. Welche „kostbaren Sachen" könnten im Kästchen sein?

❷ Ist dies ein typischer Märchenanfang? Begründe.

❸ Wie könnte das Märchen weitergehen? Notiere Stichpunkte.

3

4

5

6

❹ Ordne die Memory-Karten zu passenden Paaren. Begründe deine Entscheidung.

❺ Wähle ein Memory-Paar aus und schreibe den Anfang dieses Märchens.

❻ Entwirf selbst ein Memory-Paar und erzähle das Märchen dazu.

### In diesem Kapitel …

- lernst du Märchen aus Deutschland und aus anderen Ländern kennen.
- findest du heraus, an welchen Merkmalen man ein Märchen erkennen kann und warum Märchen früher wie heute verstanden werden.
- schreibst du selbst Märchen.

# Märchen lesen

## Die Bienenkönigin  *Jacob und Wilhelm Grimm*

Zwei Königssöhne gingen einmal auf Abenteuer und gerieten in ein wildes, wüstes Leben, sodass sie gar nicht wieder nach Haus kamen. Der Jüngste, welcher der Dummling hieß, ging aus und suchte seine Brüder; aber als er sie fand, verspotteten sie ihn, dass er mit seiner Einfalt sich durch die Welt
5 schlagen wolle, da sie zwei nicht durchkämen und wären doch viel klüger.

Da zogen sie miteinander fort und kamen an einen Ameisenhaufen; die zwei Ältesten wollten ihn aufwühlen und sehen, wie die kleinen Ameisen in der Angst herumkröchen und ihre Eier forttrügen; aber der Dummling sagte: „Lasst die Tiere in Fried', ich leid's nicht, dass ihr sie stört." Da gingen
10 sie weiter und kamen an einen See, auf dem schwammen viele, viele Enten; die zwei Brüder wollten ein paar fangen und braten, aber der Dummling sagte wieder: „Lasst die Tiere in Fried', ich leid's nicht, dass ihr sie tötet." Endlich kamen sie an ein Bienennest, darin war so viel Honig, dass er am Stamm herunterlief; die zwei wollten Feuer unter den Baum legen und
15 die Bienen ersticken, damit sie den Honig wegnehmen könnten.

Der Dummling hielt sie aber wieder ab und sprach: „Lasst die Tiere in Fried', ich leid's nicht, dass ihr sie verbrennt."

Da kamen die drei Brüder in ein Schloss, wo in den Ställen
20 lauter steinerne Pferde standen, auch war kein Mensch zu sehen, und sie gingen durch alle Säle, bis sie vor eine Türe ganz am Ende kamen, davor hingen drei
25 Schlösser; es war aber mitten in der Türe ein Lädlein, dadurch konnte man in die Stube sehen. Da sahen sie ein grau Männchen an einem Tische sitzen,
30 das riefen sie an, einmal, zweimal, aber es hörte nicht; endlich riefen sie zum dritten Mal, da stand es auf und kam heraus. Es sprach aber kein Wort, sondern fasste sie an und führte sie zu einem reich besetzten Tisch; und als sie gegessen und
35 getrunken hatten, führte es einen jeglichen in ein eigenes Schlafgemach.

Am andern Morgen kam es zu dem Ältesten, winkte ihm und brachte ihn zu einer steinernen Tafel, darauf standen die drei Aufgaben geschrieben, wodurch das Schloss erlöst werden konnte. Die erste war: In dem Wald unter dem Moos lagen die tausend Perlen der Königstochter, die mussten aufgesucht werden, und wenn vor Sonnenuntergang noch eine einzige fehlte, so ward der, welcher gesucht hatte, zu Stein. Der Älteste ging hin und suchte den ganzen Tag, als aber der Tag zu Ende war, hatte er erst hundert gefunden; es folgte, wie auf der Tafel stand, und er ward in Stein verwandelt.

Am folgenden Tag unternahm der zweite Bruder das Abenteuer; es ging ihm aber nicht besser als dem ältesten, er fand nicht mehr als zweihundert Perlen und ward zu Stein.

Endlich kam auch an den Dummling die Reihe, der suchte im Moos, es war aber so schwer, die Perlen zu finden, und ging so langsam! Da setzte er sich auf einen Stein und weinte. Und wie er so saß, kam der Ameisenkönig, dem er einmal das Leben erhalten hatte, mit fünftausend Ameisen, und es währte gar nicht lang, so hatten diese die Perlen miteinander gefunden und auf einen Haufen getragen. Die zweite Aufgabe aber war, den Schlüssel zu der Schlafkammer der Königstochter aus dem See zu holen. Wie der Dummling zum See kam, schwammen die Enten, die er einmal gerettet hatte, heran, tauchten unter und holten den Schlüssel aus der Tiefe. Die dritte Aufgabe aber war die schwerste: Aus den drei schlafenden Töchtern des Königs sollte die jüngste und die liebste herausgesucht werden, sie glichen sich aber vollkommen und waren durch nichts verschieden, als dass die älteste ein Stück Zucker, die zweite Sirup, die jüngste einen Löffel voll Honig gegessen hatte, und es war bloß an dem Hauch zu erkennen, welche den Honig gegessen. Da kam aber die Bienenkönigin von den Bienen, die der Dummling vor dem Feuer geschützt, und versuchte den Mund von allen dreien; zuletzt blieb sie auf dem Mund sitzen, der Honig gegessen, und so erkannte der Königssohn die rechte, und da war aller Zauber vorbei, alles war aus dem Schlaf erlöst, und wer von Stein war, erhielt seine menschliche Gestalt wieder. Und der Dummling vermählte sich mit der jüngsten und liebsten und ward König nach ihres Vaters Tod; seine zwei Brüder aber mit den beiden andern Schwestern.

❶ Sprecht über den Inhalt des Märchens:
– Welche Bedeutung haben die Tiere in diesem Märchen?
– Warum heißt das Märchen „Die Bienenkönigin"? Schlagt einen anderen Titel vor.

❷ Erkläre, woran du erkennst, dass „Die Bienenkönigin" ein Märchen ist.
Tipps & Hilfen (→ S. 296)

❸ Übernimm die folgende Tabelle ins Heft und ergänze in der rechten Spalte Beispiele aus dem Märchen „Die Bienenkönigin":

| Märchenmerkmal | Beispiele |
| --- | --- |
| Hauptfigur (Held/-in) | … |
| Gegenspieler / böse Figur(en) | *die beiden älteren Brüder* |
| Helfer / gute Figur(en) | *Ameisen, …* |
| Aufgaben / Prüfungen | … |
| verwunschener Ort | … |
| Zauberkräfte / Verwandlungen | … |
| magische Zahlen | … |
| Bestrafung / Belohnung am Ende | … |
| formelhafte, altertümliche Sprache | … |

❹ a) Auch viele Märchen enthalten die typischen Erzählbausteine. Ordne die Karten A – D den vier Handlungsbausteinen zu.
b) Zu welchem Erzählbaustein gehört das Bild auf Seite 102 ? Begründe.

| **Ausgangssituation,** in der die Hauptfigur sich befindet | **Problem,** oft ausgelöst durch ein Ereignis | **Lösungsversuche,** z. B. Prüfungen, Überwindung von Hindernissen | **Ende,** z. B. Lösung, Belohnung oder Bestrafung |

A  Die geretteten Tiere helfen dem Dummling, die drei Aufgaben zu bewältigen.

B  Das Schloss und die Brüder werden vom Zauber befreit. Der Dummling heiratet die jüngste Prinzessin und wird König. Die Brüder vermählen sich mit den Schwestern.

C  Der Dummling muss drei Aufgaben lösen, um das verwunschene Schloss zu befreien. Gelingt es ihm nicht, wird er in einen Stein verwandelt.

D  Der Dummling rettet dreimal Tiere vor dem bösartigen Verhalten seiner Brüder.

❺ Erzähle das Märchen „Die Bienenkönigin" nach. Nutze die Erzählbausteine zur Orientierung (→ „Mündlich nacherzählen", S. 114 ff.).

# Kleiner Ein-Zoll  *Japanisches Märchen*

Es waren einmal ein Mann und eine Frau, die sich schon sehr lange ein Kind wünschten. Sie beteten und beteten, und schließlich schickten die Götter ihnen einen Jungen. Er war ein schönes, gesundes Kind; weil er aber nicht mehr wuchs, nannten sie ihn Kleiner Ein-Zoll. Als er alt genug war, schickten seine Eltern ihn in die Welt hinaus. Anstatt mit einem Schwert war er mit einer Nadel bewaffnet. In einer Reisschale als Boot und mit Essstäbchen als Ruder fuhr er den Fluss hinunter in die Hauptstadt Kioto. Dort wurde er von einer Familie aufgenommen.

Eines Tages brach Kleiner Ein-Zoll mit der Tochter der Familie, die ihn sehr gern hatte, zu einer Reise auf. Unterwegs wurden sie von einem menschenfressenden Riesen angegriffen, der das Mädchen rauben wollte.

„Dazu musst du mich zuerst besiegen!", schrie Kleiner Ein-Zoll und schwenkte seine Nadel. Der Riese lachte, packte ihn und verschlang ihn im Ganzen.

Im Magen des Riesen stach Kleiner Ein-Zoll mit seiner Nadel zu, bis der Riese ihn erbrach. Dann stieß er die Nadel in das Auge des Riesen. Der heulte vor Schmerz auf und rannte davon. Dabei verlor er einen kleinen Hammer.

„Das ist ein Zauberhammer, der Wünsche erfüllt", rief das Mädchen und hob ihn auf.

„Dann schlage mich damit; vielleicht lässt er mich größer werden", sagte Kleiner Ein-Zoll.

Das Mädchen versetzte ihm einen kräftigen Schlag auf den Kopf und er begann zu wachsen … Bald war er ein großer, gut aussehender Samurai, den jedes Mädchen gern geheiratet hätte.

❶ Welches Problem hat die Hauptfigur in diesem Märchen zu bewältigen? Erkläre auch die Bedeutung der körperlichen Merkmale und ihre Veränderung.
Tipps & Hilfen (→ S. 296)

❷ Überprüfe, ob dieses japanische Märchen die vier Handlungsbausteine enthält.

❸ Untersuche, ob „Kleiner Ein-Zoll" die typischen Märchenmerkmale aufweist. Orientiere dich an der Tabelle auf Seite 104, Aufgabe 3.

❹ Suche in der Märchensammlung der Brüder Grimm oder im Internet das Märchen „Daumesdick" und vergleiche es mit „Kleiner Ein-Zoll".

# Märchen schreiben

*Gute Figur: Königin*

*Helfer: Spiegelbild*

*Aufgabe drei Kleider: sonnengolden, mondsilbern, sternenglänzend*

❶ Zu diesen Märchenkarten wurde das folgende Märchen verfasst. Untersuche:
– Wie wurden die Bildanregungen umgesetzt?
– Welche Elemente bzw. Märchenmerkmale wurden ergänzt?
– Sind die Erzählbausteine erkennbar (→ S. 104)? Nenne genaue Textstellen.
Tipps & Hilfen (→ S. 296)

*Die wundersame Pflanze*

*Es war einmal eine Königin, deren Kind durch eine schwere Krankheit erblindete. Die Königin war verzweifelt. Eines Nachts hörte sie im Traum eine Stimme, die zu ihr sprach: „Geh in den Wald! Dort wirst du Hilfe finden." Voller Hoffnung machte sich die Königin am nächsten Morgen auf die Suche. Sie drang tief in den düsteren*
5 *Wald vor, doch alles schien vergeblich. Plötzlich vernahm sie wieder die Stimme aus dem Traum, sie folgte der Stimme und gelangte zu einem Bach. Im klaren Wasser erkannte sie ihr Spiegelbild, das plötzlich zu sprechen begann: „Was führt dich an diesen Ort?" Die Königin klagte ihr Leid. Da verkündete das Spiegelbild: „Damit dein Kind sein Augenlicht zurückerhält, musst du drei Kleider nähen: eines*
10 *so golden wie die Sonne, eines so silbern wie der Mond, das dritte so glänzend wie die Sterne!"*

   *Die Königin ging dankbar von dannen, suchte den größten Markt auf und befragte die Stoffhändler: „Ich suche drei Stoffe: einen so golden wie die Sonne, die anderen so silbern wie der Mond und so glänzend wie die Sterne!" Doch niemand*
15 *konnte ihre Wünsche erfüllen. Fast gab sie auf, da sah sie einen schäbigen kleinen Stand, an dem eine alte Frau Stoffe verkaufte. Als die Königin ihren Wunsch vortrug, zog sie drei wunderbare Stoffe hervor: einen goldenen, einen silberfarbenen und einen herrlich glänzenden.*

*Überglücklich kaufte die Königin die Stoffe und kehrte zum Schloss zurück.*
20 *Sie ruhte nicht und nähte die drei Kleider. Als sie den letzten Stich gesetzt hatte, waren ihre Hände wund und ihre Finger blutig. Mit letzter Kraft machte sie sich auf den Weg in den Wald. Am Bach kniete sie nieder und breitete die drei Kleider vor sich aus. Wieder erschien ihr Spiegelbild: „Dein Wunsch soll erfüllt werden! Geh zur höchsten Eiche des Waldes. Darunter wächst eine kleine Pflanze mit vio-*
25 *letten Blüten. Zerstoße ihre Blätter und trage sie drei Tage lang auf die Augen deines Kindes auf!" Die Königin tat, wie ihr geheißen. Sie eilte mit der wundersamen Pflanze zu ihrem Kind, trug sie drei Tage nacheinander auf, und am Abend des dritten Tages konnte ihr Kind wieder sehen. Die Königsfamilie ließ im ganzen Reich ein Freudenfest feiern, und sie lebten noch lange glücklich und gesund.*

❷ Sammle Ideen für ein eigenes Märchen. Lass dich dabei von den Märchenkarten inspirieren.
Tipps & Hilfen (→ S. 297)

❸ Plane den Erzählverlauf für dein Märchen. Die folgenden Fragen helfen dir:
**Ausgangssituation, in der sich die Hauptfigur befindet (→ Märchenkarte 1):**
– Wo befindet sich die Hauptfigur? Mit welchem Ereignis wird sie konfrontiert?
**Problem und Lösungsversuche (→ Märchenkarten 2 und 3):**
– Warum müssen die sieben Täler überwunden werden? Welche Gefahren warten dort? Tritt ein Gegenspieler auf? Welche Eigenschaften hat dieser?
– Wie hilft der fliegende Teppich der Hauptfigur?
– Gibt es weitere Helfer oder gute Figuren? Welche Eigenschaften haben diese?
**Ende:**
– Welche Belohnung erwartet die Hauptfigur?
– Was passiert mit dem Gegenspieler?
Tipps & Hilfen (→ S. 297)

**4** Was für ein Märchen könntest du zu diesen Märchenkarten schreiben?
Übertrage die Tabelle unten in dein Heft und notiere Stichpunkte.

*Weg zum Ziel: silberne Feder finden*

*Böse Figur: Hexe*

*Eigenschaft: verflucht*

*Hauptfiguren: Bruder & Schwester*

| Ausgangssituation | Problem | Lösungsversuche | Ende |
|---|---|---|---|
| In welcher Situation befinden sich die Hauptfiguren? | Welche Gefahren und Prüfungen gibt es? | Wie lösen die Figuren das Problem? | Wie endet das Märchen? |
| ... | ... | ... | ... |

**5** a) Entscheide dich, zu welchen Märchenkarten (→ S. 107 oder 108) du dein Märchen schreiben willst, und verfasse es.
b) Formuliere eine passende Überschrift.
c) Überprüfe dein Märchen mit der Checkliste auf Seite 125.
Tipps & Hilfen (→ S. 297)

# Ein Märchen fortsetzen

## Die drei Brüder  *Jacob und Wilhelm Grimm*

Es war ein Mann, der hatte drei Söhne und weiter nichts im Vermögen als das Haus, worin er wohnte. Nun hätte jeder gerne nach seinem Tode das Haus gehabt, dem Vater war aber einer so lieb wie der andere, da wusste er nicht, wie er's anfangen sollte, dass er keinem zu nahe tät. Verkaufen wollte er das Haus auch nicht, weil's von seinen Voreltern war, sonst hätte er das Geld unter sie geteilt. Da fiel ihm endlich ein Rat ein, und er sprach zu seinen Söhnen: „Geht in die Welt und versucht euch und lerne jeder sein Handwerk. Wenn ihr dann wiederkommt, wer das beste Meisterstück macht, der soll das Haus haben." Das waren die Söhne zufrieden, und der älteste wollte ein Hufschmied, der zweite ein Barbier, der dritte aber ein Fechtmeister werden.

❶ Bereite eine Fortsetzung des Märchenanfangs vor.
a) Notiere, welche Vorgaben dir der Märchenanfang gibt. Übernimm dazu die folgenden Notizen in dein Heft und ergänze sie.
b) Schreibe Ideen zur Fortsetzung des Märchens auf.
Tipps & Hilfen (→ S. 297)

*Was gibt der Märchenanfang vor?*
*Ausgangssituation:*
*— Mann, der nicht viel besitzt außer sein Haus*
*— drei Söhne*
*— kann sich nicht entscheiden, wem er sein Haus vererbt*
*— Aufgabe: ein Handwerk erlernen und perfektes Meisterstück herstellen*

*Wie soll das Märchen weitergehen?*
*Problem: ...*
*Lösungsversuche: ...*
*Ende: ...*

❷ a) Schreibe das Märchen in deinem Heft zu Ende.
b) Formuliere eine passende Überschrift.
c) Überprüfe deinen Text mithilfe der Checkliste auf Seite 125.

❸ Recherchiert im Internet nach Märchen (→ S. 202 f.) und druckt jeweils den ersten Absatz aus. Jede/-r von euch zieht dann einen Märchenanfang und schreibt das Märchen zu Ende.

# Die Märchensprache nachahmen

**1** In Märchen kommen oft altertümlich klingende Ausdrücke vor.
Erkläre kurz die Bedeutung dieser „märchenhaften" Formulierungen:

Es begab sich vor langer Zeit, dass …
*Damit wird angedeutet, dass die Handlung in einer weit zurückliegenden Vergangenheit spielt.*

Da gab sie sich zu erkennen.
Und so vermählten sie sich.
Und als die Zeit gekommen war, wurden sie zu König und Königin.
So hatte die wahre Liebe den Bann gebrochen.
Und es weiß niemand auf diese Stunde, wo sie hingelaufen ist.
Und die Eltern waren mit ihrem verschollenen Kind vereint.
Und sie trug es ewiglich, auf dass es sie erinnern möge.

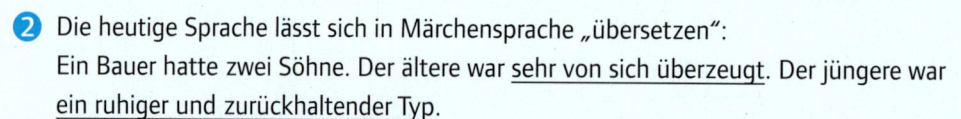

**2** Die heutige Sprache lässt sich in Märchensprache „übersetzen":
Ein Bauer hatte zwei Söhne. Der ältere war <u>sehr von sich überzeugt</u>. Der jüngere war <u>ein ruhiger und zurückhaltender Typ</u>.
*Ein Bauer hatte zwei Söhne. Der ältere war überheblich und eitel, der jüngere war von stiller und schüchterner Natur.*

Folge diesem Beispiel und übertrage die unterstrichenen Ausdrücke in die Märchensprache.
Nutze den Wortspeicher.

> hocherfreut sein · den Bann brechen · bangen um · auf der Stelle verharren ·
> vernehmen · aufbrechen · erfreuen mit

Der Prinz <u>fand es toll, dass sein Trick geklappt hatte</u>. Der Drache stellte nun keine Gefahr mehr dar.

Die Tochter des Müllers <u>hatte Angst um ihr Leben</u>. <u>Jetzt konnte sie nicht weiterlaufen</u>.

Als die Hexe die Nachricht vom Glück ihrer Stieftochter <u>hörte</u>, holte sie ihren Zauberspiegel hervor.

Am nächsten Morgen <u>ging</u> Rotkäppchen <u>los</u>. Sie <u>wollte</u> der Großmutter einen Kuchen und eine Flasche Wein <u>bringen</u>.

# Die richtige Zeitform verwenden

**1** Märchen werden in der Regel im Präteritum erzählt.
Schreibe das folgende Märchen in dein Heft und setze die Verben in Klammern ins Präteritum.

Es (leben) einmal in einem tiefen Wald eine Frau mit ihrem Sohn, der Förster (sein). Eines Tages (gehen) der Sohn auf die Jagd und (schießen) Hirsche und Rehe. Als er gerade heimkehren (wollen), (lassen)
5 sich ein wunderschönes Reh sehen. Es (springen) unbekümmert an ihm vorbei und (verschwinden) im Unterholz. Rasch (sich schwingen) der Förster auf sein Pferd und (reiten) wie der Wind in die Richtung, die das Reh eingeschlagen hatte. Auf einmal
10 (liegen) ein spiegelheller See vor ihm. Der Förster (entsinnen) sich nicht, auf seinen Streifzügen je den See gesehen zu haben. Während er seinen Gedanken (nachhängen), (erscheinen) das Reh am gegenüberliegenden Ufer. Es (heben) seinen Kopf, dann (beginnen) es Gras zu fressen. Leise (sich schleichen) der Förster heran, er (vermeiden) jedes
15 Geräusch. Plötzlich (erklingen) ein lautes Gurren – zwei Tauben (fliegen heran) und (warnen) das Reh. Schnell (sinken) der Förster auf die Knie. Doch es (sein) zu spät, das Reh war schon entflohen. Enttäuscht (antreten) der Förster seinen Heimweg. Am nächsten Tag (kommen) er um dieselbe Stunde wieder. Diesmal (bleiben) er jedoch unentdeckt, er hatte sich in
20 einer Baumkrone versteckt. Was sich nun vor seinen Augen (abspielen), (verschlagen) ihm den Atem. Das Reh (abwerfen) sein Fellkleid und eine liebreizende junge Frau (stehen) auf der Wiese.

**2** Schreibe die Fortsetzung des Märchens in dein Heft. Setze dabei passende Verben aus dem Wortspeicher in der richtigen Form ein.

Die junge Frau ▆▆▆ zum See, ▆▆▆ in das kühle Nass und ▆▆▆ zum anderen Ufer. Sie ▆▆▆ im Schatten des Baumes ▆▆▆, auf dem der Förster ▆▆▆. Da ▆▆▆ ein Blatt ▆▆▆. Erschrocken ▆▆▆ die Frau nach oben und in diesem Moment ▆▆▆ sie sich wieder in ein Reh und ▆▆▆.

schreiten · gleiten · schwimmen · sich ausruhen · sitzen · herabfallen · starren · verwandeln · davonjagen

## Mündlich nacherzählen

**❶** Entscheide dich, welches der beiden folgenden Märchen du gerne nacherzählen möchtest.

### Die Prinzessin auf der Erbse  *Hans Christian Andersen*

Es war einmal ein Prinz, der wollte eine Prinzessin heiraten, aber es sollte eine wirkliche Prinzessin sein. Nun reiste er die ganze Welt umher, um eine solche zu finden, aber überall stand etwas im Wege. Prinzessinnen waren schon genug da, aber ob es auch wirkliche Prinzessinnen waren,
5 dahinter konnte er durchaus nicht kommen. Immer war etwas, das nicht stimmte. So kam er denn wieder nach Hause und war ganz betrübt, denn er wollte so gern eine wirkliche Prinzessin haben.
Eines Abends entstand ein furchtbares Unwetter; es blitzte und donnerte, der Regen strömte hernieder, es war geradezu entsetzlich. Da klopfte es an
10 das Stadttor, und der alte König ging hin, um zu öffnen.
  Es war eine Prinzessin, die draußen vor demselben stand. Aber, mein Gott, wie sah sie von dem Regen und dem bösen Wetter aus! Das Wasser triefte ihr von den Haaren und Kleidern herunter und lief in die Schuhspitzen hinein und an den Hacken wieder heraus, und sie sagte, dass sie
15 eine wirkliche Prinzessin wäre.
  Nun, das wollen wir bald genug herausbekommen!, dachte die alte Königin sagte aber nichts, ging in das Schlafzimmer, nahm alle Betten ab und legte eine Erbse auf den Boden der Bettstelle. Darauf nahm sie zwanzig Matratzen und legte sie auf die Erbse und dann noch zwanzig Eider-
20 daunenbetten oben auf die Matratzen.
  Da sollte die Prinzessin nun des Nachts liegen.
  Am Morgen fragte man sie, wie sie geschlafen hätte.
  „O, entsetzlich schlecht!", sagte die Prinzessin. „Ich habe fast die ganze Nacht kein Auge zutun können! Gott weiß, was da im Bette gewesen ist?
25 Ich habe auf etwas Hartem gelegen, sodass ich am ganzen Körper braun und blau bin! Es ist wahrhaft entsetzlich!"
  Daran konnte man sehen, dass sie eine wirkliche Prinzessin war, da sie durch die zwanzig Matratzen und die zwanzig Eiderdaunenbetten hindurch die Erbse gefühlt hatte. So feinfühlig konnte nur eine wirkliche
30 Prinzessin sein!
  Da nahm der Prinz sie zur Frau, denn nun wusste er, dass er eine wirkliche Prinzessin hatte, und die Erbse kam auf die Kunstkammer, wo sie noch zu sehen ist, wenn niemand sie genommen hat.
  Seht, das ist eine wirkliche Geschichte.

## Die Sterntaler  *Jacob und Wilhelm Grimm*

Es war einmal ein kleines Mädchen, dem waren Vater und Mutter gestorben, und es war so arm, dass es kein Kämmerchen mehr hatte, darin zu wohnen, und kein Bettchen mehr, darin zu schlafen, und endlich gar nichts mehr als die Kleider auf dem Leib und ein Stückchen Brot in der Hand, das ihm ein mitleidiges Herz geschenkt hatte. Es war aber gut und fromm.

Und weil es so von aller Welt verlassen war, ging es im Vertrauen auf den lieben Gott hinaus ins Feld. Da begegnete ihm ein armer Mann, der sprach: „Ach, gib mir etwas zu essen, ich bin so hungrig." Es reichte ihm das ganze Stückchen Brot und sagte: „Gott segne dir's" und ging weiter.

Da kam ein Kind, das jammerte und sprach: „Es friert mich so an meinem Kopfe, schenk mir etwas, womit ich ihn bedecken kann." Da tat es seine Mütze ab und gab sie ihm.

Und als es noch eine Weile gegangen war, kam wieder ein Kind und hatte kein Leibchen an und fror: Da gab es ihm seins; und noch weiter, da bat eins um ein Röcklein, das gab es auch von sich hin.

Endlich gelangte es in einen Wald, und es war schon dunkel geworden; da kam noch eins und bat um ein Hemdlein, und das fromme Mädchen dachte: „Es ist dunkle Nacht, da sieht dich niemand, du kannst wohl dein Hemd weggeben", und zog das Hemd aus und gab es auch noch hin.

Und wie es so stand und gar nichts mehr hatte, fielen auf einmal die Sterne vom Himmel und waren lauter blanke Taler; und ob es gleich sein Hemdlein weggegeben, so hatte es ein neues an, und das war vom allerfeinsten Linnen[1]. Da sammelte es sich die Taler hinein und war reich für sein Lebtag.

---
1  das Linnen: Leinen

## Gewusst wie

**❷** a) Lies das von dir ausgewählte Märchen mehrmals und präge dir die Handlung ein.
b) Unterteile das Märchen in Anfang, Hauptteil und Schluss.
Notiere die Zeilenangaben.

*Die Prinzessin auf der Erbse*
– *Anfang: Zeile 1–7*
– *Hauptteil: Zeile 8–…*
– *Schluss: Zeile …–…*

**❸** Notiere Stichpunkte zum Anfang des Märchens, zu den einzelnen Handlungsschritten des Hauptteils und zum Schluss wie im Beispiel.

---

*Titel: Die Prinzessin auf der Erbse*

*Anfang:*
*Prinz will eine wirkliche Prinzessin heiraten, reist in die Welt, findet keine Prinzessin, kommt traurig nach Hause*

*Hauptteil:*
*– eines Abends starkes Gewitter, Klopfen am Stadttor, durchnässte Prinzessin, will hinein, behauptet, eine wirkliche Prinzessin zu sein*
*– alte Königin denkt: „Ja, das werden wir schon herausbekommen!", sagt nichts, legt eine Erbse auf den Boden, darauf zwanzig Matratzen und zwanzig Decken …*

---

*Titel: Die Sterntaler*

*Anfang:*
*armes Mädchen, Vater und Mutter gestorben …*

---

**❹** Lerne wichtige Textstellen auswendig.

**❺** Übe deine Nacherzählung mehrmals. Du kannst dich dabei auch aufnehmen, z. B. mit dem Handy, um dich selbst zu überprüfen.

**❻** Erzähle das Märchen anhand deiner Stichpunkte vor deiner Klasse.

**❼** Gebt euch gegenseitig eine Rückmeldung, wie gut euch das Nacherzählen gelungen ist. Die Fragen im Info-Kasten auf Seite 115 helfen euch dabei.

**❽** Suche in Märchenbüchern oder im Internet nach weiteren spannenden Märchen. Wähle ein Märchen aus und erzähle es in der Klasse nach.

## Info  Mündlich nacherzählen

So bereitest du das mündliche Nacherzählen vor:

Einer mündlichen Nacherzählung sollen die Zuhörer/-innen gerne zuhören. Für eine gute Nacherzählung ist es wichtig, dass du
- dich eng an die Textvorlage hältst (einschließlich Tempusform),
- den Inhalt richtig und zusammenhängend wiedergibst und nichts hinzuerfindest,
- möglichst anschaulich mit eigenen Worten erzählst.

1. Schritt: Lies die Geschichte / das Märchen zu Hause mehrmals **laut** durch.
   Präge dir den Handlungsverlauf ein:
   - Wie fängt die Geschichte an?
   - Was geschieht im Hauptteil?
   - Wie endet die Geschichte?

2. Schritt: Notiere wichtige Handlungsschritte stichpunktartig.

3. Schritt: Lerne wichtige Textstellen auswendig.
   Bei einem Märchen sind das z. B. Anfangs- und Schlussformel, Zaubersprüche und wiederkehrende Formulierungen.

So trägst du deine Nacherzählung vor:
- **Erzähle** die Geschichte / das Märchen **anhand deiner Stichpunkte** nach. Achte darauf, dass du im Präteritum (→ S. 111) erzählst.
- Versuche, mit deiner **Stimme** deutlich zu machen, wann welche Figur spricht.
  Wähle für verschiedene Figuren **unterschiedliche Sprechweisen**.
- Achte darauf, dass deine Stimmführung (Betonung, Lautstärke) zu den Gefühlen, Stimmungen und Handlungen der Figuren passt.
- Sprich deutlich, langsam, mache genügend Pausen und sieh deine Zuhörer/-innen an.

Diese Fragen helfen euch, euch gegenseitig Rückmeldungen zum Vortrag einer Nacherzählung zu geben:
- Was war besonders gelungen?
- Konnte man den Vortrag gut verstehen?
- Konnte man den Inhalt gut nachvollziehen?
- Wurde die richtige Reihenfolge beachtet?
- Wurde nichts Wichtiges weggelassen?
- Waren unterschiedliche Sprechweisen zu erkennen?
- Konnte man sich die Figuren und Situationen gut vorstellen?
- Passte die Erzählweise zum Inhalt des Textes?
- Wurde im Präteritum erzählt?

📖 Lesen

# Zum Schmökern, Schauen, Weiterdenken

## Schneewittchen und die sieben Zwerge

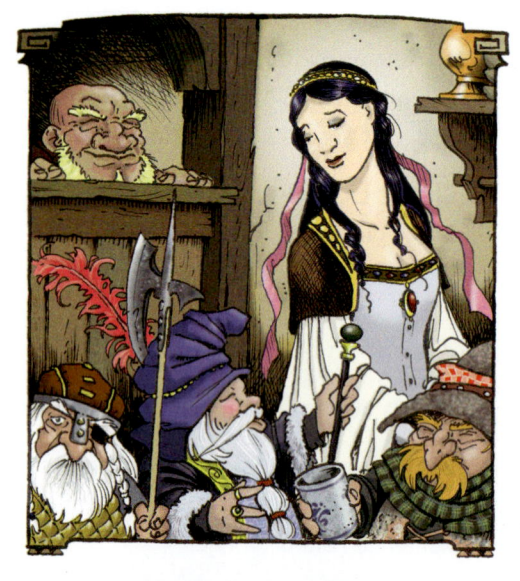

❶ Kennst du das Märchen von Schneewittchen und den sieben Zwergen? Erzähle es nach.

❷ a) Gib den dargestellten Szenen jeweils eine Überschrift.
   b) Beschreibe die Figuren. Achte auf Farben, Körpersprache usw.
   c) Welche Szene würdest du für ein Filmplakat zu „Schneewittchen" auswählen?
   Fertige eine Skizze mit Kommentaren für deinen Entwurf an.

# Der Student und der Kranich  *Chinesisches Volksmärchen*

Es war einmal ein armer Student. Er wusste sehr viel, er konnte dichten und malen, doch es mangelte ihm stets an Geld. Abends ging er immer zu einem befreundeten Gastwirt, setzte sich in eine Ecke und begann zu schreiben oder zu malen. Der Wirt hatte Mitleid mit dem armen Studenten und gab ihm eine Tasse Tee zu trinken oder Speisereste zu essen.

Eines Tages kam der Student wie üblich ins Wirtshaus. Doch diesmal setzte er sich nicht hin, sondern er nahm Tusche und Pinsel zur Hand und zeichnete mit wenigen Strichen einen Kranich an die Wand. Er sah aus, als würde er jeden Augenblick die Flügel ausbreiten und davonfliegen. Die Gäste und der Wirt betrachteten den Kranich mit Erstaunen und Bewunderung.

Da sprach der Student zum Wirt: „Herr Wirt, ich ziehe heute fort von hier. Ihr seid stets gut zu mir gewesen, wenn ich Durst und Hunger hatte. Zum Dank habe ich Euch diesen Kranich gemalt. Ihr müsst nur dreimal in die Hände klatschen, dann schwebt der Kranich auf den Boden nieder und tanzt für Euch und Eure Gäste. Bitte merkt Euch jedoch, Herr Wirt: Der Kranich kann nur einmal am Tag tanzen."

Nun klatschte der Student dreimal in die Hände. Und tatsächlich: Der Kranich breitete die Flügel aus, schüttelte sein Gefieder und stieg auf den Boden nieder. Er begann einen sonderbaren Tanz mit eleganten Bewegungen. Als er zu Ende getanzt hatte, erhob er sich vom Boden und schon stand er wieder reglos als Zeichnung an der Wand. Die Gäste hielten während seines Tanzes den Atem an und brachen in Jubel aus, nachdem er beendet war. Der Student verabschiedete sich vom verblüfften Wirt und ging davon. Von nun an hatte der Wirt sein sicheres Auskommen. In Scharen strömten die Gäste herbei, denn jeder wollte mit eigenen Augen den Tanz des Kranichs sehen.

Eines Tages nun besuchte ein allseits bekannter böser, reicher und habgieriger Mensch das Wirtshaus. Nachdem der Kranich zu Ende getanzt hatte, wünschte der Reiche, dass er nochmals tanze.

„Das ist leider unmöglich", erklärte der Wirt. Doch der Reiche gab sich mit dieser Antwort nicht zufrieden.

„Er soll noch einmal tanzen!", sagte er gebieterisch und stellte dem Wirt einen Beutel voll Goldstücke hin.

Der Wirt wusste sich nicht anders zu helfen, so klatschte er dreimal in die Hände. Der Kranich an der Wand bewegte sich langsam. Mit traurigen Augen und hängendem Kopf stieg er auf den Boden herab.

Er tanzte, doch diesmal traten bei seinem merkwürdigen Tanz den Gästen die Tränen in die Augen. Kaum hatte der Kranich seinen Tanz beendet, öffnete sich die Tür und der Student trat ein. Ohne ein Wort zu sagen, zog er eine Flöte heraus und begann zu spielen. Der Kranich schritt ihm langsam entgegen. Niemand wagte sich zu rühren. Der Student und der Kranich verließen das Wirtshaus. Während sie die Dorfstraße entlangliefen, erklang eine beklemmende Melodie aus der Flöte. Am Ende des Dorfes angelangt, verschwanden der Student und der Kranich so plötzlich, als hätte sie der Erdboden verschlungen.

Seit diesem Tag hat niemand mehr den Studenten und den Kranich gesehen.

**1** Erkläre, welche Rolle der Kranich in diesem Märchen spielt.

**2** Wie hätte der Wirt auf die Aufforderung des reichen Gastes reagieren können? Stellt in Partnerarbeit dieses Gespräch nach.

**3** Welche Lehre könnte am Ende dieses Märchens stehen? Formuliere sie in eigenen Worten.

### Rotkäppchen – reloaded

Es war einmal eine Bloggerin, die schrieb unter dem Namen „Rotkäppchen" an einem Drehbuch über ein bitterarmes Mädchen, das alles verschenkt hatte, aber durch einen Talentwettbewerb berühmt und reich wurde. Ein Geldregen befreite es von allen Sorgen! Als Rotkäppchen sich gerade ausmalte, was das Mädchen alles kaufen könnte, erschien im Blog ein neuer Kommentar mit dem Namen der Mutter: „Vergiss nicht – heute hat Oma Geburtstag." „Gut, dass Mama mich daran erinnert", dachte Rotkäppchen. Schnell packte sie ihre Lieblingskekse in den Korb und verließ die Wohnung. Da ihr der Bus vor der Nase wegfuhr, schnappte sie sich ihr Mountainbike und radelte ins Seniorenheim.

Was das liebe Kind nicht wusste: Der Kommentar stammte vom Wolf. Schon länger hatte er das Rotkäppchen beobachtet. Es war ein Leichtes für ihn, den Blog „Little Red Riding Hood" zu hacken und sich dann mit dem Account von Rotkäppchens Mutter einzuloggen.

15 Unterwegs traf Rotkäppchen noch den Frosch an einem Brunnen. Es glaubte zwar nicht an einen verwunschenen Prinzen, aber das Tier blickte mit seinen großen Augen so herzzerreißend, dass Rotkäppchen ihn aufhob und in ihren Korb setzte.

Als die beiden bei Oma eintra-
20 fen, fiel diese ihrer Enkelin voller Freude um den Hals. Während Rotkäppchen sich kurz im Bad frisch machte und die Haare stylte, schaltete Oma den Fernseher
25 aus, der sonst den ganzen Tag lief. Da klopfte es an die Tür. Die Oma öffnete, doch, o Schreck, es war der Wolf! Der war nach der anstrengenden Verfolgungsjagd – er
30 hatte ja kein Rad – hungrig wie ein Bär und wollte sich gleich die Oma einverleiben. Da sprang der Frosch aus dem Korb und quakte verführerisch: „Warte, warte, mein lieber Wolf! Als Königssohn verfüge ich über eine goldene Kreditkarte. Ich hüpfe
35 schnell zum nächsten Imbiss und kaufe dir ein Dutzend Hotdogs." Diesem Angebot konnte der Wolf nicht widerstehen. Nach einer Stunde kam der Frosch mit den versprochenen Würstchen zurück. Der Wolf aß alles auf und konnte sein Glück kaum fassen. Zärtlich schleckte er den Frosch ab. In diesem Moment fiel die glitschige Haut von dem Tier ab und der Königs-
40 sohn stand in Omas Wohnzimmer. Von diesem Tag an waren Rotkäppchen, die Oma, der Wolf und der Königssohn die besten Freunde.

❶ Welche weiteren Märchen haben sich in „Rotkäppchen – reloaded" versteckt? Erkläre in diesem Zusammenhang den Titel.

❷ Dieses moderne Märchen über Rotkäppchen haben sich Schüler ausgedacht. Was haben sie verändert? Vergleiche die Originalversion mit dem Schülertext.

❸ Schreibe selbst eine moderne Fassung eines Märchens. Verändere beispielsweise die Eigenschaften der Figuren oder die Aufgabe der Hauptfigur. Du kannst auch mehrere Märchen oder Figuren aus unterschiedlichen Märchen kombinieren.

Das folgende Märchen hat man sich im Osmanischen Reich, zu dem auch die heutige Türkei gehörte, erzählt. Die damaligen Herrscher hießen *Sultan* oder *Padischah*. Ihre Söhne wurden von Oberdienern erzogen, die man *Lala* nannte. Die Ehefrauen von Herrschern hatten *Zofen*, die sie beispielsweise zum *Basar*, d. h. zum Markt, begleiteten.

### Das Töpfchen  *Türkisches Märchen*

Es war einmal, und es war auch nicht. In früheren Zeiten war einmal eine arme Frau mit einer Tochter. Die Mutter spann vom Abend bis zum Morgen Garn, das Mädchen aber verkaufte es auf dem Basar, und so verdienten sie ihren Lebensunterhalt.

5 Eines Tages hatte die Mutter wieder Garn gesponnen, es dem Mädchen gegeben, und das Mädchen hatte das Garn auf dem Basar verkauft. Für dieses Geld kaufte sie statt des Brotes einen kleinen Topf, der zum Kauf angeboten wurde. An dem Topf hatte sie großen Gefallen, gab das Geld hin und erhielt ihn.

10 Als sie nach Hause kam, war kein Brot zum Essen da; denn in der Hand hatte sie nur den Topf. Die Mutter schlug das Mädchen tüchtig und warf den Topf auf die Straße. An jenem Tag legten sie sich hungrig schlafen.

Eine Hebamme kehrte von einer Wöchnerin[1] zurück und sah auf der Straße einen schönen Topf liegen, nahm ihn, ging nach Hause, wusch und
15 reinigte ihn, machte eine Weinblattroulade, setzte den Topf auf den Herd und kochte Essen.

Gerade als sie den Deckel hob und sich ans Essen setzen wollte, wurde an die Tür geklopft, und jemand rief die Hebamme schnell zu einer Geburt.

Die Hebamme sagt: „Ich esse, wenn ich zurückkomme", lässt das Essen
20 stehen und geht.

Der Topf steht – holterdiepolter – auf und geht schnurstracks zum Haus des Mädchens. Er klopft an die Tür, das Mädchen läuft zur Tür und fragt:
„Wer ist da?"
Der Topf antwortet: „Das Töpfchen."
25 Das Mädchen fragt: „Was ist darin?"
Er sagt: „Eine kleine Weinblattroulade."

Das Mädchen holt die Weinblattroulade heraus und wirft den Topf auf die Straße. Die Mutter und die Tochter setzen sich hin und lassen sich die Weinblattroulade gut schmecken.

30 Die Frau des Padischahs, die Sultanin, ging ins Bad, da sieht sie auf der Straße einen schönen Topf. „Nimm diesen Topf!", sagt sie zu ihrer Zofe.

---

1 die Wöchnerin: Mutter in den ersten sechs bis acht Wochen nach der Geburt des Kindes

Die Zofe nimmt den Topf, und sie gehen ins Bad. Im Bad legt die Sultanin, als sie sich auszieht, ihre Diamanten und Perlen hinein. Sie gibt ihrer Zofe den Topf und steigt ins Bad.

Als die Zofe den Topf im Arm hält, wird sie vom Schlaf übermannt, und der Topf geht schnurstracks zum Haus des Mädchens und klopft an die Tür.

Das Mädchen fragt: „Wer ist da?"

Der Topf antwortet: „Das Töpfchen."

Das Mädchen sagt: „Was ist darin?"

Er sagt: „Etwas Schönes."

Das Mädchen nimmt die Diamanten und das Gold, zieht sich an, schmückt sich und wirft den Topf wieder auf die Straße.

Am nächsten Tag ging der Prinz ins Bad. Er sieht den Topf auf der Straße und sagt: „Lala, nimm diesen Topf, was ist das für ein schöner Topf!"

Der Lala nimmt den Topf. Sie gehen in das Bad, der Prinz badet sich dort, reinigt sich und lässt sich rasieren. Der Topf nimmt den Prinzen – hopp – in sich auf und bringt ihn schnurstracks zum Haus des Mädchens.

Als er an die Tür klopft, fragt das Mädchen: „Wer ist da?"

Er antwortet: „Das Töpfchen."

Sie fragt: „Was ist darin?"

Er antwortet: „Ein kleiner Bräutigam."

Als das Mädchen den Deckel des Topfes aufhebt, steigt ein Prinz heraus, schön wie der Vollmond. Der Prinz aber mustert das Mädchen von oben bis unten: Sie ist ein Mädchen, auch so schön wie der Vollmond. Sie trägt Diamanten und Juwelen …

Der Prinz fragt: „Mädchen, heiratest du mich?"

Das Mädchen ist einverstanden. Sie machen vierzig Tage und vierzig Nächte lang Hochzeit, und das Mädchen wirft den Topf nicht mehr auf die Straße …

Sie haben das Ziel ihrer Wünsche erreicht, wir wollen auch unser Ziel erreichen.

❶ Welche Wünsche und Ziele wurden im Märchen erreicht?

❷ Weist „Das Töpfchen" die typischen Merkmale eines Märchens auf (→ S. 124)? Erkläre gegebenenfalls Unterschiede.

❸ Mit welchen „Überraschungen" würdest du als Märchenerzählerin oder Märchenerzähler den Topf füllen?
Schreibe das Märchen entsprechend um.

# Das Liebespärchen  *Hans Christian Andersen*

Der Kreisel und das Bällchen lagen mit anderem Spielzeug zusammen in der Schublade, und da sagte der Kreisel zum Bällchen: „Wollen wir nicht ein Pärchen sein, wo wir doch in derselben Schublade liegen?"

Aber das Bällchen, das aus Saffian[1] genäht war und sich genauso viel einbildete wie ein feines Fräulein, wollte auf derlei nicht antworten.

Am nächsten Tag kam der kleine Junge, dem das Spielzeug gehörte. Er bemalte den Kreisel rot und gelb und schlug in seine Mitte einen Nagel aus Messing. Das sah ganz prächtig aus, wenn sich der Kreisel drehte.

„Sehen Sie mich an!", sagte er zum Bällchen. „Was sagen Sie nun? Wollen wir jetzt nicht ein Pärchen sein, wir passen so gut zusammen, Sie springen, und ich tanze! Niemand könnte glücklicher werden als wir zwei."

„So, glauben Sie das!", sagte das Bällchen. „Sie wissen wohl nicht, dass meine Eltern Saffianpantoffeln waren und dass ich einen Korken im Leibe habe!"

„Aber ich bin aus Mahagoni[2]", sagte der Kreisel, „und der Stadtrichter selbst hat mich gedrechselt; er besitzt seine eigene Drechselbank, und es war ihm ein großes Vergnügen!"

„Ja, wie soll ich das glauben!", sagte das Bällchen.

„Möge ich niemals die Peitsche bekommen, wenn ich lüge!", sagte der Kreisel.

„Sie stellen sich sehr gut selber dar!", sagte das Bällchen. „Aber ich kann trotzdem nicht, ich bin mit einer Schwalbe so gut wie halb verlobt! Jedes Mal, wenn ich in die Höhe steige, reckt sie den Kopf aus ihrem Nest und fragt: ‚Wollen Sie?' Und nun habe ich innerlich Ja gesagt, und das ist so gut wie eine halbe Verlobung. Aber ich werde Sie niemals vergessen, das verspreche ich Ihnen!"

„Ja, was soll mir das groß helfen!", sagte der Kreisel, und dann sprachen sie nicht mehr miteinander.

Am nächsten Tag wurde das Bällchen hervorgeholt; der Kreisel sah, wie es einem Vogel gleich in die Luft emporflog und schließlich gar nicht mehr sichtbar war. Es kehrte immer wieder zurück, doch wenn es die Erde berührte, machte es stets einen hohen Sprung, und das geschah entweder aus Sehnsucht oder weil es einen Korken im Leibe hatte. Beim neunten Mal blieb es weg und kam nicht wieder, und der Junge suchte und suchte, aber es war verschwunden.

„Ich weiß wohl, wo es ist", seufzte der Kreisel, „es ist im Schwalbennest und mit der Schwalbe verheiratet."

---

1 der Saffian: feines, weiches Ziegenleder
2 Mahagoni: edles, dunkles Tropenholz

Je länger der Kreisel an das Bällchen dachte, desto größer wurde seine Sehnsucht; gerade weil er es nicht bekommen konnte, liebte er es umso mehr, und dass es einen anderen genommen hatte, das war das Aparte daran. Und der Kreisel tanzte herum und schnurrte, dachte jedoch unentwegt an das Bällchen, das in seinen Gedanken schöner und schöner wurde. So vergingen viele Jahre – und da war es eine alte Liebe.

Und der Kreisel war nicht mehr jung! Doch eines Tages wurde er ganz und gar vergoldet, nie zuvor hatte er so prächtig ausgesehen; er war jetzt ein Goldkreisel und sprang, dass er danach nur so schnurrte. Ja, das war etwas! Doch auf einmal sprang er zu hoch – und weg war er.

Man suchte und suchte, sogar unten im Keller, aber er war nicht zu finden. Wo war er?

Er war in den Abfalleimer gesprungen, wo alles Mögliche lag, Kohlstrünke, Kehricht und Schutt aus der Dachrinne.

„Hier liege ich wirklich gut! Da wird meine Vergoldung bald abgehen. Und was ist das für Gesindel, unter das ich geraten bin!" Dabei schielte er zu einem langen Kohlstrunk, den man allzu sehr gerupft hatte, und zu einem seltsamen runden Ding, das aussah wie ein alter Apfel. – Aber es war kein Apfel, es war ein alter Ball, der viele Jahre in der Dachrinne gelegen hatte, vom Wasser durchsickert. ...

① Sind Kreisel und Ball ein Liebespaar? Beschreibe die Beziehung zwischen den beiden.

② Prüfe anhand der Märchenmerkmale (→ S. 124) ob „Das Liebespärchen" ein typisches Märchen ist.

③ Für welche Art von Menschen stehen Ball und Kreisel? Beschreibe deren Eigenschaften.

④ Schreibe ein passendes Ende für das Märchen.

Merkwissen im Überblick

# Märchen untersuchen

Das Märchen ist eine sehr alte Erzählform, die es zu allen Zeiten und bei allen Völkern gab. Folgende Merkmale sind typisch für viele Märchen:

| Merkmale | Beispiele |
|---|---|
| **Figuren:**<br>– Meist gibt es eine gute Hauptfigur und böse Gegenspieler.<br>– Die Figuren sind auf ihre wesentlichen Eigenschaften festgelegt.<br>– Viele haben magische Fähigkeiten oder sind Fantasiewesen. | – *Rapunzel – böse Fee, Königin – Rumpelstilzchen, Aschenputtel – böse Stiefmutter*<br>– *gut – böse, dumm – schlau, …*<br><br>– *Hexe, Fee, Zauberer, Rumpelstilzchen, Frau Holle, sprechender Frosch, Riese* |
| **Ort und Zeit:**<br>– Ort und Zeit sind nicht genau festgelegt.<br>– Die Orte bergen oft ein Geheimnis. | – *Es war einmal … Vor langer Zeit …*<br><br>– *ein altes Schloss in einem großen, dichten Wald* |
| **Magische Elemente:**<br>– Zauberkräfte, Verwandlungen<br>– Reime, Zaubersprüche<br><br>– besondere Zahlen (3, 7 und 12) | – *Prinz wird in Frosch verwandelt, Stroh wird zu Gold*<br>– *„Ach, wie gut, dass niemand weiß, dass ich Rumpelstilzchen heiß!"*<br>– *drei Wünsche, sieben Zwerge, zwölf Prinzessinnen* |
| **Erzählweise:**<br>– Typisch für Märchen sind eine altertümliche Sprache und formelhafte sprachliche Wendungen. | – *Es war einmal …*<br>– *Und wenn sie nicht gestorben sind …* |

# Märchen schreiben

### 1. Schritt: Ein Märchen planen
Sammle Ideen für dein Märchen. Schreibe Stichpunkte zu folgenden Fragen:
– Welche **Figuren** sollen in deinem Märchen vorkommen (Hauptfigur, Gegenspieler)?
– An welchem **Ort** spielt dein Märchen?
– Welche **Aufgaben** muss die Hauptfigur lösen? Welche **Gefahren und Prüfungen** gibt es?
– Mit welchen **Mitteln** gelingt es ihr, das Problem zu lösen? Gibt es Helfer, z. B. Zaubersprüche, magische Gegenstände oder Fantasiewesen mit Zauberkräften?
– Wie soll das Märchen enden? Wie wird die Hauptfigur belohnt und wie werden die Gegenspieler bestraft?

Ordne deine Stichpunkte den vier Erzählbausteinen eines Märchens zu.
Ergänze weitere Stichpunkte, falls notwendig.

### 2. Schritt: Ein Märchen schreiben

| Ausgangssituation, in der sich die Hauptfigur befindet | Problem, das die Hauptfigur lösen muss | Lösungsversuche Überwindung von Hindernissen und Gefahren | Ende Sieg des Guten, Bestrafung des Bösen |
|---|---|---|---|
| ... | ... | ... | ... |

– Achte auf eine passende und abwechslungsreiche Wortwahl. Verwende auch **märchentypische Wendungen und Formulierungen**, z. B.:
   *Es war einmal ... Vor langer Zeit ...*
– Mache deutlich, was deine Figuren **sagen** und **denken**, z. B.:
   *Die Prinzessin sagte: „Gut, ..." Insgeheim aber dachte sie ...*
– Schreibe im Präteritum (→ S. 230).

### 3. Schritt: Das Märchen überarbeiten
Überprüfe dein Märchen mit folgender Checkliste:

**Checkliste** ✓

- ✓ Hat dein Märchen eine passende **Überschrift**?
- ✓ Kann man den **Inhalt** deines Märchens gut nachvollziehen?
- ✓ Hast du **unnötige Wortwiederholungen vermieden**?
- ✓ Hast du an passender Stelle **wörtliche Rede** eingebaut?
- ✓ Ist dein Märchen (mit Ausnahme der wörtlichen Rede) im **Präteritum** geschrieben?

# 6 Kolossal komisch
## Merkwürdige Geschichten untersuchen

*Ich bin bekannt dafür, immer die Wahrheit zu sagen. Blaubären – und das ist erwiesen – können nämlich überhaupt nicht lügen. Jawohl!*

*Ich bin als Lügenbaron berühmt geworden. Zum Beispiel habe ich mich und mein Pferd am eigenen Schopf aus dem Sumpf gezogen und bin auf einer Kanonenkugel geritten.*

**Was ist eigentlich Seemannsgarn?** *Hanna Grimm*

„Der Hai war riesig und er schwamm direkt auf mich zu. In letzter Sekunde konnte ich ihn mit einem Tritt vertreiben. Dann bin ich hundert Kilometer zurück ans Ufer gekrault." Diese unterhaltsame Geschichte ist mit ziemlicher Sicherheit Seemannsgarn. Das heißt, dass der Erzähler nicht ganz bei
5 der Wahrheit bleibt. Das Wort *Seemannsgarn* dürfte sich irgendwann aus dem Wort *Schiemannsgarn* entwickelt haben. Das ist eine Art Seil, das man früher auf Schiffen brauchte. Die Seefahrer stellten es selbst her, sie sponnen es. Dabei erzählten sie sich von ihren Erlebnissen auf See. Um es spannender zu machen, dichteten sie noch etwas hinzu. So wurde *Schie-*
10 *mannsgarn* oder *Seemannsgarn* zu einem Synonym für Geschichten, in denen übertrieben wird.

Natürlich können nicht nur Seefahrer Seemannsgarn erzählen. Auch der Urlauber, der von seiner Begegnung mit einem Hai berichtet, erzählt vielleicht Seemannsgarn. Möglicherweise war der Hai ja nur ein kleiner
15 Fisch und das rettende Ufer war nicht hundert Kilometer, sondern nur zehn Meter entfernt. Aber das wäre doch langweilig … *DW Deutsch lernen*

Ja, Lügen ist sehr hässlich. Aber ich vergesse es hin und wieder. Und wie kannst du überhaupt verlangen, dass ein kleines Mädchen immer die Wahrheit sagen soll?

Dass ich ein Narr und ein Schelm bin, sieht man schon an meinem Äußeren: Ich trage eine Narrenkappe mit Schellen und halte den Leuten den Spiegel vor!

❶ Beschreibt euch gegenseitig die Figuren auf den Bildern.

❷ Die Sprechblasen sind durcheinandergeraten. Ordne sie den richtigen Bildern zu und begründe deine Zuordnung.

❸ Kennst du die Geschichten zu den Figuren? Erzähle sie den anderen.

❹ Was findet ihr an diesen Geschichten komisch?

### In diesem Kapitel …

- lernst du komische Geschichten aus Deutschland und aus anderen Ländern kennen.
- findest du heraus, an welchen Merkmalen man Lügengeschichten erkennen kann, wie sie aufgebaut sind und warum sie komisch wirken.
- übst du, literarische Figuren und ihr Handeln zu beschreiben und zu bewerten.

# Lügengeschichten untersuchen

**Zwergpiraten**  *Walter Moers*

Das war der Augenblick, in dem ich zum ersten Mal eines der schaurigen Lieder der Zwergpiraten hörte. Die Zwergpiraten waren die Herrscher des Zamonischen Ozeans. Es wusste allerdings niemand davon, weil sie so klein waren, dass keiner sie bemerkte. […]

5  Ein Zwergpirat von zehn Zentimetern Größe galt unter seinesgleichen als Hüne. Die Zwergpiraten befuhren die Meere auf winzigen Schiffen, immer auf der Suche nach etwas, das klein genug war, damit sie es kapern konnten. Was sehr selten geschah. Eigentlich nie. Um die Wahrheit zu sagen: In der ganzen Geschichte der Seefahrt wurde niemals auch nur ein
10 einziges Schiff, nicht mal ein Ruderboot, von Zwergpiraten erfolgreich gekapert. Gelegentlich, meist aus Verzweiflung, griffen Zwergpiraten auch größere Schiffe, sogar Ozeanriesen, an. In der Regel wurden ihre Bemühungen nicht einmal wahrgenommen. Die winzigen Seeräuber warfen ihre Enterhäkchen in das Holz der großen Schiffe und wurden dann so
15 lange mitgeschleppt, bis sie endlich aufgaben. Oder sie feuerten ihre niedlichen Kanönchen ab, deren Geschosse nie das Ziel erreichten – schon nach wenigen Metern plumpsten sie wirkungslos ins Meer.

Da sie niemals Beute machten, ernährten sich die Zwergpiraten hauptsächlich von Algen oder den Fischen, mit denen sie es aufnehmen konnten,
20 Sardellen etwa oder ganz kleinen Scampis. In Notlagen verschmähten sie auch Plankton nicht.

Anstelle von Händen besaßen die Zwergpiraten kleine Eisenhäkchen, anstelle richtiger Beine Holzbeine. Außerdem habe ich keinen von ihnen jemals ohne Augenklappe gesehen. Zuerst dachte ich, es handle sich um Blessuren, die sie sich bei ihren waghalsigen Kaperversuchen zugezogen hatten, aber später erfuhr ich, dass sie so geboren wurden, samt Schnurrbart und Hut. […]

Trotz oder vielleicht gerade wegen ihrer eigentlichen Harmlosigkeit führen sich Zwergpiraten sehr gerne blutrünstig und raubeinig auf. Sie schwingen gerne großmäulige Reden, die bevorzugt von erfolgreichen Kaperfahrten und fetter Prise handeln. Man könnte fast sagen, sie neigen zur Prahlsucht. Wenn sich zwei Zwergpiraten begegnen (und das passiert auf einem Schiff voller Zwergpiraten ja andauernd), dann zählen sie sich gegenseitig mit großartigen Gebärden und viel Geschrei die Anzahl der Handelsschiffe vor, die sie angeblich in den Grund gebohrt haben, und protzen mit den unschuldigen Matrosen, die sie erbarmungslos kielgeholt oder über die Planke gejagt haben. Dabei trinken sie Rhumm, ein Getränk aus Algensaft und Zuckerrohr, das ihre Kaperfantasien noch befeuert und ihre Zungen schnell schwer werden lässt, obwohl es gar keinen Alkohol enthält. Zwergpiraten vertragen nicht viel.

Oft habe ich damals diesen Begegnungen beigewohnt und den grandiosen Aufschneidereien der Zwergpiraten gelauscht. Ich gebe allerdings gerne zu, dass diese Art von blümeranter Ausschmückung und üppiger Fantasie Wirkung auf mich hatte. Was ich von ihnen lernte, war, dass eine gute Notlüge oft wesentlich aufregender ist als die Wahrheit. Es ist so, als würde man der Wirklichkeit ein schöneres Kleid geben.

Für einen Zwergpiraten gab es nichts Schlimmeres als die Langeweile. Sobald sich einer von ihnen auch nur ein kleines bisschen langweilte, führte er sich dermaßen gequält auf, dass es einem ans Herz ging. Er seufzte und stöhnte und drohte dem Himmel mit seiner Hakenhand, raufte sich die Haare und zerriss manchmal sogar seine Kleidung. Was alles nur noch schlimmer machte, denn dann jammerte er über die Risse in seiner Garderobe und klagte das Schicksal an, ihn mit Tragik zu überschütten. Da aber auf See die Langeweile häufiger Gast an Bord eines jeden Schiffes ist, herrschte eigentlich ständiges Gejammer und Gestöhne unter den Zwergpiraten. Wenn nicht gejammert wurde, wurde geprahlt. Wenn weder gejammert noch geprahlt wurde, grölte man Piratenlieder.

❶ Erläutere, warum es sich bei dieser Geschichte um „Seemannsgarn" (→ S. 126) handelt.
Tipps & Hilfen (→ S. 298)

❷ a) Nenne Stellen, die du besonders lustig findest.
b) Erkläre, wodurch diese Komik zustande kommt.

## Wunderbare Reisen zu Wasser und zu Lande des Freiherrn von Münchhausen – Drittes Seeabenteuer  *Gottfried August Bürger*

Einst war ich in großer Gefahr, im Mittelländischen Meere umzukommen. Ich badete mich nämlich an einem Sommernachmittage unweit Marseille[1] in der angenehmen See, als ich einen großen Fisch mit weit aufgesperrtem Rachen in der größten Geschwindigkeit auf mich daherschießen sah. Zeit war hier schlechterdings nicht zu verlieren, auch war es durchaus unmöglich, ihm zu entkommen. Unverzüglich drückte ich mich so klein zusammen als möglich, indem ich meine Füße herauszog und die Arme dicht an den Leib schloss. In dieser Stellung schlüpfte ich denn gerade zwischen seinen Kiefern hindurch bis in den Magen hinab. Hier brachte ich, wie man leicht denken kann, einige Zeit in gänzlicher Finsternis, aber doch in einer nicht unbehaglichen Wärme zu. Da ich ihm nach und nach Magendrücken verursachen mochte, so wäre er mich wohl gern wieder los gewesen. Weil es mir gar nicht an Raume fehlte, so spielte ich ihm durch Tritt und Schritt, durch Hopp und He gar manche Possen[2]. Nichts schien ihn aber mehr zu beunruhigen als die schnelle Bewegung meiner Füße, da ich's versuchte, einen schottischen Triller[3] zu tanzen. Ganz entsetzlich schrie er auf und erhob sich fast senkrecht mit seinem halben Leibe aus dem Wasser. Hierdurch ward er aber von dem Volke eines vorbeisegelnden italienischen Kauffahrteischiffes entdeckt und in wenigen Minuten mit Harpunen erlegt. Sobald er an Bord gebracht war, hörte ich das Volk sich beratschlagen, wie sie ihn aufschneiden wollten, um die größte Quantität Öl von ihm zu gewinnen. Da ich nun Italienisch verstand, so geriet ich in die schrecklichste Angst, dass ihre Messer auch mich par compagnie[4] mit aufschneiden möchten. Daher stellte ich mich so viel möglich in die Mitte des Magens, worin für mehr als ein Dutzend Mann hinlänglich Platz war, weil ich mir wohl einbilden konnte, dass sie mit den Extremitäten[5] den Anfang machen würden. Meine Furcht verschwand indessen bald, da sie mit Eröffnung des Unterleibes anfingen. Sobald ich

---

1  Marseille: Hafenstadt in Südfrankreich
2  die Posse: Spaß, Streich
3  der Triller: *gemeint ist* schnelles Trippeln beim Tanzen
4  par compagnie: *gemeint ist* zusammen mit dem Fisch
5  Extremitäten: Gliedmaßen

nun nur ein wenig Licht schimmern sah, schrie ich ihnen aus voller Lunge
35 entgegen, wie angenehm es mir wäre, die Herren zu sehen und durch sie aus einer Lage erlöset zu werden, in welcher ich beinahe erstickt wäre. Unmöglich lässt sich das Erstaunen auf allen Gesichtern lebhaft genug schildern, als sie eine Menschenstimme aus einem Fische heraus vernahmen. Dies wuchs natürlicherweise noch mehr, als sie lang und breit einen
40 nackenden Menschen herausspazieren sahen. Kurz, meine Herren, ich erzählte ihnen die ganze Begebenheit, so wie ich sie Ihnen jetzt erzählt habe, worüber sie sich denn alle fast zu Tode verwundern wollten.

Nachdem ich einige Erfrischungen zu mir genommen hatte und in die See gesprungen war, um mich abzuspülen, schwamm ich nach meinen
45 Kleidern, welche ich auch am Ufer ebenso wiederfand, als ich sie gelassen hatte. Soviel ich rechnen konnte, war ich ungefähr zweieinhalb Stunden in dem Magen dieser Bestie eingekerkert gewesen.

❶ Woran erkennst du, dass es sich um eine Lügengeschichte handelt? Nenne Textbeispiele.

❷ a) Suche die vier Erzählbausteine in Münchhausens drittem Seeabenteuer und notiere, wo ein neuer Baustein beginnt (Zeilennummer).
Tipps & Hilfen (→ S. 298)
b) Schreibe zu jedem Baustein in Stichpunkten auf, was passiert.
Tipps & Hilfen (→ S. 298)

| Ausgangssituation, in der sich die Hauptfigur befindet | Problem, oft ausgelöst durch ein Ereignis | Lösungsversuche, bei denen die Hauptfigur Hindernisse überwinden muss | Ende, an dem die Hauptfigur Erfolg hat |

❸ Untersuche, wie glaubhaft die einzelnen Erzählabschnitte sind.
Halte dein Ergebnis in deinem Heft in Form einer „Lügenkurve" fest.

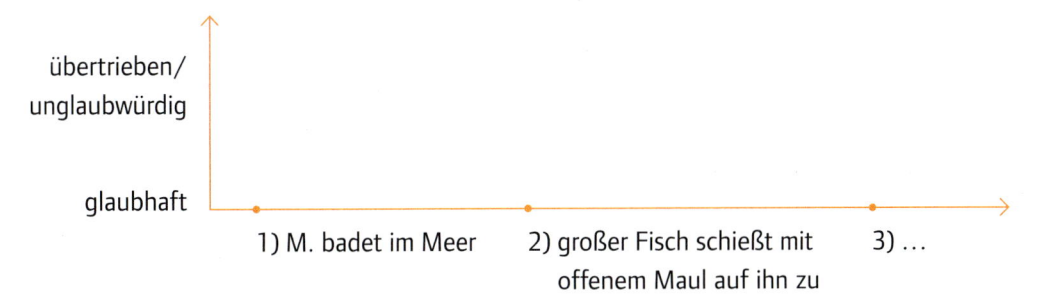

übertrieben/
unglaubwürdig

glaubhaft
1) M. badet im Meer    2) großer Fisch schießt mit    3) …
                          offenem Maul auf ihn zu

# Eine Schelmengeschichte untersuchen

## Wie Eulenspiegel ein neues Kostüm erwarb und damit in Kronach ein gutes Geschäft machte  *Dirk und Anke Seliger*

An einem kalten Februartag wanderte Till Eulenspiegel Richtung Kronach. Als er durch das kleine Dorf Föritz kam, nahm der eisige Wind derart zu, dass Eulenspiegel in seinem leichten Schelmengewand nur so zitterte. Deshalb klopfte er kurzerhand an die erstbeste Tür und bat um warme
5 Kleidung. Die Frau des Hauses zeigte sich barmherzig und schenkte Eulenspiegel ein abgelegtes Gewand ihres Gemahls. Weil die Föritzer Bauern nicht zu den reichsten gehörten, sah Eulenspiegels neues Wams zerschlissen und schäbig aus. Doch das störte ihn nicht, solange es nur schön warm hielt. Eulenspiegel bedankte sich und setzte seinen Weg fort.

10 Nach wenigen Stunden erreichte der Spaßmacher die Stadt Kronach. Er lenkte seine Schritte zu einem Gasthaus, aus dem laute Musik und Gelächter drangen. Gerade wollte Eulenspiegel eintreten, da stellte sich ihm ein betrunkener Mann in der Maske des Todes in den Weg und sagte: „Wir feiern Fastnacht. Hier kommst du nur verkleidet herein, Bauer."

15 Eulenspiegel erwiderte: „Das Bauerngewand ist mein Kostüm." Dann versuchte der Schelm erneut, in die Schankstube zu gelangen, doch ein feister Herr mit kostbarem Pelzmantel und Krone auf dem Kopf hielt ihn diesmal zurück. „Verschwinde!", knurrte der Herr. „Solch ein zerlumpter Tagedieb wie du stört unsere Gesellschaft."

20 Eulenspiegel besann sich kurz und sprach: „Glaubt mir, edler Herr, mein Anblick täuscht. Ich bin von gleichem hohen Blute wie Ihr, Eure Durchlaucht, doch ich trage dieses abgewetzte Gewand aus gutem Grunde. Denn seht, Eure Hoheit, immer wenn ich Geld brauche, greife ich in die Tasche meines alten Wamses und hole ein Goldstück hervor." Mit diesen Worten
25 zog der Schelm einen blinkenden Taler aus seinem Bauernkittel. Dabei wandte er einen Gauklertrick an, den er dereinst in Zerbst gelernt hatte. Ein Goldstück nach dem anderen zauberte Eulenspiegel in seine Hand. Dem feisten Herrn im Pelzmantel gingen die Augen über.

„Was wollt Ihr für dieses Gewand haben?", fragte er den Spaßmacher.
30 Dieser tat so, als sei der Fetzen unverkäuflich. Der feiste Herr im Pelzmantel bot mehr und mehr, bis Eulenspiegel schließlich einwilligte und seine Bauernlumpen für einen großen Beutel puren Goldes und den Pelzmantel des feisten Herrn hergab. Nachdem der Handel abgeschlossen war, bemerkte der Schelm noch, dass es bestimmt ein schlechtes Geschäft für ihn

35 gewesen sei. Aber der feiste Herr meinte, bezahlt wäre bezahlt. Darauf ging er, bekleidet mit seiner Neuerwerbung, in das Gasthaus zurück.

Noch bevor man den Schwindel aufdeckte, hatte sich Eulenspiegel mit seinem neuen Wintermantel und einer vollen Reisekasse schon längst auf Nimmerwiedersehen aus dem Staube gemacht. Und einen Tag später freute 40 sich ein Föritzer Bauer über eine prall gefüllte Geldkatze, die er auf seiner Türschwelle fand.

❶ Überprüfe, ob du die Erzählbausteine (→ S. 131) auch in dieser Geschichte wiederfindest.
Tipps & Hilfen (→ S. 298)

❷ Wie würdest du Eulenspiegels Verhalten beschreiben? Begründe.

> schlau · listig · unverschämt · rücksichtslos

❸ a) Wie verhalten sich die Figuren, denen Eulenspiegel auf seiner Reise begegnet? Übertrage die Tabelle in dein Heft und schreibe Stichpunkte in die linke Spalte.
b) Erläutere in der rechten Spalte, welche Gründe die Figuren für ihr Verhalten haben.

| Zeilen | Figur/Verhalten | Gründe für dieses Verhalten |
|---|---|---|
| 5–6 | *Eine Frau* schenkt ihm das Gewand ihres Mannes. | Sie hat Mitleid mit Eulenspiegel. |
| ... | ... | ... |

❹ a) Beurteile das Verhalten der verschiedenen Figuren. Wähle passende Adjektive aus dem Wortspeicher oder andere geeignete Adjektive.
*Die Frau, die Eulenspiegel das Gewand schenkt, ist großzügig.*

> dumm · arrogant · schlau · listig · eingebildet · großzügig · rücksichtslos · unverschämt · freundlich

b) Begründe dein Urteil über das Verhalten der Figuren, z. B.:
*Die Frau, die Eulenspiegel in Föritz das Gewand schenkt, handelt großzügig, weil sie ihm das Kleidungsstück kostenlos überlässt und auch keine Gegenleistung dafür verlangt.*
Tipps & Hilfen (→ S. 298)

> da · weil · denn · aus folgendem Grund · dafür hat sie/er folgenden Grund · das erkennt man daran, dass ... · deutlich wird das an ...

❺ Ist Eulenspiegel ein vorbildlicher Charakter? Begründe deine Meinung schriftlich.

# Literarische Figuren beschreiben

**Der Hobbit**  *J. R. R. Tolkien*

[Hobbits] sind (oder waren) kleine Leutchen, etwa halb so groß wie wir, kleiner noch als die langbärtigen Zwerge. Hobbits haben keine Bärte. Mit Zauberei haben sie wenig oder nichts zu tun, abgesehen von dem bisschen Alltagsmagie, das ihnen erlaubt, schnell und geräuschlos zu verschwinden, wenn große und täppische Leute wie du und ich dahergestapft kommen, mit einem Lärm wie eine Elefantenherde, den die Hobbits meilenweit hören. Sie werden oft ein wenig rund um die Leibesmitte und kleiden sich in helle Farben (vor allem Grün und Gelb). Schuhe tragen sie nicht, weil ihnen an den Füßen natürliche Ledersohlen und ein dichter brauner Pelz wachsen, ähnlich wie das Kraushaar auf ihren Köpfen. Sie haben lange und geschickte braune Finger, gutmütige Gesichter und ein tiefes, saftiges Lachen (besonders nach dem Mittagessen, das sie am liebsten zweimal täglich einnehmen).

❶ Beschreibe in eigenen Worten und möglichst genau, wie ein Hobbit aussieht.

❷ Hobbits ergreifen gerne die Flucht, „wenn große und täppische Leute wie du und ich dahergestapft kommen, mit einem Lärm wie eine Elefantenherde, den die Hobbits meilenweit hören" (Z. 5–7).
Erkläre, welche Rückschlüsse das auf die Eigenschaften von Hobbits zulässt.
Tipps & Hilfen (→ S. 299)

Sicher kennst du Astrid Lindgrens Figur Pippi Langstrumpf. Pippi ist kein gewöhnliches Mädchen, wie Moritz in seiner Beschreibung deutlich gemacht hat:

### Pippi Langstrumpf

Die Person, die ich beschreibe, heißt mit vollem Namen Pippilotta Viktualia Rollgardina Pfefferminz Efraimstochter Langstrumpf. Pippilotta ist neun Jahre alt und groß und schlank. Sie hat rote Haare mit abstehenden, geflochtenen Zöpfen. Das Mädchen hat ein rundes Gesicht mit vielen Sommersprossen. Pippi
5 guckt einen mit ihren wachen blauen Augen unternehmungslustig an. Mitten in ihrem Gesicht sieht man eine kleine Stupsnase. Pippi trägt ein gelbes T-Shirt mit einer Schleife am Kragen, außerdem eine sehr kurze blaue Hose mit weißen Punkten. Auffallend sind die verschiedenen Socken, die mit Strumpfbändern an der Hose befestigt sind: Der eine Strumpf ist schwarz, der andere ist schwarz-gelb
10 gestreift. Sie trägt große braune Schuhe, die vom vielen Quatschmachen und vom vielen Reisen schon sehr mitgenommen aussehen.
Pippi Langstrumpfs Mutter ist schon lange tot und ihr Vater ist König einer Südseeinsel, weshalb Pippi viel Geld hat und eine kleine Villa namens Villa Kunterbunt. Mit ihrem Geld ist Pippi nicht geizig, sie kauft sich und ihren zwei
15 besten Freunden Tommy und Annika lieber ganz viele Bonbons. Außer Pippi wohnen in der Villa Kunterbunt noch ihr Pferd Kleiner Onkel und Herr Nilson, ihr kleiner Affe. Pippi ist ziemlich frech zu Erwachsenen, darum handelt sie sich auch oft Ärger ein. Außerdem ist sie auch ziemlich stark: Sie stemmt gerne mal ihr Pferd hoch, auf dem Tommy und Annika sitzen! Pippi Langstrumpf führt ein Leben fast
20 ohne Sorgen, trotzdem würde sie ihren Vater gern öfter mal sehen.
(Moritz, 11 Jahre)

❸ Der Text nennt äußere Merkmale Pippis, aber auch Verhaltensweisen und Eigenschaften. Sortiere die Informationen über Pippi entsprechend und schreibe sie in dein Heft.

> groß · neun Jahre alt · rote Haare mit abstehenden, geflochtenen Zöpfen ·
> kauft ihren Freunden viele Bonbons · stark · großzügig · nicht geizig ·
> kann ihr Pferd allein hochheben

*Figurenbeschreibung: Pippi Langstrumpf*

| Äußere Merkmale | Verhalten | Eigenschaften | Lebensumstände |
|---|---|---|---|
| groß | kauft | neun Jahre alt | Mutter gestorben, Vater ist ... |
| ... | ... | ... | |

# Figuren beschreiben

**1** Von welchen Verhaltensweisen kann man welche Eigenschaften ableiten?
Ordne in deinem Heft Verhalten und Eigenschaften zu wie im Beispiel.
*Sie kann Bäume ausreißen.* ⟶ *stark*

| Verhalten | Eigenschaften |
|---|---|
| Sie kann Bäume ausreißen. · Er lauscht der Geschichte aufmerksam. · Sie dreht jeden Cent dreimal um. · Er erkennt immer sofort, worauf es ankommt. · Er hat nie Lust mitzuspielen. · Er streichelt vorsichtig die Katze. · Sie bricht unter der Last zusammen. · Sie schüttet sich aus vor Lachen. · Er verteilt seine Süßigkeiten an alle. | langweilig · stark · schwach · sanft · lustig · geizig · freigiebig · interessiert · aufgeweckt |

**2** Wenn du eine literarische Figur beschreiben willst, musst du zeigen, wie das Verhalten der Figur mit ihren Eigenschaften zusammenhängt. Das kann z. B. so aussehen:
– *Pippi hebt ab und zu sogar ihr Pferd hoch. Das zeigt, dass sie stark ist.*
– *Pippi macht viel Quatsch. Das zeigt, dass ...*
Welche weiteren Eigenschaften von Pippi kannst du aus ihrem Verhalten ableiten?
Nenne die entsprechenden Textstellen in der Beschreibung auf Seite 135.
Tipps & Hilfen (→ S. 299)

**3** Lies noch einmal den Text „Zwergpiraten" (→ S. 128 f.) und mache dir Notizen zu
– den äußeren Merkmalen,
– dem Verhalten,
– den Eigenschaften und
– den Lebensumständen der Zwergpiraten.

**4** Schreibe auf, wie das Verhalten der Zwergpiraten mit ihren Eigenschaften zusammenhängt.
– *Die Zwergpiraten sind eitel und halten sich für mächtig und bedeutend. So schwingen sie z. B. gerne große Reden mit grandiosen Aufschneidereien.*

**5** Wähle eine der beiden folgenden Aufgaben aus:
a) Nutze die Ergebnisse aus den Aufgaben 3 und 4 und verfasse eine Beschreibung der Zwergpiraten.
b) Lies den Text „Matilda" von Roald Dahl (→ S. 146 f.) und verfasse eine Beschreibung der Lehrerin Fräulein Knüppelkuh oder von Fräulein Honig.
Berücksichtige dabei:
– die äußere Erscheinung
– das Verhalten
– mögliche Eigenschaften

# Übertreibend schreiben

### Der gefürchtete Malmstrom  *Walter Moers*

Meine erste Erinnerung ist, dass ich in rauer See trieb, nackt und allein in einer Walnussschale, denn ich war ursprünglich sehr, sehr klein. Ich erinnere mich weiterhin an ein Geräusch. Es war ein sehr großes Geräusch. Wenn man noch so klein ist, neigt man dazu, die Dinge zu überschätzen,
5 aber heute weiß ich, dass es tatsächlich das größte Geräusch der Welt war.
   Erzeugt wurde es vom monströsesten, gefährlichsten und lautesten Wasserwirbel der sieben Weltmeere – ich ahnte ja nicht, dass es der gefürchtete Malmstrom war, auf den ich da in meinem Schälchen zuschaukelte. Für mich war es nur ein gewaltiges Gurgeln. Wahrscheinlich dachte
10 ich damals (wenn man das schon denken nennen konnte), dass es wohl der natürlichste Zustand war, nackt in einer Nussschale auf dem offenen Meer einem ohrenbetäubenden Tosen entgegenzutreiben.

**1** Untersuche, wodurch der Text komisch wirkt.
Tipps & Hilfen (→ S. 299)

**2** Lügengeschichten wirken oft kolossal komisch, weil sie maßlos übertreiben. Übertreiben kann man auf unterschiedliche Weise, z. B. durch gesteigerte Adjektive, verstärkende Wörter oder durch sprachliche Bilder.
Lege eine solche Tabelle in deinem Heft an und sammle darin Übertreibungen zu den Adjektiven im Wortspeicher.
Tipps & Hilfen (→ S. 299)

schnell · groß · klein · stark · schwach · schlau · dumm · weit · lang

| Das Adjektiv steigern | Verstärkende Wörter verwenden | Sprachliche Bilder einsetzen |
|---|---|---|
| *schnell* → *schneller, am schnellsten* | *schnell* → <u>sehr</u> *schnell,* <u>äußerst</u> *schnell,* <u>überaus</u> *schnell, …* | *schnell* → *pfeilschnell, schnell wie der Blitz, …* |
| *groß* → … | *groß* → … | *groß* → … |

**3** „Der Hai war riesig und er schwamm direkt auf mich zu …"
Verfasse eine eigene Lügengeschichte, die so anfängt. Verwende Ausdrücke aus deiner Tabelle in Aufgabe 2.

Gewusst wie

# Szenisch lesen und spielen

## Vorübungen zum szenischen Spielen

1
2
3
4
5
6

❶ a) Beschreibe die einzelnen Gesichtsausdrücke (die Mimik) und die Körperhaltungen (die Gestik). Was drücken sie jeweils aus? Begründe.
b) Versucht, die einzelnen Gesichtsausdrücke und Körperhaltungen nachzustellen. Überprüft in Partnerarbeit, ob euch die Darstellung gelungen ist.
Tipp: Ihr könnt euch auch gegenseitig mit dem Handy fotografieren und im Anschluss überprüfen, ob euch die Nachahmung gelungen ist.

❷ In eine andere Rolle zu schlüpfen ist gar nicht so einfach. Probiert folgende Übungen aus:

### 1. Übung: Das Spiegelbild
Stellt euch zu zweit einander gegenüber. Eine/Einer von euch macht eine Tätigkeit vor, welche die/der andere genau nachmachen muss, z. B.:
*essen, Fahrrad fahren, schwimmen, klettern, balancieren, putzen, kochen, Wäsche aufhängen, …*

### 2. Übung: Chef/-in oder Angsthase?
*Chef/-in, schüchterne Person, Angeber, ängstlicher Dieb* oder *verträumtes Kind?*
Überlegt, als was ihr vor der Klasse auftreten möchtet, und betretet den Raum mit entsprechender Körperhaltung (Gestik) und passendem Gesichtsausdruck (Mimik).
Wichtig ist, dass ihr während eures Auftritts nicht redet.
Die Zuschauer/-innen müssen raten, wen ihr darstellt.

## 3. Übung: Möbelrücken und Seiltanzen

Bildet Kleingruppen von zwei bis vier Schülerinnen und Schülern und setzt folgende Situationen pantomimisch, also nur mithilfe von Körpersprache (Gestik) und Gesichtsausdrücken (Mimik), um.

– Im Sportunterricht macht ihr Tauziehen.
– Ihr seid Zirkusartisten und tanzt hoch in der Kuppel des Zirkuszelts auf einem Seil.
– Ihr seid Boxer in einem Boxring.
– Ihr müsst einen großen schweren Schrank von einer Seite des Klassenraums auf die andere Seite rücken.
– Ihr liegt am Strand und plötzlich fängt es an zu regnen. Ihr packt in Windeseile eure Sachen zusammen und lauft so schnell es geht nach Hause.
– Ihr seid in ein Juweliergeschäft eingebrochen und plötzlich kommt der Besitzer. Ihr müsst so unauffällig wie möglich verschwinden.

**❸** Auch die Stimme ist ein wichtiges Ausdrucksmittel für das szenische Spielen. Sprecht die folgenden Sätze unterschiedlich aus, und zwar:

– sachlich
– ängstlich
– bedrohlich
– fröhlich
– traurig

A Morgen Abend kommt Oma zu Besuch.
B Im Keller des alten Hauses sind jede Menge Spinnen.
C Können Sie Ihren Namen bitte noch einmal wiederholen?
D Die Messer sind ziemlich scharf.

### Info  Stimme, Mimik und Gestik nutzen

Wichtige Ausdrucksmittel beim szenischen Spielen sind die **Stimme**, **Gestik** und **Mimik**:

– **die Stimme:** Die Stimme ist ein wichtiges Ausdrucksmittel beim szenischen Spielen. Man kann nicht nur schnell oder langsam, hoch oder tief sprechen, sondern auch traurig, fröhlich, aggressiv oder gelangweilt.
– **die Gestik:** Unter Gestik versteht man die Körperhaltung und die Körperbewegung, die Gefühle und Stimmungen ausdrücken. So drücken hängende Schultern Traurigkeit aus, ein erhobener Kopf Stolz und Selbstbewusstsein und ein hüpfender Gang Fröhlichkeit und gute Laune.
– **die Mimik:** Als Mimik bezeichnet man den Gesichtsausdruck. Ein Lächeln steht z. B. für Fröhlichkeit, heruntergezogene Mundwinkel für Traurigkeit oder schlechte Laune und zusammengezogene Augenbrauen für Ärger oder Wut.

## Einen Text in eine Spielszene umschreiben

### Haudenhund, Traumichnicht, Tutmirleid  *Josef Guggenmos*

Das Telefon klingelte. Herr Bierkriegle hob ab: „Hallo!"
„Haudenhund!"
Welchen Hund sollte er hauen? Herr Bierkriegle musste an den Hund von Nachbar Zillebiller denken. Der Hund hieß Barry und war groß wie
5 ein Kalb. „Trau mich nicht!", sagte er.
„-tschuldigung! Falsch verbunden!"
Aus. Gleich darauf klingelte das Telefon wieder.
Herr Bierkriegle hob ab: „Hallo!"
„Haudenhund!"
10 Herr Bierkriegle konnte von seinem Platz aus auf die Straße sehen. Auf der gegenüberliegenden Straßenseite trippelte ein Rehpinscher.
„Tut mir leid!", sagte Herr Bierkriegle.
„-tschuldigung! Falsch verbunden!"
Da kam Frau Bierkriegle ins Zimmer. „Entsetzlich, diese Handwerker!",
15 jammerte sie. „Seit drei Tagen warte ich schon auf diesen Herrn Haudenhund, dass er mir endlich meinen Kühlschrank in Ordnung bringt!"
„Wie heißt der Mann?", rief Herr Bierkriegle. „Haudenhund?"
„Natürlich! Der hat doch das neue Geschäft ums Eck!"
„Richtig! Ich war ja selber dort!", stöhnte Herr Bierkriegle. „Ich hatte den
20 Namen völlig vergessen. Eben hat sich Herr Haudenhund zweimal am Telefon gemeldet – und ich habe gedacht, ich solle einen Hund hauen!"
„Du bist doch ein ...!", erklärte Frau Bierkriegle. Sie sagte nicht, was. Telefon!
„Gottlob, das ist er bestimmt wieder!", rief Herr Bierkriegle erleichtert.
25 Er hob ab: „Bierkriegle!"
„Haudenhund! – Herr Bierkriegle, ein Glück, dass ich Sie endlich erreiche! Ich habe Sie schon zweimal anzurufen versucht, aber zuerst meldete sich ein Herr Traumichnicht und dann ein Herr Tutmirleid. – Was ich sagen wollte, Sie waren doch wegen des Kühlschranks bei mir. Ist es Ihnen recht,
30 wenn ich in einer halben Stunde bei Ihnen vorbeikomme?"
„Großartig! Wir erwarten Sie, Herr Haudenhund!"
Ja, so kann's gehen. Übrigens, solche Missverständnisse am Telefon kann man vermeiden. Da braucht es nicht viel Geschick. Man meldet sich nicht mit „Hallo!", sondern mit seinem Namen. Das ist der ganze Trick.

❶ Lest den Text mit verteilten Rollen laut vor. Wodurch wirkt der Text komisch?

Gewusst wie

❷ Schreibt den Text in eine Spielszene um. Die Tabelle zeigt euch, wie ihr dabei vorgeht.

❸ Spielt die Szene. Sprecht möglichst frei und nutzt Stimme, Musik und Gestik (→ S. 139) als Gestaltungsmittel.

| Textvorlage | Sprechtext und Regieanweisungen |
|---|---|
| | *Zimmer mit Tisch, darauf altmodisches Telefon. Im Sessel daneben sitzt Herr Bierkriegle und liest Zeitung.* |
| Das Telefon klingelt. Herr Bierkriegle nimmt den Hörer ab. **Herr B.:** „Hallo!" | *Das Telefon klingelt. Herr Bierkriegle nimmt den Hörer ab.* **Herr B.:** „Hallo!" |
| „Haudenhund!" Welchen Hund sollte er hauen? Herr Bierkriegle musste an den Hund von Nachbar Zillebiller denken. Der Hund hieß Barry und war groß wie ein Kalb. | *Anruferstimme ist zu hören.* **Anrufer:** „Hallo! Haudenhund!" *Herr Bierkriegle runzelt die Stirn, schaut irritiert.* |
| „Trau mich nicht!", sagte er. [...] Da kam Frau Bierkriegle ins Zimmer. „Entsetzlich, diese Handwerker!", jammerte sie. [...] | **Herr B.** *(nach einigem Zögern):* „Trau mich nicht!" [...] *Man hört, wie sich die Zimmertür öffnet. Frau Bierkriegle betritt den Raum.* **Frau B.** *(in jammerndem Tonfall):* „Entsetzlich, diese Handwerker! [...]" |

# Zum Schmökern, Schauen, Weiterdenken

## Auf der Insel der weinenden Riesen  *Robert Gernhardt*

In der Küche standen bereits Kakao und Kuchen auf dem Tisch, als Sandra und Inti ihren Besuch bei Herrn P. abstatteten, doch Sandras erster Blick fiel auf zwei Stiefelchen, die im Küchenfenster standen.

„Guck mal, diese Stiefelchen!", rief sie Inti zu. „Süß sind die, ganz süß!"

5 „Der Kakao hier ist süß", sagte Herr P. „Und wenn du ihn nicht gleich trinkst, wird er auch noch kalt."

„Die Stiefelchen sind aber auch süß", sagte Sandra, während sie sich mit Inti an den Tisch setzte und Herr P. die Tassen füllte.

„Woher weißt du denn das?", fragte Inti. „Hast du schon mal in eins 10 reingebissen?"

„Blödmann!", sagte Sandra. „Du weißt ganz genau, wie ich es meine!"

„Nein, das weiß ich nicht, Blödfrau", erwiderte Inti und wandte sich an Herrn P.: „Weißt du, wie die es meint?"

„Ich glaube es zu wissen", sagte Herr P. „Aber was ich ganz sicher weiß, 15 ist, dass Sandra sich irrt. Das sind nämlich keine süßen Stiefelchen, sondern Riesenstiefel."

„Riesenstiefel!", ächzte Sandra. „Jetzt spinnt ihr hier wohl alle!"

„Ich für meinen Teil möchte diese Frage mit aller Entschiedenheit verneinen", sagte Herr P. ernst. „Ich habe diese Stiefel vor etwa dreißig Jahren 20 von einer Forschungsreise mitgebracht, und ich kann euch versichern, dass es die Stiefel von Riesen sind."

Eine Zeit lang schwiegen alle, dann schaute Sandra Herrn P. scharf an und fragte: „Unter Riesen versteht man doch besonders große Menschen, nicht wahr?"

„Ja", sagte Herr P.

„Und diese Stiefel sind doch besonders kleine Stiefel, oder?"

„Das stimmt", sagte Herr P.

„Also hast du gelogen!", rief Sandra aus. „Du widersprichst dir nämlich selber!"

„Das tue ich nicht", erwiderte Herr P., „obwohl es in der Tat so scheint. Passt auf, es war so: Vor etwa dreißig Jahren lief ich mit meinem Forschungsschiff Norwegen an und erhielt den Auftrag, von dort aus die sagenhaften Inseln der Riesen anzusteuern, von denen man damals lediglich wusste, dass es sie gab, nicht aber, wo sie lagen. Und auch ich wäre sicherlich achtlos an ihnen vorbeigefahren, hätte mich nicht ein Ruderschaden gezwungen, in einer geschützten Bucht einer der zahllosen kleinen Inseln vor der Küste Norwegens Zuflucht zu suchen. Und schon als wir in die Bucht einliefen, hatte ich das Gefühl, dass diese Insel anders war als die anderen."

„Weil alles so riesig war?", fragte Inti.

„Im Gegenteil – weil alles so klein war", sagte Herr P. „Die höchsten Bäume reichten mir bis zu den Waden, die Hasen hatten die Größe von Mäusen, und die Kühe waren nicht länger als mein Unterarm."

„Und die Menschen?", fragte Sandra. „Gab's da auch Menschen?"

„Ja", sagte Herr P., „die gab's. Und die waren riesig. Sie gingen mir bis zum Bauch."

„Aber dann waren es doch Zwerge!", rief Inti.

„Nein, Riesen", sagte Herr P. „Hier wären sie natürlich Zwerge gewesen, hier, wo die Bäume zehn Meter hoch und die Hasen achtzig Zentimeter lang sind. Aber auf ihrer Insel überragten sie jeden Baum und jedes Tier. Dort waren sie die Allergrößten, und da sie außer ihrer Insel nichts von der Welt kannten, glaubten sie, die Allerallergrößten überhaupt zu sein."

„Und was geschah, als sie dich und deine Leute sahen?"

„Ach, es war schrecklich", seufzte Herr P. „Kaum dass sie uns erblickten, begannen sie zu jammern und zu wehklagen. Würdige Männer mit langen Bärten zerstampften vor Verzweiflung darüber, dass es andere Wesen gab, die noch größer waren als sie, ganze Wälder. Greisinnen im Silberhaar setzten sich fassungslos auf unschuldige Kühe, die vor Schmerz laut muhten – weinende Riesen, habt ihr schon mal weinende Riesen gesehen?"

„Und ihr? Was habt ihr gemacht?", wollte Inti wissen.

„Wir haben sie angelogen", sagte Herr P. „Einfach angelogen. Wir sagten, wir seien weiße Götter aus dem Weltall, die zu einem Besuch auf der Erde weilten und noch nirgendwo, weder auf der Erde noch sonstwo im Weltall, so große, starke und schöne Riesen gesehen hätten wie auf dieser Insel. Und dann machten wir, dass wir davonkamen. Das einzige Andenken, das ich

65 mitgehen ließ, waren diese Stiefel."

„Die Riesenstiefel?", fragte Inti.

„Genau die", sagte Herr P.

„Und das sind nicht zufällig Kinderstiefeletten?", fragte Sandra.

„Aber, aber!", rief Herr P. gekränkt aus. „Willst du unsere ganze Unterhal-
70 tung noch mal von vorn anfangen? Soll ich dir etwa die ganze Geschichte noch mal erzählen?"

„Nein", sagte Sandra. „Bitte nicht. Gib mir bitte lieber noch etwas Kakao!"

„Bitte schön", sagte Herr P., der jetzt selber lachen musste. „Gib mir mal bitte deine Tasse rüber!"

① Handelt es sich hierbei um eine Lügengeschichte? Begründe.

② Wovon hängt es in der Geschichte ab, ob etwas „niedlich" und „süß" oder „riesig" ist?

③ Ein Schiff der Zwergpiraten (→ S. 128 f.) landet auf der Insel der weinenden Riesen. Verfasse eine Geschichte, in der du vom Treffen der Zwergpiraten mit einem Riesen erzählst. Verdeutliche dabei die äußeren Merkmale und Eigenschaften der Zwergpiraten und der Riesen.

## Pippi erzählt von Agaton und Theodor  *Astrid Lindgren*

„Ja, was ich eben erzählen wollte, als mich unsere kleine Freundin hier unterbrochen hat", sagte Tante Laura, „das war von einem komischen Zusammentreffen gestern …"

„Wenn von komischen Zusammentreffen die Rede ist,
5 dann wird es euch sicher amüsieren, die Geschichte von Agaton und Theodor zu hören. Eines Tages, als Papas Schiff nach Singapur kam, brauchten wir einen neuen Matrosen an Bord. Und da kriegten wir Agaton. Agaton war zweieinhalb Meter lang und so mager, dass seine
10 Knochen rasselten wie der Schwanz einer wütenden Klapperschlange, wenn er angelaufen kam. Rabenschwarzes Haar hatte er, das ihm bis zum Gürtel reichte, und nur einen einzigen Stachel im Mund. Aber der war dafür umso größer, denn er reichte ihm bis unters Kinn.
15 Papa fand ja, dass Agaton zu hässlich wäre, und er wollte ihn erst nicht an Bord nehmen, aber dann sagte er, dass man ihn ganz gut gebrauchen könnte, falls man mal Pferde scheu machen wollte. Na also, dann kamen wir

nach Hongkong. Und da brauchten wir noch einen Matrosen. Und da kriegten wir Theodor. Zweieinhalb Meter lang war er, rabenschwarzes Haar hatte er, das ihm bis zum Gürtel reichte, und einen einzigen großen Stachel im Mund. Agaton und Theodor waren sich wirklich kolossal ähnlich. Besonders Theodor. Sie sahen sich einfach ähnlich wie zwei Zwillinge."

„Das ist ja komisch", sagte Tante Laura.

„Komisch?", fragte Pippi. „Was ist daran komisch?"

„Dass sie sich so ähnlich sahen", sagte Tante Laura. „Das ist doch komisch!"

„Nee", sagte Pippi. „Das ist nicht die Spur komisch. Denn sie waren Zwillinge. Beide. Sogar schon von Geburt an." Sie schaute Tante Laura fast etwas vorwurfsvoll an. „Ich versteh nicht, was du meinst, Tante Laura. Was gibt es da zu fragen und zu streiten, wenn zwei arme Zwillinge sich zufällig ähnlich sehen? Dafür können sie ja nichts. Du musst nicht glauben, Tantchen, dass jemand freiwillig wie Agaton aussieht. Auch nicht wie Theodor."

„Ja, aber", sagte Tante Laura, „warum sprichst du dann von einem komischen Zusammentreffen?"

„Wenn ich auf diesem Kaffeekränzchen hier nur auch mal zu Wort käme, dann würd ich euch schon was von komischen Zusammentreffen erzählen. Ja, könnt ihr euch das vorstellen, Agaton und Theodor hatten beide etwas sehr Unnatürliches an sich. Sie gingen einwärts mit den Zehen. Und bei jedem Schritt, den sie taten, stieß der rechte große Zeh mit dem linken zusammen. War das nicht ein komisches Zusammentreffen? Die großen Zehen fanden das jedenfalls."

Pippi nahm noch einen Zwieback. Tante Laura stand auf, um zu gehen.

„Aber du wolltest doch von dem merkwürdigen Zusammentreffen gestern erzählen, Tante Laura", sagte Frau Settergren.

„Ich glaube, das erzähle ich euch ein andermal", sagte Tante Laura. „Wenn ich es mir richtig überlege, dann war das übrigens nicht so besonders merkwürdig."

❶ Warum will Tante Laura ihre Geschichte am Ende nicht mehr erzählen?

❷ Erkläre, was Tante Laura von einem „komischen Zusammentreffen" erwartet und wie Pippi den Begriff versteht. Belege deine Aussagen mit Textstellen.

❸ Mit welchen sprachlichen Bildern werden die Matrosen beschrieben? Denke dir andere aus.

❹ Schreibe selbst eine Geschichte, in der du von einem komischen Zusammentreffen erzählst. Verwende dazu geeignete sprachliche Bilder.

## Matilda  *Roald Dahl*

*In seinem Roman „Matilda" erzählt der englische Autor Roald Dahl die Geschichte eines hochbegabten Mädchens. Sie hat das Pech, dass niemand in ihrer Umgebung merkt, wie gescheit sie eigentlich ist, weder ihre etwas beschränkte Familie noch die Lehrer in der Schule. Das heißt, eine Lehrerin gibt es schon, die merkt, was in Matilda steckt …*

Matilda kam natürlich in die unterste Klasse, in der achtzehn andere kleine Jungen und Mädchen etwa in ihrem Alter waren. Ihre Lehrerin hieß Fräulein Honig, und sie konnte nicht älter
5 als dreiundzwanzig oder vierundzwanzig sein. Sie hatte ein liebliches blasses, ovales Madonnengesicht mit blauen Augen und hellbraune Haare. Sie war so schlank und zerbrechlich, dass man das Gefühl bekam, wenn sie hinfiele,
10 müsste sie in tausend Stücke zerspringen wie eine Porzellanfigur.

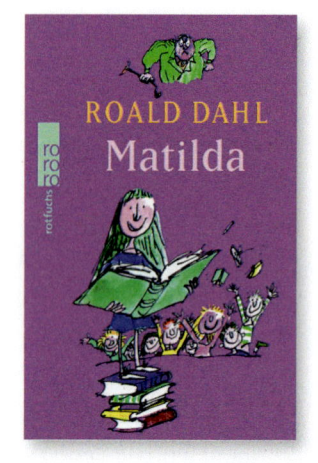

    Fräulein Florentine Honig war eine freundliche und ruhige Person, die niemals die Stimme erhob und die man selten lächeln sah. Aber zweifelsohne besaß sie die seltene Gabe, von jedem der Kinder, die ihrer Obhut
15 anvertraut waren, angebetet zu werden. Sie schien vollkommen die Verwirrung und die Angst zu verstehen, die Kinder so oft überfällt, wenn sie das erste Mal im Leben in einen Klassenraum gepfercht werden und gehorchen müssen. Irgendeine seltsame Wärme, die man fast spüren konnte, leuchtete aus Fräulein Honigs Gesicht, wenn sie mit einem verwirrten Neuankömm-
20 ling in der Klasse sprach, der schon Heimweh hatte.

    Fräulein Knüppelkuh, die Schulleiterin, war vollkommen anders. Sie war ein Riesenweib, ein heiliger Schrecken, ein wildes tyrannisches Ungeheuer, das Kinder und Lehrer gleichermaßen in Panik versetzte. Selbst aus der Entfernung hatte sie etwas Drohendes, und wenn sie einem dicht auf den
25 Leib rückte, konnte man ihre gefährliche Hitze so wahrnehmen, als ob sie ein Stück glühendes Eisen wäre. Wenn sie marschierte – Fräulein Knüppelkuh ging niemals, sondern marschierte immer wie eine Sturmtruppe mit langen Schritten und schwingenden Armen –, wenn sie also einen Korridor entlangmarschierte, konnte man sie tatsächlich bei jedem Schritt schnau-
30 ben hören, und wenn ihr einmal eine Kinderschar im Wege war, pflügte sie sich querbeet durch wie ein Panzer, sodass die Kleinen nach rechts und links zur Seite spritzten. […]

Fräulein Honig verließ in der Pause den Klassenraum und ging geradewegs zum Arbeitszimmer der Schulleiterin. Sie war vollkommen außer sich.

35 Sie war auf ein kleines Mädchen gestoßen, das hochbegabt war oder das ihr wenigstens so vorkam. Sie hatte noch nicht feststellen können, wie der genaue Grad dieser Begabung war, hatte aber genug mitgekriegt, um zu dem Schluss zu kommen, dass in dieser Sache so bald wie möglich etwas geschehen musste. Es wäre geradezu lächerlich, wenn man solch ein Kind
40 bei den Abc-Schützen ließe.

Normalerweise verspürte Fräulein Honig eine heilige Angst vor der Schulleiterin und hielt sich möglichst fern von ihr, aber in diesem Augenblick hatte sie das Gefühl, dass sie es mit jedem aufnehmen könnte. Sie klopfte an die Tür des gefürchteten privaten Arbeitszimmers.

45 „Herein!", dröhnte die tiefe und gefährliche Stimme von Fräulein Knüppelkuh. Fräulein Honig trat ein.

Schulleiter bekommen ihre Stellung meistens deshalb, weil sie über eine Anzahl von hervorragenden Eigenschaften verfügen. Sie verstehen Kinder, und nichts liegt ihnen so am Herzen wie die Interessen dieser Kinder. Sie
50 sind liebenswürdig. Sie sind gerecht, und sie beschäftigen sich eingehend mit Erziehungsfragen. Fräulein Knüppelkuh besaß jedoch keine dieser Eigenschaften, und wie sie zu ihrer augenblicklichen Stelle gekommen war, blieb ein ewiges Geheimnis.

Sie war zudem ein gewaltiges Weib. Früher war sie eine bekannte Ath-
55 letin gewesen, und ihre Muskeln fielen einem heute noch auf. Man konnte sie an ihrem Stiernacken erkennen, den breiten Schultern, den dicken Armen, den sehnigen Handgelenken und an den mächtigen Beinen. Beim Anblick von Fräulein Knüppelkuh bekam man sofort das Gefühl, jemanden vor sich zu haben, der Eisenstangen verbiegen und Telefonbücher quer
60 durchreißen konnte. Auf ihrem Gesicht zeigte sich leider nicht die geringste Spur von Schönheit noch war es ein erfreulicher Anblick. Sie besaß ein eigensinniges Kinn, einen grausamen Mund und kleine hochmütige Augen.

❶ Wie wirken die beiden Lehrerinnen auf dich?
Halte erste Eindrücke stichpunktartig fest und vergleiche beide Figuren miteinander.

❷ Ist Fräulein Knüppelkuh eher eine Furcht einflößende oder eine komische Figur?
Begründe deine Meinung.

❸ Verfasse einen Dialog zwischen der Schulleiterin und der Lehrerin über Matildas weitere Schullaufbahn.

## Wie Eulenspiegel dem Propst des Klosters Roda eine Mondfinsternis verdarb   *Dirk und Anke Seliger*

Die Pröpste[1] des Klosters Roda waren zu allen Zeiten meist nur auf ihr eigenes Wohl bedacht. Einer von ihnen handelte besonders eigennützig. Erträge aus Lehen[2] und vielerlei Abgaben reichten ihm noch nicht. Er wollte mehr. Aber weil dieser Propst auf legalem Wege sein Ziel nicht verwirklichen
5 konnte, ohne seine Befugnisse zu überschreiten, musste er eine andere Möglichkeit finden. Eine Mondfinsternis kam ihm da gerade recht, um sich mit einem heimtückischen Plan noch mehr Geld und Gut zu erschleichen.

Doch wie der Zufall es wollte, wanderte just zu dieser Zeit der Schelm Till Eulenspiegel durch die Gegend bei Roda, dem heutigen Stadtroda. Und
10 während Till im Schatten einer alten Eiche rastete, belauschte er versehentlich den Propst, wie er einem der kirchlichen Geldeintreiber letzte Anweisungen zur Ausführung seiner Machenschaften gab. Nachdem die Verschwörer schließlich gegangen waren, lief Eulenspiegel schnurstracks nach Roda und führte ein langes Gespräch mit der Stadtwache. Als die Nacht
15 hereinbrach und der Vollmond in all seiner Pracht erstrahlte, sah man den Propst auf dem Marktplatz von Roda stehen. Er rief alle Bürger zusammen und hielt eine fesselnde Rede: „Gott hat mich zu eurem Hirten berufen. Ich bin in seinem Namen für euer Seelenheil verantwortlich. Aber damit ich eure Seelen von den Sünden reinwaschen kann, müsst ihr euch von dem
20 üblen Einfluss des irdischen Besitzes trennen. Ich weiß, dass ihr bereits viele Abgaben entrichtet, aber für den Einzug ins Paradies ist das noch nicht genug. Um euch zu beweisen, wie ernst er es meint, hat Gott mir die Macht gegeben, den Mond zu verdunkeln. Seht und staunt!" Mit diesen Worten wies der Propst gen Himmel, wo sich schon seit geraumer Zeit ein dunkler
25 Schatten vor den leuchtenden Vollmond schob. Ein vielstimmiger Aufschrei kündete von der Angst der Leute. Wenig später war der Mond ganz verschwunden.

„Nur ich bin in der Lage, den Mond zurückzuholen", tönte der Propst und genoss diesen Augenblick der Macht. Aber der währte nicht lange,
30 denn Eulenspiegel trat aus der Menge hervor und sprach: „Alles Lüge! Auch ich kann den Mond scheinen lassen und noch viele andere Monde dazu! Schaut zur Mauer und seht eure Wache!" Die Augen der Bürger wandten sich zur Stadtmauer, wo die Wachmannschaft Fackeln entzündet hatte. Dann sahen die Leute, wie einige Wächter ihre Beinkleider herunterließen
35 und die nun blanken Hinterteile ins Licht reckten.

1 der Probst: kirchlicher Verwalter
2 das Lehen: von einem Fürsten an Untergebene verliehener Grundbesitz

Da rief einer der Umstehenden: „Er hat die Wahrheit gesagt! Bewundert die vielen Vollmonde dort! Und auf dem Wachturm ist noch einer!" Im Nu hatte sich die Angst der Menschen in allgemeine Heiterkeit verwandelt. Das Schauspiel, welches sich ihnen bot, war aber auch sehr unterhaltsam. Tanzende Vollmonde hier, hüpfende Vollmonde dort. Der Propst sah seine Felle davonschwimmen und wollte etwas dagegen tun, aber Eulenspiegel ließ ihn nicht zum Zuge kommen. „Und nun schaut zum Himmel!", rief er. Dort gab der Schatten gerade den Mond wieder frei. Ein Aufatmen ging durch die Menge. Die Wachmänner steckten ihre Monde in die jeweiligen Hosen zurück und stimmten ein lautes Gelächter an. Das Ganze war so ansteckend, dass kurz danach der gesamte Marktplatz vor Lachen dröhnte. „Die lachen mich aus!", ärgerte sich der Propst und rauschte davon.

Tags darauf gab es in Roda niemanden mehr, der von den Geschehnissen der Nacht nichts wusste. Und Angst vor einer Mondfinsternis hatte auch keiner mehr. Till Eulenspiegel blieb noch eine Weile Gast bei den freundlichen Rodaern, bevor er wieder seiner Wege zog. Der beschämte Geistliche jedoch schwor der Stadt ewige Rache. Aber wie es dann einem Propst schließlich über hundert Jahre später gelang, diesen Schwur tatsächlich zu erfüllen, und wie er im sogenannten Bierkrieg die Stadt Roda mithilfe einer Rübe bezwingen konnte, ist eine ganz andere Geschichte.

1. Passt der Begriff „Schelm" zu Eulenspiegel? Lies die Informationen zur Schelmengeschichte auf Seite 150 und begründe mit Beispielen aus dem Text.

2. „Nachdem die Verschwörer schließlich gegangen waren, lief Eulenspiegel schnurstracks nach Roda und führte ein langes Gespräch mit der Stadtwache." (Z. 12–14)
Verfasse dieses Gespräch. Achte darauf, dass der Dialog zur Handlung passt.

3. Vergleiche die Geschichte mit der Eulenspiegel-Geschichte auf Seite 132 f.
Was ist gleich oder ähnlich?

Merkwissen im Überblick

# Lügen- und Schelmengeschichten

**Lügengeschichten** gab es schon in der Antike, im frühen Judentum und in der orientalischen Dichtung. Seemannsgarn und Jägerlatein sind besondere Formen der Lügengeschichte.

| Merkmale der Lügengeschichte | Beispiele |
| --- | --- |
| **Die Erzählerin / Der Erzähler** erzählt meist in der Ich-Form und beteuert oft ihre/seine Glaubwürdigkeit. Häufig werden die Lügen gereiht („Lügenreihe") und dabei gesteigert („Lügentreppe"). | *Einige Dinge, die ich erlebt habe, sind so unwahrscheinlich, dass ihr sie kaum glauben werdet. Doch lasst mich erzählen, was ich mit meinen eigenen Augen sah.* |
| **Inhalt und Handlung** sind durch höchst unwahrscheinliche Ereignisse bestimmt, die der Erzähler (oft auf Reisen) erlebt haben will. Durch die Übertreibung wirkt das Erzählte komisch. | *Ich übergehe manche lustigen Auftritte, die wir bei dergleichen Gelegenheiten hatten, weil ich Ihnen noch verschiedene Jagdgeschichten zu erzählen gedenke, die mir merkwürdiger und unterhaltender scheinen.* |
| **Typische Erzählbausteine**: 1. Die Hauptfigur befindet sich in einer bestimmten **Ausgangssituation**. 2. Ein **Problem** taucht auf, oft ausgelöst durch ein Ereignis. 3. Die Hauptfigur unternimmt **Lösungsversuche** und überwindet die Hindernisse auf unglaubliche Weise. 4. Am **Ende** erreicht die Hauptfigur ihr Ziel. | 1. *Eines Tages traf ich auf den größten und stattlichsten Hirsch, den ich je gesehen hatte.* 2. *Doch da ich bereits all meine Gewehrkugeln verschossen hatte, konnte ich ihn nicht erlegen.* 3. *Da kam mir eine Idee: Ich lud meine Flinte mit Pulver und einer ganzen Hand voller Kirschsteine und schoss dem Hirsch die volle Ladung mitten auf die Stirn zwischen das Geweih. Der Hirsch torkelte zwar, machte sich jedoch schnell aus dem Staub.* 4. *Zwei Jahre später kam mir in diesem Wald ein stattlicher Hirsch mit einem Kirschbaum auf der Stirn entgegen. Ich erlegte ihn und hatte nun einen Braten mit Kirschsoße.* |

Die **Schelmengeschichte** (auch: **Schwank**) ist eine kurze, humorvolle Erzählung, in der meist ein gerissener Spaßvogel eine höhergestellte Figur hereinlegt und ihr so eine Lehre erteilt. Berühmte Schelme sind Till Eulenspiegel oder Nasreddin Hodscha.

# Literarische Figuren beschreiben

Gehe so vor, wenn du eine literarische Figur beschreiben willst:

| Arbeitsschritte | Beispiele |
|---|---|
| **Das Äußere beschreiben:**<br>Suche im Text alle Informationen über das **Äußere** der Figur, z. B.:<br>– Körperbau<br>– Haarfarbe und Frisur<br>– Gesicht<br>Oft findest du nur wenige Merkmale. Manchmal sind die Figuren aber auch sehr genau beschrieben. | – *Pippilotta ist neun Jahre alt, groß und schlank.*<br>– *Sie hat rote Haare mit abstehenden, geflochtenen Zöpfen.*<br>– *Ihr rundes Gesicht hat viele Sommersprossen.* |
| **Das Verhalten erklären:**<br>Gib Auskunft darüber, was die Figur tut, wie sie **handelt** oder sich anderen Figuren gegenüber **verhält**. Nenne auch **Ursachen und Gründe** für dieses Verhalten, wenn du sie dem Text entnehmen kannst. | – *Pippi lebt allein in der Villa Kunterbunt, weil ihr Vater König einer Südseeinsel ist.*<br>– *Pippi lässt sich von Erwachsenen nicht gerne etwas sagen, da sie es gewohnt ist, selbst für sich zu sorgen.* |
| **Die Eigenschaften ableiten:**<br>Schließlich kannst du aus dem Verhalten einer Figur und den Gründen dafür oft bestimmte **Charaktereigenschaften** ableiten. | – *Dass Pippi fantasievoll ist, erkennt man daran, dass sie häufig lustige Lügengeschichten erzählt.*<br>– *Pippi ist sehr großzügig und freundlich zu anderen Kindern, denn sie verteilt oft Bonbons oder Geschenke an ihre Freunde.* |

# 7 Lauter Unsinn?
## Besonderheiten von Gedichten entdecken

### Warum die Zitronen sauer wurden
*Heinz Erhardt*

Ich muss das wirklich mal betonen:
Ganz früher waren die Zitronen
(ich weiß nur nicht genau mehr, wann dies
gewesen ist) so süß wie Kandis.

5 Bis sie einst sprachen: „Wir Zitronen,
wir wollen groß sein wie Melonen!
Auch finden wir das Gelb abscheulich,
wir wollen rot sein oder bläulich!"

Gott hörte oben die Beschwerden
10 und sagte: „Daraus kann nichts werden!
Ihr müsst so bleiben! Ich bedauer!"
Da wurden die Zitronen sauer ...

❶ Welches der beiden Gedichte auf dieser Doppelseite gefällt dir besser? Begründe deine Wahl.

❷ Entscheide dich für ein Gedicht und trage es vor.

❸ Was macht ein Gedicht zum Gedicht? Sammelt Merkmale.

**Im Park**  *Joachim Ringelnatz*

Ein ganz kleines Reh stand am ganz kleinen Baum,
Still und verklärt wie im Traum.
Das war des Nachts elf Uhr zwei.
Und dann kam ich um vier
5 Morgens wieder vorbei,
Und da träumte noch immer das Tier.
Nun schlich ich mich leise – ich atmete kaum –
Gegen den Wind an den Baum
Und gab dem Reh einen ganz kleinen Stips.
10 Und da war es aus Gips.


### In diesem Kapitel …

- lernst du, wie sich Gedichte von anderen Texten unterscheiden.
- erfährst du, warum Gedichte klingen.
- erkennst du, wer im Gedicht „spricht".
- experimentierst du mit Gedichten, indem du sie vorträgst und selbst Gedichte schreibst.

# Den Klang von Gedichten untersuchen

## Die besondere Sprache der Lyrik

Die ältesten Gedichte der Menschheit waren Anrufungen an die Götter oder Beschwörungen von Geistern. Die besondere Ehrerbietung gegenüber Göttern und Geistern verlangte eine besonders festliche Sprache, die sich in ihrem Klang von der Alltagssprache unterschied. Mit diesem Klang wurden Gesang und Tanz nachgeahmt. Noch heute ist es in vielen Teilen der Welt üblich, Gebete zu singen und zu tanzen.

Auch an der Bezeichnung „Lyrik" ist abzulesen, dass Gedichte mit dem Gesang verwandt sind: Die „Lyra" (Leier) war nämlich bei den Griechen das Instrument des Sängers, mit dem er seine Verse begleitete.

Der besondere Klang in Gedichten entsteht durch ein regelmäßiges Betonungsmuster, das Metrum. Es ordnet einen Vers ähnlich wie ein Musikstück in Takte. Der Reim trägt durch gleich klingende Laute oder Silben zusätzlich zum festlichen Klang bei.

Auch wenn Gedichte heute nicht mehr Götter und Geister anrufen, sind sie doch immer noch geprägt von einer besonderen Sprache und heben sich vom alltäglichen Sprachgebrauch durch eine strengere Form ab: Das Gedicht ist in Verse (Gedichtzeilen) und häufig auch in Strophen (Absätze) eingeteilt. Metrum und Reim schaffen eine klangliche Ordnung.

❶ Was erfährst du in dem Text über die Bezeichnung „Lyrik"? Fasse es zusammen.

❷ Erläutere mithilfe des Textes die folgenden Begriffe:
– Metrum
– Vers
– Strophe
– Reim

Tipps & Hilfen (→ S. 300)

## Der Musensohn   *Johann Wolfgang Goethe*

Durch Feld und Wald zu schweifen,
Mein Liedchen wegzupfeifen,
So geht's von Ort zu Ort!
Und nach dem Takte reget
5  Und nach dem Maß beweget
Sich alles an mir fort.

Ich kann sie kaum erwarten,
Die erste Blum' im Garten,
Die erste Blüt' am Baum.
10  Sie grüßen meine Lieder,
Und kommt der Winter wieder,
Sing ich noch jenen Traum.
[…]

## Die Beichte   *Heinz Erhardt*

„Warum machst du in Gedichten?",
fragte mich ein Menschenkind.
„Warum schreibst du nicht Geschichten,
die doch leicht verkäuflich sind?"
Oh, ich habe meine Gründe
für mein Tun – und sprach verträumt:
„Weil ich es viel schöner finde,
wenn sich hinten alles reimt."

❸ Vergleiche die beiden Gedichte. Was haben sie gemeinsam? Worin unterscheiden sie sich?
Tipps & Hilfen (→ S. 300)

❹ Welche im Text auf Seite 154 genannten Merkmale findest du in diesen Gedichten wieder?
Nenne Beispiele.

❺ In Heinz Erhardts Gedicht heißt es: „Weil ich es viel schöner finde, wenn sich hinten alles
reimt." Was gefällt euch an Gedichten? Tauscht euch darüber aus.

# Reimformen entdecken

**Reimreise**  *Frantz Wittkamp*

Der Himmel ist blau,
sagte der Pfau.
Zeit zu verreisen,
sagten die Meisen.
5 Ja, mit der Bahn,
sagte der Hahn.
Oder wir fliegen,
sagten die Ziegen.
Nach Amsterdam,
10 sagte das Lamm.
Dauert das lange,
fragte die Schlange.
Gibt es da Schnee,
fragte das Reh.
15 Liegt Amsterdam am Nil,
fragte das Krokodil.
Ist da ein Zoo,
fragte der Floh.
Ganz in der Nähe,
20 sagte die Krähe.
Wo soll das sein,
fragte das Schwein.
Da um die Ecke,
sagte die Schnecke.
25 Kaum zu glauben,
sagten die Tauben.

❶ Lest das Gedicht mit verteilten Rollen.

❷ a) Was genau reimt sich hier? Schreibe die Reimwörter in dein Heft und markiere farbig, was gleich klingt.
b) Beschrifte dann die gleich klingenden Endreime mit denselben Kleinbuchstaben.

| | |
|---|---|
| *blau* | a |
| *Pfau* | a |
| *verreisen* | b |
| *sagten die Meisen* | b |

❸ Das Muster des Endreims, z. B. aa bb, wird als Reimschema bezeichnet. Benenne das Reimschema dieses Gedichts mithilfe des Merkwissens auf Seite 173.

❹ Ergänze das Gedicht mit vier bis sechs neuen Versen zu anderen Tieren, z. B. Katze oder Maus.

## Rach und Degen  *Paul Klee*

1. Strophe:
Rach und Degen
ein Dach dem Regen
Schurm und Stirm
5 im Sturm ein Schirm

2. Strophe:
Rach und Degen
Schurm und Stirm
im Sturm ein Schirm
10 ein Dach dem Regen

3. Strophe:
Schurm und Stirm
im Sturm ein Schirm
Rach und Degen
15 ein Dach dem Regen

Neue Möglichkeiten:
Degen und Rach
dem Regen ein Dach
Stirm und Schurm
20 ein Schirm im Sturm

Schurm und Stirm
Rach und Degen
ein Dach und Regen
im Sturm ein Schirm

**5** Lest das Gedicht laut. Wie wirkt es auf euch?
Besprecht, wie diese Wirkung zustande kommt.

**6** a) Untersuche die Reime des Gedichts. Was fällt dir auf?
   Tipps & Hilfen (→ S. 300)
b) Erkläre, warum man das Reimschema der 2. Strophe als „umarmenden Reim" bezeichnet.
c) Schlage im Merkwissen (→ S. 173) nach, wie ein Kreuzreim aufgebaut ist, und probiere ihn mit den Reimwörtern des Gedichts aus.

# Reimwörter finden

**1** a) Bildet Reimschlangen: Sucht zu den Wörtern im Wortspeicher so viele Reimwörter wie möglich. Wer in fünf Minuten die längste Schlange hat, hat gewonnen.
b) Gebt reihum andere Startwörter für Reimschlangen vor und sucht möglichst viele Reimwörter.

> Witz · lesen · sagen

*Witz – Sitz – spitz …*
*lesen – Wesen …*
*sagen – plagen …*

**2** a) Sortiere die Wörter im folgenden Wortspeicher in deinem Heft so untereinander, dass
– einmal Paarreime und
– einmal Kreuzreime entstehen.
b) Suche selbst acht Reimwörter, von denen sich immer zwei reimen, und sortiere sie so, dass einmal Paarreime und einmal Kreuzreime entstehen.

> Gedichte · Geschichte · erzählen · leimen · recht · reimen · schlecht · wählen

**3** a) Ordne die folgenden acht Wörter so, dass umarmende Reime entstehen.
b) Suche selbst acht Reimwörter, mit denen umarmende Reime gebildet werden können. Lass sie von deiner Tischpartnerin / deinem Tischpartner sortieren.

> beben · Bier · Brühe · Fisch · geben · Mühe · Tisch · vier

Ausdruckstraining

## Zaubenspruch  *Mirjam Pressler*

Wenn schräg tagnachts der Kubu schreint
Und lasch der Lamenturo _____,
Die Warzenwogen _____,
Dann will ich wallewalle wingen.
5 Wenn aus dem Wald der Wodu wiebelt,
Der Hodudodu sich _____,
Die Dagabundas ächzkrächz _____,
Dann will ich wallewalle wingen.
Und wenn der Nebuloso schleift
10 Und Akakazias heiß _____,
Die Wiebelkiebel _____,
Dann will ich wallewalle wingen.

❹ a) Worin besteht das Besondere dieses Gedichts? Nenne Beispiele.
b) Schreibe das Gedicht ab und ergänze passende Reimwörter. Lass dabei deiner Fantasie freien Lauf.
c) Vergleicht eure Lösungen:
– Welche Reimwörter sind gelungen, welche sollten verändert werden?
– Welche Reimwörter wirken besonders gelungen? Warum?

❺ Schreibe zu den folgenden zwölf Reimwörtern ein (Unsinns-)Gedicht.
Entscheide dich zwischen Paarreim, Kreuzreim oder umarmendem Reim.

aufgepustet · fern · Floh · Flöte · hier · kratzen · Kröte · mir · platzen · Stern · umgehustet · Zoo

# Das Metrum untersuchen

**Herz und Schmerz**  *Hugo Ramnek*

Ein Karpfen sprach zu einem Mädchen,
Die Stimme süß wie Schokolädchen:
Ich kenn da einen Wasserplatz
Für dich und mich allein, mein Schatz.
Sie aber lispelt glockenhell:
Mein Herz gehört schon der Forell.

❶ Worin besteht das Überraschende an diesem Gedicht?

❷ Das Muster von betonten und unbetonten Silben in einem Gedicht nennt man Metrum. Erarbeite das Metrum des Gedichts in folgenden Schritten:
   a) Sprich die Verse laut und klatsche zu jeder Silbe.
   b) Sprich die Verse noch einmal laut und klatsche zu den betonten Silben laut, zu den unbetonten leise.
   c) Schreibe nun die Verse nach Silben getrennt ab. Lass über jedem Vers eine Zeile frei und kennzeichne die betonten Silben mit einem Akzent wie im Beispiel unten.
   d) Setze über jede Silbe ein x und markiere auch hier die betonten Silben mit einem Akzent.

   x  x́  x  x́  x x́  x  x́  x
   *Ein Kárp-fen sprách zu éi-nem Máb-chen*

❸ Informiere dich auf der Merkwissenseite (→ S. 173), wie dieses Metrum heißt.

❹ Untersuche das Metrum des folgenden veränderten Verses. Wie wird dieses Metrum genannt (→ S. 173)?

   Karp-fen spre-chen nicht zu Mäd-chen

❺ Verfasse nun allein oder in Partnerarbeit ein Gedicht im Metrum von „Herz und Schmerz", indem du andere Tiere wählst und neue Reimwörter suchst.
   *Ein Kälbchen sprach zu einem Kind …*

## Abzählreime

| | | |
|---|---|---|
| Enne denne | Ene dene ditschen datschen | Enchen, denchen, dittchen, |
| Dubbe denne | Zwibbel di bibbel boneratschen | dattchen, |
| Dubbe denne dalia | Ene dene daus | sibeti, bibeti, bonchen, battchen, |
| Ebbe bebbe bembio | Und du bist raus | sibeti, bibeti, buff. |
| Bio bio buff | | |

**6** Zählt mit den Abzählreimen in der Gruppe einen nach dem anderen „raus". Was fällt euch beim Sprechen und Zählen auf?

**7** a) Übertrage die Abzählverse in dein Heft und notiere das Metrum wie im Beispiel auf Seite 160.
b) Was fällt dir im zweiten und dritten Abzählreim auf? Achte auf die unbetonten Silben.
Tipps & Hilfen (→ S. 300)

## Unsinnverse   *Wolfgang Menzel*

Liest du vor, dann gib fein Acht,
dass die Stimme herrlich lacht
oder dass sie weint und zittert
oder gar vor Wut gewittert!

5 Jümmer wühnen! Jümmer ochzen!
Jümmer muss ich treunen, schlochzen!
Moine Nüse trüpfelt schurig.
Och, mir üst ersutzlich trurig!

Kinnemax und ratzeflitt
10 Teppten in den Timmelpitt,
Als sie wieder rausgekraxt,
Haben sie sich krommgelaxt.

Dauster, wonn ich dich verknügle!
Dir in doine Protzen bügle!
15 Hauderwetsch, wenn ich dich pracke,
Knoll ich dir ne Rox ans Schlacke!

**8** Was passiert in diesem Gedicht? Trage es so vor, wie in der ersten Strophe verlangt.

**9** Notiere in deinem Heft das Betonungsmuster des Gedichts und benenne das Metrum mithilfe des Merkwissens (→ S. 173).

x́  x  x́  x
*Lies du vor, dann ...*

# Vers und Satz untersuchen

**Drei Bären**  *Heinz Erhardt*

Ein Brombär, froh und heiter, schlich durch einen
Wald. Da traf es sich, dass er ganz unerwartet,
wie's so kommt, auf einen Himbär stieß.
Der Himbär rief – vor Schrecken rot –: „Der grüne
5 Stachelbär ist tot! Am eignen Stachel starb er
eben!" „Ja", sprach der Brombär, „das soll's geben!",
und trottete – nun nicht mehr heiter weiter ...
Doch als den „Toten" er nach Stunden gesund
und munter vorgefunden, kann man wohl
10 zweifelsohne meinen: Hier hat der andre Bär
dem einen 'nen Bären aufgebunden!

❶ Versuche, dieses Gedicht mit ursprünglichen Versen wieder herzustellen, indem du die Reimwörter suchst und das Metrum beachtest.
Tipps & Hilfen (→ S. 301)

> *Ein Brombär, froh und heiter, schlich*
> *Durch einen Wald. Da traf es sich*
> *...*

**Satz für Satz**  *Peter Härtling*

Einen Satz machen mit einem Satz ins falsche
Ende krachen mit einem Satz über einen Tisch
springen das kann gelingen mit einem Satz doch
ein Satz hilft dir nicht unbedingt in die Höhe mit
5 einem Satz springen auch Flöhe von Leib zu Leib
so wechseln sie die Orte mit einem Satz denen
fehlen allerdings die Worte aus wär's dann mit der
Hatz ein Satz, der Wörter braucht, kann nicht
hüpfen muss Wort für Wort in seine Bedeutung
10 schlüpfen.

❷ Versuche auch hier, die Versform wieder herzustellen. Achte dabei vor allem auf die Reimwörter. Setze auch Satzschlusszeichen. Achtung: Nicht alle Verse reimen sich.
Tipps & Hilfen (→ S. 301)

# Ein Parallelgedicht schreiben

### Der Schaukelstuhl auf der verlassenen Terrasse   *Christian Morgenstern*

Ich bin ein einsamer Schaukelstuhl
Und ich wackel im Winde,
                      im Winde.
Auf der Terrasse, da ist es kuhl
5 Und ich wackel im Winde,
                      im Winde.
Und ich wackel und nackel den ganzen Tag.
Und es nackelt und rackelt die Linde.
Wer weiß, was sonst wohl noch wackeln mag
10 Im Winde,
                      im Winde,
                      im Winde.

❶ Mach's wie Morgenstern: Schreibe ein Parallelgedicht zu diesem Gedicht.
  – *Ich bin ein einsamer Besenstiel ...*
  – *Ich bin ein einsamer Basketball ...*

❷ Tragt euch eure Gedichte gegenseitig vor und überprüft:
  – Sind der Strophenaufbau, das Metrum und die Endreime gelungen?
  – Gibt es witzige Verben, die sich innerhalb der Verse reimen?
  – Hat das Gedicht eine passende Überschrift?

# Wer spricht denn da? – Das lyrische Ich entdecken

**Monsterliebe**   *Salah Naoura*

Was ich an dir gerne mag?
Dein Gemotze jeden Tag!

Und ich, dass du blöde bist,
du redest immerzu nur Mist!

5 Du bist so herrlich hundsgemein,
so fies, so mies kann keiner sein.

Und du, du lügst so wunderbar,
bei dir ist wirklich *nie* was wahr.

Ich weiß auch nicht, was das soll:
10 Ich finde dich zum Kotzen toll!

Und ich, ich lieb dich schauerlich!
Los, lieb mich auch, sonst hau ich dich!

❶ Sprecht über das Gedicht: Warum heißt es „Monsterliebe"?

❷ Dieses Gedicht kannst du schlecht alleine vortragen. Warum?

❸ Ordnet die Strophen einem Sprecher A und einem Sprecher B zu und tragt es zu zweit vor.

❹ Untersuche das Gedicht „Monsterliebe" anhand folgender Fragen:
– Wer spricht hier?
– Welche Gefühle haben die lyrischen „Ichs" füreinander?
– Was teilen sie sich mit und wie teilen sie es mit?

| Info | Das lyrische Ich |
|---|---|

In vielen Gedichten spricht ein „Ich", das sich die Autorin oder der Autor ausgedacht hat. Dieses „Ich" nennt man das **lyrische Ich**.
Das lyrische Ich kann über sich selbst sprechen oder über etwas, das andere erlebt haben oder das es beobachtet hat. Es kann auch jemanden anreden und manchmal sprechen sogar zwei lyrische „Ichs" miteinander.

## Alles Glück  *Christine Nöstlinger*

Ich weiß es ganz genau:
Der miese Mann und die fiese Frau,
die sich als meine Eltern ausgeben
und mir mein junges Leben
5   zur grausigen Hölle machen,
diese zwei alten Drachen
sind nicht mit mir verwandt!
Schließlich ist ja allgemein bekannt,
dass alle Kinder den Eltern gleichen.
10  Dafür gibt's bei mir keine Anzeichen.
Ich passe in diese Familie nicht rein!
Ich muss ein vertauschtes Baby sein.
Weil Neugeborene einander sehr ähnlich sehen,
kann das im Krankenhaus schon mal geschehen.

15  Und bei den lieben Eltern, die meine echten sind,
wohnt der zwei alten Drachen miesfieses Kind
und kassiert seit zwölf Jahren ungerührt
alles Glück, das eigentlich mir gebührt.

**5** Wer spricht in diesem Gedicht?

**6** a) Wähle aus dem Wortspeicher passende Ausdrücke zur Beschreibung des lyrischen Ichs aus.
b) Ergänze weitere Ausdrücke, die dir passend erscheinen.

> wütend · verärgert · enttäuscht · hasserfüllt · neidisch (auf das andere Kind) ·
> besserwisserisch · unverschämt · unglücklich · traurig · ungerecht · bösartig ·
> lieblos · hartherzig · herabsetzend · anklagend

**7** Fasse mithilfe der Verben im Wortspeicher in eigenen Worten zusammen, was das lyrische Ich sagt.
*Das lyrische Ich beschwert sich darüber, dass ...*

> sich beschweren · anklagen · schimpfen · finden · meinen · der Meinung sein ·
> überlegen · schließen · den Schluss ziehen · zum Schluss kommen · begründen ·
> sich Gedanken machen · glauben · überzeugt sein · der Überzeugung sein

Gewusst wie

# Ein Gedicht vortragen

## Die passende Vortragsweise herausfinden

Gedichte kann man leise für sich lesen oder vor einem Publikum laut vortragen. Um die Besonderheiten eines Gedichts zur Geltung zu bringen, solltest du seinen Inhalt verstehen.

**❶** a) Lies das Gedicht „Der Mathematiker" auf der folgenden Seite zuerst lustig, dann jämmerlich und beim dritten Mal bedrohlich. Welche Vortragsart passt am besten zu dem Gedicht? Begründe.
b) Mit welchen Mitteln kann man außerdem die Aufmerksamkeit der Zuhörer/-innen bei einem Gedichtvortrag erregen? Sammelt Vorschläge.

> **Info**    **Den Gedichtvortrag vorbereiten**
>
> – Welche **Grundstimmung** geht von den einzelnen Strophen aus (traurig, fröhlich, feierlich, aufgeregt, erwartungsvoll, …)?
> – Hat das Gedicht einen **Höhepunkt**? Falls ja, wie kannst du ihn hervorheben?
> – Unterstreiche alle Wörter, die du **besonders betonen** willst.
> – Welcher Tonfall passt zu genau dieser Stelle? Notiere am Rand, z. B. *traurig, fröhlich*.
> – Wo passt eine **kurze Pause**, bevor ein neuer Gedanke beginnt?
> – Wo brauchst du eine **kurze Pause**, um die Spannung wirkungsvoll zu steigern?
> – Wo musst du **langsamer oder schneller** sprechen, vielleicht sogar hetzen?
> – Wo musst **du leiser oder lauter** sprechen, vielleicht sogar rufen?
> – Gibt es **Gesten**, die zu einer bestimmten Stelle in dem Gedicht passen?

## Das Gedicht für den Vortrag vorbereiten

**❷** Sehr hilfreich für deinen Gedichtvortrag sind Hinweise zur Betonung, die du im Text oder am Rand notieren kannst. Schreibe dazu das Gedicht auf ein Blatt Papier oder nutze eine Kopie.

> **Info**    **Den Text mit Betonungszeichen für den Gedichtvortrag vorbereiten**
>
> – besonders betonen: <u>unterstreichen</u>
> – schneller sprechen: ∿
> – langsamer sprechen: ∿∿
> – leiser werden: ↘
> – lauter werden: ↗
> – kurze Pause: |
> – lange Pause: | |

## Der Mathematiker  *Heinz Erhardt*

| | |
|---|---|
| Es war sehr <u>kalt</u>, der Winter dräute¹, | *bedrohlich* |
| da trat – und außerdem war's glatt – | |
| <u>Professor Wurzel</u> aus dem Hause, | |
| weil er was <u>einzukaufen</u> hat'. | *fröhlich* |
| | |
| 5  <u>Kaum</u> tat er seine ersten Schritte, | |
| als ihn das <u>Gleichgewicht</u> verließ, | |
| er <u>rutschte aus</u> \| und fiel \| und <u>brach</u> sich | *Spannung aufbauen* |
| <u>die Beine</u> und noch das und dies. | |
| | |
| Jetzt liegt er nun, \|<u>völlig gebrochen</u>,\| | *traurig* |
| 10  <u>im Krankenhaus</u> in Gips und spricht: | |
| „Ich rechnete schon <u>oft</u> mit Brüchen,\| | |
| mit <u>solchen</u> Brüchen aber nicht." | *lustig, Pointe* |

1  dräuen: veraltet für „drohen"

**3** a) Versuche, das Gedicht genau so vorzulesen, wie es die Markierungen und Betonungszeichen vorgeben. Achte darauf, dass du bei deinem Vortrag die Reimwörter nicht zu stark betonst. Sonst wirkt das Gedicht heruntergeleiert.

b) Welche Geste würdest du in den letzten beiden Versen wählen? Probiere verschiedene Möglichkeiten aus.

## Ein Gedicht auswendig lernen

**4** Lerne das Gedicht „Der Mathematiker" auswendig. Nutze die Vorschläge im Info-Kasten.

**5** Trage das Gedicht als kleine szenische Lesung vor, indem du die Handlung während des Vortrags spielst.

---

**Info**  **Ein Gedicht auswendig lernen**

**Die folgenden Tipps helfen dir, deinen Gedichtvortrag zu üben:**
- Lies das Gedicht mehrmals **laut** und **ausdrucksstark** betont vor.
- Lerne dann den Text **Vers für Vers, Strophe für Strophe auswendig**.
  Tipp: Du kannst als Merkhilfe zu jeder Strophe ein kleines Bild zeichnen.
  Oder du nimmst das Gedicht beim Vorlesen auf und hörst es dir mehrmals an. Du kannst auch mehrere Varianten aufnehmen und prüfen, wie es am besten klingt.
- Übe dann das **freie Vortragen** des Gedichts, Strophe für Strophe. Du kannst vor dem Spiegel oder vor „Publikum", wie z. B. Eltern oder Geschwistern, üben.

# Zum Schmökern, Schauen, Weiterdenken

**Das Raphuhn-Lied**  *Felix Janosa*

Hallo, Leute, wir sind heute auf dem Bauernhof.
Alle Tiere sind in Ordnung, nur eins ist doof!
Denn es findet sich so lässig und so obertoll.
Und es quasselt allen anderen die Ohren voll.

5  Das Raphuhn, tok toke tok tok, das rappt nun!
(Tok toke toke tok tok)
Ja, ich rappe so toll und ich bin gut drauf.
Und beim Rappen hab ich immer eine Mütze auf.

Und es gammelt auf der Leiter oder im Gesträuch.
10 Und es kommt aus seinem Schnabel immer dummes Zeug.
Und die andern Tiere kriegen dieses dumpfe Gefühl,
Wo die grauen Zellen fehlen, ja, da quatscht man viel!

Das Raphuhn, tok toke tok tok, das rappt nun!
(Tok toke toke tok tok)
15 Ja, ich rappe so toll und ich bin gut drauf.
Und beim Rappen hab ich immer eine Mütze auf.

Und es redet und es redet und es hört nie auf,
Und der Bauer, der wird sauer, und er regt sich auf.
Auch die Kühe haben Mühe und sie machen Muh.
20 Und inzwischen halten alle sich die Ohren zu.

Das Raphuhn, tok toke tok tok, das rappt nun!
(Tok toke toke tok tok)
Ja, ich rappe so toll und ich bin gut drauf.
Und beim Rappen hab ich immer eine Mütze auf.

❶ Warum findet sich das Raphuhn so toll? Was halten die anderen Tiere von ihm?

❷ Untersuche das Reimschema und das Metrum des Liedes genauer. Was fällt dir auf?

❸ Bereitet einen Vortrag des Raphuhn-Lieds vor.
Probiert dabei verschiedene Möglichkeiten aus, z. B. einzeln, mit einer Lernpartnerin / einem Lernpartner oder in einer Gruppe.

## Gruselett  *Christian Morgenstern*

Der Flügelflagel gaustert
durchs Wiruwaruwolz,
die rote Fingur plaustert
und grausig gutzt der Golz.

1. Passt der Titel zum Gedicht? Begründe.

2. Bestimmte Konsonanten kommen in dem Gedicht gehäuft vor. Einen solchen Gleichklang am Anfang betonter Silben nennt man Stabreim oder Alliteration. Suche sie im Gedicht.

3. Stelle selbst Verse mit Stabreimen her. Es können auch Unsinnsverse sein.
   *Singende Seeleute segeln in salziger Suppe.*

## Der Zipferlake  *Lewis Carroll; Christian Enzensberger*

Verdaustig war's, und glasse Wieben
Rotterten gorkicht im Gemank;
Gar elump war der Pluckerwank,
Und die gabben Schweisel frieben.

5 „Hab Acht vorm Zipferlak, mein Kind!
Sein Maul ist beiß, sein Griff ist bohr!
Vorm Fliegelflagel sieh dich vor,
Dem mampfen Schnatterrind."

Er zückt' sein scharfgebifftes Schwert,
10 Den Feind zu futzen ohne Saum,
Und lehnt' sich an den Dudelbaum
Und stand da lang in sich gekehrt.

In sich gekeimt, so stand er hier:
Da kam verschnoff der Zipferlak
15 Mit Flammenlefze angewackt
Und gurkt' in seiner Gier.

Mit Eins! und Zwei! Und bis aufs Bein!
Die biffe Klinge ritscheropf!
Trennt' er vom Hals den toten Kopf,
20 Und wichernd sprengt' er heim.

„Vom Zipferlak hast uns befreit?
Komm an mein Herz, aromer Sohn!
Oh blumer Tag! Oh schlusse Frohn!"
So kröpfte er vor Freud.

25 Verdaustig war's und glasse Wieben
Rotterten gorkicht im Gemank;
Gar elump war der Pluckerwank,
und die gabben Schweisel frieben.

1. Alles Unsinn? Überlegt gemeinsam, worum es in dem Gedicht gehen könnte.

2. Versuche, eine der Strophen so zu übersetzen, wie du sie verstehst.

**Das große Lalula**  *Christian Morgenstern*

Kroklokwafzi? Semememi!
Seiokrontro – prafriplo:
Bifzi, bafzi; hulalemi:
quasti basti bo …
5 Lalu lalu lalu lalu la!

Hontraruru miromente
zasku zes rü rü?
Entepente, Leiolente
klekwapufzi lü?
10 Lalu lalu lalu lalu la!

Simarar kos malzipempu
Silzuzankunkrei(;)!
Marjomar dos: Quempu Lempu
Siri Suri Sei []
15 Lalu lalu lalu lalu la!

❶ Worum könnte es in diesem Gedicht gehen? Nenne Beispiele aus dem Text.

❷ Bereite einen lebendigen Vortrag des Gedichts vor.
Nutze dafür die Hinweise im „Gewusst wie: Ein Gedicht vortragen" (→ S. 166 f.).

## Klapphornverse

Zwei Knaben stiegen auf einen Baum,
die beiden wollten Äppel klau'n.
Sie fanden keinen Appel,
der Baum war nämlich 'ne Pappel.

Zwei Knaben machten sich den Jokus
und tranken Most im Keller,
da mussten beide auf den Lokus,
jedoch der Most war schneller.

Zwei Knaben stiegen auf einen Gletscher,
sie wurden matsch und immer mätscher.
Da sprach der Mätschere zum Matschen:
Komm, lass uns wieder runterlatschen.

Zwei Knaben zogen an den Nil,
den andren fraß ein Krokodil.
Der eine starb an Fieber,
drum geh nicht hin, mein Lieber!

❶ Welcher Klapphornvers gefällt dir am besten? Begründe.

❷ Vergleiche die Klapphornverse: Was haben sie gemeinsam?

❸ Entwickle nach diesem Muster selbst einen Klapphornvers.

# Die Fabel von Schnabels Gabel  *Erich Kästner*

Kannten Sie Christian Leberecht Schnabel?
Ich habe ihn gekannt.
Vor seiner Zeit gab es die vierzinkige,
Die dreizinkige
5 Und auch die zweizinkige Gabel.
Doch jener Christian Leberecht Schnabel,
Das war der Mann,
Der in schlaflosen Nächten die einzinkige Gabel
Entdeckte bzw. erfand.

10 Das Einfachste ist immer das Schwerste.
Die einzinkige Gabel
Lag seit Jahrhunderten auf der Hand.
Aber Christian Leberecht Schnabel
War eben der Erste,
15 Der die einzinkige Gabel erfand!

Die Menschen sind wie die Kinder.
Christian Leberecht Schnabel
Teilte mit seiner Gabel
Das Schicksal aller Entdecker bzw. Erfinder.

20 Einzinkige Gabeln,
Wurde Schnabeln
Erklärt,
Seien nichts wert.

Sie entbehrten als Teil des Bestecks
25 Jeden praktischen Zwecks,
Und man könne, sagte man
Schnabeln,
Mit seiner Gabel nicht gabeln.

Die Menschen glaubten tatsächlich,
30 dass Schnabel
Etwas Konkretes bezweckte,
Als er die einzinkige Gabel
Erfand bzw. entdeckte!

Ha!

35 Ihm ging es um nichts Reelles.
(Und deshalb ging es ihm schlecht.)
Ihm ging es um Prinzipielles!
Und insofern hatte Schnabel
Mit der von ihm erfundenen Gabel
Natürlich recht.

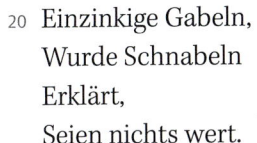

① Warum hat Herr Schnabel eine einzinkige Gabel erfunden? Begründe mit dem Text.

② Untersuche die Endreime des Gedichts. Was fällt dir auf?

③ Welche Rolle spielt das lyrische Ich in diesem Gedicht? Belege deine Einschätzung.

## Der alte Marabu *(eine dunkle Geschichte)*
*Edwin Bormann*

Im Schneegebirge Hindukuh,
Da sitzt ein alter Marabu
Auf einem Fels von Nagelfluh
Und drückt das rechte Auge zu.

5 Weshalb wohl, fragst du, Leser, nu,
Weshalb wohl sitzt der Marabu
Im Schneegebirge Hindukuh
Auf einem Fels von Nagelfluh
Und drückt das rechte Auge zu?

10 Hab Dank, o lieber Leser du,
Für dein Int'ress' am Marabu!
Allein weshalb im Hindukuh
Er drückt das rechte Auge zu
Auf einem Fels von Nagelfluh –
15 Weiß ich so wenig als wie du!

❶ Worin besteht das Witzige dieses Gedichts? Suche nach Erklärungen im Text.

❷ Untersuche das Gedicht genauer:
 – Lies es mehrere Male laut und klatsche dazu das Metrum (auf betonten Silben laut, auf unbetonten Silben leise). Um welches Metrum handelt es sich? (→ S. 173)
 – Untersuche die Reimwörter: Worin besteht das Besondere in diesem Gedicht?

❸ Ein solches Gedicht kannst du auch schreiben. Probiere es aus:
Denke dir ein Tier aus, zu dem du die nötige Zahl von Reimwörtern bilden kannst (Floh, Elefant, …), und schreibe dein Gedicht. Auch Unsinnswörter sind beim Reimen erlaubt.

# Gedichte untersuchen

| Merkmale eines Gedichts | Beispiele |
|---|---|
| **Vers und Strophe:**<br>Die Zeilen eines Gedichts nennt man **Verse**. Als **Strophe** bezeichnet man einen Abschnitt eines Gedichts, der aus mehreren Versen besteht. | Der Flügelflagel gaustert<br>durchs Wiruwaruwolz,<br>die rote Fingur plaustert<br>und grausig gutzt der Golz. |
| **Reim:**<br>Der Reim ist ein **Gleichklang von Lauten**. Werden zwei oder mehrere Verse durch einen Gleichklang am **Ende** verbunden, spricht man von **Endreim**. Das Muster des Reims nennt man Reimschema. Man unterscheidet z. B.:<br>**Paarreim** aa bb<br>**Kreuzreim** ab ab<br>**umarmender Reim** ab ba | Der Himmel ist bl<u>au</u>,<br>sagte der Pf<u>au</u>.<br>Zeit zu ver<u>reisen</u>,<br>sagten die M<u>eisen</u>.<br><br>H<u>aus</u> – M<u>aus</u> – H<u>of</u> – d<u>oof</u>     aa bb<br>H<u>aus</u> – H<u>of</u> – M<u>aus</u> – d<u>oof</u>     ab ab<br>H<u>aus</u> – H<u>of</u> – d<u>oof</u> – M<u>aus</u>     ab ba |
| Die Wiederholung eines oder mehrerer Laute am **Wortanfang** nennt man **Stabreim** oder **Alliteration**. | *<u>G</u>eld und <u>G</u>ut; mit <u>M</u>ann und <u>M</u>aus* |
| **Metrum (Versmaß):**<br>In einem Vers gibt es meist eine regelmäßige Abfolge **betonter (x́)** und **unbetonter (x) Silben**. Sie wird Metrum genannt.<br>Man unterscheidet z. B.:<br>– **Jambus**: x x́ x x́<br>– **Trochäus**: x́ x x́ x | x́ x   x́ x   x́ x   x́<br>*Was ich / gerne / an dir / mag …*<br><br>x x́   x x́   x x́   x x́   x<br>*Ein Karp-/ fen sprach / zu ei-/ nem Mäd-chen*<br><br>x́ x   x́ x   x́ x   x́ x<br>*Karp-fen / spre-chen / nicht zu / Mäd-chen* |
| **Lyrisches Ich:**<br>Das lyrische Ich ist die Person oder Sache, die im Gedicht spricht. Es darf nicht mit der Dichterin / dem Dichter verwechselt werden. | *Ich bin ein einsamer Schaukelstuhl …* |

# 8 Detektive des Alltags
## Sachtexte erschließen

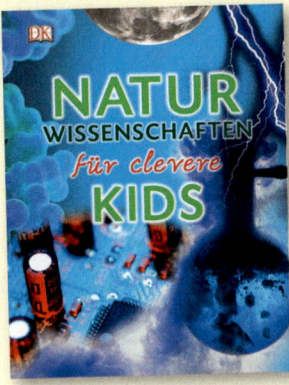

– Warum kann ich nicht richtig schmecken, wenn ich mir die Nase zuhalte?
– Warum ist die Banane krumm?
– Warum tränen die Augen, wenn man Zwiebeln schneidet?
– Wie kann Knoblauch Mäuse vertreiben?
– Warum laufen Athleten im Stadion immer gegen den Uhrzeigersinn?
– Warum braucht ein Kugelschreiber die Schwerkraft?
– Können Pferde wirklich nicht kotzen?
– Ist es gefährlich, im Flugzeug ein Handy zu benutzen?

❶ Kannst du eine der hier formulierten Fragen beantworten? Versuche es.

❷ Hast du schon einmal etwas zu diesen Fragen gelesen? Wenn ja, wo?

❸ Welche weiteren Fragen habt ihr? Sammelt sie.

❹ Lest die drei kurzen Texte auf der rechten Seite. Welche Erklärungen werden hier zu der Frage „Warum rauscht das Meer in der Muschel?" gegeben?

### Warum rauscht das Meer in der Muschel? *Friederike Wilhelmi*

A  Die Muschel schirmt dein Ohr vor allen Geräuschen um dich herum ab. Ihr hohler Resonanzkörper verstärkt die Geräusche, die aus deinem Inneren kommen. Das Rauschen, das du hörst, ist die Zirkulation deines Blutes.

B  In der Muschel leben unzählige kleine Mikroorganismen (Bakterien, Pilze …). Die Trichterform der Muschel verstärkt die Geräusche der kleinen Lebewesen wie ein Megafon und dringt wie ein Rauschen an unser Ohr.

C  Muscheln haben durch ihre kalkhaltige Schale die Möglichkeit, Geräusche zu speichern. Da die meisten Muscheln jahrhundertelang auf dem Meeresgrund ruhten, bevor sie an Land gespült wurden, hören wir in ihnen tatsächlich das abgespeicherte Rauschen des Meeres.

### In diesem Kapitel …

- beschäftigst du dich mit interessanten Fragen und Problemen des Alltags genauer.
- kannst du dein Wissen durch das Lesen von Texten erweitern.
- untersuchst du Sachtexte, die Fragen und Probleme behandeln.
- lernst du Strategien zum Lesen und Verstehen von Sachtexten kennen.

# Strategie: Sich einen Überblick verschaffen

## Woher kommt das Meeresrauschen in Muscheln?

**Text 1:**

Das Rauschen, das du in der Muschel hörst, entsteht durch die sogenannte Eigenfrequenz der Muschel. Jeder Hohlkörper hat so eine Eigenfrequenz. Vielleicht hast du es selbst schon einmal bemerkt. Wenn du in einem Raum singst, in dem ein Musikinstrument steht, zum Beispiel eine Gitarre, kannst
5 du diesem Instrument bei einer ganz bestimmten Tonhöhe einen Ton entlocken, als würde es mitsingen. Dann hast du die Eigenfrequenz des Instruments erwischt. Mit deinem Gesang bringst du die Luft im Raum zum Schwingen (es entstehen sogenannte Schallwellen) und die Luft bringt dann wiederum die Luft im Instrument zum Schwingen – allerdings nur, wenn
10 du auch die bestimmte Tonhöhe (Eigenfrequenz) erreichst.

   Und genau das passiert in der Muschel. Sämtliche Geräusche bzw. Schallwellen, besonders die, die das Pulsieren deines eigenen Blutes verursacht, bringen die Luft in der Muschel zum Schwingen. Das Resultat ist ein für uns wahrnehmbares Rauschen, das an Meeresbrausen erinnert.

**Text 2:**

Erst einmal sind es genau genommen gar keine Muscheln, die wir uns da ans Ohr halten, sondern Schnecken, wissenschaftlich korrekt „Gastropoden" genannt. Das Alter der Schnecken hat [...] keinen Einfluss auf die Töne, die wir hören, sondern allein der Aufbau der Schnecken und damit der Resonanz-
5 körper. Doch was hören wir da genau?

   Eine bekannte Interpretation, die sich hartnäckig hält, ist die vom Blutrauschen. Danach wird das durch unser Ohr strömende Blut durch den Resonanzkörper der Schnecke für uns hörbar. Als Beweis dafür wird angeführt, dass das Geräusch auch bei jedem anderen Hohlkörper zu hören ist,
10 den wir uns ans Ohr halten. Die Schlussfolgerung daraus scheint logisch: Das Geräusch muss von uns kommen und hat mit dem, was wir uns ans Ohr halten, nichts zu tun. Doch leider ist diese Erklärung falsch.

   Es sind zwar nicht Geräusche aus der Schnecke, die wir hören, aber die Geräusche kommen auch nicht aus dem Ohr oder von uns. Vielmehr sind es
15 die Außengeräusche, die durch den besonderen Bau der Muschel akustisch[1] verstärkt werden. Überprüfen lässt sich diese These übrigens ganz einfach: Hält man eine Schnecke ganz, ganz dicht ans Ohr, sodass so gut wie keine Außengeräusche eindringen können, dann hört man auch nichts mehr.

---

[1] akustisch: den Schall, Klang betreffend

❶ Überfliege Text 1 und Text 2 auf Seite 176. Welche Aussage (A oder B) gibt die Antwort des jeweiligen Textes richtig wieder?
Tipps & Hilfen (→ S. 302)

Text 1:  A  Das Pulsieren des Blutes bringt die Luft in der Muschel zum Schwingen. Dies hört sich wie Meeresrauschen an.
B  Muscheln speichern das Geräusch des Meeres.

Text 2:  A  In der Muschel hört man das Geräusch des eigenen Blutes.
B  Man hört Außengeräusche, die durch die Muschel verstärkt werden.

❷ a) Erkläre mithilfe der Informationen aus Text 1:
– Was versteht man unter Eigenfrequenz eines Hohlkörpers?
b) Erläutere mithilfe von Text 2:
– Was ist ein Resonanzkörper?

❸ a) Überfliege den folgenden Text und beantworte anschließend die Fragen:
– Welche beiden Funktionen hat die winzige Kugel im Kugelschreiber?
– Warum funktionieren Kugelschreiber in Raumstationen nicht?
b) Fasse in eigenen Worten zusammen, wie ein Kugelschreiber funktioniert.

### Wie funktioniert ein Kugelschreiber?  *Rainer Köthe*

Es waren zwei Ungarn, Ladislaus und Georg Biro, die 1938 das heute meistverwendete Tintenschreibgerät erfanden: den Kugelschreiber. Er setzte sich rasch durch, denn er ist viel einfacher zu bedienen als ein Füllfederhalter.
Der geniale Trick im Kugelschreiber ist die winzige Kugel, die man fast
5 nur mit einer Lupe erkennen kann. Sie besteht aus sehr hartem Wolfram-Metall, sitzt drehbar gelagert vorn an der Spitze der tintengefüllten Mine und hat zwei Funktionen: Erstens sperrt sie die Mine ab und verhindert Ausfließen und Austrocknen der Tinte. Und zweitens verteilt sie beim Schreiben die Tinte aufs Papier. Das geschieht, weil sich die Kugel beim
10 Schreiben dreht. Dabei nimmt sie ständig an der Innenseite eine dünne Schicht Tinte an, bringt sie beim Drehen nach außen und überträgt sie aufs Papier. Damit das gut funktioniert, ist Kugelschreibertinte sehr dickflüssig und trocknet an der Luft sehr rasch. Allerdings braucht ein Kugelschreiber die Schwerkraft, die immer wieder Tinte zur Kugel fließen lässt – kopfüber
15 schreibt das Gerät auf Dauer nicht.

❹ Wenn man Fragen an Texte hat, dann kann man die Texte sehr viel schneller lesen. Stimmt das? Begründe deine Meinung.

# Strategie: Informationen markieren

## Warum ist die Banane krumm?

**Text 1:**
Kleine Kinder haben auf diese Frage schnell eine Antwort parat: „… weil niemand in den Dschungel zog und die Banane grade bog." Die Antwort stillt zwar unseren Humor-Hunger, aber leider nicht unseren Wissens-Durst. Dazu müssen wir uns schon auf das weite Feld der Pflanzenkunde begeben. Dort erfahren wir, dass die Bananenpflanze ihre Fruchtstände unter großen schützenden Hüllblättern ausbildet. Zu Beginn wachsen die Bananen noch nach unten, einfach der Schwerkraft folgend. Wenn aber nach einiger Zeit die Schutzblätter abfallen, aktiviert die Pflanze ein spezielles Hormon, das bei den kleinen, noch unreifen Bananen bewirkt, dass diese nun dem Licht – und nicht mehr der Erde – entgegenwachsen. Dabei muss sich die Frucht ordentlich nach oben biegen.

**Text 2:**
Unbemerkt von der Öffentlichkeit hat die Wissenschaft eine der größten Fragen der Menschheitsgeschichte beantwortet. Die erste Antwort kam allerdings aus der ehemaligen DDR[1]. Dort konnte man vor dem Fall der Mauer nur selten Bananen kaufen. Die Banane wurde krumm, so erzählt es der Witz […], weil sie ständig einen großen Bogen um die DDR machen musste.

Pflanzenforscher halten dies natürlich für baren Unsinn. Ihrer Meinung nach ist die Banane krumm, weil sie krumm wächst.

Bananen gehören zu den Staudengewächsen. Die Früchte dieser Staude hängen nicht wie Kirschen, Äpfel oder Orangen nach unten. Sie liegen auch nicht wie Gurken, Kürbisse oder Zucchini auf dem Boden. Bananen wachsen vielmehr im rechten Winkel aus der Staude – so, als ob sie den Menschen mit ihrer Spitze ansähen.

Je länger und größer die Bananen jedoch werden, desto stärker bewegen sich ihre Spitzen zum Boden hin. Dabei werden die Bananen krumm.

Das ist eine Naturerscheinung. Pflanzen wachsen entweder zum Licht oder zum Boden. […] Nur in einem Punkt sind sich die Wissenschaftler noch uneins: Krümmen Bananen sich nun wegen der Schwerkraft nach unten, oder ist die Krümmung nach Zehntausenden von Bananengenerationen bereits in der Erbanlage der gelben Frucht verankert?

Das Rätsel der krummen Banane ist also noch nicht völlig gelöst.

1 DDR: Deutsche Demokratische Republik (1949–1990)

❶ Überfliege beide Texte. Welche Antworten auf die Frage „Warum ist die Banane krumm?" geben sie?
Fasse kurz zusammen.

❷ Untersuche die Texte genauer:
Lege eine Folie über die Texte oder arbeite mit einer Kopie. Markiere in zwei verschiedenen Farben alle Informationen zu den folgenden Fragen:
– Grün: Wo befinden sich die Früchte der Bananenpflanze?
– Rot: Wie krümmt sich die Banane?

❸ Vergleiche die Informationen aus beiden Texten. Notiere dazu Stichpunkte in einer Tabelle wie im Beispiel.

|  | Text 1 | Text 2 |
|---|---|---|
| Wo befinden sich die Früchte der Bananenpflanze? | *Früchte werden am Anfang durch Blätter eingehüllt …* | *Früchte wachsen …* |
| Wie krümmt sich die Banane? | … | … |

❹ Überprüfe anhand der beiden Bilder, welche Informationen aus den Texten zutreffen.
Tipps & Hilfen (→ S. 302)

# Strategie: Einen Text durch Fragen gliedern

**Warum kann ich nicht richtig schmecken, wenn ich mir die Nase zuhalte?** *Guy Campbell*

Bei unserer Geburt haben wir etwa 10 000 Geschmacksknospen im Mund. Die meisten von ihnen befinden sich auf der Zunge. Sie können süßen, herzhaften, sauren, bitteren und salzigen Geschmack identifizieren. Jede dieser Geschmacksknospen in der Zunge enthält sehr empfindliche, mikro-
5 skopisch kleine, haarfeine Fäden. Sie untersuchen genau, was man isst, und senden entsprechende Nachrichten an das Gehirn. Das kann lebenswichtig sein, wenn sie einen auf verdorbene oder vergiftete Nahrung hinweisen, bevor man sie herunterschluckt.

Um aber Speisen zu identifizieren, deren Geschmack besonders viel-
10 schichtig ist, wie bei Nüssen, Rosinenschokolade oder Pizza Peperoni, braucht der Körper mehr Informationen, als die Fäden in der Zunge bereitstellen können. Hier kommt unsere Nase ins Spiel: Wenn du eine Thunfischpizza mit Käse und Tomaten isst, riechst du nämlich genauso viel, wie du schmeckst.

15 Dabei ist es gar nicht die Nase allein, die dir Informationen zum Geschmack liefert. Auch in deinem Rachen und sogar auf deinen Augen sitzen Rezeptoren, die für dich Informationen sammeln. Das glaubst du nicht? Kleiner Tipp: Schäl einmal eine Zwiebel und schau, wie schnell deine Augen anfangen zu tränen!

20 Wenn du dir die Nase zuhältst, verhinderst du die Luftzufuhr zu einigen dieser Rezeptoren. Die Luft transportiert all die Geschmacksinformationen, aus denen sich die komplizierte Beschreibung dessen zusammensetzt, was du gerade isst. Auf diese Weise ist das „Essensbild", das so entsteht, recht undeutlich. Mit zugehaltener Nase kannst du vielleicht noch sagen, ob
25 etwas bitter, süß, herzhaft, salzig oder sauer ist. Darüber hinausgehende Informationen werden nicht an dein Gehirn gelangen. Kneif dir einmal die Nase zu und versuch dann, den Geschmacksunterschied zwischen einem Apfel und einer Birne zu beschreiben. Du wirst dich äußerst schwertun! Und die tolle Thunfischpizza mit Käse und Tomaten wird schmecken wie
30 eine warme, weiche Fußmatte!

**❶** Formuliere zu jedem Absatz eine Frage, die in diesem Absatz beantwortet wird.
Tipps & Hilfen (→ S. 302)

**❷** Gib den Inhalt des Textes mithilfe deiner Fragen wieder.

# Strategie: Schwierige Begriffe klären

## Ricos Erklärungen  *Andreas Steinhöfel*

**Lot:** Ein Metallding an einem Faden, mit dem man rauskriegen kann, ob irgendetwas gerade ist. Zum Beispiel eine Mauer. Es muss aber hängen. Wenn es liegt, funktioniert es nicht. Die Mauer ist also höchstens von oben nach unten oder umgekehrt gerade, aber nicht von vorn bis hinten bzw. rückwärts.

**Visier:** Ein Durchguckding. Ich habe Berts danach gefragt, der fährt ein Motorrad.

**Display:** Ein Leuchtdings, das alle möglichen Sachen anzeigt, zum Beispiel Telefonnummern oder den Preis an der Kasse im Supermarkt oder den Filmtitel im DVD-Spieler. Es ist ein komisches englisches Wort und ich weiß echt nicht, warum alle es benutzen. Man könnte schließlich genauso gut Leuchtdings sagen.

## Lexikonartikel

**Lot** [das]:
1. *Bauwesen: Senklot, Senkblei,* eine Schnur mit daran befestigtem Gewicht, Hilfsgerät des Bauhandwerkers zum Messen u. Prüfen des senkrechten (lotrechten) Verlaufs einer Kante.
2. *Geometrie:* die von einem Punkt gezogene Gerade, die auf einer zweiten Geraden oder einer Ebene senkrecht steht.

❶ Beim Lesen eines Sachtextes stellst du manchmal fest, dass du nicht alle Wörter verstehst. Rico, der Held eines Romans von Andreas Steinhöfel, erschließt sich die Bedeutung unbekannter Wörter oft aus dem Zusammenhang und erklärt sie auf ganz eigene Weise. Vergleiche Ricos Erklärung des Begriffs „Lot" mit dem Lexikonartikel.
Tipps & Hilfen (→ S. 302)

❷ Welche Erklärung ist verständlicher? Begründe deine Meinung.

❸ Überarbeite Ricos Erklärung zu „Display" mithilfe eines Lexikons.
Formuliere deine Erklärung so, dass sie für Kinder gut verständlich ist.
Tipps & Hilfen (→ S. 303)

❹ Erkläre mithilfe der letzten beiden Absätze des Textes auf Seite 180, was man unter „Rezeptoren" versteht.

# Strategie: Inhalte wiedergeben

### Warum tränen die Augen, wenn man Zwiebeln schneidet?
*Joachim Hecker*

Die Küchenzwiebel stammt aus dem Gebiet des heutigen Afghanistan und wird seit über 5000 Jahren als Gemüse gegessen und als Gewürz- und Heilpflanze verwendet. Sie ist mit Porree, Schnittlauch und Knoblauch verwandt
5 und gehört zu den Lauchgewächsen. In der Küche wird überwiegend die Zwiebel selbst verwendet, ihre Laubblätter und die langen grünlich weißen Blüten werden kaum beachtet.

Solange die Zwiebel auf dem Küchenbrett vor einem liegt, breitet sich
10 lediglich ein leichter Zwiebelgeruch aus. Auch wenn die äußere braune, trockene Schale vorsichtig mit dem Messer abgezogen wird, ist noch alles in Ordnung. Aber sobald ihr mit dem Messer die Zwiebel halbiert und sie in Ringe oder Würfel schneidet, tritt der Saft aus der Zwiebel aus. Und kurz darauf steigen einem auch schon die Tränen in die Augen. Der Grund hier-
15 für ist ein gasförmiger Stoff, der sich erst bildet, wenn die Zwiebel angeschnitten wird. Dieses Gas ist für die Zwiebel wichtig, denn es gehört zu dem ausgeklügelten Abwehrsystem der Pflanze gegen Fressfeinde.

Zwiebeln bestehen, wie alle Pflanzen, aus vielen kleinen Bausteinen, den Zellen. Jede Zelle grenzt sich von der nächsten durch eine Zellwand ab.
20 Wenn die Zwiebel klein geschnitten wird, zerstört das Messer die Zellwände und der Zwiebelsaft kann austreten. Das Besondere hieran ist, dass jetzt Stoffe miteinander in Berührung kommen, die vorher durch die Zellwand getrennt waren. In der äußeren Zellschicht ist ein geruchloser Stoff, das Alliin, eingeschlossen, das Schwefel enthält. Im Zellinneren gibt es eine
25 Substanz[1], die Alliinase heißt und wie eine chemische Schere arbeitet. Wenn diese beiden Stoffe aufeinandertreffen, spaltet die Alliinase das Alliin so, dass es an der Luft als Gas aufsteigt. Dieser Stoff reizt die Augenschleimhäute sehr stark, und die Tränendrüsen setzen die Tränenflüssigkeit frei, um die reizenden Stoffe wegzuschwemmen.

30 Und genau dieser Tränen auslösende Stoff ist eine geniale Waffe gegen Fressfeinde. Wenn Mäuse oder Ratten in die Zwiebel beißen, merken sie sehr schnell, wie unangenehm das für sie wird, und lassen alle anderen Zwiebeln in der Nachbarschaft unberührt. Dies wiederum nutzen manchmal sogar die Gärtner aus. Sie setzen Zwiebeln und Knoblauch, der den

1 die Substanz: Stoff

35 gleichen Abwehrtrick hat, zwischen Blumenreihen und hoffen, so die Mäuse zu vertreiben.

Wenn ihr also demnächst in der Küche steht und Zwiebeln schneidet, wisst ihr, was für eine trickreiche Pflanze ihr vor euch habt. Da das aber natürlich auch nicht vor tränenden Augen bewahrt, sind hier die besten 40 Zwiebelschneidetricks für euch aufgelistet:
- Schneidet die Zwiebel unter fließendem Wasser. Dann wird der schleimhautreizende Stoff sofort weggespült.
- Benutzt ein scharfes Messer. Dann werden die Zellwände wirklich zerschnitten. Ein stumpfes Messer zerdrückt die Zellwände und es 45 kann mehr Saft austreten.
- Manche Menschen behalten einen Schluck Wasser im Mund, während sie die Zwiebel zerkleinern.
- Setzt eine große Sonnen- oder Schwimmbrille auf.

Die Stoffe aus der Zwiebel wirken auch gut gegen einige Bakterien. Das ist 50 schon lange bekannt und wird seit vielen Jahren als Hausmittel genutzt. Bei Ohrenschmerzen verwendet man ein Zwiebelsäckchen. Hierzu wird eine Zwiebel klein geschnitten und in ein Tuch eingewickelt. Die Zwiebelstücke werden zu Brei gestampft, damit möglichst viel Saft austritt. Das Tuch wird mit dem Zwiebelbrei auf das schmerzende Ohr gelegt und mit einem Schal 55 befestigt. Dadurch bleibt das Ohr schön warm und das Zwiebelsäckchen besonders wirkungsvoll.

❶ Formuliere zu jedem Absatz eine Frage, die darin beantwortet wird.
Tipps & Hilfen (→ S. 303)

❷ In welchem Absatz wird erklärt, warum die Augen tränen? Schreibe den Ablauf als Liste auf.
1. *Das Messer zerschneidet die Zellwand.*
2. ...
Tipps & Hilfen (→ S. 303)

❸ Auch im Text findest du eine Liste. Sie ist aber nicht nummeriert. Erkläre, warum.

❹ a) An welchen Textstellen findest du Antworten auf folgende Fragen? Nenne Zeilenangaben.
  A Wofür kann die Zwiebel verwendet werden?
  B Was ist eine Zwiebel?
  C Wie kann man Tränen beim Zwiebelschneiden vermeiden?
b) Beantworte die Fragen in Stichpunkten.
Tipps & Hilfen (→ S. 303)

❺ Notiere weitere Fragen, die der Text beantwortet, und gib die Textstellen an.

Gewusst wie

# Einen Kurzvortrag halten

## Fragen stellen und Ideen sammeln

❶ Über welches Thema möchtest du einen Kurzvortrag halten? Formuliere Fragen dazu.
Am Anfang eines Kurzvortrags steht eine **Frage**, die du für deine Mitschüler/-innen klären willst, bzw. ein **Thema**, über das du sie informieren willst, z. B.:
– *Warum kann ich nicht richtig schmecken, wenn ich mir die Nase zuhalte?*
– *Warum tränen die Augen, wenn man Zwiebeln schneidet?*

❷ Sammle in einem Brainstorming alle Begriffe, Fragen und Informationen zum Thema deines Vortrags. Dafür kannst du z. B. einen Cluster nutzen.

> **Info   Einen Cluster anlegen**
>
> Ein **Cluster** hilft dir, **Ideen** zu einem bestimmten Thema zu **sammeln**.
> – Schreibe das Thema in die Mitte eines Blattes.
> – Notiere anschließend wichtige Ideen, Merkmale, Fragen zum Thema und verbinde sie mit dem Thema in der Mitte des Blattes.
>
> *Katze als Haustier* — *kuschelig?*, *Kosten?*, *junge oder ältere Katze kaufen?*, *…*

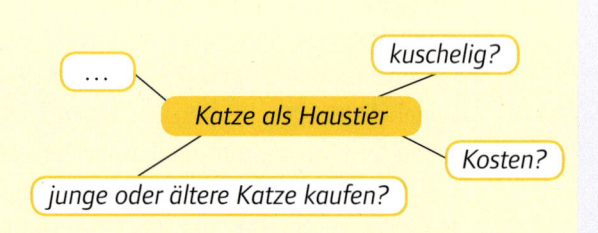

## Informationen beschaffen und ordnen

❶ Besprecht, welche Vor- und Nachteile die im Info-Kasten genannten Informationsquellen haben.

> **Info   Informationen beschaffen**
>
> Nutze mehrere **Informationsquellen**:
> – **Menschen:** Frage Eltern, Bekannte oder Freunde, die Ahnung von deinem Thema haben.
> – **Bücher und Zeitschriften:** In deiner Stadt- oder Schulbibliothek findest du Fachbücher, Lexika und Zeitschriften, die dir weiterhelfen.
> – **Internet:** Im Internet helfen dir Suchmaschinen dabei, Informationen zu finden. Hier musst du passende Suchbegriffe eingeben, z. B.:
> *Katze Haustier* zum Thema „Eine Katze als Haustier halten".
> Die Suchmaschine liefert dir dann eine Liste von Internetseiten, die den Suchbegriff enthalten (→ Informationen im Internet recherchieren, S. 202).

Gewusst wie

❷ Nachdem du die Informationen gesammelt hast, musst du sie ordnen. Dafür kannst du z. B. eine Mindmap oder eine Tabelle anlegen.
a) Beschreibe den Aufbau der Tabelle und der Mindmap im Info-Kasten.
b) Welche Fragen/Punkte fehlen hier noch, die du wichtig findest? Übertrage die Mindmap oder die Tabelle in dein Heft und ergänze sie.

### Info — Informationen ordnen

**Eine Mindmap (Gedankenlandkarte) anlegen:**
Mit einer **Mindmap** kannst du deine Ideen ordnen und ein Sachgebiet übersichtlich darstellen. Dabei helfen dir **Ober- und Unterbegriffe**:
Schreibe in die Mitte den **zentralen Begriff** oder deine **zentrale Frage**. Ergänze, davon ausgehend, **Schlüsselbegriffe** oder weitere wichtige Fragen zum Thema.
Ordne den Schlüsselbegriffen/Fragen weitere Fragen und **passende Unterbegriffe** zu.

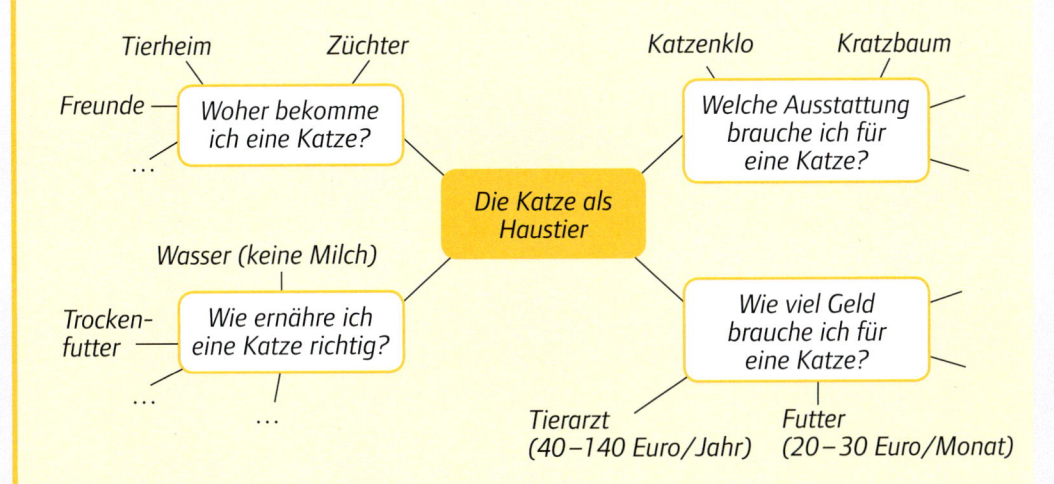

Tierheim   Züchter          Katzenklo   Kratzbaum
Freunde — *Woher bekomme ich eine Katze?*          *Welche Ausstattung brauche ich für eine Katze?*
…
                    *Die Katze als Haustier*
Wasser (keine Milch)                    *Wie viel Geld brauche ich für eine Katze?*
Trocken-  *Wie ernähre ich eine Katze richtig?*
futter
…        …              Tierarzt         Futter
                         (40–140 Euro/Jahr)  (20–30 Euro/Monat)

*Die Katze als Haustier*

| Erwerb | Ausstattung | Ernährung | Kosten |
|---|---|---|---|
| – Tierheim | – Katzenklo | – Wasser (keine Milch!) | – Futter (20–30 Euro/Monat) |
| – Züchter | – Kratzbaum | | |
| – … | – … | – … | – … |

## Gewusst wie

## Den Vortrag vorbereiten

**1** Wähle aus deiner Mindmap Unterthemen aus, über die du informieren willst, und lege Vortragskarten an. Notiere auf jeder Vortragskarte eine Frage oder einen Oberbegriff und dazu wenige Stichpunkte.

> Wie ernähre ich eine Katze richtig?
> – spezielles Katzenfutter: artgerechte Mischung (Fleisch, aber auch kleine Mengen von Gemüse)
> – Wahl zwischen feuchtem und trockenem Futter (Unterschied: ...)
> – keine pure Milch geben
> – ...

Oder:

> Ernährung
> – Katzenfutter: artgerecht ⟶ vor allem Fleisch
> – M~~il~~ch
> – ...

**2** a) Informiere dich im Info-Kasten über den Aufbau eines Vortrags. Erstelle eine Gliederung.
b) Ordne deine Vortragskarten entsprechend der Gliederung.

---

**Info**    **Einen Vortrag gliedern**

Ein guter Kurzvortrag ist in **Einleitung, Hauptteil** und **Schluss** gegliedert:
– **Einleitung:** Formuliere das Thema des Vortrags. Erkläre, warum die Frage interessant für die Zuhörer/-innen ist.
– **Hauptteil:** Präsentiere die einzelnen Informationen in einer sinnvollen Reihenfolge.
– **Schluss:** Fasse das Wichtigste zusammen. Formuliere eine eigene Meinung zum Thema oder eine Empfehlung.

Deine Zuhörer/-innen können deinem Vortrag leichter folgen, wenn sie die Gliederung vor Augen haben. Hierfür kannst du die Gliederung an die **Tafel** schreiben, z. B.:

| Wie hält man eine Katze? | Eine Katze halten |
|---|---|
| 1. Einleitung | 1. Einleitung |
| 2. Wie/Wo bekomme ich eine Katze? | 2. Erwerb der Katze |
| 3. Welche Ausstattung brauche ich? | 3. Ausstattung |
| 4. ... | 4. ... |

# Ein Informationsplakat gestalten

**❶** Betrachtet das folgende Plakat. Was findet ihr gelungen? Was sollte verbessert werden? Sammelt Plus- und Minuspunkte.

---

**Woher bekomme ich meine Katze?**

Anbieter von Katzen:
- Tierheim
- Züchter
- private Haltung

**Welche Katze passt zu mir?**
- **Katze** oder **Kater**?
- **Rassekatze** oder **Hauskatze**?
- **Lang-** oder **Kurzhaar**?

**Unterbringung und Ausstattung**
- Näpfe für Futter und Wasser
- Kratzbaum, denn die Katze ist immer noch ein Wildtier
- Katzentoilette und Einstreu
- Spielzeug

### Katze als Haustier

**Gesunde Ernährung**
Fertignahrung besitzt heute eine hohe Qualität und ist zu empfehlen – besteht aus Rohfleisch, Fisch und Gemüse

**Die Katze ist zu Hause:**

Tipps zur Eingewöhnung
- der Katze **auf Augenhöhe** begegnen
- **leise** sprechen und ruhige, **langsame** Bewegungen
- die Katze **nicht aus dem Schlaf oder Schlummer reißen** (Katzen schlafen 16 oder 20 Stunden am Tag)
- **warme Plätze** für die Katze bieten
- anfangs **kein Parfüm** benutzen
- **leckeres Essen** anbieten (Handfütterung nur in Ausnahmefällen)

Wichtige Fütterungsregeln:
- **pünktliche** Essenszeit
- **ruhiger Standort**, getrennt von der Wasserschale
- **keine Störungen** beim Essen
- **nur Katzenfutter** (handwarm servieren)
- **sparsam mit Leckerbissen** sein

---

**❷** Entwirf ein Plakat zu deinem Vortragsthema. Die Tipps im Info-Kasten helfen dir dabei.

> **Info    Ein Informationsplakat gestalten**
>
> Deine Zuhörer/-innen können die Informationen leichter verstehen, wenn sie sie nicht nur hören, sondern auch sehen.
>
> Überlege, wie du dein Plakat aufteilen willst:
> – Wo soll das **Thema** stehen, z. B. oben oder in der Mitte?
> – Wie viele **Unterthemen** möchtest du auf dem Plakat darstellen?
> – An welchen Stellen möchtest du das Thema durch **Bilder**, **Zeichnungen** oder **Grafiken** veranschaulichen?
>
> – **Ordne die Informationen** zu deinem Thema **nach Unterthemen**, z. B.:
>   – *Haltung einer Katze*
>   – *Ernährung einer Katze*
>   – …
> – **Formuliere Stichpunkte oder kurze Texte.** Schreibe gut lesbar.
>   Tipp: Schreibe deine Standpunkte oder Texte auf einzelne Zettel, die du anschließend auf das Plakat aufklebst. So kannst du erst einmal ausprobieren, wie das Plakat aussieht.
> – **Suche Bilder oder Grafiken**, mit denen du dein Thema veranschaulichen kannst, und ordne sie den Texten zu.

# Zum Schmökern, Schauen, Weiterdenken

## Warum laufen Athleten im Stadion immer gegen den Uhrzeigersinn? *Martin Borré / Thomas Reintjes*

Die Frage lässt sich einfach beantworten: weil es so in den Regeln steht. Für Kurz-, Mittel- und Langstreckenläufer aller Disziplinen gelten die Vorschriften des Internationalen Leichtathletikverbands IAAF. Da heißt es in Regel 163.1: "The direction of running shall be left-hand inside." Oder auf
5  Deutsch: „Der Innenraum muss in Laufrichtung links liegen."

Eine Begründung für die seit 1912 gültige Richtungsentscheidung liefert die IAAF allerdings nicht, weshalb Spekulationen[1] Tür und Tor geöffnet sind. Viele vermuten hinter der Anweisung eine historische Verbindung zum Linksverkehr der Briten, andere glauben, dass die linksorientierte
10  Laufrichtung der menschlichen Anatomie[2] entgegenkommt.

Das Herz, so die Anhänger der letztgenannten These, liege schlicht auf der linken Körperseite, weshalb es dem Menschen leichter falle, den Körper nach links zu wenden. Dieser vermeintliche „Linkssinn" hat aber wohl mehr mit der Gewöhnung an bestimmte Bewegungsmuster zu tun.

15  Plausibler[3], wenn auch genauso unbestätigt, ist der vermutete Zusammenhang mit der sogenannten Händigkeit. Nur etwa jeder Zehnte bevorzugt seine linken Gliedmaßen, um zu schreiben, einen Ball zu werfen oder sich bei einem Sprung abzudrücken. Eine Studie[4] mit 2000 Soldaten hat

---

1 die Spekulation: auf bloßer Vermutung beruhende Behauptung
2 die Anatomie: Aufbau des Körpers
3 plausibel: einleuchtend, verständlich
4 die Studie: wissenschaftliche Untersuchung

gezeigt, dass die stark genutzten rechten Gliedmaßen meist sogar etwas länger und kräftiger sind als die linken. Bei den hohen Laufgeschwindigkeiten von fast 38 km/h könnte vor allem das kräftige rechte Bein den auftretenden Fliehkräften[5] bei der Laufrichtung gegen den Uhrzeigersinn besser entgegenwirken – es drückt den Läufer zurück in die Kurve. Auch ein starker rechter Armschwung hilft, nicht aus der Bahn geworfen zu werden.

Gut zu beobachten ist dies bei Eisschnellläufern, die ihre Wettkämpfe, genau wie Bahnradsportler und Rennpferde, ebenfalls stets linksdrehend austragen. Ob derartige Erkenntnisse 1912 bei der Entscheidung der Funktionäre[6] eine Rolle gespielt haben, ist allerdings ungewiss.

Bleibt noch die „Linksverkehrtheorie": Die Briten wollen neben dem Fußball auch den Lauf- und Pferdesport in seiner heutigen Form erfunden haben. So starteten die ersten Pferderennen auf der Insel wegen Galoppbahnmangels noch auf öffentlichen Straßenrundkursen. Weil die Wagenlenker schon damals rechts auf dem Bock saßen, blieb man der besseren Einsicht wegen bei Strecken mit Linkskurven. Als dann die Mittel- und Langstreckenläufer ebenfalls auf die Idee kamen, im Oval[7] zu rennen, taten sie dies zuerst auf den Pferdebahnen. Die Laufrichtung übernahmen sie dann in ihre Laufstadien.

Es gibt aber auch Hinweise, dass durchaus in beide Richtungen gelaufen wurde. Denn auf Naturbahnen spielt der Geländeverlauf eine wichtige Rolle. Sollte eine Zielgerade beispielsweise nicht bergan führen, könnte dies einen Richtungswechsel nötig gemacht haben. Auch in der Formel 1[8] gibt es sowohl rechts- als auch linksgeführte Strecken – je nach landschaftlicher Gegebenheit.

Wirklich gesichert ist keine dieser Begründungen. Eine allerdings ist noch übrig, die alle anderen Erklärungsversuche überflüssig macht: So sollen die Herren von der IAAF die Wahl der Laufrichtung ganz ohne Rücksicht auf Sportlerkörper oder Traditionen getroffen haben – indem sie einfach das Los entscheiden ließen.

5 die Fliehkraft: Schwungkraft, nach außen gerichtete Kraft
6 der Funktionär: Führungsperson bzw. Entscheidungsträger (hier in einem Sportverband)
7 das Oval: hier: die ovale/eiförmige Sportarena
8 die Formel 1: hier: Serie von Autorennen mit bestimmten Rennwagen

**❶** Fasse die im Text genannten Erklärungsversuche jeweils in einem Satz zusammen. Welche Erklärung überzeugt dich am ehesten? Begründe.

**❷** Wähle einen der Erklärungsversuche aus und vertritt ihn gegenüber deiner Klasse.

**❸** Erfinde eine eigene Begründung und formuliere sie möglichst glaubwürdig.

## Können Pferde wirklich nicht kotzen?
*Martin Borré / Thomas Reintjes*

Pferdemägen verkraften nicht alles an Nahrung, und wenn ihnen etwas nicht bekommt, haben sie ein echtes Problem: Ist einem Pferd übel, kann es den verdorbenen Fraß tatsächlich nicht wieder auf direktem Weg nach draußen befördern. Kehlkopf und Speiseröhre sind dafür nicht konstruiert,
5 Pferde kennen keinen Würgereflex und können die Schluckbewegung nicht umkehren.

Dennoch ist es nicht völlig ausgeschlossen, dass sie ihren Magen wieder über die Speiseröhre entleeren. Der Ausspruch „Ich habe schon Pferde kotzen sehen" hat also seine Gültigkeit – für ein sehr unwahrscheinliches,
10 aber nicht unmögliches Ereignis.

Denn es ist tatsächlich sehr selten, dass Pferde sich übergeben. Und dann ist es kein richtiges Würgen, sondern eher ein „Herauslaufen" von Verdauungssäften. Die Ursache ist niemals Übelkeit, sondern eher mechanischer Natur: meistens eine Schlundverstopfung durch einen zu wenig
15 zerkauten Apfel oder Ähnliches. Dadurch wird die Speichelproduktion stark angeregt; schon im Normalfall produziert ein Pferd mehrere Liter Speichel am Tag. Bei verstopfter Speiseröhre läuft dann die Flüssigkeit durch Maul und Nase einfach wieder heraus.

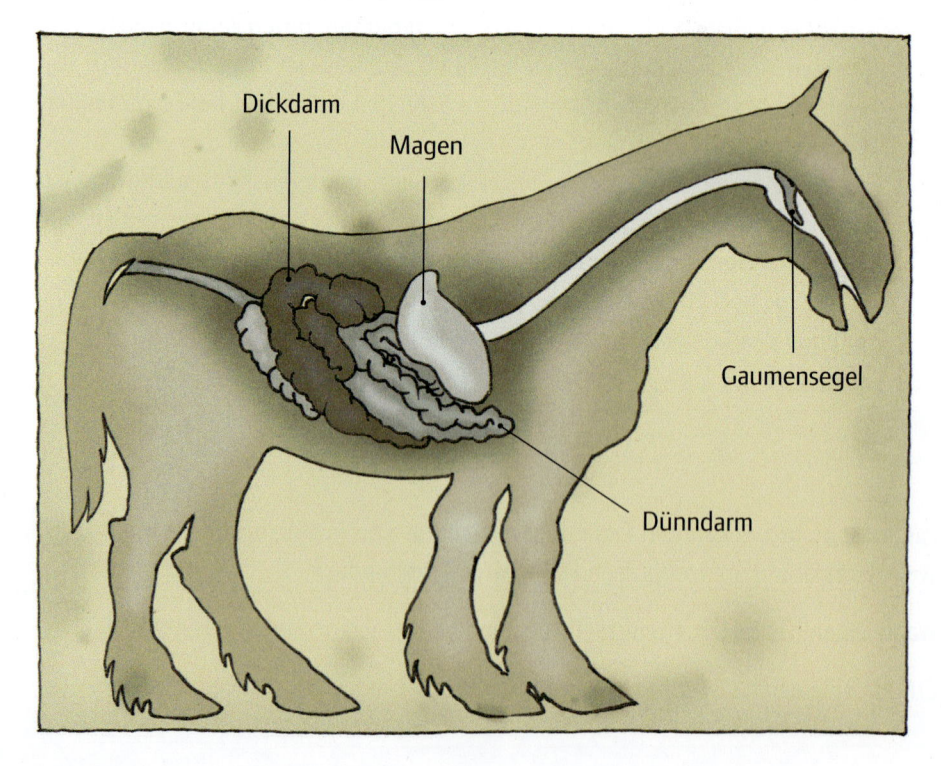

Ähnliches kann passieren, wenn der Magen überladen ist. Ursache können beispielsweise ungeeignete und quellende Futtermittel sein, denn der Pferdemagen ist mit 10 bis 20 Litern verhältnismäßig klein und lässt sich nur wenig dehnen. Lebensbedrohlich wird es, wenn sich der Magen des Tieres immer weiter mit Verdauungssäften anfüllt, weil der Darm an einer Stelle abgeklemmt oder eingeschnürt ist. Allein der Dünndarm eines Pferdes ist etwa 30 Meter lang und kann sich verknoten oder von anderen Organen eingeklemmt werden. Wenn der Hinterausgang also derartig verstopft ist, müssen Nahrung und Verdauungssäfte zwangsläufig den Rückwärtsgang einlegen. Das Pferd übergibt sich – wegen seines großen Gaumensegels allerdings nicht durch das Maul, sondern durch die Nüstern.

Ähnliche Probleme haben übrigens Ratten. Dabei könnte das Erbrechen lebensrettend sein: Ohne diese Fähigkeit können sich Ratten nicht dagegen wehren, dass der Körper einmal gefressenes Rattengift aufnimmt. Wenn Sie also das nächste Mal unterstreichen wollen, dass etwas sehr unwahrscheinlich ist, sagen Sie besser: „Ich habe schon Ratten kotzen sehen."

**1** Welche Informationen aus dem Text findest du im Bild wieder? Nenne die Zeilenangaben der entsprechenden Textstellen.

**2** Beantworte die Frage, warum Pferde nicht kotzen können, möglichst knapp in eigenen Worten. Das Bild kannst du zur Veranschaulichung nutzen.

**3** „Man hat schon Pferde kotzen sehen."
a) Erkläre die Bedeutung dieser Redewendung.
b) Formuliere einen Satz (ohne Redewendung), der das Gleiche aussagt.

**4** Es gibt zahlreiche Redewendungen mit Pferden, z. B. „aufs falsche Pferd setzen" oder „das beste Pferd im Stall sein". Sammelt solche Redewendungen und erklärt sie euch gegenseitig.

---

**Info    Redewendungen**

Im Alltag verwenden viele Menschen Redewendungen, um eine Sache anschaulich auszudrücken.
Beispiele:
– *So werden wir nie auf einen grünen Zweig kommen*. (So werden wir nie Erfolg haben.)
– *Du wirst noch dein blaues Wunder erleben!* (Du wirst unangenehm überrascht werden.)
– *Ich werde das im Auge behalten*. (Ich werde das weiterverfolgen / weiter daran denken.)

Oft sind die Herkunft und die ursprüngliche Bedeutung dieser Ausdrücke nicht mehr bewusst. Hier kannst du zur Klärung durch eigene kleine Sachtexte beitragen. Beispiele findest du auf den nächsten Seiten. Weitere Redewendungen findest du auf Seite 249.

## Vom Pferd erzählen

Wenn Ottokar wieder mit einer seiner Geschichten daherkommt, winken seine Freunde nur noch müde ab: „Der kann uns lange was vom Pferd erzählen!" Das heißt, sie glauben seine Geschichten nicht mehr. Einst war es ein Grieche, der von Odysseus vor den Toren Trojas zurückgelassen worden war, um den Trojanern etwas „vom Pferd zu erzählen". Diese glaubten seine Lüge und holten das riesige Holzpferd – es sollte ein Opfergeschenk an die Göttin Athene sein, beherbergte in Wahrheit jedoch feindliche Krieger – nichts ahnend in die Stadt. Seitdem lässt man sich nicht mehr unbedarft vom Pferd erzählen.

## Da liegt der Hund begraben

Wenn jemand eine überraschende Erkenntnis hat, vielleicht auf etwas stößt, das verheimlicht wurde, so mag er erfreut ausrufen: „Ach, da liegt der Hund begraben!" Um unseren vierbeinigen Freund handelt es sich hier allerdings nicht. Früher war ein „alter Hund" eine alte Sache, auch ein alter Wertgegenstand, der eventuell irgendwo versteckt wurde. Das Wort „Hund" oder auch „die Hunde" wurde ein Synonym für einen Schatz, wobei auch der Name des Hüters mit dem Gehüteten vertauscht worden sein mag. Die Freude ist also verständlich, man könnte auch ausrufen: „Da liegt der Schatz begraben!"

① Lies zunächst nur die Überschriften der beiden Texte und formuliere eigene Erklärungen für die beiden Redewendungen.

② Lies die Texte und erkläre in eigenen Worten die Entstehung der beiden Redewendungen.

③ Erläutere, wie sich die Herkunft der Redewendungen von ihrem heutigen Gebrauch unterscheidet. Nenne Beispiele.

## Etwas im Schilde führen  *Lexikonartikel*

Etwas beabsichtigen, etwas vorhaben, was der andere nicht ahnt. Diese Redensart bezieht sich auf Wahlspruch und Abzeichen, die der Turnierritter auf seinem Schild führte und die, für die Zuschauer oft ein Rätsel, ihn nur eingeweihten Freunden kenntlich machten. Ursprünglich fehlte der
5 Wendung der Unterton des Hinterhältigen, Heimlichen und Bösen [...].
Am Wappenbild des Schildes konnte der Wächter einer Burg ablesen, was der nahende Reiter „im Schilde führte", ob er Freund oder Feind war. Die Redewendung wurde nun auf die Absicht, die der Ritter hegte, übertragen und erhielt immer mehr eine negative Bedeutung, vielleicht auch, weil der
10 Feind seine Waffen hinter dem Schild verstecken konnte.

## *Etwas im Schilde führen*  *Schülertext*

*Wappen waren im Mittelalter so etwas wie Nummernschilder. Auch heute kann man jemanden, der von Kopf bis Fuß in einer Rüstung steckt, nicht identifizieren. Im 12. Jahrhundert konnte man Kampfspiele nicht verfolgen, weil sie aus genau diesem Grund unübersichtlich waren. Deswegen hatten die Kämpfer farbige Symbole auf ihrem Schild. Wenn ein gewappneter Ritter auf eine Burg zuritt, führte er also nichts Gutes im Schilde. Gemeint ist damit, dass man schlechte Absichten hat!*

❶ Vergleiche die Aussagen der beiden Texte. Suche dazu im Lexikonartikel Passagen, die mit der Erklärung des Schülers übereinstimmen.

❷ Formuliere zu einer der folgenden Redewendungen eine eigene Erklärung. Ihr könnt in der Klasse auch ein Redewendungen-Memory gestalten.

schlafen wie ein Murmeltier
ins Fettnäpfchen treten
Feuer und Flamme sein
seinen Senf dazugeben
die Klappe halten
etwas ausbaden
eine Leiche im Keller haben
Schwein haben
Schmiere stehen
aus dem Schneider sein
alles ist in Butter

## Tierisch klug   *Laura Hennemann*

*Können Delfine sich selber neue Kunststücke ausdenken? Sprechen Vögel zwitschernd miteinander? Mit cleveren Tests versuchen Forscher herauszufinden, wie schlau Tiere sind. Wir stellen euch erstaunliche Erkenntnisse vor.*

Wer einen Wellensittich als Haustier hat, kann einen Spiegel mit in den Käfig hängen. So glaubt der Vogel, er sei nicht allein, denn er hält sein Spiegelbild für
5 einen Artgenossen. Allerdings ist das schädlich für den Vogel, denn er wird immer wieder versuchen, seinen vermeintlichen Kollegen zu füttern. Durch diese unmögliche Aufgabe kann er ganz
10 krank werden.

Wer nun meint, Wellensittiche seien eben nicht besonders klug, dem sei gesagt, dass auch Menschen nicht von Geburt an wissen, dass das Spiegelbild
15 sie selbst zeigt! Man kann das testen, indem man einem Kleinkind unbemerkt einen Punkt ins Gesicht malt und es dann in den Spiegel blicken lässt. Ein älteres Kind wird gleich den Fleck sehen und verstehen, dass er im eigenen Gesicht ist. Wahrscheinlich wird es dann den Fleck wegmachen.
20 Aber Kinder, die jünger als etwa zwei Jahre sind, machen das noch nicht. Man nennt das den Spiegeltest und kann damit die Entwicklung von Kindern testen.

Aber den Spiegeltest kann man nicht nur mit Kindern machen. Er ist auch gut geeignet, um herauszufinden, ob Tiere ganz wörtlich ein Selbst-
25 Bewusstsein haben. Dass Schimpansen sich selbst erkennen, überrascht vielleicht niemanden. Aber auch Elefanten sind in dieser Hinsicht erstaunlich schlau. Und wie machen Forscher den Spiegeltest mit Elefanten? Natürlich mit einem riesigen Spiegel! Den haben Forscher in New York in das Zoogehege von drei Elefantendamen gestellt und ein paar Tage gewar-
30 tet, damit die Tiere sich an ihr Spiegelbild gewöhnen konnten. Dann malten die Menschen ihnen ein weißes Kreuz auf die Stirn. Und tatsächlich: Nach einem Blick in den Spiegel betasteten die Elefanten mit ihren Rüsseln diese Markierung am eigenen Kopf. Sie hatten also verstanden, dass da etwas Ungewöhnliches war und dass es sich an ihrer eigenen Stirn befand.

### Saumäßig lernfähig

Schweine reagierten bei einem ähnlichen Test zwar nicht auf solche Markierungen. Vielleicht aber auch nur, weil sie zu häufig Schmutzflecken am Körper haben. Aber sie konnten den Spiegel für einen anderen Trick nutzen. Wissenschaftler hatten einen Futtertrog hinter einer Trennwand aufgestellt, die Schweine konnten das Fressen also nicht direkt sehen. Wieder gab es aber einen Spiegel im Pferch. Er war so aufgestellt, dass die Schweine damit ums Eck schauen konnten auf die Stelle, wo der Futternapf stand.

Manche Schweine suchten hinter dem Spiegel nach dem Fressen. Aber andere lernten schnell, dass der Spiegel das Bild vom Trog um die Ecke lenkte: Sie liefen zielstrebig hinter die Trennwand, wo die Futterbelohnung auf sie wartete. Wer hätte gedacht, dass Schweine so klug sind?

Sogar Delfine können sich im Spiegel selbst erkennen. Immer wieder gibt es Geschichten, die von der Intelligenz dieser Meeressäuger erzählen. Eine davon geht so: Die Zoologin Karen Pryor arbeitete mit zwei Rauzahndelfinen. Sie belohnte die beiden jedes Mal mit einem Fisch, wenn sie ein neues Verhalten zeigten. Die Tiere brauchten ein paar Tage, bis sie diese Regel verstanden hatten. Übrigens ähnlich lange wie Menschen, wenn man ihnen die Regeln nicht erklärt! Aber dann vollbrachten die Delfine ständig neue Kunststückchen. So viele, bis Karen Pryor das Experiment abbrechen musste, weil sie selbst den Überblick verlor! Wer weiß, wie lange die Kreativität der Delfine noch angehalten hätte [...]

### Gebärdensprache und Zwitschergrammatik

Viele Wissenschaftler halten Menschenaffen für die klügsten Tiere. Lange haben sie darum versucht, ihnen das Sprechen beizubringen. Dass das nicht funktionieren konnte, mussten dann erst einmal die Menschen begreifen: Der Mund der Affen ist einfach anders gebaut, sie können darum beim besten Willen nicht die gleichen Laute formen wie wir. Dann aber hatten Psychologen eine großartige Idee: Sie brachten der jungen Schimpansin Washoe die Gebärdensprache bei, in der auch taubstumme Menschen miteinander kommunizieren.

Roger Fouts heißt der Mann, der für Washoe bald zu einem echten Freund wurde. Er zog sie so auf, wie Eltern ein gehörloses Kind erziehen

würden. Und Washoe zeigte den Menschen, dass Affen wirklich denken können. Als sie das Wortzeichen für „Geruch" noch nicht kannte, machte
75 sie stattdessen kurz entschlossen das Zeichen für „Blume". Als sie einen Schwan sah, nannte sie ihn „Wasservogel". Würden wir nicht das Gleiche machen, wenn wir eine neue Sprache erlernen würden und uns noch niemand das Wort für „Schwan" beigebracht hätte? Als man Washoe fragte, was das im Spiegel sei, antwortete sie: „Ich, Washoe." Und dann geschah
80 noch etwas: Washoe bekam den Schimpansen Loulis als Adoptivsohn und brachte ihm die Zeichensprache bei. Bald unterhielten sich die Schimpansen untereinander – mit Wortzeichen, die Loulis niemals bei einem Menschen gesehen hatte. […]

**Instinkt oder Grips?**

85 Diese Versuche geben uns einen kleinen Einblick in den Verstand von Tieren. Eines ist klar: Die meisten Tierarten kommen prima über die Runden, indem sie sich einzig auf ihre Instinkte verlassen. Ein Chamäleon etwa denkt wahrscheinlich nicht groß nach, bevor es seine Farbe der des Untergrundes anpasst – es tarnt sich einfach instinktiv. Meeresschildkröten, die
90 am Strand aus dem Ei schlüpfen, wissen von ganz alleine, dass sie ins schützende Meer kriechen müssen. Katzenbabys kommen blind zur Welt, finden aber trotzdem sofort die Zitzen der Mutter. Mehrere Millionen Zugvögel fliegen im Herbst nach Süden. Es gibt zahlreiche Beispiele für solche Handlungen aus einem Naturtrieb heraus, und es ist faszinierend und
95 schön, all das zu beobachten. Aber inzwischen wissen wir eben auch von einigen Fähigkeiten bei Tieren, die weit über den reinen Trieb hinausgehen. Sie zeigen uns, dass manche doch tierisch viel Grips haben.

**❶** Welche Tests wurden mit welchen Tieren gemacht und was kam dabei heraus? Erstelle eine Tabelle und trage die wichtigsten Informationen aus dem Text ein.

| Tier | Test | Ergebnis |
|---|---|---|
| Wellensittich | … | … |
| … | | |

**❷** Informiere dich über die Gebärdensprache, mit der taubstumme Menschen miteinander kommunizieren, und bereite einen 5-Minuten-Vortrag mit Beispielen vor.

**❸** Woher wissen Zugvögel, dass sie im Herbst in den Süden aufbrechen müssen? Wie finden sie ihren Weg? Informiere dich über Zugvögel und schreibe einen kleinen Sachtext.

# Sachtexte lesen und verstehen

**Sachtexte** findest du überall, z. B. als **Nachricht in der Zeitung** oder im **Radio**, auf **Webseiten im Internet** oder in **Sachbüchern**. Mithilfe von Sachtexten kannst du dich informieren und Antworten auf viele Fragen finden.

Wie du einen Sachtext liest, hängt davon ab, wie der Text gestaltet ist und welche Ziele du bei der Lektüre verfolgst, ob du dich z. B. umfassend über ein Thema informieren möchtest oder ob du nur eine Antwort auf eine ganz bestimmte Frage suchst. Die folgenden Strategien helfen dir, einen Sachtext zu lesen und zu verstehen.

---

**Strategie: Sich einen Überblick verschaffen**
- Lies die Überschrift und betrachte die Abbildungen, falls vorhanden. Was erfährst du bereits hier über das Thema des Textes?
- Lies den gesamten Text einmal zügig durch. Zu welchem Themenbereich liefert er Fakten? Welche Fragen beantwortet er?

---

**Strategie: Einen Text durch Fragen gliedern**
- Die meisten Sachtexte sind bereits gegliedert, z. B. in Kapitel und Absätze. Das hilft dir bei der schnellen inhaltlichen Orientierung.
- Formuliere zu jedem Absatz eine Frage, z. B.:
  - *Absatz 1: Was ist die Küchenzwiebel?*
  - *Absatz 2: Warum tränen die Augen beim Zwiebelschneiden?*
- Du kannst anstelle der Fragen auch Zwischenüberschriften für die Absätze suchen, z. B.:
  - *Die Küchenzwiebel*
  - *Tränen beim Zwiebelschneiden*
- Falls der Text nicht gegliedert ist, unterteile ihn selbst in Sinnabschnitte.

---

**Strategie: Informationen in Texten markieren**
Markiere wichtige Begriffe oder Textteile, mit denen du deine Fragen beantworten kannst, farbig.

---

**Strategie: Schwierige Begriffe klären**
- Versuche, schwierige Begriffe zunächst aus dem Zusammenhang zu erschließen.
- Wenn das nicht gelingt oder du unsicher bist, schlage in einem Lexikon/Wörterbuch (→ S. 288 f.) nach oder informiere dich im Internet (→ S. 202 f.).

---

**Strategie: Textinhalte wiedergeben**
- Die Informationen aus einem Text werden oft besser verständlich, wenn du sie neu zusammenstellst, z. B. als nummerierte Liste oder als Tabelle.
- Oft ist es auch eine Hilfe, wenn du Textinhalte in einer anderen Form wiedergibst, z. B. als beschriftete Zeichnung.

# 9 Bildschirmzeit …?
## Medien sinnvoll nutzen

❶ Welche Medien nutzt ihr tagtäglich, welche selten und welche nie? Tauscht euch darüber aus.

❷ Überprüfe dein eigenes Medien- und Freizeitverhalten, indem du einen oder mehrere Tage lang ein Medientagebuch, z. B. nach folgendem Muster, führst.

Wochentag _____

| Beschäftigung | Dauer | Beschäftigung | Dauer |
| --- | --- | --- | --- |
| Fernsehen, Videos, Serien schauen | _____ | Mit Freundinnen/ Freunden chatten | _____ |
| Musik hören | _____ | Mit Freundinnen/ Freunden treffen | _____ |
| Computer oder Playstation spielen | _____ | Zeit mit der Familie verbringen | _____ |
| Im Internet surfen | _____ | Hobbys, z. B. Sport oder Musik machen | _____ |
| Bücher, Zeitschriften und Zeitungen lesen | _____ | Kreative Tätigkeiten, z. B. malen oder basteln | _____ |

## Medienbeschäftigung in der Freizeit 2018

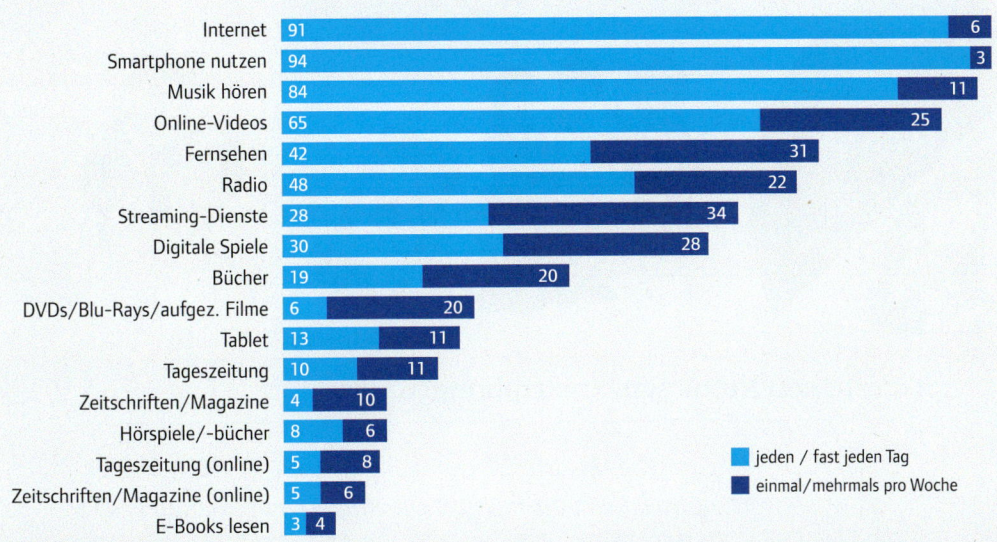

| Medium | jeden / fast jeden Tag | einmal/mehrmals pro Woche |
|---|---|---|
| Internet | 91 | 6 |
| Smartphone nutzen | 94 | 3 |
| Musik hören | 84 | 11 |
| Online-Videos | 65 | 25 |
| Fernsehen | 42 | 31 |
| Radio | 48 | 22 |
| Streaming-Dienste | 28 | 34 |
| Digitale Spiele | 30 | 28 |
| Bücher | 19 | 20 |
| DVDs/Blu-Rays/aufgez. Filme | 6 | 20 |
| Tablet | 13 | 11 |
| Tageszeitung | 10 | 11 |
| Zeitschriften/Magazine | 4 | 10 |
| Hörspiele/-bücher | 8 | 6 |
| Tageszeitung (online) | 5 | 8 |
| Zeitschriften/Magazine (online) | 5 | 6 |
| E-Books lesen | 3 | 4 |

Quelle: JIM 2018, Angaben in Prozent; Anzahl der Befragten: 1.200 Kinder und Jugendliche im Alter von 12 bis 19 Jahren

❸ Untersuche das Diagramm in folgenden Schritten (→ Diagramme lesen, S. 70 f.):
– Worüber informiert es? Benenne das Thema.
– Kläre die Maßeinheiten und die Bedeutung der unterschiedlichen Farben.
– Erläutere die einzelnen Werte: Welche Medien werden am häufigsten genutzt, welche am wenigsten?
– Fasse die Ergebnisse in eigenen Worten zusammen, z. B.:
*Das beliebteste Medium bei Jugendlichen ist ..., denn ...*

❹ a) Erstellt einen Fragebogen zur Mediennutzung und macht eine Umfrage in eurer Klasse: Welche Medien werden täglich oder mehrmals pro Woche von euch genutzt?
b) Wertet die Antworten aus und erstellt ein Diagramm zum Medienverhalten eurer Mitschülerinnen und Mitschüler (→ S. 70 f.).

### In diesem Kapitel ...

- beschäftigst du dich mit der Frage, wie digitale Medien sinnvoll genutzt werden können.
- übst du, gezielt nach Informationen im Internet zu suchen.
- untersuchst du Wissenssendungen als Informationsquelle.
- lernst du, Texte am Computer zu gestalten.

# Über Medien diskutieren

### Brauchen Kinder ein Smartphone?

*Ja, sagt der Pädagoge **Thomas Irion**. Denn nur so können sie schon früh lernen, verantwortungsvoll damit umzugehen. Der Kinderarzt **Christian Fricke** dagegen findet: Kinder müssen nicht ständig erreichbar sein und sollten ihre Zeit sinnvoller nutzen.*

## Ja

**Smartphones gehören heute zum Leben dazu**

In Zukunft wird fast jeder Mensch so ein Gerät mit sich herumtragen, und man wird noch viel mehr damit machen können. Ich finde, dass deshalb auch Kinder lernen sollten, damit richtig umzugehen. Man kann mit Smartphones viel Sinnvolles machen, aber auch einiges falsch. Zum Bei-
5 spiel aus Versehen sehr viel Geld ausgeben, wenn man im Internet auf den falschen Seiten landet oder teure Apps herunterlädt. Oder wenn man zu viel telefoniert und schreibt. Außerdem gibt es im Internet verbotene Seiten, die man nicht aufrufen sollte. Und natürlich ist es auch eine Gefahr, dass man zu viel mit seinem Smartphone herumdaddelt, sodass man sich
10 nicht mehr um seine Freunde und Familie kümmert oder sich nicht mehr auf etwas anderes konzentrieren kann. Das alles kann man aber lernen. Kinder könnten mit ihren Eltern handyfreie Zeiten ausmachen. Und jedes Kind könnte sich überlegen, wie viel Zeit es mit Handyspielen verbringen will, und sich dann eine Uhr danebenlegen. Damit man auf dem Handy
15 nicht zu viel Geld ausgibt, gibt es die Prepaid-Karten, die nach einer bestimmten Summe gesperrt werden. Kinder brauchen auch gar nicht das neueste und teuerste Smartphone.
Da werden andere nur neidisch. Oder es wird sogar geklaut. Am besten wäre es eigentlich, wenn es spezielle Kinder-Smartphones gäbe, mit denen
20 man nicht so viel falsch machen kann.

**Nein**

**Smartphones sind für Erwachsene und Jugendliche wichtig – aber nicht unbedingt für Kinder**

Jugendliche organisieren ihre Verabredungen darüber oder suchen im Internet die Verkehrsverbindungen heraus, ich denke aber, dass Kinder und junge Jugendliche noch kein Smartphone brauchen und sie deshalb auch nicht nutzen sollten. Mit einem Smartphone kann man sehr viel falsch machen, zum Beispiel, wenn man ins Internet geht. Zu Hause am Computer oder Tablet können Kinder das gemeinsam mit ihren Eltern lernen. Die Eltern können direkt helfen und vorher einstellen, dass bestimmte Seiten nicht aus Versehen angewählt werden. Auf einem Smartphone haben sie darüber keine Kontrolle. Kinder müssen auch nicht ständig über das Telefon erreichbar sein, erst recht nicht in der Schule. Viel wichtiger ist es, sich dort auf das zu konzentrieren, was um einen herum passiert, und direkt mit den anderen Kindern und Lehrern zu reden. Auch in der Freizeit stehlen Smartphones viel Zeit, ohne dass man es merkt. Dabei kann man in der Welt viel besser etwas entdecken, wenn man nicht ständig von einem Gerät abgelenkt ist. Man kommt auf die besten Gedanken, wenn man auch mal Langeweile hat. Leider sind die Erwachsenen nicht die besten Vorbilder. Den meisten fällt es ja selbst schwer, mal das Telefon auszuschalten oder im Urlaub zu Hause zu lassen. Vielleicht können die Eltern da sogar noch was von den Kindern lernen.

**❶** Wie begründen Thomas Irion und Christian Fricke ihre Ansichten zu der Frage, ob Kinder ein Smartphone brauchen? Nenne Textstellen.

**❷** Welche Meinung hast du zu dieser Frage? Formuliere sie in einem Satz und begründe sie in einem kurzen Text.

**❸** Sammelt weitere Fragen, zu denen man unterschiedlicher Meinung sein kann, z. B.:
– *Sollte man Schreiben nur noch am Computer lernen?*
Formuliert zu jeder Frage mindestens zwei Argumente dafür und zwei dagegen.

# Medien als Informationsquelle nutzen

## Informationen im Internet recherchieren

**1** a) Stelle dir vor, du möchtest einen Kurzvortrag über das Thema „Märchen" halten.
Was möchtest du gerne über das Thema wissen?
Formuliere Forscherfragen, z. B.:
*Was sind Märchen? Wie sind Märchen entstanden? ...*
b) Leite von deinen Fragen Suchbegriffe ab, z. B.:
*Wie sind Märchen entstanden? → Märchen + Entstehung*

**2** Beschreibe den folgenden Screenshot einer Kindersuchmaschine:
– Wie ist die Seite aufgebaut?
– Was erfährst du alles über die Suchergebnisse?

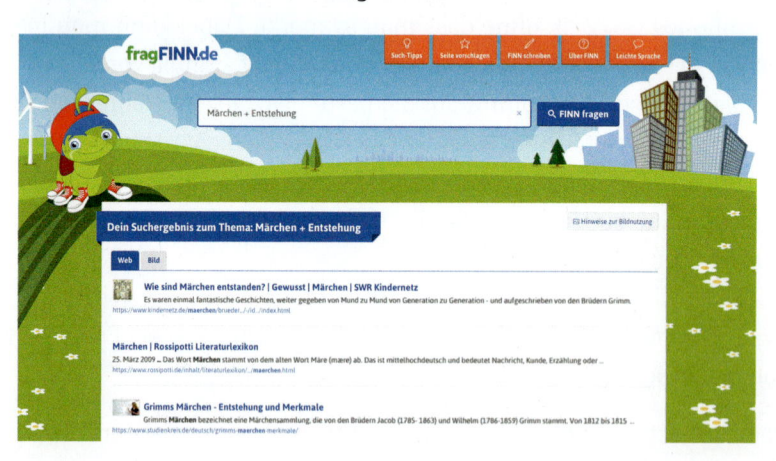

**3** a) Betrachte die Suchergebnisse auf der rechten Seite. Auf welche Fragen geben sie jeweils Antworten? Begründe.
b) Recherchiere selbst im Internet zum Thema „Märchen". Nutze dabei vor allem Suchmaschinen, die speziell für Kinder geeignet sind.

**SWR kindernetz** | Sendungen | Infonetz | Netztreff

### Wie sind Märchen entstanden?

Es waren einmal fantastische Geschichten, weitergegeben von Mund zu Mund, von Generation zu Generation. Sie erzählen von schönen Prinzessinnen und verzauberten Prinzen, von gütigen Feen und bösen Stiefmüttern, von kauzigen Zwergen und schrecklichen Riesen, von hungrigen Wölfen und gestiefelten Katern. Und am Ende siegt das Gute über das Böse. Märchen entstanden in Zeiten, in denen sich die Menschen in ihren Stuben versammelten und die Heimarbeit mit Singen, Spielen und dem Erzählen gruseliger Geschichten verbanden. Märchenerzähler wanderten von Ort zu Ort und zogen die Menschen mit ihren spannenden Erzählungen in den Bann.

---

**Rossipotti Literaturlexikon für Kinder**

### Märchen

Das Wort Märchen stammt von dem alten Wort Märe (mære) ab. Das ist mittelhochdeutsch und bedeutet Nachricht, Kunde, Erzählung oder Gerücht. Weil das Märchen ein „Märlein" ist, also eine kleine Märe, ist es auch eine kleine Erzählung. Im Unterschied zu den kleinen Erzählungen Legende und Sage, die vorgeben, dass das Erzählte wirklich geschehen ist, versetzt das Märchen seine Handlung an einen unbestimmten Ort in eine unbestimmte Zeit: „Es war einmal in einem Königreich …" In diesem Irgendwo im Irgendwann haben die Helden und Heldinnen oft übernatürliche Kräfte und es passieren wunderbare Dinge.

---

**Info**    **Im Internet recherchieren**

Neben den bekannten großen Suchmaschinen gibt es spezielle Suchmaschinen für Kinder, z. B.: *www.blinde-kuh.de*, *www.fragfinn.de*, *www.helles-koepfchen.de* oder Internetlexika für Kinder wie *www.klexikon.de.* Gehe bei deiner Internetrecherche so vor:

1. **Schritt: Formuliere Fragen,** die du mithilfe deiner Recherche beantworten möchtest, z. B.: *Wie sind Märchen entstanden?*
2. **Schritt: Sammle geeignete Suchbegriffe** und **kombiniere mehrere Suchbegriffe**, z. B. *Märchen + Entstehung*. Damit schränkst du die Suchergebnisse ein.
3. **Schritt: Werte deine Suchergebnisse aus.** Überprüfe, welche Suchergebnisse dir die Auskünfte geben, die du brauchst. Hast du eine passende Seite gefunden, kopiere die www-Adresse in ein extra Dokument und notiere kurz, welche Information du dort gefunden hast.

## Wissenssendungen als Informationsquelle nutzen

❶ Tauscht euch über eure Erfahrungen mit Wissenssendungen aus:
– Welche Wissenssendungen kennt ihr?
– Welche Wissenssendungen gefallen euch besonders gut, welche weniger? Begründet.

❷ Beschreibe die Internetseite zur Wissenssendung „Checker Tobi". Nutze dafür die Begriffe im Wortspeicher.

> Vordergrund · Hintergrund · Mittelpunkt · zentral · seitlich ·
> Menüleiste · Logo · Text · Bild

❸ a) Suche die Seite im Internet mithilfe geeigneter Suchbegriffe (→ S. 203).
b) Beschreibe weitere Elemente der Internetseite und probiere die einzelnen Links aus: Was verbirgt sich dahinter jeweils?

❹ a) Jede Sendung beginnt mit einem sogenannten Vorspann. Beschreibe anhand der folgenden Bilder, wie der Vorspann der Sendung „Checker Tobi" aufgebaut ist.
b) Besprecht, welche Funktion der Vorspann einer Sendung hat.

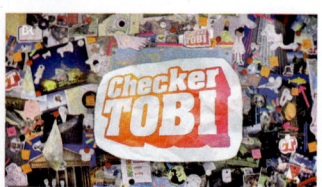

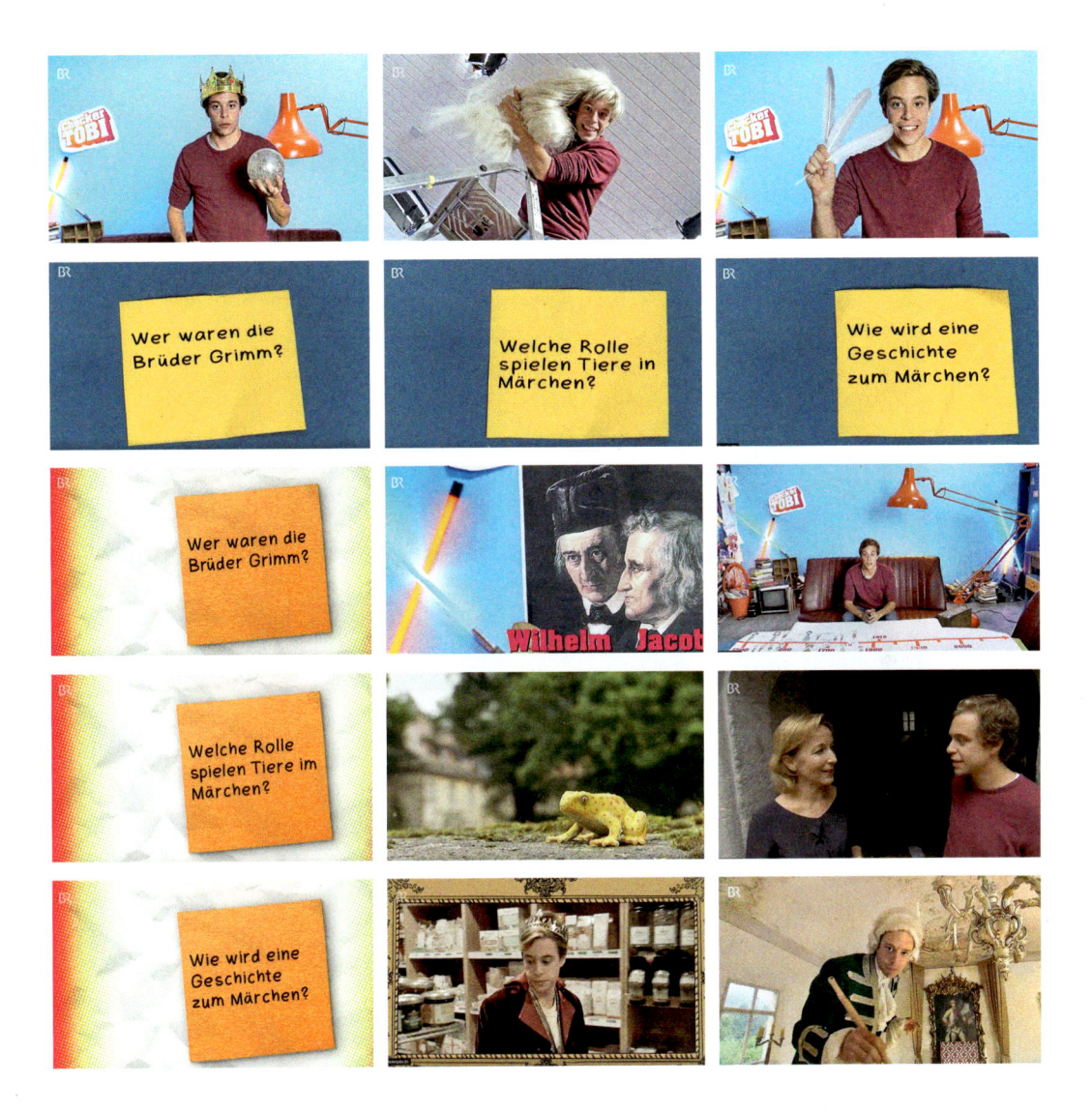

❺ Erkläre anhand der Bilder, wie die Zuschauer/-innen über das Thema „Märchen" informiert werden. Du kannst dafür die Begriffe im Wortspeicher verwenden.

Märchenfilm · Rätsel als Einstieg · Experteninterview · Forscherfragen · Fotos · Zeitstrahl

❻ Seht euch die Folge „Der Märchencheck" im Internet an: Was erfahrt ihr hier über Märchen? Wie gefällt euch die Aufbereitung des Themas in der Sendung?

❼ Untersucht in Gruppen andere Wissenssendungen, die ihr kennt:
– Wie sind sie aufgebaut?
– Wie gelingt es in der Sendung, schwierige Themen zu veranschaulichen?
– Wie würdet ihr euren Lerneffekt auf einer Skala von 1 (= sehr klein) bis 10 (= sehr groß) einschätzen? Begründet.

# Texte am Computer gestalten

## Eine Text-Bild-Collage zu einem Gedicht erstellen

**Vormittag am Strand**  *Christian Morgenstern*

Es war ein solcher Vormittag,
wo man die **Fische** singen hörte,
kein Lüftchen lief, kein Stimmchen störte,
kein Wellchen wölbte sich zum Schlag.

Nur sie, die **Fische**, brachen leis
der weit und breiten Stille Siegel
und sangen millionenweis'
dicht unter dem durchsonnten Spiegel.

**Der Esel**  *Wilhelm Busch*

Es stand vor eines Hauses Tor
Ein Esel mit gespitztem Ohr,
Der käute sich sein Bündel Heu
Gedankenvoll und still entzwei.

Nun kommen da und bleiben stehn
Der naseweisen Buben zween,
Die auch sogleich, indem sie lachen,
Verhasste Redensarten machen,
Womit man denn bezwecken wollte,
Dass sich der Esel ärgern sollte.

Doch dieser hocherfahrne Greis
Beschrieb nur einen halben Kreis,
Verhielt sich stumm und zeigte itzt
Die Seite, wo der Wedel sitzt.

❶ Beschreibe, welche unterschiedlichen Möglichkeiten hier für die Kombination von Gedichten mit Bildern gewählt wurden.

### Die Ameisen   *Joachim Ringelnatz*

In Hamburg lebten zwei Ameisen,
Die wollten nach Australien reisen.
Bei Altona auf der Chaussee,
Da taten ihnen die Beine weh,
Und da verzichteten sie weise
Dann auf den letzten Teil der Reise.

So will man oft und kann doch nicht
Und leistet dann recht gern Verzicht.


### Die drei Spatzen   *Christian Morgenstern*

In einem leeren Haselstrauch,
da sitzen drei Spatzen, Bauch an Bauch.

Der Erich rechts und links der Franz
und mittendrin der freche Hans.

Sie haben die Augen zu, ganz zu,
und obendrüber, da schneit es, hu!

Sie rücken zusammen dicht an dicht,
so warm wie Hans hat's niemand nicht.

Sie hör'n alle drei ihrer Herzlein Gepoch.
Und wenn sie nicht weg sind, so sitzen sie noch.

❷ a) Entscheide, welches dieser beiden Gedichte du am Computer gestalten möchtest.
   b) Schreibe das Gedicht mit dem Computer ab. Probiere auch unterschiedliche Schriften oder Schriftfarben aus.
   Hinweise, wie du die Schriften veränderst, findest du im Info-Kasten auf Seite 209.
   c) Suche geeignete Bilder für deine Text-Bild-Collage.
   Achtung: Nicht alle Bilder, die du im Internet findest, darfst du einfach so verwenden. Suche z. B. auf Seiten wie *www.find-das-bild.de*.
   d) Entwirf eine Text-Bild-Collage. Probiere dabei unterschiedliche Möglichkeiten aus.
   Tipp: Nutze die Informationen im Info-Kasten auf Seite 209 zur Gestaltung von Texten am Computer.

❸ Erstellt ein Gedichtbuch, in dem ihr die gestalteten Gedichte aus eurer Klasse sammelt.

# Einen Märchencomic mit dem Computer gestalten

## Die Bremer Stadtmusikanten  *Jacob und Wilhelm Grimm*

*Der Esel taugt nichts …*

*Ich glaube, mein Herr will mich loswerden …*

❶ Kennt ihr das Märchen „Die Bremer Stadtmusikanten"? Erzählt es euch gegenseitig.

❷ Recherchiere den Märchentext in Märchenbüchern oder im Internet und setze den Märchencomic mit zwei Bildern fort.
Scannt dazu eure Bilder ein und ergänzt anschließend mit dem Computer Sprech- und Denkblasen.

❸ Fasse in eigenen Worten zusammen, worum es in dem folgenden Märchen geht:

## Der Fuchs und die Katze  *Jacob und Wilhelm Grimm*

Es trug sich zu, dass die Katze in einem Walde dem Herrn Fuchs begegnete, und weil sie dachte: „Er ist gescheit und wohl erfahren und gilt viel in der Welt", so sprach sie ihm freundlich zu. „Guten Tag, lieber Herr Fuchs, wie gehts? Wie stehts? Wie schlagt Ihr Euch durch in dieser teuren Zeit?" Der
5 Fuchs, allen Hochmutes voll, betrachtete die Katze von Kopf bis zu Füßen und wusste lange nicht, ob er eine Antwort geben sollte. Endlich sprach er: „O du armseliger Bartputzer, du buntscheckiger Narr, du Hungerleider und Mäusejäger, was kommt dir in den Sinn? Du unterstehst dich zu fragen, wie mir's gehe? Was hast du gelernt? Wie viel Künste verstehst du?" – „Ich
10 verstehe nur eine einzige", antwortete bescheidentlich die Katze. „Was ist das für eine Kunst?", fragte der Fuchs. „Wenn die Hunde hinter mir her sind, so kann ich auf einen Baum springen und mich retten." – „Ist das alles?", sagte der Fuchs. „Ich bin Herr über hundert Künste und habe überdies noch einen Sack voll Listen. Du jammerst mich, komm mit mir, ich

15 will dich lehren, wie man den Hunden entgeht." Indem kam ein Jäger mit vier Hunden daher. Die Katze sprang behänd auf einen Baum und setzte sich in den Gipfel, wo Äste und Laubwerk sie völlig verbargen. „Bindet den Sack auf, Herr Fuchs, bindet den Sack auf", rief ihm die Katze zu, aber die Hunde hatten ihn schon gepackt und hielten ihn fest. „Ei, Herr Fuchs", rief
20 die Katze, „Ihr bleibt mit Euren hundert Künsten stecken. Hättet Ihr heraufkriechen können wie ich, so wär's nicht um Euer Leben geschehen."

**4** Gestalte einen Märchencomic zu diesem Märchen. Nutze die Hinweise im Info-Kasten.

## Info  Texte am Computer gestalten

Im Schreibprogramm eures Computers findet ihr in der Menüleiste verschiedene Befehle, mit deren Hilfe ihr Texte gestalten könnt.

**Ausschneiden und einfügen:**
Markiere die Textpassage, die du **ausschneiden** möchtest, und klicke auf die Schaltfläche mit der Schere. Gehe dann zu der Stelle, wo du den ausgeschnittenen Text einfügen möchtest, und klicke auf **„Einfügen"**.

**Kopieren und einfügen:**
Mit diesem Werkzeug kannst markierte **Textstellen kopieren**, um sie an einer anderen Stelle zusätzlich einzufügen.

**Schriftart, Schriftgröße und Schriftfarbe verändern:**
Hier lassen sich die Art der Schrift, die Größe und die Farbe wählen. Außerdem kannst du Wörter **fett** oder *kursiv* setzen und mit einer Unterstreichung versehen.

**Die Position des Textes festlegen:**
Mithilfe dieser Befehle kannst du den Text z. B. **linksbündig**, **rechtsbündig** oder **zentriert** ausrichten oder ihn im **Blocksatz** setzen.

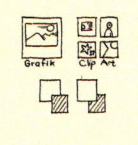

**Bilder einfügen und ihre Position im Text bestimmen:**
Wenn du Bilder in einen Text einfügen möchtest, kannst du den Befehl **„Bilder einfügen"** nutzen. Außerdem kannst du festlegen, **an welcher Stelle im Text** das Bild stehen soll und ob das Bild im Vordergrund („Ebene nach vorn") oder nur im Hintergrund („Ebene nach hinten") zu sehen sein soll.

**Sprechblasen und Gedankenblasen einfügen:**
Mithilfe dieser Befehle kannst du z. B. Sprechblasen oder Denkblasen in einen Text einfügen.

# 10 Sprache erforschen
## Wortarten, Satzglieder und Sätze untersuchen

Donnerstag – Pflaster – Fahrrad – Kinn – Schule – Winnie – Keller – Asphalt – Schultasche – Kreuzung – Lastwagen – Auto – Taschentuch – Fahrer – Gehweg – Morgen – Schreck

❶ Seht euch die Wörter im Bild an und diskutiert die folgenden Fragen:
– Sind Wörter „Sprache"?
– Kann man allein mit Wörtern etwas mitteilen?
Begründet eure Antworten.

❷ Schreibe eine kleine Geschichte, in der du die Wörter im Bild verwendest.
Überlege zunächst, welche Wörter auf der linken und der rechten Seite zusammenpassen.
*Am Donnerstag packte Winnie wie immer ihre Schultasche, holte ihr Fahrrad aus dem Keller und radelte zur Schule. Als sie unterwegs an die zweite Kreuzung ...*

❸ Vergleicht eure Geschichten. Tragt zusammen, wie ihr vorgegangen seid:
– Wie habt ihr die vorgegebenen Wörter verändert?
– Welche Wörter habt ihr ergänzt?
Nennt Beispiele.

abtupfen – packen – holen – aussteigen – geben – radeln – kommen – einbiegen – gehen – sich bedanken – aufstehen – bluten – bremsen – wackeln – stürzen – anhalten

### In diesem Kapitel …

- lernst du, wodurch sich die verschiedenen Wörter unterscheiden und dass jede Wortart etwas anderes „kann".
- untersuchst du, wie Wörter aufgebaut sind und warum sie sich in Sätzen verändern.
- lernst du, wie Sätze aufgebaut sind.
- wendest du dein Wissen über den Satzbau zur Überarbeitung von Texten an.
- lernst du, die Satzzeichen richtig zu verwenden.

# Wortarten unterscheiden

## Was unterscheidet die Wortarten voneinander?

Felipe, der aus Spanien nach Deutschland gekommen ist, findet es gar nicht so leicht, die deutsche Sprache richtig zu benutzen: Welche Wörter gehören wohin im Satz? Welche verändern sich und welche nicht? „Erklär mir, was an diesem Satz falsch ist", bittet er Anna: „Das Pferd haben viel-
5 leichten hunger." „Das geht nicht", sagt Anna. „Das muss heißen: Das Pferd *hat* vielleicht Hunger. Ist ja nur *ein* Pferd. Und ‚Hunger' musst du großschreiben. Das ist ein Nomen."

„Ach ja?", fragt Felipe. „Und woran soll ich erkennen, dass Hunger ein Nomen ist? Und warum bleibt *vielleicht* ohne Endung? Es heißt doch auch:
10 *großen* Hunger haben." Anna stellt fest, dass sie ihre eigene Sprache nicht erklären kann. Sie überlegt: Wenn man so viele unterschiedliche Wortarten braucht, muss ja jede irgendwie anders funktionieren als die übrigen. Sie beginnt deshalb, Wörter zu vergleichen und sie nach Ähnlichkeiten zu sortieren – in ihrem „Wörtersortierer".

❶ Schau dir Annas Wörtersortierer an und gib wieder, was sie herausgefunden hat.

❷ Übernimm den Wörtersortierer in dein Heft. Lass in den Spalten Platz für weitere Eintragungen im Laufe dieses Kapitels.
Ordne die Wörter im Trichter oben in die richtigen Töpfe unten ein.

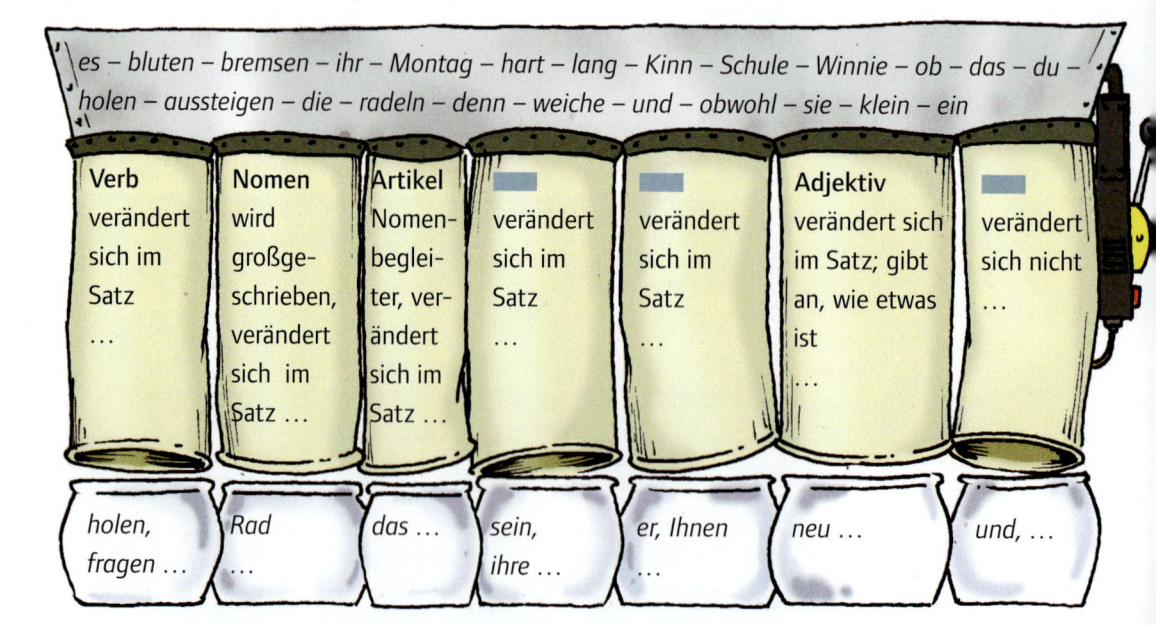

es – bluten – bremsen – ihr – Montag – hart – lang – Kinn – Schule – Winnie – ob – das – du – holen – aussteigen – die – radeln – denn – weiche – und – obwohl – sie – klein – ein

| Verb | Nomen | Artikel | | | Adjektiv | |
|---|---|---|---|---|---|---|
| verändert sich im Satz ... | wird großgeschrieben, verändert sich im Satz ... | Nomenbegleiter, verändert sich im Satz ... | verändert sich im Satz ... | verändert sich im Satz ... | verändert sich im Satz; gibt an, wie etwas ist ... | verändert sich nicht ... |
| holen, fragen ... | Rad ... | das ... | sein, ihre ... | er, Ihnen ... | neu ... | und, ... |

# Das Nomen

## Das Nomen und seine Begleitwörter

**auf dem fliegenplaneten**   *Christian Morgenstern*

auf dem fliegenplaneten,
da geht es dem menschen nicht gut:
denn was er hier der fliege,
die fliege dort ihm tut.

5  An bändern voll honig kleben
die menschen dort allesamt,
und andre sind zum verleben
in süßliches bier verdammt.

In einem nur scheinen die fliegen
10  dem menschen vorauszustehn:
Man bäckt uns nicht in semmeln,
noch trinkt man uns aus versehn.

❶ a) Suche in dem Gedicht alle Nomen. Woran hast du sie erkannt?
b) Schreibe die Nomen, die von einem Artikel begleitet werden, in der richtigen Groß- und Kleinschreibung heraus.
*dem Fliegenplaneten, ...*

❷ Haben die Nomen noch weitere Begleitwörter? Schreibe Beispiele aus dem Gedicht heraus, und zwar in der richtigen Groß- und Kleinschreibung.

> **Merke**   **Das Nomen und seine Begleitwörter**
>
> Das häufigste Begleitwort des **Nomens** ist der **Artikel**. Artikel und Nomen gehören im Satz immer zusammen, auch wenn sich ein Adjektiv „dazwischendrängelt", z. B.: *das neue Rad*.
> Zum Nomen kann auch ein anderes **Begleitwort** gehören, z. B. *dieser, jenes, solche, mein, dein, unser, euer, ihr, sein*: <u>mein</u> Honig, <u>diese</u> Menschen, <u>dein</u> Bier.

# Genus und Numerus des Nomens

**1** a) In den folgenden Sätzen stimmt etwas nicht. Ordne die Wörter mit richtigem Artikel in deinem Heft in eine Tabelle ein: *der* (Maskulinum), *die* (Femininum), *das* (Neutrum).
b) Ergänze in jeder Spalte drei weitere Beispiele.

Der Fliege liebt Honig.
Die Mensch fühlt sich auf dem Fliegenplaneten nicht wohl.
Das Semmel schmeckt gut. Der Bier ist bitter.

| der (Maskulinum) | die (Femininum) | das (Neutrum) |
|---|---|---|
| … | … | … |

c) Was sagt uns der Artikel über das Nomen? Formuliere einen Satz.

**2** a) Verstehst du den folgenden Satz? Mache ihn verständlicher, indem du die Artikel ergänzt.

Wenn hinter fliegen fliegen fliegen, fliegen fliegen fliegen nach.

b) Wie muss der Satz mit Artikeln lauten, wenn es nur um zwei Fliegen insgesamt geht? Schreibe den Satz mit Artikeln um.
*Wenn die Fliege hinter …*

**3** Was verändert sich, wenn aus einem viele werden?
Probiere es mit den Wörtern im Wortspeicher aus: *der Schwan – die Schwäne*, …

> der Schwan · der Biber · die Spinne · das Nashorn · das Huhn ·
> der Tiger · das Schwein · der Hund · die Katze · die Ente · der Pfau · der Frosch ·
> der Luchs · der Flamingo · die Schildkröte

---

**Merke   Genus und Numerus des Nomens**

Jedes Nomen hat ein **Genus (grammatisches Geschlecht)**. Dieses erkennt man am **Artikel**:
– **Maskulinum:** *der Mond, der Hund, der Regen*
– **Femininum:** *die Sonne, die Katze, die Uhr*
– **Neutrum:** *das Mädchen, das Kind, das Eis*
Das grammatische Geschlecht hat meistens nichts mit dem biologischen Geschlecht zu tun.
Nomen haben auch einen **Numerus**, d. h., sie stehen entweder im
– **Singular** (in der **Einzahl**), z. B. *die Fliege, der Hund, das Tier,* oder im
– **Plural** (in der **Mehrzahl**), z. B. *die Fliegen, die Hunde, die Tiere.*

# Die Veränderung des Nomens im Satz

## Auf dem Spinnenplaneten

Gäbe es einen Spinnenplaneten, würde es den Menschen dort sicher auch nicht gut gehen. Die Spinnen würden uns vermutlich nicht fangen oder totschlagen, wie wir es mit den Spinnen häufig tun. Sondern sie würden uns in ihren Netzen einspinnen oder uns mit einem Giftbiss überwältigen.

5 Die meisten Spinnen verfügen zwar über Gift, das Gift unserer heimischen Spinnen gefährdet den Menschen jedoch in der Regel nicht. Im Garten oder in der freien Natur fühlt sich kaum jemand durch Spinnen gestört. Wenn aber die armen Tiere im Herbst die Wärme in Häusern und Wohnungen suchen, verfolgen die Bewohner die Spinnen meist erbar-
10 mungslos. Sie rücken den Spinnen mit Staubsauger und Besen zu Leibe oder treten sie tot. Und auch die kunstvoll gewebten Netze der Spinnen werden gnadenlos zerstört.

**1** a) Übernimm die folgenden Fragen zum Text in dein Heft und beantworte sie in ganzen Sätzen:
– **Wer** verfügt über Gift?
– **Wessen** Gift gefährdet den Menschen nicht?
– **Wem** rücken die Bewohner der Häuser zu Leibe?
– **Wen** verfolgen die Bewohner?
b) Unterstreiche in den Fragen die Fragewörter und in deinen Antwortsätzen die Nomen mit Artikel, die auf die Fragen antworten. Wie verändern sich Nomen und Artikel?
c) Stellt euch gegenseitig weitere W-Fragen zum Text und beantwortet sie.

---

**Merke**    Die Deklination des Nomens

Im Satz erscheint ein Nomen in einem bestimmten **Kasus** (Fall), das nennt man **Deklinieren** (Beugen). Auch den Kasus kann man am Artikel erkennen.
Im Deutschen gibt es **vier Kasus**. Fragen helfen dir, den Kasus zu bilden und zu bestimmen.

| Kasus | Beispiele | Frage |
|---|---|---|
| Nominativ (1. Fall) | *Die Spinne stört den Menschen.* | *Wer oder was stört den Menschen?* |
| Genitiv (2. Fall) | *Die Netze der Spinne werden zerstört.* | *Wessen Netze werden zerstört?* |
| Dativ (3. Fall) | *Im Haus wird der Spinne das Leben schwer gemacht.* | *Wem wird das Leben schwer gemacht?* |
| Akkusativ (4. Fall) | *Menschen treten die Spinne tot.* | *Wen oder was treten sie tot?* |

**2** a) Übernimm die folgende Tabelle in dein Heft und vervollständige sie. Die Frageprobe hilft dir, die richtige Form des Nomens und des Artikels zu finden.
   <u>Wem</u> tut Sonnenlicht gut? – <u>Dem</u> Baum

| Kasus (Fall) | Maskulinum (der) | Femininum (die) | Neutrum (das) |
|---|---|---|---|
| Singular (Einzahl) | | | |
| **Nominativ** <br> *Wer oder was …?* | der Baum | die Blume | das Gras |
| **Genitiv** <br> *Wessen …?* | des Baumes | der Blume | des … |
| **Dativ** <br> *Wem …?* | … | … | … |
| **Akkusativ** <br> *Wen oder was …?* | … | … | … |
| Plural (Mehrzahl) | | | |
| **Nominativ** <br> *Wer oder was …?* | die Bäume | die … | die Gräser |

b) Markiere die Veränderung des Nomens und des Artikels farbig.

c) Dekliniere das Fantasiewort *Quilz* im Singular wie in der Tabelle oben: zunächst als Maskulinum *(der Quilz)*, dann als Femininum *(die Quilz)*, dann als Neutrum *(das Quilz)*.
   *der Quilz* ⟶ *des Quilzes* ⟶ …
   *die Quilz* ⟶
   *das Quilz* ⟶

d) Woher wusstest du, wie du dieses Fantasiewort deklinieren musst? Begründe.

**3** a) Vervollständige die folgenden Sätze zu den Merkmalen des Nomens und schreibe sie in dein Heft:
   *Nomen haben ein festes …*

b) Suche zu jeder Aussage Beispiele und schreibe sie ebenfalls in dein Heft.
   *Beispiel:* <u>der</u> Hund, <u>die</u> Katze, <u>das</u> Huhn

   Nomen …
   A  … haben ein festes ▇: das Maskulinum, Femininum oder Neutrum.
       Man kann das ▇ am ▇ und an den ▇ erkennen.
   B  … werden im Satz ▇. Sie bilden Fälle oder ▇: den Nominativ,
       den ▇, den ▇ und den ▇.
   C  … können ▇ und Plural bilden, den ▇.

# Der Artikel

### Der Daumerling   *Jacob und Wilhelm Grimm*

Ein Schneider hatte einen Sohn, der war klein geraten und nicht größer als ein Daumen, darum hieß er der Daumerling. Er hatte aber Mut im Leibe und sagte zu seinem Vater: „Vater, ich soll und muss in die Welt hinaus." – „Recht, mein Sohn", sprach der Alte, nahm eine lange Stopfnadel und machte am Nadelöhr einen Knoten von Siegellack daran, „da hast du auch einen Degen mit auf den Weg."

**❶** a) Man unterscheidet zwischen bestimmten (der, die, das) und unbestimmten (ein, eine) Artikeln. Untersuche anhand des Textes, wann der bestimmte und wann der unbestimmte Artikel verwendet wird. Formuliere eine vorläufige „Regel".
b) Überprüfe deine „Regel" am folgenden Märchenanfang:

> Es war einmal **ein** armes, frommes **Mädchen**, das lebte mit seiner Mutter allein und sie hatten nichts mehr zu essen. Da ging **das Kind** hinaus in den Wald …

**❷** Setze den Märchenanfang in den Plural. Was passiert mit dem unbestimmten Artikel?

---

**Merke**   **Nomen und Artikel im Satz**

**Der Artikel begleitet das Nomen** und zeigt dessen **Genus, Numerus** und **Kasus** an, z. B.:
*Das Märchen vom Aschenputtel gefällt mir. Der blutige Schuh verrät die Schwestern.*
*Der Prinz erkennt den Betrug der bösen Schwestern an den blutigen Schuhen.*

Der Artikel kann im Satz nicht alleine stehen, sondern erscheint immer mit dem Nomen zusammen. Man unterscheidet:
– **bestimmte Artikel:** *der (Prinz), die (Prinzessin), das (Kind)*
– **unbestimmte Artikel:** *ein (Prinz), eine (Prinzessin), ein (Kind)*

**Das Nomen** dagegen kann ohne Artikel im Satz stehen, z. B.:
*Fast alle Kinder kennen Märchen der Brüder Grimm.*

Ausdruckstraining

# Artikel richtig verwenden

**Der Maulwurf Grabowski**  *nach Luis Murschetz*

Grabowski lebte unter ▇ großen, bunten Wiese am Stadtrand. An ▇ weichen, samtenen Fell, an ▇ großen Grabekrallen und an ▇ rosa Nase erkannte man, dass Grabowski ▇ Maulwurf war.

Tagsüber arbeitete er schwer. Er grub ▇ Gänge unter ▇ Wiese und warf ▇ Erdhügel auf. Dabei schafften seine Grabekrallen wie ▇ richtiger kleiner Bagger. „Hoppla", murmelte er, wenn er auf ▇ Stein stieß, und schubste ihn zur Seite. Am Abend, wenn ▇ Lichter in ▇ nahen Stadt aufleuchteten, kroch Grabowski aus ▇ Erde heraus, säuberte ▇ Grabekrallen und genoss ▇ Frieden auf ▇ Wiese. Eines Tages …

❶ Schreibe den Anfang der Geschichte vom Maulwurf Grabowski in dein Heft. Entscheide jeweils, wo du einen bestimmten, einen unbestimmten oder keinen Artikel brauchst.

❷ Wie könnte die Geschichte weitergehen? Schreibe sie zu Ende und prüfe dabei, wo der bestimmte und wo der unbestimmte Artikel passt.

❸ Schreibe eine eigene Tiergeschichte, z. B. zur Biene Maja oder zu „Pu, der Bär". Überprüfe den Gebrauch des bestimmten und des unbestimmten Artikels.

# Das Adjektiv

## Mit Adjektiven beschreiben

### Lukas der Lokomotivführer  *Michael Ende*

Lukas der Lokomotivführer war ein kleiner, etwas rundlicher Mann [...].
Er trug eine Schirmmütze und einen Arbeitsanzug. Seine Augen waren so
5 blau wie der Himmel über Lummerland bei Schönwetter. Aber sein Gesicht und seine Hände waren fast ganz schwarz von Öl und Ruß. Und obwohl er sich jeden Tag mit einer besonderen Loko-
10 motivführer-Seife wusch, ging der Ruß doch nicht mehr ab. Er war ganz tief in die Haut eingedrungen, weil Lukas sich eben seit vielen Jahren jeden Tag bei seiner Arbeit wieder schwarz machen
15 musste. Wenn er lachte – und das tat er oft –, sah man in seinem Mund prächtige weiße Zähne blitzen, mit denen er jede Nuss aufknacken konnte. Außerdem trug er im linken Ohrläppchen einen kleinen goldenen Ring und rauchte aus einer dicken Stummelpfeife.

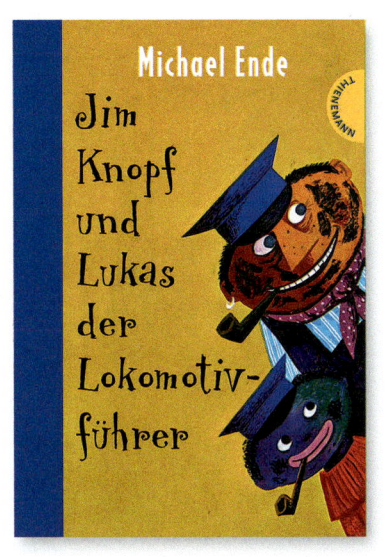

❶ a) Auch Adjektive begleiten Nomen. Tragt zusammen, was ihr sonst noch über Adjektive wisst.
b) Suche alle Adjektive in dem Text „Lukas der Lokomotivführer".
c) Übernimm die Tabelle in dein Heft und sortiere die Adjektive aus dem Text richtig ein.
d) Vergleiche die Adjektive in beiden Spalten. Beschreibe den Unterschied.

| Adjektive, die ein Nomen begleiten | Adjektive, die kein Nomen begleiten |
|---|---|
| ein *kleiner, rundlicher* Mann | Seine Augen waren *blau*. |
| … | … |

❷ a) Überprüfe: Kämen wir auch ohne Adjektive aus? Begründe mit Beispielen aus dem Text.
b) Welcher Satz funktioniert oder welche Sätze funktionieren gar nicht ohne Adjektiv? Nenne Beispiele.

**3** Überprüfe, welche der folgenden Wörter Adjektive sind. Begründe deine Entscheidung.
Tipp: Formuliere dazu Wortgruppen oder Sätze, z.B.:
*eine neue Jacke.*

> NEU · ZUFRIEDEN · LAUFEN · WASSER · REGENREICH · REGNEN · WINDSTILL ·
> AUS · BITTER · BITTE · HINÜBER · ÜBRIG · ÜBER · SCHARF · SCHÄRFE ·
> EINZIGARTIG · BEINAHE · GRÜN

**4** a) Übernimm den folgenden Text in dein Heft. Unterstreiche alle Adjektive und markiere farbig, was sich an den Adjektiven verändert.
b) Erkläre die Gründe für die Veränderung: Wonach richten sich die Adjektive?

> Lukas ist ein kleiner Mann, der auf einer kleinen Insel lebt. Er bewohnt ein kleines Haus. Auffällig sind sein weißes Gebiss und seine eigentlich weiße Haut. Meistens ist sie jedoch von schwarzem Öl verschmiert und schwarzer Ruß klebt an vielen Stellen. Mit schwarzen Händen setzt Lukas sich aber nie an den Tisch. Man sieht Lukas immer in einem blauen Arbeitsanzug, blauer Schirmmütze und einem roten Halstuch.

**5** a) Wie stellst du dir Jim Knopf vor?
Ergänze in der Beschreibung geeignete Adjektive. Achte darauf, dass du sie in der richtigen Form einsetzt.
b) Vergleicht eure Beschreibungen. Was bewirken die Adjektive hier?

> Jim Knopf ist ein Junge. Er hat einen Kopf mit Haut, Haaren und einer Mütze darauf. Jim Knopf trägt meist eine Hose und ein Hemd.

---

**Merke   Das Adjektiv**

**Adjektive** beschreiben, wie etwas ist oder geschieht. Sie geben **Eigenschaften** von Lebewesen, Dingen oder Vorgängen an, z. B.:
  *der **junge** Hund; die **neuen** Taschen; sie fährt **schnell**.*

Wenn ein Adjektiv ein Nomen begleitet, wird es **dekliniert** (gebeugt).
Das **Adjektiv** stimmt dann in **Genus** (Geschlecht), **Numerus** (Zahl) und **Kasus** (Fall) mit dem rechts von ihm stehenden Nomen überein, z. B.:
  – *ein schwarzer Hals* (Maskulinum, Nominativ Singular)
  – *schwarze Hände* (Femininum, Nominativ Plural)
  – *mit schwarzem Gesicht* (Neutrum, Dativ Singular)
  – *wegen des schwarzen Rauches* (Maskulinum, Genitiv Singular)

# Mit Adjektiven vergleichen

## Herr Tur Tur, der Scheinriese  *Michael Ende*

*In „Jim Knopf und Lukas der Lokomotivführer" treffen Jim und Lukas auf den Scheinriesen Tur Tur, vor dem Jim zunächst große Angst hat. Dann aber passiert Folgendes:*

Der Riese kam Schritt für Schritt näher und bei jedem Schritt wurde er ein Stückchen kleiner. Als er etwa noch hundert Meter entfernt war, schien er nicht mehr viel größer zu sein als ein hoher Kirchturm. Nach weiteren fünfzig Metern hatte er nur noch die Höhe eines Hauses. Und als er
5 schließlich bei Emma anlangte, war er genauso groß wie Lukas der Lokomotivführer. Er war sogar fast einen halben Kopf kleiner. […]

*Herr Tur Tur erklärt das so:*
„Sehen Sie, meine Freunde: Wenn einer von Ihnen jetzt aufstünde und wegginge, würde er doch immer kleiner und kleiner werden, bis er am Horizont schließlich nur
10 noch wie ein Punkt aussähe. Wenn er dann wieder zurückkäme, würde er langsam immer größer werden, bis er zuletzt in seiner wirklichen Größe vor uns stünde. Sie werden aber zugeben, dass der Betreffende dabei in Wirklichkeit immer gleich groß bleibt. Es scheint nur so, als ob er erst
15 immer kleiner und dann wieder größer würde."

„Richtig", sagte Lukas.

„Nun", erklärte Herr Tur Tur, „bei mir ist das einfach umgekehrt. Das ist alles. Je weiter ich entfernt bin, desto größer sehe ich aus. Und je näher ich komme, desto mehr er-
20 kennt man meine wirkliche Gestalt."

❶ Wie kann jemand gleichzeitig „kleiner", „größer" und (genauso) „groß" genannt werden? Formuliere Herrn Tur Turs Erklärung in eigenen Worten.

**2** a) Übernimm die Tabelle mit dem vorgegebenen Beispielwort „klein" in dein Heft.
Trage die Adjektivformen aus dem Text über Herrn Tur Tur (→ S. 221) in die richtige Spalte ein und ergänze die fehlenden Formen.
b) Ergänze weitere Adjektive und probiere auch Fantasiewörter aus, z. B.
*quorm, grulig, bolz* oder *wamm*.

| Grundstufe (Positiv) | Vergleichsstufe (Komparativ) | Höchststufe (Superlativ) |
|---|---|---|
| klein | kleiner | am kleinsten |
| … | … | … |

c) Unterstreiche in deiner Tabelle farbig, was sich im Komparativ und im Superlativ verändert. Fasse zusammen, wie diese beiden Steigerungsstufen in der Regel gebildet werden.

**3** a) Welche Adjektive im Wortspeicher lassen sich nicht steigern? Begründe.
b) Schreibe mithilfe dieser Adjektive eine kleine Geschichte. Nutze die Adjektive möglichst oft auch im Komparativ und im Superlativ zum Vergleichen.

> riesengroß · dunkel · heiß · kalt · nah · unheimlich · gruselig · grässlich · glücklich · messerscharf · gut · schlimm · schwarz · hell · still

---

**Merke    Adjektive steigern**

Adjektive kann man steigern, z. B.: *groß – größer – am größten / der größte (Mensch)*.
So kann man Lebewesen oder Dinge miteinander **vergleichen**.

Es gibt drei **Steigerungsstufen**:

– die **Grundstufe** (den **Positiv**):        *Herr Tur Tur ist so groß wie Lukas.*
– die **Vergleichsstufe** (den **Komparativ**):  *Je weiter er wegging, desto größer schien er.*
– die **Höchststufe** (den **Superlativ**):     *Aus weiter Ferne sah er am größten aus.*

– **Vergleiche mit dem Positiv** werden mit *wie* gebildet, z. B.:
    *Marlene ist so alt wie Mia.*
– **Vergleiche mit dem Komparativ** werden mit *als* gebildet, z. B.:
    *Marlene ist älter als Ege.*

# Richtig und sinnvoll vergleichen

**1** a) Übertrage die Tabelle in dein Heft und formuliere mit den Adjektiven *schnell, schön, lustig* Vergleiche wie in der Tabelle.
b) Formuliere zu jedem der drei Adjektive einen Beispielsatz mit einem Vergleich.
*Je schneller ich laufe, desto eher bin ich zu Hause.*

| Positiv | Komparativ | Superlativ |
|---|---|---|
| so gut wie … | je besser …, desto … | am besten … |
| genauso gut wie … | je besser …, umso … | das beste Buch, … |
| ebenso gut wie … | viel/weitaus/kaum besser als … | der Beste … |

**2** a) Welche Adjektive aus dem folgenden Wortspeicher passen in die Lücken?
Schreibe den Text ab und entscheide, ob du sie im Positiv, Komparativ oder Superlativ verwenden musst. Achtung: Einige Adjektive musst du mehr als einmal verwenden!
b) Unterstreiche die Vergleiche in deinem Text.

> gut · schlecht · interessant · wichtig · lieb · wenig · schwierig · viel

### Gut, besser, am besten …

Anna und Felipe unterhalten sich über die Schule. Felipe beschwert sich: „Immer wird gemessen und verglichen! Man soll in der zweiten Klassenarbeit möglichst eine ▮ Note erreichen ▮ bei der ersten Arbeit, auf keinen Fall aber eine ▮. Wenn das nicht klappt, heißt es, man soll sich
5 ▮ anstrengen, auch wenn man schon ▮ gelernt hat." Anna stimmt ihm zu: „Da hast du recht. Zum Glück sind meine Eltern da ganz gelassen. Sie finden, dass ich nicht überall gleich ▮ sein kann, weil ich eben einige Fächer ▮ finde ▮ die anderen. Außerdem finden sie ausreichend freie Zeit ▮ Hausaufgabenzeit! Was sind denn deine Lieblingsfächer?"
10 Felipe überlegt: „Mathe und Physik sind klasse, die mag ich von allen Fächern ▮. Englisch mochte ich am Anfang ▮. Aber ▮ ich verstehen und sprechen kann, ▮ gefällt mir die Sprache. Englisch ist sogar fast mein ▮ Fach geworden, obwohl ich die Aussprache immer noch ▮ finde ▮ die Aussprache im Deutschen."

**3** Sieh dir das Bild mit Herrn Tur Tur auf Seite 221 an.
Erfinde eine kleine Geschichte, die zu diesem Bild passt. Verwende Adjektive zum anschaulichen Beschreiben und Vergleichen.

# Das Personalpronomen

**Was ist das?**

Sie hat zwei Flügel
und kann nicht fliegen,
sie hat einen Rücken
und kann nicht liegen.

Er hat vier Beine
und kann nicht gehen,
muss immer
auf allen vieren stehen.

Immer muss ich gehen,
niemals darf ich stehen,
darf mich weder zu langsam
noch zu schnell drehen.

**1** a) Worum handelt es sich jeweils? Löse die Rätsel, indem du die markierten Personalpronomen durch passende Nomen ersetzt.

b) Schreibe selbst ein Rätsel, in dem du wie in diesen Beispielen anstelle von Nomen Personalpronomen verwendest. Lass deine Mitschüler/-innen raten, um welches Nomen es sich handelt.

**2** Ersetze in den folgenden Sätzen die markierten Nomengruppen durch Personalpronomen.
– Unser Auto steht in der Garage. → *Es steht in der Garage.*
– Mein Bruder spielt Basketball. → ?
– Meine Schwester spielt Handball. → ?
– Meine Geschwister sind gute Spieler. → ?
– Bei Wettkämpfen fiebert die ganze Familie mit meinen Geschwistern mit. → ?

**3** In diesem Text sind viele Nomen durch Personalpronomen ersetzt worden. Wie findest du das Ergebnis? Begründe.

### Im Schlaraffenland  *Nacherzählung*

*Sie liefen immer weiter ins Schlaraffenland hinein. Auf ihrem Weg liefen sie manchmal gackernd an ihnen vorbei. Hinter sich zogen sie sie her. Wenn sie Leute entdeckten, blieben sie sofort stehen. Sie legten schnell ein Spiegelei hinein oder machten ein Omelett mit Spargel. Er wollte jedoch nichts essen, weil er bereits satt war. „Hier gibt es ja gar keine Menschen", staunte er. „Natürlich gibt es welche", meinte er. Sonst hätten sie ja gar keinen Sinn. „Wo wohnen sie denn?", wollte er wissen. Als sie um die Ecke bogen, sahen sie sie plötzlich. Sie hatten Räder und wurden von Pferden gezogen. So konnten sie im Bett liegen bleiben und kamen trotzdem dorthin, wo sie wollten.*

**4** Im folgenden Wortspeicher findest du die Wörter, die im Text durch Personalpronomen ersetzt worden sind (→ Ersatzprobe, S. 243). Entscheide, wo du sie anstelle der Pronomen einsetzen musst und wo die Personalpronomen stehen bleiben können.

Automatenbäume · Konrad · der Onkel · Häuser · Bratpfannen · Bewohner · Hühner

**5** Stelle eine Regel auf, wann du Personalpronomen als „Stellvertreter" einsetzen darfst und wann nicht. Überprüfe deine Regel an anderen Texten.

**6** Schreibe die folgenden Sätze in dein Heft und setze passende Personalpronomen in der richtigen Form ein. Die Frageprobe und die Übersicht im Merkkasten helfen dir.

A <u>Wen oder was beschenken alle?</u> – <u>dich</u> (Akkusativ)
<u>Wem</u> wünschen alle Glück? – <u>dir</u> (Dativ)
⟶ Alle beschenken <u>dich</u> und wünschen <u>dir</u> Glück.

- A Du hast Geburtstag. Alle beschenken ▇▇▇ und wünschen ▇▇▇ Glück.
- B Hallo! Seht ihr mich nicht? ▇▇▇ bin hier! Holt ▇▇▇ hier heraus!
- C Ein Autofahrer hat uns angefahren. Aber ▇▇▇ hatten Glück, es ist ▇▇▇ nichts passiert.
- D Kalle Blomquist ist ein Meisterdetektiv. ▇▇▇ hat schon etliche Verbrecher zur Strecke gebracht. Die Polizei verdankt ▇▇▇ viel und hat ▇▇▇ oft gelobt.
- E Kalle zu Anna-Lotte und Rasmus: ▇▇▇ müsst keine Angst haben, ▇▇▇ beschützen ▇▇▇.
- F Wenn wir ein Baumhaus bauen, muss ▇▇▇ groß genug sein für ▇▇▇ alle. ▇▇▇ müssen uns in ▇▇▇ verstecken können und niemand soll ▇▇▇ erobern können.
- G Lilo chattet mit ihrer Freundin vom Urlaub aus und sagt ▇▇▇, dass ▇▇▇ ▇▇▇ vermisst.
- H Die Zwillinge sind unzertrennlich. ▇▇▇ machen alles gemeinsam, man sieht ▇▇▇ nur zusammen, selbst die Kleider gehören ▇▇▇ gemeinsam.
- I Der Detektiv beobachtet zwei Ladendiebe. ▇▇▇ folgt ▇▇▇ unauffällig.

---

**Merke**     **Die Personalpronomen**

Die **Personalpronomen** *er, sie, es* im Singular und *sie* im Plural können **Nomen ersetzen**, die zuvor schon genannt wurden. Mit ihnen kann man Wiederholungen vermeiden.
Die Personalpronomen *ich, du, wir* und *ihr* zeigen an, wer spricht *(ich, wir)* oder angesprochen wird *(du, ihr)*. Personalpronomen werden im Satz **wie die Nomen dekliniert** (gebeugt):

**Singular:**

| | | | | | |
|---|---|---|---|---|---|
| **Nominativ** | *ich* | *du* | *er* | *sie* | *es* |
| **Genitiv** | *meiner* | *deiner* | *seiner* | *ihrer* | *seiner* |
| **Dativ** | *mir* | *dir* | *ihm* | *ihr* | *ihm* |
| **Akkusativ** | *mich* | *dich* | *ihn* | *sie* | *es* |

**Plural:**

| | | | |
|---|---|---|---|
| **Nominativ** | *wir* | *ihr* | *sie* |
| **Genitiv** | *unser* | *euer* | *ihrer* |
| **Dativ** | *uns* | *euch* | *ihnen* |
| **Akkusativ** | *uns* | *euch* | *sie* |

# Ausdruckstraining

# Personalpronomen richtig verwenden

### Die Königin des Sprungturms

In dem Roman „Die Königin des Sprungturms" geht es um zwei Mädchen. Sie verbindet eine besondere Freundschaft. Karla ist die Königin des Sprungturms. Sie fasziniert Nadja, weil sie so perfekte Sprünge ausführen kann. Gleichzeitig ist sie aber auch etwas neidisch, weil sie immer in Karlas Schatten steht. Doch plötzlich klappen bei Karla keine Sprünge mehr und sie hört mit dem Springen auf. Nachdem sie Nadja das Geheimnis ihres Erfolgs verraten hat, springt sie den besten Sprung ihres Lebens.

**1** a) Auf welches Nomen verweisen die markierten Personalpronomen? Schreibe den Text mit genügend Abstand zwischen den Zeilen ab und kennzeichne die Bezüge durch Pfeile.
 … geht es um zwei Mädchen. Sie verbindet eine besondere …

b) Zwei Stellen im Text sind missverständlich formuliert. Suche sie und verbessere sie so, dass der Text verständlicher wird.

### Tom Sawyers Abenteuer

Mein Lieblingsbuch ist „Tom Sawyers Abenteuer" von Mark Twain. Er wächst bei seiner Tante Polly auf und hat einen braven Bruder namens Sid, den er oft verprügelt, weil er ihn verpetzt. Sein Freund ist Huckleberry Finn. Er ist verliebt in Becky. Huckleberry Finn ist der Sohn eines Trunkenbolds und alle Mütter hassen ihn, weil
5 er frech, faul und ordinär ist, aber genau deshalb bewundern ihn die Kinder, auch wenn sie ihnen verbieten, mit ihm zu spielen. Statt in die Schule zu gehen, treffen sich Huck und Tom und gehen schwimmen.
   Eines Tages beobachtet er einen Mord. Indianer-Joe
10 ist der Mörder und er hat, weil er Zeuge des Mordes ist, große Angst vor ihm. Aber dann ist er verschwunden. Am Ende verirren Tom und Becky sich in einer Höhle, und als er den Ausgang sucht, entdeckt er ihn. Er ist in der Höhle verhungert. Schließlich findet er
15 mithilfe einer Drachenschnur wieder heraus und sie sind gerettet.

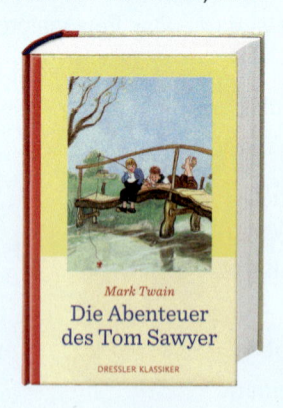

**2** Überarbeite diese Buchvorstellung in deinem Heft.
Achte darauf, dass immer deutlich wird, auf welches Nomen sich das Pronomen bezieht.

# Das Verb

## Der Infinitiv und die Personalformen

### … und rein in den Korb: Basketball

In der Sporthalle herrscht ein höllischer Lärm. Denn heute trainieren die Basketballkids. Die Jungen und Mädchen dribbeln, bis der Schweiß tropft. Sie stoppen, passen, ziehen zum Korb. Aber das Treffen gelingt nicht so leicht. „Es ist ganz wichtig, dass ihr beim Passen die Bauchmuskeln anspannt", sagt der Trainer. „Wie kann ich an meinen Bauch denken, wenn ich mich auf den Korb konzentriere?", stöhnt eine 10-Jährige verzweifelt. „Wir wollen endlich spielen!", schreit eine andere und der Trainer teilt schließlich die Mannschaften ein.

Vor allem seit Dirk Nowitzkis Erfolgen in der deutschen Nationalmannschaft und in der NBA (National Basketball Association) interessieren sich zunehmend Kinder für Basketball. Der Deutsche Basketballbund fördert Jugendliche, die Lust auf Leistung haben, in einer Nachwuchs-Liga und hofft, dass sich mit dieser Unterstützung viele junge Talente wie Dirk Nowitzki entwickeln. Für den Anfang reichen aber schon ein Ball und ein Korb. Dann kannst du im Hof oder in der Garageneinfahrt spielen.

**❶** Lest einander den Text ohne die blau geschriebenen Verben vor und diskutiert: Was „fehlt"?

**❷** a) Im Wörterbuch findest du nicht die Formen der Verben, wie sie im Text stehen, sondern die Grundform (den Infinitiv), z. B.: *herrschen, trainieren*. Bilde die Infinitive zu den Verbformen im Text.
b) Woran erkennst du den Infinitiv? Markiere das Erkennungsmerkmal.
*(er) herrscht – herrsche<u>n</u>, …*

**❸** a) Die Verbformen im Text heißen **Personalformen**. Übernimm die Tabelle in dein Heft und trage in jede Zeile mindestens eine passende Personalform aus dem Text ein.
b) Wonach richten sich die Endungen der Personalformen? Markiere sie und formuliere eine vorläufige Regel.

| Person | Singular | Plural |
|---|---|---|
| 1. Person | *ich …* | *wir …* |
| 2. Person | *du kannst (spielen), …* | *ihr …* |
| 3. Person | *er/sie/es …* | *sie interessieren sich, …* |

④ Bilde die Personalformen für alle Personen zu den Verben *aussagen, losbinden, aufgeben, abgießen*. Was kannst du beobachten? Ergänze deine Regel aus Aufgabe 3.

> **Merke** **Das Verb: Infinitiv und Personalformen**
>
> Mit Verben macht man **Aussagen** über jemanden oder etwas. Sie geben meist an, was jemand tut oder was geschieht, z. B.:
>   Ich konzentriere mich. Du spannst den Bauch an. Die Kids trainieren.
>   Der Basketballbund fördert Kinder und Jugendliche. Der Korbwurf gelingt nicht immer.
> **Verben** erscheinen im Wörterbuch im **Infinitiv** (Grundform). Dieser endet meist auf *-en*, selten auf *-n*, z. B.: rennen, passieren, haben, schließen; rudern, betteln, tun, sein.
>
> Im Satz richten sich die Verbformen nach den „Personen", über die das Verb etwas aussagt. Man spricht deshalb von den **Personalformen** des Verbs:
>   Sie (die Basketball-Kids) bewundern Dirk Nowitzki.   Sie schreibt. Ich rede. Du rennst.
> Die Veränderung des Verbs nach der Personalform und dem Numerus (Singular/Plural) nennt man **Konjugation** (Beugung).

## Der Imperativ

❶ a) Welche Anweisungen gibt ein Basketballtrainer? Schreibe Beispiele in wörtlicher Rede auf.
  b) Vergleicht eure Ergebnisse in der Klasse. Achtet vor allem auf die Verbformen.

❷ Formuliere mit den Verben im Wortspeicher Anweisungen.
  Achte auf die Unterschiede zwischen den Verbformen.

> machen · tun · geben · werfen · sehen · sein · sich hinsetzen · aufstehen · zupacken

> **Merke** **Der Imperativ: Befehlsform des Verbs**
>
> Mit der Verbform **Imperativ** kann man auffordern oder einen Befehl erteilen.
> Der **Imperativ Singular** besteht nur aus dem Stamm des Verbs (trinken → trink). Manchmal wird an den Stamm die Endung *-e* (reden → rede) angehängt und bei einigen Wörtern ändert sich der Stammvokal (essen → iss):
>   Gib den Ball ab! Konzentriere dich beim Wurf! Lauf dich frei!
> Der **Imperativ Plural** wird in der Regel mit dem Stamm des Verbs und der Endung *-t* gebildet:
>   Gebt den Ball ab! Konzentriert euch beim Wurf! Lauft euch frei!

# Die Tempusformen des Verbs

## Dirk Nowitzki

Dirk Werner Nowitzki ist ein deutscher Basketballspieler. Er spielte seit 1998 in der nordamerikanischen Profiliga bei den Dallas Mavericks. 2011 gewann er mit den Mavericks als erster Deutscher
5 die NBA-Meisterschaften. Dirk Nowitzki gilt als einer der besten internationalen Spieler in der Geschichte des Basketballsports.

Dirk Nowitzkis Mutter war ebenso wie seine Schwester Basketballnationalspielerin. Sein Vater
10 war Handballspieler. Dirk selbst kam erst relativ spät, nämlich im Alter von 13 Jahren, zum Basketball. Er hatte sich zuvor auf Turnen, Handball und Tennis konzentriert. Zunächst spielte er in der Schulmannschaft seines Gymnasiums und im Sportverein seines Heimatortes. Sein Mentor[1] entdeckte ihn zufällig im Sommer 1995, überzeugte ihn, sich ganz auf den
15 Basketballsport zu konzentrieren, und trainierte intensiv mit ihm. Er begleitete ihn von da an immer mit Rat und Tat.

Trotz einiger Verletzungen hat Nowitzki noch einige Jahre in der NBA gespielt. 2019 hat er seine Karriere als Basketballer beendet. Als UNICEF-Botschafter wird er aber sein Engagement für benachteiligte Kinder sicher noch ausweiten.

1 der Mentor: Förderer, Berater

❶ Verben bilden nicht nur Personalformen, sondern auch Tempusformen (Zeitformen). Übernimm die Tabelle in dein Heft und ordne die Verbformen aus dem Text ein.
Wie viele verschiedene Tempusformen (Zeitformen) erkennst du?

| In der Vergangenheit | ← Heute / Jetzt → | In Zukunft |
|---|---|---|
| … | ist | … |

> **Merke** **Verben bilden Tempusformen** (Tempora, Zeitformen)
>
> Mit den **Tempusformen** (Zeitformen) des Verbs kann man angeben, ob es z. B. um die **Gegenwart** oder die **Vergangenheit** geht.
> *Dirk gilt als einer der besten Spieler der Welt.*
> *Er kam zum Basketball, nachdem er zuvor Handball gespielt hatte.*

# Das Präteritum

## U11 – Kölner Basketballmädchen erkämpften den Sieg

Kurz vor dem Anpfiff des Auftaktspiels stand den Mädchen der Kölner U11 die Aufregung förmlich ins Gesicht geschrieben. Ihre Trainerin beruhigte sie zwar und sprach ihnen Mut zu, aber das nutzte offenbar
5 nicht viel. Im ersten Viertel des Spiels gegen die Duisburger Mädchen wirkte die Mannschaft nervös und unkonzentriert und kassierte mehrere Körbe. Doch nach der ersten Pause, als die Trainerin die Spielerinnen noch einmal an die im Training geübten Strategien
10 erinnerte, schienen die Mädchen wie ausgewechselt. Im zweiten Viertel gelang ihnen der Ausgleich und schließlich konnte die Mannschaft das Spiel sogar mit 17:11 für sich entscheiden.

❶ a) Suche die finiten (gebeugten) Verbformen aus dem Text heraus und schreibe sie mit dem Infinitiv auf, z. B.:
*war (sein), setzten (setzen), ...*
b) Was fällt dir an den Formen auf? Markiere, was sich gegenüber dem Infinitiv verändert.
c) Sortiere die Formen mithilfe des Merkkastens unten in starke und schwache Verben.

❷ Bilde die Präteritumformen in der Ich-Form zu den Verben in der Tabelle. Notiere hinter jedem Verb in Klammern, ob es sich um ein starkes oder ein schwaches Verb handelt:
*ich beginne – ich begann (starkes Verb), ...*

| beginnen – ? | fliegen – ? | heben – ? | gehen – ? | laufen – ? |
| gewinnen – ? | siegen – ? | geben – ? | sehen – ? | saufen – ? |
| verrinnen – ? | liegen – ? | weben – ? | stehen – ? | kaufen – ? |

> **Merke  Das Präteritum**
>
> Das **Präteritum** ist eine einfache **Zeitform der Vergangenheit**. Es wird vor allem beim schriftlichen Erzählen und Berichten verwendet. So wird es gebildet:
> Bei **starken Verben** ändert sich im Präteritum der Vokal im Wortstamm, z. B.:
>   *ich sehe ⟶ ich sah; ich rufe ⟶ ich rief; ich finde ⟶ ich fand.*
> Bei **schwachen Verben** wird im Präteritum ein *-t-* zwischen Stamm und Endung eingefügt, z. B.: *ich lebe ⟶ ich lebte; ich lache ⟶ ich lachte; ich rede ⟶ ich redete.*

## Präsens und Perfekt

### Kinder laufen für Kinder

*Der zehnjährige Constantin und die elfjährige Mia haben an der Aktion „Kinder laufen für Kinder" teilgenommen. Hier berichten sie von ihren Erfahrungen.*

**Frage: Worum geht es bei der Aktion?**
**Mia:** Es geht darum, Geld für einen guten Zweck zu sammeln. Dieses Jahr haben wir z. B. für ein Kinderhaus in Peru gesammelt und für die Aktion „Save the children", die sich dafür einsetzt, dass überall auf der Welt die
5 Kinderrechte beachtet werden.
**Constantin:** An der Aktion nehmen viele Schulen teil. Jedes Kind muss sich einen Sponsor suchen, z. B. die Großeltern, ein Hotel im Ort oder eine Autowerkstatt. Mit den Sponsoren vereinbart man, wie viel Geld sie für jeden gelaufenen Kilometer spenden.

10 **Frage: Wie oft habt ihr schon an der Aktion teilgenommen?**
**Mia:** Ich bin schon zum vierten Mal mitgelaufen, weil es mir so viel Spaß macht.
**Constantin:** Ich bin dieses Jahr das erste Mal gelaufen und im nächsten Jahr bin ich in jedem Fall wieder dabei.

15 **Frage: Wie bereitet ihr euch auf den Lauf vor?**
**Constantin:** Ich bin in den letzten zwei Monaten regelmäßig mit meinem Vater gejoggt. Das hat viel gebracht.
**Mia:** Ich bereite mich eigentlich gar nicht extra vor, weil ich regelmäßig Basketball spiele. Da gehört Lauftraining dazu.

**❶ a)** Wie viele verschiedene Tempusformen entdeckst du in dem Interview?
Notiere für jede Tempusform ein Beispiel aus dem Text.
**b)** Übernimm die Tabelle in dein Heft und ordne die Verben ein.
Was fällt dir bei den Aussagen zur Vergangenheit auf? Nenne Beispiele.

| Vorher, ← in der Vergangenheit | ⎯ Gegenwärtig, gewöhnlich, ⎯ immer | → In Zukunft, später |
|---|---|---|
| *Dieses Jahr haben wir ...* | *Es geht um ...* | ... |
| ... | ... | ... |

# Kurz und verständlich: Die wichtigsten Basketballregeln

Jede Mannschaft besteht aus bis zu zwölf Spielern. Fünf davon müssen während der Spielzeit auf dem Feld sein. Die übrigen sind Auswechselspieler. Ein Spiel besteht aus vier Vierteln zu je 10 Minuten. Anders als beim Fußball sind die 40 Minuten eines Spiels effektive Spielzeit. Ein Spiel kann mit Aus-
5 zeiten und Pausen bis zu zwei Stunden dauern.

Wirft ein Spieler innerhalb des Halbkreises, den die „Dreier-Linie" markiert, einen Korb, zählt dies zwei Punkte. Treffer jenseits der „Dreier-Linie" zählen drei Punkte. Freiwürfe, die die Schiedsrichter für Fouls geben, zählen ein bis drei Punkte. Hat ein Spieler fünf Fouls gesammelt, wird er vom Spiel
10 ausgeschlossen.

❷ a) Untersuche die Tempusformen im Text und erkläre ihre Verwendung.
b) Informiere dich im Merkkasten, wie die Zeitformen heißen und wie sie gebildet werden.

❸ Bilde die Perfektformen zu den folgenden Verben in der Ich-Form. Sortiere: Welche werden mit *sein* gebildet, welche mit *haben*?
*Ich habe gefroren.*      *Ich bin ...*

> frieren · schwitzen · schreiben · lesen · rennen · schleichen · essen · hüpfen

④ Bilde vier Sätze, in denen Präsens und Perfekt zusammen verwendet werden.
Überprüfe die zeitliche Abfolge: *Wenn du den Hund ausgeführt hast, kannst du ...*

---

**Merke**   **Präsens und Perfekt**

Das **Präsens (die Gegenwartsform)** verwendet man für Aussagen über etwas,
– das **in der Gegenwart** geschieht, z. B.: *Ich laufe dieses Jahr mit.*
– das **allgemein** und immer gilt, z. B.: *An der Aktion nehmen viele Schulen teil.*
– das in der **Zukunft** geschieht, meist mit Zeitangabe, z. B.: *Nächstes Jahr laufe ich mit.*

Das **Perfekt** verwendet man
– als Vergangenheitsform zum **Präsens**, z. B.: *Ich habe schon viermal teilgenommen und laufe dieses Jahr wieder mit.*
– beim **mündlichen** Erzählen oder Berichten über Vergangenes, z. B.: *Ich bin viel gelaufen.*
Das Perfekt wird **zusammengesetzt** aus dem **Präsens von** *haben* oder *sein* und dem **Partizip II des Verbs**: *Ich habe trainiert. Ich bin gelaufen. Es hat Spaß gemacht.*
Das **Partizip II** beginnt meist mit der Vorsilbe *ge-*, z. B.: *singen* ⟶ *gesungen*.
Hat das Verb bereits eine Vorsilbe *(ge-, be-, ver-)*, dann wird keine weitere Vorsilbe hinzugefügt, z. B.: *gefrieren* ⟶ *gefroren; beginnen* ⟶ *begonnen; verlieren* ⟶ *verloren.*

# Tempusformen richtig verwenden

### Der geheime Garten – Mary erzählt ihre Geschichte

„Ich habe meine Kindheit in Indien verbracht. Als meine Eltern gestorben sind, hat mein Onkel mich nach England geholt. Da besitzt er ein Riesenherrenhaus, in dem er aber kaum wohnt. Ich bin immer alleine gewesen und habe mich schrecklich gelangweilt. Dann aber habe ich einen geheimen Garten entdeckt und auch den Schlüssel für die Pforte. In diesem Garten habe ich jeden Tag zugebracht. Erst nach langer Zeit habe ich bemerkt, dass im Haus meines Onkels auch sein Sohn, mein Cousin Colin, gewohnt hat. Eines Nachts habe ich Schreie gehört und dann habe ich Colin in einem versteckten Zimmer entdeckt."

**❶** a) Auf welche Form des Erzählens (schriftlich oder mündlich) deutet das Tempus in diesem Text hin?
b) Wie muss der Text fortgeführt werden, wenn er so beginnt: *Ich verbrachte …*?
Schreibe diese Fassung in dein Heft.

### Unser Schulfest

Wie jedes Jahr feierten wir im Juli unser Schulfest. Das fand immer draußen statt, denn der Juli war ja ein Hochsommermonat und es gab eigentlich immer viel Sonne. Da es dieses Jahr aber unentwegt regnet, bauten alle Klassen ihre Stände im Schulgebäude auf. Dadurch war alles etwas eng, aber man blieb immerhin trocken.
5 Unseren Klassenraum bauen wir zu einer Geisterbahn um. Die Fenster verklebten wir dunkel und die Leute mussten sich durch enge Gänge aus Betttüchern, Tischen und Polstern tasten. Ab und zu greifen sie dabei in einen nassen Schwamm oder in eine Wasserschüssel. Dann schreien sie ganz laut. Manchmal bliesen wir ihnen auch mit einem starken Föhn plötzlich einen Schwall Luft ins Gesicht, sodass sie
10 erschraken.
   Am tollsten sind aber immer noch die Wollfäden, die von der Decke hängen. Wenn man durch diese durchging, hat man das Gefühl, als liefe man durch Spinnweben. Besonders die kleinen Kinder habe sich hier gegruselt. Toll finden alle, dass die Geisterbahn nur 20 Cent pro Rundgang kostete. Am Ende des Tages waren
15 wir ganz stolz, als unsere Klassenlehrerin verkündete: „Ihr nehmt 40 Euro ein!" Das war eine stolze Summe! Ich glaubte aber, dass einige Erwachsene mehr als 20 Cent gaben.

**❷** a) In diesem Text stimmen nicht alle Tempusformen. Suche die Fehler.
b) Schreibe den Text überarbeitet in dein Heft.

# Der Satz und seine Gliederung

A   läuteten … ein – Markttage – Kirchenglocken – im – in – Mittelalter – vielen – die – Städten

B   Straße – Leute – dann – der – auf – die – schritten … aus – kräftig

C   Pferde – Reiter – Kutschfahrer – ihre – oder – trieben … an

D   Waren – wollten – erwerben – von – ihnen – die – meisten

E   kauften – Seidengewänder – Adlige – Damen – aus – oder – Leder – dem – glänzende – spanisches – feines – Orient

F   ist – der – Platz – ein – Marktplatz – heute – noch – auch – in – Stadt – einer – sehr – Stadt – wichtige

**1** a) Verteilt die „Schnipsel-Sätze" auf Gruppen. Schreibt jedes Wort auf einen Papierschnipsel und setzt die Schnipsel zu einem sinnvollen Satz zusammen.
Überprüft dabei, ob es mehrere Möglichkeiten gibt.
*Im Mittelalter …*
b) Verschiebt die Wörter eures Satzes so, dass der Sinn erhalten bleibt.
Schreibt alle Möglichkeiten auf, die sich dabei ergeben.
– *Im Mittelalter …*
– *In vielen Städten …*
– *Kirchenglocken …*
c) Kreist die Wörter oder Wortgruppen ein, die beim Umstellen immer zusammenbleiben.
d) Nummeriert die eingekreisten Wortgruppen. Erkennt ihr ein „Muster"?
Tipp: Achtet auf das finite (gebeugte) Verb.

**2** Stelle das finite (gebeugte) Verb an die Spitze der Sätze: Was für Sätze entstehen dadurch?

A Viele leibeigene Bauern liefen ihrem Grundherrn weg.
B In den Städten bekamen sie nach einem Jahr ihre Freiheit geschenkt.
C In der mittelalterlichen Stadt hatten reiche Kaufleute den größten politischen Einfluss.
D Ihre Macht regte die Handwerker natürlich auf.
E In Paris und anderen großen Städten Europas zettelten sie deshalb oft Aufstände an.
F Danach räumte der König den Handwerkern größere politische Rechte ein.

**❸** Übertrage die Tabelle in dein Heft und trage die Sätze wie im Beispiel ein. Nutze auch den Merkkasten.

| Vorfeld | Linke Satzklammer: finiter Prädikatsteil | Mittelfeld | Rechte Satzklammer: 2. Teil des Prädikats |
|---|---|---|---|
| Viele leibeigene Bauern | liefen | ihrem Grundherrn | weg. |
| ... | ... | ... | ... |

**❹** Alle Teile des Satzes, die du ins Vorfeld verschieben kannst, sind Satzglieder. Probiere es aus und rahme die Satzglieder in deinem Heft ein.

> **Merke   Das Prädikat und die Satzglieder**
>
> Mit dem **Prädikat** wird die „Satzaussage" gemacht. Es wird aus einem Verb gebildet. Manchmal besteht es nur aus einem Teil, z. B.:
>
> *Die Adligen kauften warme Pelze.*
>
> Meist ist das Prädikat jedoch **mehrteilig** und bildet dann die sogenannte Satzklammer. Der **finite (veränderliche, gebeugte) Teil des Prädikats** steht in einem Aussagesatz dabei immer in der linken Satzklammer.
>
> **Satzglieder** nennt man die Wörter oder Wortgruppen, die beim Umstellen des Satzes (**Umstellprobe**) immer zusammenbleiben und die im Vorfeld des Satzes stehen können.
>
> | | | Satzklammer | | |
> |---|---|---|---|---|
> | Vorfeld | linke Satzklammer: finiter Prädikatsteil | | Mittelfeld | rechte Satzklammer: 2. Teil des Prädikats |
> | Kirchenglocken | läuteten | im Mittelalter | die Markttage | ein. |
> | Im Mittelalter | läuteten | Kirchenglocken | die Markttage | ein. |
> | Die Markttage | läuteten | im Mittelalter | Kirchenglocken | ein. |

# Das Subjekt

## Das Leben auf einer mittelalterlichen Burg

? war Heim und Festung zugleich für ihre Bewohner. ? fand aber glücklicherweise nur etwa alle hundert Jahre statt. ? musste sich um seine umliegenden Ländereien kümmern. ? empfing die von ihm abhängigen Lehensleute. Auch ? gehörte zu seinen Aufgaben. ? hatten die Aufgabe, für Lebensmittel und die Zubereitung des Essens zu sorgen. ? verrichteten die unterschiedlichsten Arbeiten für die Ritterfamilie. Morgens las ? die Messe in der Burgkapelle für alle Familienmitglieder. Später wurden ? von ihm unterrichtet. Die Erziehung ihrer Kinder überwachte ? .

**1** a) Welche Fragen musst du stellen, um die fehlenden Textstellen zu ergänzen? Schreibe sie auf.
*Wer/Was war Heim und Festung für die Bewohner? – eine mittelalterliche Burg*
b) Beantworte deine Fragen mithilfe der Informationen im Wortspeicher.

> der Ritter, der auf der Burg wohnte · eine mittelalterliche Burg · viele Diener ·
> die Burgherrin · seine Verwalter · eine Belagerung · die Rechtsprechung ·
> die Kinder · ein Geistlicher · er

c) Bestimme mithilfe des Merkkastens den Kasus, in dem die ergänzten Satzglieder stehen.

---

**Merke    Das Subjekt**

Das **Subjekt** ist der wichtigste „Partner" des Prädikats.
Es steht immer im **Nominativ** (1. Fall, → S. 215).
Man erfragt es also mit „Wer?" oder „Was?", z. B.:
  <u>Wer</u> unterrichtete die Kinder? <u>Was</u> ist die Aufgabe des Burgherrn?
Das **Subjekt** besteht oft aus:
– einer **Wortgruppe**, z. B.: *eine mittelalterliche Burg, die Aufgabe des Verwalters*
– einem **Pronomen**, z. B.: *er, sie*

## Kinderkram

*Hans Stempel und Martin Ripkens*

Taschenmesser, Luftballon,
Trillerpfeife, Kaubonbon,
Bahnsteigkarte, Sheriffstern,
Kuchenkrümel, Pflaumenkern,
5 Bleistiftstummel, Kupferdraht,
Kronenkorken, Zinnsoldat,
ja, sogar die Zündholzdose
finden Platz in Peters Hose.
Nur das saubre Taschentuch
10 findet nicht mehr Platz genug.

**2** a) Wie viele Sätze hat das Gedicht? Benenne in jedem Satz das Subjekt und das Prädikat.
b) Untersuche die Prädikate. Wonach richtet sich ihre Form? Formuliere eine Regel.

**3** a) Bestimme in den folgenden Sätzen die Subjekte mithilfe der Frageprobe.
b) Schreibe die Sätze ab und setze die Prädikate in Klammern in der richtigen Form ein.

- A  Gewitter ▬ man am besten in Gebäuden. (überstehen)
- B  Auch Autos aus Metall ▬ sicheren Schutz. (bieten)
- C  Ein Wohnwagen aus Kunststoff oder ein Cabriolet hingegen ▬ gegenüber Blitzen elektrisch offen. (sein)
- D  Im Gegensatz zu der alten Bauernregel „Vor den Eichen sollst du weichen, nur die Buchen sollst du suchen" ▬ weder Eiche noch Buche Schutz vor Blitzen. (bieten)
- E  Menschen im freien Feld ▬ ein Experte: (empfehlen)
- F  „Du ▬ am besten in die Hocke und ▬ die Arme um die Beine." (gehen, schlingen)

---

**Merke**  **Subjekt und Prädikat**

Das **Subjekt** bestimmt die Personalform des Prädikats:
<u>Die Burgherrin</u> kümmer<u>te</u> sich um die Erziehung der Kinder.
<u>Viele Diener</u> arbeite<u>ten</u> für den Burgherrn.

# Die Objekte

## Handel im Mittelalter

A Handwerker und Bauern aus der Umgebung boten den Städtern nach der sonntäglichen Messe ihre Erzeugnisse an.
B Die Bauern lieferten den Stadtbewohnern notwendige Nahrungsmittel.
C Auch reisende Händler konnten ihre Waren verkaufen.
D Der zunehmende Handel förderte das Wachstum der Städte.
E Die wachsende Macht des Bürgertums schränkte die Macht des Adels ein.
F Die freien Bürger dienten nur ihrem König.

❶ a) Wozu braucht man eigentlich neben dem Subjekt und dem Prädikat noch weitere Satzglieder? Probiere es aus: Schreibe die Sätze in dein Heft und lass dabei alles außer dem Subjekt und dem Prädikat weg.
    A *Handwerker und Bauern aus der Umgebung boten an.*
b) Prüfe das Ergebnis: Welche Teile des Satzes kannst du weglassen und welche nicht? Begründe.
c) Wie erfragst du die Satzglieder, die du unbedingt benötigst? Schreibe die Fragen auf und beantworte sie.
    → *Frage: Wen/Was boten Handwerker und Bauern an? – ihre Erzeugnisse*

---

**Merke**    **Die Objekte**

Ein **Objekt** ist eine Satzergänzung, die sich auf das Prädikat bezieht und ein wichtiger Teil der Satzaussage ist, z. B.: *Die Kinder schenkten ihrer Mutter einen Kinogutschein*.

Das **Akkusativobjekt** antwortet auf die Fragen „Wen …?" oder „Was …?", z. B.:
  *Was schenkten die Kinder ihrer Mutter? – einen Kinogutschein*
Das **Dativobjekt** antwortet auf die Frage „Wem …?", z. B.:
  *Wem schenkten die Kinder einen Kinogutschein? – ihrer Mutter*

**2** a) Wovon hängt es ab, ob in einem Satz ein Dativ- oder ein Akkusativobjekt oder gar kein Objekt auftaucht? Probiere es bei den Verben im Wortspeicher aus, z. B.:
*Die Zeit vergeht. (kein Objekt) Dein Geschenk gefällt mir. (Dativobjekt)*
b) Übernimm die Tabelle in dein Heft und sortiere die Verben ein:

> vergehen · gefallen · schaden · liegen · kritisieren · gleichen · verbieten · schließen · hören · verlassen · senden · zeigen · schenken · erlauben · gehören · fallen · schreiben · beben · lachen · nennen · ärgern · kommen · fehlen

| Erfordert kein Objekt | Erfordert ein Akkusativobjekt | Erfordert ein Dativobjekt | Erfordert ein Akkusativ- und ein Dativobjekt |
|---|---|---|---|
| ... | ... | ... | ... |

**3** a) Wähle aus jeder Spalte aus Aufgabe 2 ein Verb aus und bilde einen Satz.
b) Vergleiche deine Sätze mit den folgenden Satzmustern und notiere zu jedem Satz, welches Satzmuster du verwendet hast.
*Der Schmerz vergeht.* = Satzmuster A
*Zucker schadet ihrer Gesundheit.* = Satzmuster B

Abkürzungen:
**S** = Subjekt, **P** = Prädikat, **AO** = Akkusativobjekt, **DO** = Dativobjekt

A  Die Katze schläft.
    S  +  P

B  Timo hilft seinem Bruder.
    S + P +  DO

C  Celia hat ihrem Hund einen Knochen gegeben.
    S + P + DO  +    AO    + P

D  Die Katze jagt einen Vogel.
    S  +  P  +   AO

E  Die Katze hat den Sessel zerkratzt.
    S  + P + AO +   P

F  Anna hat es Felipe erklärt.
    S + P + AO + DO + P

**4** Welche deiner Beispielsätze aus Aufgabe 3 kannst du umstellen?
Probiere es aus und kennzeichne die Satzglieder mit den Abkürzungen aus Aufgabe 3.

Zucker schadet ihrer Gesundheit. → Ihrer Gesundheit schadet Zucker.
  S      P         DO               DO       P    S

## Frauen im Mittelalter

Frauen hatten im Mittelalter deutlich weniger Rechte als Männer. Sie mussten ihre Rolle als Ehefrau und Mutter erfüllen. Eine wichtige Bedeutung hatte auch die Zugehörigkeit zu
5 einem bestimmten Stand. Adlige Männer und Frauen hatten viel mehr Möglichkeiten als Bauern. Adlige Eltern schickten ihre Töchter oft schon sehr früh ins Kloster. Die Nonnen gaben ihnen dort Unterricht. Die Mädchen
10 durften Lesen, Schreiben und Latein lernen. Die adligen Eltern zahlten dafür dem Kloster einen recht hohen Betrag. Ärmere Familien konnten diesen Betrag nicht aufbringen. Das Klosterleben ermöglichte den Nonnen ein
15 Stück Unabhängigkeit.
Sie konnten viele Entscheidungen selbstständig treffen. Manche adlige Frauen leiteten sogar Klöster. Das Abnehmen der Beichte und das Lesen der Messe erlaubte ihnen die Kirche aber nicht.

**5** Bestimme in diesem Text jeweils die Satzklammer und dann das Subjekt und das Dativ- und Akkusativobjekt.
Gehe Satz für Satz vor:
– Suche das Prädikat. Achte darauf, ob es ein- oder zweiteilig ist.
– Nutze die **Umstellprobe** (→ S. 235, 241), um die Satzglieder voneinander zu trennen.
   *Frauen hatten im Mittelalter deutlich weniger Rechte als Männer.*
   → *Deutlich weniger Rechte als Männer* *hatten* *Frauen* *im Mittelalter.*
– Nutze die **Frageprobe**: Welche Satzglieder kannst du mit „Wer?" oder „Was?" (Subjekt), „Wem?" (Dativobjekt) oder „Wen?" oder „Was?" (Akkusativobjekt) erfragen?
   *Wer hatte deutlich weniger Rechte als Männer? – die Frauen (Subjekt)*
   *Was hatten die Frauen im Mittelalter? – deutlich weniger Rechte als Männer (Akkusativobjekt)*

**6** Überprüfe an dem folgenden Satz mit einem zweiteiligen Prädikat: Wo können Objekte stehen?
– vor der linken Satzklammer
– im Mittelfeld
– nach der rechten Satzklammer

> Sie konnten viele Entscheidungen selbstständig treffen.

# Texte mithilfe von Proben überarbeiten

## Die Umstellprobe

**1** Die Kenntnis der Satzstruktur hilft dir auch bei der Überarbeitung von Texten. Du kannst z. B. die Satzglieder so umstellen, dass die Satzanfänge nicht immer gleich sind.
a) Probiere es bei den folgenden Sätzen zum Thema „Nachts im Museum" aus.
b) Überlege: An welcher Stelle im Satz wird ein Satzglied besonders betont?

*Ich habe mit meinen Eltern am letzten Wochenende einen spannenden Ausflug gemacht.*
*Ich war mit ihnen bei der „Langen Nacht der Museen".*
*Ich habe mir als erste Station das Naturkundemuseum ausgesucht.*
*Ich habe dort an einer Taschenlampenführung durch die Ausstellung teilgenommen.*
*Ich fand dabei die ausgestopften Tiere allerdings etwas gruselig.*

**2** Überarbeite den folgenden Text und schreibe die neue Fassung in dein Heft.
*Sara freut sich schon seit Monaten auf die Ferien. Dieses Jahr …*

### Endlich Ferien!

*Sara freut sich schon seit Monaten auf die Ferien. Sie will mit ihren Eltern dieses Jahr an die Ostsee fahren. Sie war schon oft am Meer. Sie freut sich aber trotzdem immer wieder. Ihr gefällt besonders das Baden bei hohen Wellen. Sie liegt aber auch gerne im warmen Sand.*

**3** Überarbeite den Text „Kann man Fieber vortäuschen?" Schritt für Schritt:
a) Bestimme in jedem Satz die Satzklammer und markiere sie.
  *(1) Max <u>möchte</u> wegen einer Klassenarbeit die Schule <u>schwänzen</u>.*

### Kann man Fieber vortäuschen?

(1) Max möchte wegen einer Klassenarbeit die Schule schwänzen. (2) Er will durch Anhauchen des Fieberthermometers die Temperaturanzeige nach oben treiben. (3) Kann das funktionieren? (4) Die Körpertemperatur eines Menschen beträgt normalerweise 36,2 bis 37,4 Grad Celsius. (5) Der Atem kann deshalb nicht wärmer sein. (6) Es gibt jedoch deutliche Temperaturunterschiede zwischen der Körperoberfläche und dem Körperinneren. (7) Der warme Atem übersteigt allerdings häufig die Hauttemperatur. (8) Das erklärt Max' Irrtum.

b) Stelle jeden Satz aus Aufgabe 3a so oft um wie möglich. Welche Teile des Satzes kannst du ins Vorfeld des Satzes verschieben?
Probiere verschiedene Möglichkeiten aus und überarbeite den Text.

|  | Satzklammer | | |
|---|---|---|---|
| Vorfeld | linke Satzklammer | Mittelfeld | rechte Satzklammer |
| Max | möchte | wegen einer Klassenarbeit die Schule | schwänzen. |
| Wegen einer Klassenarbeit | möchte | Max die Schule | schwänzen. |
| Die Schule | möchte | Max wegen einer Klassenarbeit | schwänzen. |

c) Entscheide dich für eine Satzstellung und schreibe den Satz in dein Heft.

**4** Überarbeite den folgenden Text durch Umstellen der Satzglieder so, dass er besser verständlich wird.
Schreibe ihn mit deinen Verbesserungen ins Heft.
*Franzi hat etwas Spannendes im Nawi-Unterricht gelernt. Sie ...*

### Die Kraft des Wassers

*Etwas Spannendes hat Franzi im Nawi-Unterricht gelernt. Beschäftigt hat sie sich nämlich mit der Entstehung von Schlaglöchern im Straßenbelag. Zu beobachten sind diese besonders nach harten Wintern. Ein Sachbuch aus der Schulbücherei hat ihr eine Erklärung für dieses Phänomen glücklicherweise geliefert. Kleine Risse*
5 *entstehen nämlich häufig in der Fahrbahndecke durch den Verkehr und durch Temperaturschwankungen. Unter den Asphalt läuft durch diese Risse bei Regen Wasser und eine Art Blase entsteht. Das Wasser gefriert bei Temperaturen unter null Grad im Winter und dehnt sich aus. Die Fahrbahndecke wölbt sich nach oben dadurch. Erhalten bleibt die Wölbung auch nach dem Schmelzen des Eises. Durch*
10 *das Gewicht der Autos und Busse bricht schließlich die Asphaltblase ein und ein Loch entsteht so im Straßenbelag.*

# Die Ersatzprobe

**❶** Der folgende Text wirkt durch viele Wiederholungen etwas langatmig und eintönig. Prüfe, welche der makierten Wiederholungen sich vermeiden lassen, und überarbeite den Text in deinem Heft.

Tipp: Oft kann man ein Nomen durch ein Pronomen ersetzen. (→ Personalpronomen richtig verwenden, S. 226), z. B.:

*Sanna freut sich sehr auf ihren Geburtstag. Ihr größter Wunsch …*

### Die Übernachtungsparty

Sanna freute sich sehr auf ihren Geburtstag. Sannas größter Wunsch für ihren Geburtstag war eine Übernachtungsparty. Fast täglich fragte Sanna ihre Eltern, ob eine Übernachtungsparty dieses Jahr endlich möglich wäre.

5 Erst einmal musste Sannas Vater einverstanden sein. Denn Sanna lebte bei ihrem Vater und die Wohnung von Sannas Vater war größer als die Wohnung von Sannas Mutter. In der Wohnung von Sannas Vater gab es ein schönes großes Wohnzimmer. In dem Wohnzimmer konnten Sannas Freundinnen alle ihre mitgebrachten Schlafsäcke und Matten ausbreiten. Sannas Mutter wiederum backte die leckers-
10 ten Schokomuffins der Welt. Von diesen Schokomuffins würde Sannas Mutter hoffentlich mindestens zwanzig backen. Und da sich Sannas Mutter eigentlich ganz gut mit Sannas Vater verstand, würde sie natürlich bei der ganzen Übernachtungsparty mithelfen.

---

**Merke** **Texte überarbeiten: Umstellprobe und Ersatzprobe**

Diese Proben helfen dir dabei, ansprechende und lesefreundliche Texte zu schreiben:
Bei der **Umstellprobe** stellst du Satzglieder um (→ Satzglieder, S. 235).
So kannst du die Satzanfänge abwechslungsreich gestalten oder Informationen am Satzanfang oder Satzende betonen, z. B.:

*Ich freue mich auf den Umzug in die neue Stadt. Ich habe dort einen guten Freund.*
→ *Ich freue mich auf den Umzug in die neue Stadt. Dort habe ich einen guten Freund.*

Bei der **Ersatzprobe** ersetzt du Wörter oder Wortgruppen.
So kannst du Wiederholungen vermeiden und deinen Text abwechslungsreich gestalten, z. B.:

*Farid freut sich auf den Umzug in die neue Stadt. Dort hat Farid einen Freund.*
→ *Dort hat er einen Freund.*
*Farid freut sich auf den Umzug in die neue Stadt. In der neuen Stadt hat er einen Freund.*
→ *Dort hat er einen Freund.*

# Haupt- und Nebensätze unterscheiden

## Die Satzreihe

**❶** a) Handelt es sich bei folgenden Sätzen um Hauptsätze oder Nebensätze? Begründe.
b) Lies die Sätze laut. Wie unterscheiden sie sich? Benenne alle Unterschiede.

A   Hiermit schloss der Meister die Unterweisung. Die Tür tat sich auf.
    Die Raben schwirrten davon.
B   Hiermit schloss er die Unterweisung. Die Tür tat sich auf, die Raben schwirrten davon.
C   Hiermit schloss er die Unterweisung, die Tür tat sich auf, die Raben schwirrten davon.
D   Hiermit schloss er die Unterweisung, die Tür tat sich auf und die Raben
    schwirrten davon.
E   Hiermit schloss er die Unterweisung und die Tür tat sich auf und die Raben
    schwirrten davon.

**❷** a) Welche Hauptsätze aus dem linken und dem rechten Kasten passen zusammen?
b) Verknüpfe die beiden Sätze mithilfe einer passenden Konjunktion. Schreibe sie in dein Heft.
Achte auf die Kommasetzung.
*Krabat hatte die Mitgesellen längst überflügelt, denn er ...*

aber · sondern · denn · doch

| | |
|---|---|
| Krabat hatte die Mitgesellen längst überflügelt. | Sie hatte schon von ihm geträumt. |
| Kantorka kannte Krabat nicht. | Er lernte wie ein Besessener. |
| Krabat war nicht mehr der Krabat von früher. | Krabat verriet nichts. |
| Der Meister stellte Krabat zur Rede. | Er war innerlich längst weit weg. |

> **Merke   Der Hauptsatz und die Satzreihe**
>
> Von einem **Hauptsatz** spricht man, wenn der Satz mindestens ein Subjekt und ein Prädikat enthält und der **finite Prädikatsteil an der zweiten Satzgliedstelle** steht, z. B:
>   *Es* wird *dir* nützen.              *Die Burschen* liefen *schnell*.
> Fügt man mehrere Hauptsätze zusammen, entsteht eine **Satzreihe**. Verknüpft werden die Hauptsätze der Satzreihe dabei häufig durch **Konjunktionen** (Bindewörter), z. B.:
>   *aber, sondern, doch, denn, deshalb:*
>   *Die Burschen arbeiteten fleißig, aber dem Meister war es immer noch nicht gut genug.*
> Die Hauptsätze werden durch **Kommas** getrennt, außer sie sind durch ***und/oder*** verbunden.

# Der Meister und seine Mühlknappen  *nach Otfried Preußler*

Drei Tage und drei Nächte lang schloss der Müller sich in der schwarzen Kammer ein die Mühlknappen schlichen auf Zehenspitzen durchs Haus. [...] Am Abend des vierten Tages war es so weit der Meister erschien unterm Abendbrot in der Gesindestube und holte sie von den Schüsseln weg.
5 [...] Er musste getrunken haben sie rochen es gegen den Wind hohlwangig stand er vor ihnen er war bleich wie der Tod [...].

Die ganze Nacht lang mussten die Burschen sich in der Mühle abrackern unbarmherzig
10 trieb sie der Meister zur Eile an schreiend und fluchend jagte er sie umher stieß Verwünschungen aus er drohte Strafen an und ließ sie kaum zur Besinnung kommen es gab keine Pause während der ganzen Nacht die Mühl-
15 knappen konnten keinen Augenblick verschnaufen.

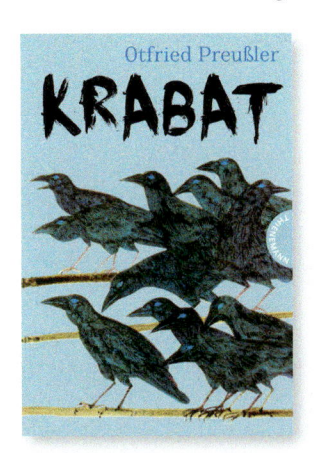

**❸** In dem Text sind einige Satzzeichen nicht abgedruckt. Schreibe ihn ins Heft. Entscheide, ob du zwischen aufeinanderfolgenden Hauptsätzen einen Punkt oder ein Komma setzen willst.

## Das Satzgefüge

**❶** a) Verbinde jeweils einen Hauptsatz (linke Seite) mit einem passenden Nebensatz (rechte Seite). Schreibe die Sätze in dein Heft.
b) Untersuche die Nebensätze: An welcher Stelle steht der finite Prädikatsteil? Wie wird der Nebensatz eingeleitet?

..., *bis* es Mitternacht schlug.

| | |
|---|---|
| Die Mühlknappen mussten bei der Arbeit so schwitzen, ... | ... bis es Mitternacht schlug. |
| Einer der Burschen begann zu singen, ... | ... dass ihnen der Schweiß am ganzen Körper herunterrann. |
| Zuletzt kam Krabat dran, ... | ... nachdem sie gegessen und getrunken hatten. |
| Zum Schluss tanzten sie, ... | ... weil er den Schluss des Liedes singen wollte. |

**2** a) Verbinde in deinem Heft jeweils einen Satz auf der linken Seite sinnvoll mit einem Satz auf der rechten Seite.
b) Bestimme die Haupt- und Nebensätze. Rahme das Prädikat der Nebensätze ein und unterstreiche den Anfang der Nebensätze.

| | |
|---|---|
| Weil seine Last so schwer war … | … , nachdem die Last von ihm genommen worden war. |
| Der Meister beobachtete Krabat … | … , fühlte er sich plötzlich federleicht an. |
| Obwohl der Sack immer noch gleich schwer war … | … , brach Krabat fast zusammen. |
| Mit Leichtigkeit schulterte Krabat den Sack … | … , wie er sich mit letzter Kraft die Treppe hinaufquälte. |
| Als alle Säcke geleert waren … | … , gab es Wein und Kuchen. |
| Nachdem Tonda das Mahlwerk angehalten hatte … | … , ließen die Burschen den Weizen durchlaufen. |

### Merke    Das Satzgefüge

Einen **Nebensatz** erkennt man daran, dass der **finite Prädikatsteil am Ende** steht. Ein weiteres Erkennungsmerkmal sind bestimmte **Konjunktionen** (Bindewörter), die den Nebensatz einleiten, z. B.:

*weil, da, (so)dass, obwohl, bis, nachdem, während, bevor, als, wenn*:
*Krabat lernte wie ein Besessener, weil er den Meister überwinden wollte.*

Verknüpft man **mindestens einen Haupt- und einen Nebensatz**, spricht man von einem **Satzgefüge**. Ein Nebensatz kann im Satzgefüge vor, hinter und in einigen Fällen in einem Hauptsatz stehen. Zur Leseerleichterung wird der Nebensatz vom Hauptsatz oder von anderen Nebensätzen **durch Kommas getrennt**, z. B.:

*Kantorka rettete die Burschen in der Mühle, obwohl sie große Angst hatte.*

_____ Hauptsatz _____ , ~~~~~ Nebensatz ~~~~~ .

*Obwohl Kantorka große Angst hatte, rettete sie die Burschen in der Mühle.*

_____ Hauptsatz _____ .
~~~~~ Nebensatz ~~~~~ ,

*Kantorka rettete, obwohl sie große Angst hatte, die Burschen in der Mühle.*

\_ Hauptsatz \_              \_\_\_\_\_ Hauptsatz \_\_\_\_\_ .
          , ~~~~~ Nebensatz ~~~~~ ,

❸ a) Bestimme die Haupt- und Nebensätze in den folgenden Satzgefügen.
Entscheide dann, wo ein Komma gesetzt werden muss.
b) Zeichne zu den Satzgefügen Satzbaumodelle wie im Merkkasten auf der linken Seite:
A *Hauptsatz*, *Nebensatz*.

A In der zweiten Woche nach Ostern wurden die Mühlknappen eines Nachts aus den Betten geholt weil es Arbeit gab.
B Krabat fand in der Aufregung seine Schuhe nicht sodass er barfuß hinauslaufen musste.
C Die Nacht war wegen des Neumonds so schwarz dass die Mühlknappen die Hand nicht vor den Augen sahen.
D Krabat fluchte laut weil ihm im allgemeinen Gedränge jemand mit seinen Holzschuhen auf die Zehen getreten war.
E Tonda hielt ihm weil sie ein Schweigegebot hatten den Mund zu.
F Seit sie geweckt worden waren hatte keiner der Burschen gesprochen.
G Krabat befürchtete dass ihnen eine ähnliche Arbeit wie in einer anderen Neumondnacht bevorstand.
H Sobald der geheimnisvolle Fremde mit seinem Fuhrwerk dahergerasselt kam stürzten die Burschen zum Wagen und schleppten die Säcke ins Haus.
I Obwohl Tonda schon länger für den Meister arbeitete wusste er nichts über den Inhalt der Säcke und über den Fremden.

# Den treffenden Ausdruck finden

## Wörter über Wörter

Mit „Mama" und „Papa" hast du einmal angefangen zu sprechen. Heute verfügst du bestimmt schon mehr als 8000 Wörter und dieser Wortschatz kann sich täglich erweitern. Die Gesamtgröße des deutschen Wortschatzes beträgt nämlich um die 500 000 Wörter.

Die meisten Wörter lernt man „nebenbei". Manchmal muss man sich Wörter und ihre Bedeutung aber auch erarbeiten, z. B. wenn man schwierige Texte verstehen und sich genau und abwechslungsreich ausdrücken will. Die Kenntnis von Ähnlichkeiten und Unterschieden in der Bedeutung von Wörtern hilft dir, klar zu formulieren und Missverständnisse zu vermeiden.

**1** Lies den Text und erkläre dann mit eigenen Worten: Warum ist es hilfreich, sich mit der Bedeutung von Wörtern zu beschäftigen?

**2** a) Die folgenden Begriffe gehören jeweils zum gleichen Wortfeld. Suche zu jedem Wortspeicher einen Oberbegriff, der die Gemeinsamkeit der jeweiligen Begriffe deutlich macht.

> Stuhl · Sessel · Hocker · Schemel · Bank · Sofa

> laufen · rennen · gehen · wandern · spazieren · pilgern · schlendern · hasten · eilen

b) Gehe umgekehrt vor: Lege einen Oberbegriff fest und sammle sechs Wörter dazu, z. B.:
*Niederschlagsarten:* Regen, Hagel, Schauer, ...

**3** Im folgenden Wortspeicher findest du Gegensatzpaare. Schreibe fünf weitere Paare auf.

> schnell – langsam · groß – klein · alt – jung · schlafen – wach sein · kommen – gehen · wenig – viel

**4** a) Bilde zu den Wörtern im Wortspeicher unten Gegensatzpaare.
b) Notiere zu jedem Wort möglichst viele „Ersatzbegriffe" (Synonyme) aus dem Wortfeld.

*fragen* ⟷ *antworten*

*Ersatzwörter (Synonyme):*
*fragen: sich erkundigen, ...*
*antworten: erwidern, ...*

> fragen · sauber · oft · reich

Ausdruckstraining

**5** Sind die „Ersatzbegriffe" (Synonyme) für ein Wort immer austauschbar?
Probiere es anhand deiner „Ersatzbegriffe" (Synonyme) aus Aufgabe 4 mithilfe von Beispielsätzen aus.
*Ich frage ihn, ob er einen Radiergummi hat.*
*Ich erkundige mich, ob er …*

**6** a) Gleich und doch nicht gleich!
Erkläre die Bedeutungen der unterstrichenen Wörter, indem du sie durch einen „Ersatzbegriff" (ein Synonym) ersetzt.
A *Ich bin froh, dass mein Rad bei dem Sturz unbeschädigt geblieben ist.*

| A | Ich bin froh, dass mein Rad bei dem Sturz ganz geblieben ist. |
| B | Keine Angst, deine Tafel Schokolade ist noch ganz! So hungrig bin ich nicht. |
| C | Mein Opa hat zum 75. Geburtstag die ganze Verwandtschaft eingeladen. |

| D | Alles lief glatt. |
| E | Vorsicht, das Parkett ist glatt! |
| F | Du musst den Teig auf dem Blech glattstreichen. |
| G | Ich mache die Tür zu. Er macht den kaputten Stuhl wieder ganz. |

b) Und wenn das Gegenteil der Fall wäre?
Formuliere zu den Wörtern in Aufgabe a jeweils einen Satz mit einem „Gegenbegriff" (einem Antonym).
A *Das Rad ist beschädigt.*
B *Deine Tafel Schokolade …*

---

**Merke  Sinnverwandte und (fast) sinngleiche Wörter**

Eine Gruppe von Wörtern, die **sinnverwandt** sind, d. h. Ähnliches aussagen, bildet ein **Wortfeld**, z. B.:
*gehen, schlendern, spazieren, marschieren, schreiten, …*

Wörter mit (fast) **gleicher Bedeutung** nennt man **Synonyme**, z. B.:
*trödeln/bummeln; Ehemann/Gatte; schlau/klug.*

Das Erkunden von Wortfeldern hilft dir dabei, deinen Wortschatz zu erweitern und dich **treffend und genau** auszudrücken. Synonyme können dir helfen, **abwechslungsreich** zu schreiben und Wiederholungen zu vermeiden, z. B.:
*Ege rannte zur Kreuzung, sah sich prüfend um und sprintete dann zum wartenden Bus.*

Mit einem **Antonym (Gegenwort)** kannst du einen Gegensatz ausdrücken, z. B.:
*hell – dunkel, möglich – unmöglich, Armut – Reichtum.*

## Der Elefant auf Papas Auto  *nach D. H. Wilson*

„Mama", sagte Jeremy James, „auf Papas Auto sitzt ein Elefant."
„Ja, mein Junge", sagte die Mama, die Augen auf den Händen, die Hände auf dem Teig, der Teig auf dem Tisch.
„Mama, warum sitzt der Elefant auf Papas Auto?"
5 „Ich nehme an, er ist müde. Wahrscheinlich steht er bald wieder auf und geht weiter."
„Er sitzt immer noch da", sagte Jeremy James zwei Minuten später. „Er ist noch nicht aufgestanden. Das Auto hat sich hingesetzt, aber der Elefant ist nicht aufgestanden. Mama, meinst du, ich soll Papa Bescheid sagen?"
10 „Nein, lass deinen Vater in Ruhe", sagte die Mama. „Du weißt, er kann es nicht leiden, wenn man ihn bei der Arbeit stört." […]
„Aber ein Elefant sitzt auf seinem Auto!", sagte Jeremy James.
Mama drückte Sultaninen in den Teig, als Augen und Nasen.
„Und dem Auto gefällt das nicht", sagte Jeremy James.
15 „Jeremy James", sagte die Mama, „Elefanten sitzen nicht auf Autos."

*Nach einer Weile gibt Jeremy James es auf, seine Mutter zu überzeugen. Erst als sein Vater das Auto waschen will, sieht er die Bescherung:*
„Das Auto!", sagte Papa. […] „Das Auto!", sagte er noch einmal.
„Was ist mit dem Auto?", sagte Mama und strich Handcreme auf das Brot.
[…] „So etwas habe ich noch nicht gesehen. Eine ganze Kuhherde muss auf dem Ding herumgetrampelt sein!"
20 „Es war keine Kuhherde", sagte Jeremy James, „es war ein Elefant. Und ich hab ihn gesehen, und ich hab's Mama gesagt, aber sie hat nicht gehört."
„Ein Elefant!", sagte Papa. „Du hast einen Elefanten auf dem Auto gesehen?"
„Ja", sagte Jeremy James […].
25 „Und warum zum … hat mir keiner etwas gesagt?"
„Hm", sagte Mama, und Jeremy James spielte weiter mit seiner Eisenbahn.

**7** Man kann etwas sehr unterschiedlich „sagen", entsprechend groß ist das Wortfeld dazu. Überarbeite den Text so, dass deutlich wird, wie die Figuren etwas sagen. Nutze den Wortspeicher.

> fragen · sich wundern · staunen · beruhigen · feststellen · murmeln · sich empören · betonen · widersprechen · erwidern · entgegnen · einwenden · ergänzen · wiederholen · beharren · schimpfen · toben · sich aufregen · behaupten · zustimmen · brummen · triumphieren · einwerfen · äußern · protestieren · flüstern

Ausdruckstraining

**8** Sehen oder gaffen? Hier ist wohl etwas durcheinandergeraten.
Schaffe Ordnung, indem du die Sätze mit dem jeweils passenden Verb aufschreibst.

A   Ich würde gerne das Stadtschloss gaffen.
B   Die Museumsbesucher beobachten Bilder.
C   In den Alpen konnten wir Murmeltiere spicken.
D   Die Urlaubsfotos müssen noch erkannt und sortiert werden.
E   Der kleine Leon versucht durch das Schlüsselloch zu betrachten, aber er kann nichts gucken.
F   Ohne Brille kann ich niemanden in 5 Metern Entfernung entdecken.
G   Auf dem Dachboden einer alten Villa wurde ein wertvolles Gemälde gesichtet.
H   Nach dem Unfall haben wieder viele Leute besichtigt.
I   Kann ich auch einmal durch das Fernglas erspähen?

**9** Redewendungen treffen oft den Nagel auf den Kopf, das heißt, sie beschreiben einen Sachverhalt oft sehr treffend.
Wähle eine der folgenden Redewendungen aus und schreibe eine kleine Geschichte dazu, in der der Sinn der Redewendung gut zum Ausdruck kommt.
Du kannst auch mehrere Redewendungen in einer Geschichte unterbringen.

– Katzenwäsche machen
– sich in die Höhle des Löwen wagen
– sich einen Klotz ans Bein binden
– vom Regen in die Traufe kommen
– unter die Haube kommen
– mit einem lachenden und einem weinenden Auge
– Tomaten auf den Augen haben
– aus einer Mücke einen Elefanten machen
– am längeren Hebel sitzen
– den Faden verlieren
– die Suppe auslöffeln, die man sich eingebrockt hat
– die Katze im Sack kaufen
– mit einem goldenen Löffel im Mund geboren werden

Ausdruckstraining

# Den richtigen Ton treffen

*Entschuldigung, können Sie mir sagen, wie spät es ist?*

*Der Typ in dem Buch ist voll süß.*

*Ey Digga, wie spät?*

*Die Figur in dem Roman wirkt sehr sympathisch.*

*Der Song war total geil und hatte immer so coole Wiederholungen.*

*Ja, das verstehe ich, aber ich möchte das trotzdem nicht.*

*Der Song gefällt mir sehr gut. Besonders schön finde ich den Refrain.*

*Schon klar. Hab aber kein Bock.*

**1** Zu welchen Gesprächspartnerinnen/Gesprächspartnern könnten die Kinder auf den Fotos den jeweiligen Satz sagen? Begründe.

| Sitznachbar/-in im Bus | Oma/Opa | Lehrer/-in | Busfahrer/-in | Mutter/Vater |

| Cousine/Cousin | Verkäufer/-in | Freund/-in | Schwester/Bruder |

**2** Umgangssprache, Standardsprache oder Bildungssprache?
Ordne die Aussagen oben mithilfe des Merkekastens auf Seite 253 zu und begründe.

**3** In welchen der folgenden Sätze kann man das Wort *tun* auch im Schriftlichen verwenden und in welchen Sätzen nicht?
Suche passende Begriffe, mit denen du das Wort *tun* in diesen Sätzen ersetzen kannst.

A  Unser Auto tut nicht mehr.
B  In den Obstsalat tu ich immer Äpfel und Bananen.
C  Er tut mir weh.
D  Wir müssen unsere Schuhe ins Schuhregal tun.
E  Fine tut ihr Sportsachen in die Tasche.
F  Tust du bitte dein Heft auf den Tisch?
G  Er tut sich in Englisch etwas schwer.

## Ausdruckstraining

### Unser Sportfest am 1. Juni

Das Sportfest letzte Woche war voll cool. Obwohl die Sonne total runtergeknallt hat und es deshalb mega heiß war, hat es super viel Spaß gemacht.

Unser Team aus der 5a hat sich krass angestrengt und es hat sich
5 am Ende wirklich gelohnt: Wir haben nämlich alle Punkte abgeräumt und den Leichtathletikwettbewerb gewonnen. Aber auch für die anderen Klassen war das Sportfest super toll, weil es neben Leichtathletik noch andere Sportwettbewerbe gab, z. B. ein Fußballmatch und ein Volleyballturnier. Bei den Oberstufenschülern
10 hatte man allerdings den Eindruck, dass sie ziemlich gechillt waren und gar nicht so viel Bock hatten zu gewinnen.

**4** a) Untersuche den Bericht über das Sportfest. Welche Formulierungen würdest du als umgangssprachlich bezeichnen? Begründe.
b) Schreibe den Bericht so um, dass er auf der Homepage eurer Schule stehen könnte.

**5** Formuliere die markierten Wörter und Wendungen in den folgenden Sätzen in Bildungssprache um, also in die Sprache, die du im Unterrichtsgespräch verwenden würdest.
Tipp: Wichtige Fachbegriffe findest du im Wortspeicher.

A Das Buch finde ich super.
B Die Schreiberin heißt Tanya Stewner. Sie hat coole Ideen.
C Das Mädchen in dem Buch kann Tiere verstehen.
D Mein Lieblingsgedicht hat vier Teile, immer mit vier Zeilen.
E In dem Theaterstück kommen vier Leute rein.

die Person · die Autorin ·
der Jugendroman ·
der Vers · die Strophe ·
die Hauptfigur · auftreten

---

**Merke**   **Umgangssprache, Standardsprache, Bildungssprache**

**Alltagssprache** oder **Umgangssprache** wird vorwiegend im Mündlichen verwendet, z. B. wenn man mit Familienmitgliedern oder Freundinnen/Freunden spricht. Schriftlich wird Umgangs- und Alltagssprache z. B. beim Chatten verwendet. Sie unterscheidet sich von Region zu Region und von Gruppe zu Gruppe.

Mit **Standardsprache** meint man die Sprachform, die in offiziellen Situationen gesprochen und geschrieben wird, z. B. mit fremden Erwachsenen, beim Arzt oder in einem offiziellen Brief.

Als **Bildungssprache** bezeichnet man die Sprache, die man im Unterrichtsgespräch verwendet, z. B. wenn man über einen Roman oder ein Gedicht spricht. Dazu gehören die korrekte Grammatik und auch passende Fachbegriffe, z. B. *Figur, Erzähler, Strophe*.

# 11 Der Rechtschreibung auf der Spur

## Regeln und Strategien nutzen

> Willst du keine spitzen Negel mehr in deinen Autoreifen?
>
> Dann geh zur Brücke und lege 1000 Euro unter die alte Eiche!
>
> Und nicht vergeßen: Bring das Geld in kleinen scheinen!
>
> Du wirst ohne Polizei komen – sonst hast du pech gehapt!

Detektiv Spürnase lässt sich in seinen alten Ledersessel fallen, greift nach seiner Leselupe und studiert einen Erpresserbrief, den ihm ein verzweifelter Geschäftsmann gebracht hat. Der Erpresser hat seine Nachricht am Computer getippt, damit er nicht an seiner Handschrift erkannt wird. Spürnase will ihm aber anhand seiner Rechtschreibfehler auf die Spur kommen.

❶ a) Welche Fehler findet der Detektiv im Erpresserbrief?
   Lies den Text laut und prüfe jedes Wort genau.
   Schreibe die Wörter verbessert in dein Heft.
   b) Überprüft eure Ergebnisse anschließend in Partnerarbeit oder durch Nachschlagen.

❷ Wie hätte der Erpresser seine Fehler vermeiden können?
   Nennt Strategien, die ihr schon kennt, um die richtige Schreibung von Wörtern herauszufinden.

**GESPENST SPUCKTE IN GEISTERSCHLOSS**

**AUSBRUCH –**
der gefangene Floh

**DIEB HATTE FALSCHGELD IM GEBÄCK**

**BANDE STECKTE HOLZHÜTE IN BRAND**

PFARRER
ERTEILT SÄGEN

**❸** Spürnase liebt es, Rechtschreibfehler aufzuspüren. Auch in der Zeitung findet er welche und schreibt ab und zu einen freundlichen Leserbrief deswegen. Die zuständige Redakteurin bedankt sich und ärgert sich über die Fehler: „Klar, dass das Computer-Rechtschreibprogramm hier keine Falschschreibung angezeigt hat."
a) Suche die Fehler in den Schlagzeilen. Warum wurden sie vom Rechtschreibprogramm nicht erkannt?
b) Schreibe die Schlagzeilen in richtiger Groß- und Kleinschreibung in dein Heft.

**❹** Überlegt gemeinsam, wie man die Fehler in den Schlagzeilen vermeiden kann.

> ### In diesem Kapitel …
> - untersuchst du, wie Wörter aus Silben aufgebaut sind, und nutzt dein Wissen bei der Rechtschreibung.
> - erschließt du die wichtigsten Rechtschreibregeln.
> - nutzt du Strategien, um die richtige Schreibung eines Wortes zu klären.

# Wörter und Silben untersuchen

So viele Wörter und alle sind ganz anders? Keineswegs: Die allermeisten deutschen Wörter sind nach dem gleichen Muster aufgebaut. Es lohnt, den Aufbau dieser Wörter genauer zu untersuchen. So entdeckt man Regelmäßigkeiten, die beim Rechtschreiben helfen.

**❶** Übertrage die folgenden Sätze in dein Heft und setze dabei die jeweils passenden Buchstaben ein.

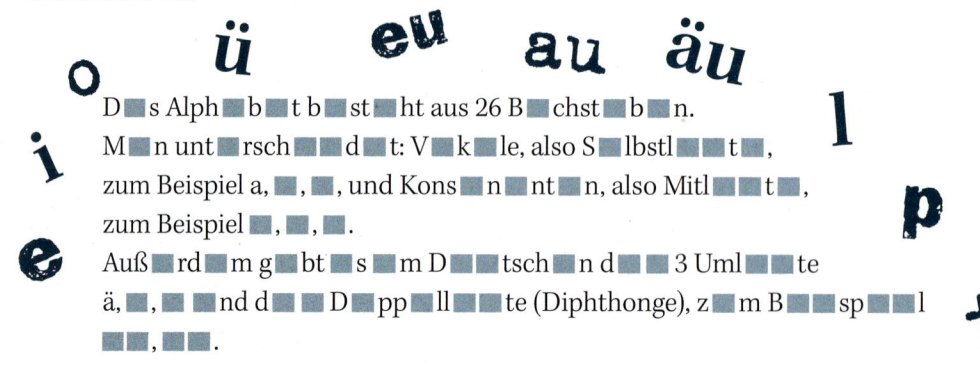

*o   ü   eu   au   äu   l   i   p   e   t*

D■s Alph■b■t b■st■ht aus 26 B■chst■b■n.
M■n unt■rsch■■d■t: V■k■■le, also S■lbstl■■t■,
zum Beispiel a, ■, ■, und Kons■n■nt■n, also Mitl■■t■,
zum Beispiel ■, ■, ■.
Auß■rd■m g■bt ■s ■m D■■tsch■n d■■ 3 Uml■■te
ä, ■, ■ ■nd d■■ D■pp■ll■■te (Diphthonge), z■m B■■sp■■l
■■, ■■.

**❷** a) Deutsche Wörter sind in Silben aufgebaut. Zerlege die folgenden Wörter in Silben. Schreibe sie untereinander mit einem Silbentrennstrich auf.
*die Ber – ge*

> die Berge · leise · die Ernte · die Hefte · der Kleber · die Schulter · laufen · loben · raten · spüren · die Freude · die Hunde · die Meise · schlafen · das Auge · springen

b) Unterstreiche die betonte Silbe. Umkreise den Vokalbuchstaben in dieser Silbe.
l(ei)– se

c) Beschreibe den Aufbau der betonten Silbe:
– Welche Art von Lauten bzw. Buchstaben sind in jeder Silbe enthalten?
– Wie beginnt eine betonte Silbe in den meisten Fällen?
– Wie kann sie enden?

---

**Merke   Der Aufbau von Silben**

Zu **jeder Silbe** gehört ein **Vokalbuchstabe**. Das kann ein Vokal (Selbstlaut) sein *(a, e, i, o, u)*, ein Umlaut *(ä, ö, ü)* oder ein Doppellaut/Diphthong *(ei, ai, au, äu, eu)*.
Dieser Vokalbuchstabe ist der **Silbenkern**, z. B.:
   *ra – ten, die Kan – te, die Flö – te, die Freu – de.*
Am Anfang oder Ende der Silbe können ein oder mehrere **Konsonantenbuchstaben** stehen, z. B.:
   *die Lam – pe, we – nig, rei – sen, sprin – gen.*

# Lang oder kurz, offene oder geschlossene Silbe?

❶ Die Wörter im Wortspeicher sind Beispiele für den typischen Aufbau deutscher Wörter. Untersuche sie genauer:

a) Lege in deinem Heft eine Tabelle an. Schreibe die Wörter nach Silben getrennt auf und umrahme den Silbenkern in der betonten Silbe: *die H(i)l-fe, ...*

| | |
|---|---|
| die Hilfe · die Tante · die Farbe · anders · denken · turnen · bremsen · wünschen | komisch · der Käse · mögen · lesen · malen · schreiben · der König · heute · lauter |

b) Wie unterscheiden sich die beiden Spalten?
   Arbeitet zu zweit. Sprecht die Wörter deutlich aus.
   – Hört genau hin, welche Silbe jeweils betont wird.
   – Wo wird der betonte Vokalbuchstabe lang, wo wird er kurz gesprochen?

❷ Übernimm die folgende Tabelle ins Heft. Sortiere die Wörter aus dem Wortspeicher unten ein.
Schreibe sie silbiert auf und umrahme den Silbenkern der betonten Silbe.

| Die betonte Silbe endet mit einem Vokalbuchstaben. Der Vokal wird lang gesprochen. | Die betonte Silbe endet mit einem Konsonanten. Der Vokal wird kurz gesprochen. |
|---|---|
| k(ei)- ner<br>g(e)- ben<br>... | br(i)n - gen<br>...<br>... |

bringen · danken · keiner · geben · halten · kaufen · essen · die Möwe · morgen · der Name · rauchen · springen · die Träume · trinken · warten · der Hase

❸ Schreibe zu fünf Wörtern aus Aufgabe 2 möglichst viele Reimwörter auf.
Notiere sie untereinander und in Silben getrennt.

*der Ha - se*
*die Va - se*
*die Na - se*

...

❹ Verlängere die Wörter im Wortspeicher und sortiere sie nach lang oder kurz gesprochenem Vokalbuchstaben.
– <u>offene Silbe, lang gesprochener Vokalbuchstabe</u>: *brav* ⟶ *bra - ver*, ...
– <u>geschlossene Silbe, kurz gesprochener Vokalbuchstabe</u>: *das Bild* ⟶ *die Bil - der*, ...

> brav · das Bad · das Bild · bunt · klar · leicht · der Sprung · der Wert · laut · kalt · der Schrank · das Kalb · das Ding · der Tag · die Not · das Bein · die Hand

❺ Untersuche den Text über Detektive.
  a) Ordne die rot gedruckten Wörter danach, ob der betonte Vokal kurz oder lang gesprochen wird:
     – offene Silbe, lang gesprochener Vokalbuchstabe, z. B.:
       *die Lö - sung*, ...
     – geschlossene Silbe, kurz gesprochener Vokalbuchstabe, z. B.:
       *der Man - tel*, ...
  b) Bilde zu den blau gedruckten Wörtern eine zweisilbige Verlängerung. Schreibe die Wörter silbiert auf, z. B.:
     *die Spur* ⟶ *die Spu - ren*, ...

### Detektive – der Lösung auf der Spur

Brauner Mantel, dunkler Hut, in der Hand eine Lupe – dieses Bild haben viele Menschen vor Augen, wenn sie an einen Detektiv denken.
Viele glauben, dass Detektiven fast jedes Mittel recht ist, um einen Räuber zu fangen. Doch es ist wirklich völlig anders: Heute muss ein Detektiv vor allem scharf beobachten und jeden kleinen Tipp prüfen. Vor allem soll ihn bei seiner Arbeit keiner erkennen.

---

**Merke**   **Offene und geschlossene Silben, lang und kurz gesprochene Vokale**

Die meisten deutschen Wörter bestehen aus zwei Silben, von denen die erste betont wird, z. B. *Sil - be*. Für diese typischen Wörter gilt:
Ist die Silbe **offen**, d. h., sie endet auf einen **Vokalbuchstaben**, wird dieser lang gesprochen, z. B.: *mu - tig, der Bo - den, gü - tig, hei - ser*.
Ist die Silbe **geschlossen**, d. h., sie endet auf einen **Konsonanten**, dann wird der Vokalbuchstabe kurz gesprochen, z. B.: *dan - ken, mor - gen, die Schul - ter*.
Um diese Probe auch bei einsilbigen Wörtern anwenden zu können, muss man sie verlängern:
– Bilde bei **Verben** den Infinitiv (die Grundform), z. B.: *holt* ⟶ *ho - len*.
– Bilde bei **Nomen** die Pluralform (die Mehrzahl), z. B.: *Kind* ⟶ *Kin - der*.
– Bilde bei **Adjektiven** die Steigerungsform, z. B.: *laut* ⟶ *lau - ter*.

# Wann schreibt man Doppelkonsonanten?

**1** a) Übertrage die Wortreihen in dein Heft. Trenne dabei die Wörter in Silben.
*fär - ben, ...*

b) In jeder Reihe weist ein Wort eine Besonderheit auf. Unterstreiche es in deinem Heft und begründe deine Entscheidung.

> färben · tanzen · kippen · tarnen · merken
> messen · binden · denken · warten · rasten
> rennen · stapfen · schlurfen · hüpfen · tanzen
> die Schwester · der Onkel · die Tante · der Neffe · die Nichte
> die Birne · der Apfel · die Mirabelle · der Pfirsich

**2** a) Suche aus dem Text unten sieben Wörter heraus, die Doppelkonsonanten enthalten. Schreibe sie nach Silben getrennt in dein Heft.
*der Pfef - fer, ...*

b) Sprich die Wörter aus Aufgabe a deutlich aus:
– Wird der Silbenkern in der betonten Silbe lang oder kurz gesprochen?
– Hörst du im Anschluss an den Silbenkern einen oder verschiedene Konsonanten?

c) Schau dir nochmals die Wörter an, bei denen man nur einen Konsonanten hört.
Warum muss man diesen verdoppeln? Begründe mithilfe des Merkekastens auf Seite 260.

### Die Pfefferkörner

Räuber und Gangster, Gauner und Verbrecher: „Die Pfefferkörner" schlagen sie alle in die Flucht. Bereits seit 1999 sammeln die Filmdetektive Indizien und
5 finden immer neue Mittel und Wege zu ihrem Ziel. Inzwischen haben die Jungdetektive bereits über hundert Fälle gelöst. Ihren Namen haben die „Die Pfefferkörner" von ihrem Hauptquartier, einem
10 alten Lagerhaus für Gewürze mitten in der Hamburger Speicherstadt. Von dort aus jagen und schnappen sie dreiste Einbrecherbanden, Hundehändler ohne Skrupel oder Brandstifter, die die ganze
15 Stadt in Angst und Schrecken versetzen.

**3** a) Übertrage die Tabelle in dein Heft und sortiere die Wörter aus dem Koffer ein.

| ff | ll | mm | nn | pp | ss | tt |
|---|---|---|---|---|---|---|
| hoffen | alle | … | … | … | … | … |
| … | … | | | | | |

hoffen, alle, kommen, besser, billig, immer, hoffentlich, kennen, fassen, die Gruppe, retten, der Himmel, passen, sammeln, der Kaffee, passieren, füllen, das Bett, die Kartoffel, der Koffer, allein, der Löffel, zusammen, offen, können, die Brille, öffnen, schwimmen,

die Klette, wissen, die Treppe, nennen, das Essen, schaffen, die Matte, nett, küssen, fallen, die Sonne, die Puppe, das Wasser, die Klasse, bellen, das Schiff, lassen, rennen, treffen, kämmen, die Butter, die Nummer, das Zimmer, gewinnen, der Teppich, die Tasse, die Mutter

b) Verwende aus jeder Spalte zwei Wörter in einem Satz, z. B.:
   ff: Ich ho_ff_e, dass morgen die So_nn_e scheint.

**4** Verfasse eine Detektivgeschichte, in der du möglichst viele Wörter aus dem Koffer verwendest.

---

**Merke**    **Wann werden Konsonanten verdoppelt?**

– In den meisten Wörtern mit geschlossener betonter Silbe stehen an der Silbengrenze **mindestens zwei verschiedene Konsonanten**, z. B.:
die Ker-ne, ros-tig, die Wes-pe, wär-men.
– In manchen Wörtern mit geschlossener betonter Silbe spricht und hört man nach dem kurzen Vokal nur **einen Konsonanten**. Ist das der Fall, so wird dieser Konsonant beim Schreiben **verdoppelt**, damit die Silbe geschlossen werden kann, z. B.:
schwim-men, ret-ten, wis-sen, die Lip-pe, die Hal-le.

Man spricht auch von einem **Silbengelenk**, da der eine (gehörte) Konsonant die kurze betonte Silbe schließt und der zweite den Anfang der nächsten Silbe bildet.

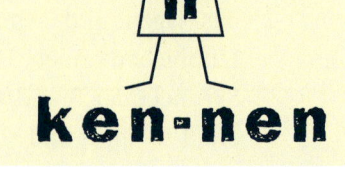

**ken-nen**

**5** Verlängere die Wörter im Wortspeicher wie im Beispiel, um herauszufinden, ob du einen Doppelkonsonanten schreiben musst.

Tipp: Zerlege Zusammensetzungen.

| | | |
|---|---|---|
| der Stof(f)? | die Stof - fe | → der Stoff |
| die Schwim(m)weste? | schwim - men | → die Schwimmweste |

> der Stof(f) · die Schwim(m)weste · der Bal(l) · der Stal(l) · das Ren(n)pferd · der Fal(l) ·
> die Bet(t)decke · hel(l) · dum(m) · der Man(n) · dün(n) · der Her(r) · der Flus(s) ·
> das Schlos(s) · der Schlus(s) · nas(s) · die Nus(s) · das Blat(t) · glat(t) · net(t)

**6** Wenn du bei Verbformen unsicher bist, ob du einen Doppelkonsonanten schreiben musst, kann dir der Infinitiv (die Grundform) helfen, z. B.:

sie kom(m)t? kom - men: ⟶ sie kommt.

Untersuche die Verbformen unten wie im Beispiel. Achtung: Manchmal hat die Grundform des Verbs einen anderen Stammvokal.

| | | |
|---|---|---|
| es beginnt | es passt | er bestellt |
| es brennt | sie isst | sie fällt |
| sie erkennt | er fasst | er füllt |
| er nennt | es frisst | es rollt |
| sie rennt | sie küsst | sie stellt |
| | er lässt | |
| sie hofft | sie misst | sie bestimmt |
| er schafft | er vergisst | sie schwimmt |
| sie trifft | | er kämmt |

> **Merke**    **Doppelkonsonanten in der Wortfamilie**
>
> Die Verdopplung eines Konsonanten im Wortstamm **bleibt in der Wortfamilie erhalten**. Wenn du bei der Schreibung unsicher bist, kann dir eine verlängerte Form helfen. Bilde bei Verben den Infinitiv, bei Nomen den Plural oder bei Adjektiven eine Steigerungsstufe, z. B.: *net(t)?*
>
> ne - ter?    ⟶ *Falsch: Hier würde das e lang ausgesprochen.*
> net - ter?    ⟶ *Richtig: Silbengelenk mit kurz gesprochenem Vokal*

# Besondere Silbengelenke

**❶** Schreibe die Wörter in dein Heft und ergänze *ck* oder *tz*.
Unterstreiche diese Konsonanten.
*der Schre*ck*en, die Spi*tz*e, ...*

> der Schre___en · die Spi___e · Augenbli___e · entde___en · die Hi___e ·
> verle___en · schmu___ig · die Brü___e · das Ka___enauge · ba___en · bli___en ·
> pu___en · le___te · die Mü___e · se___en · die Matra___e

**❷** Schreibe zu folgenden vier Wörtern möglichst viele Reimwörter nach Silben getrennt auf.
Achtung: Du musst vor *ch* und *sch* trennen.
*ma - chen*
*Sa - chen*

> machen         pochen         die Lasche         die Frische

**❸** Übertrage die Tabelle unten in dein Heft.
Entscheide dich für die richtige Schreibweise der Wörter im Wortspeicher und sortiere sie in die Tabelle ein.

> sie stop(p)t · er leb(b)t · glat(t) · sie hof(f)t · der Man(n) · der Schwan(n) ·
> er pa(c)kt · wis(s)en · sie stem(m)t · es bli(t)zt · sie stel(l)t · das Schif(f) ·
> das Kis(s)en · sie rol(l)t · der Mut(t) · das Tal(l) · es bren(n)t

| Langer Vokal – einfacher Konsonant | Kurzer Vokal – doppelter Konsonant, *ck* oder *tz* |
|---|---|
| *le-ben* ⟶ *er lebt* | *stop-pen* ⟶ *sie stoppt* |
| ... | ... |

> **Merke**  **Besondere Silbengelenke**
>
> In der Schreibung einiger deutscher Wörter gibt es besondere Silbengelenke:
> Die Konsonanten *k* und *z* werden in deutschen Wörtern nicht verdoppelt.
> Stattdessen schreibt man *ck* bzw. *tz*, z. B.:
> *der Bä*ck*er, die Ka*tz*e*.
> Auch *ch* und *sch* werden nicht verdoppelt.
> Bei der Silbentrennung am Zeilenende wird vor *ch/sch* getrennt, z. B.:
> *der Be - cher, la - chen, mi - schen*.

# Dehnungs-*h* und silbentrennendes *h*

**1** a) Gliedere die Wörter im Wortspeicher in Sprechsilben. Was haben sie gemeinsam?

> lohnen · die Bahnen · die Bohne · zählen · nehmen · wählen · stehlen · die Rohre · stöhnen · wohnen · die Stühle · die Mühle · fahren · rühmen · zähmen · strahlen · fühlen · das Fohlen · die Höhle · die Sohle · die Uhren · führen · bohren · die Kohle

b) Untersuche, wie die erste Silbe endet und wie die zweite beginnt. Was fällt dir auf?
c) Schreibe die Wörter alphabetisch sortiert in dein Heft, z. B.:
*die B̲ahnen, die B̲ohne, ...*
d) Suche vier Wörter aus und schreibe verwandte Wörter in dein Heft, z. B.:
*lohnen: der Lohn, belohnen, lohnenswert, Entlohnung, ...*

**2** Bei den folgenden Wörtern hat das *h* eine ganz andere Aufgabe als in den Wörtern oben.
a) Zu welcher Silbe gehört das *h*? Sprich die Wörter so, dass man das *h* hört.
b) Schreibe die Wörter nach Silben getrennt in dein Heft. Verwende jedes in einem Satz, z. B.:
*blü - hen*
*Der Flieder blüht.*

> blühen · drehen · gehen · die Höhe · nähen · die Reihe · die Ruhe · sehen · ziehen

**3** Dehnungs-*h* oder silbentrennendes *h*? Suche das Kuckucksei in jeder Wortreihe.

> die Zähne · die Zehe · zählen · zehren · zähmen
> nehmen · fehlen · stehlen · nähen · lohnen
> er bohrt · sie stiehlt · er wohnt · sie fährt · er steht
> die Krähe · sie geht · rühren · sehen

---

**Merke**   **Dehnungs-*h* und silbentrennendes *h***

**Das Dehnungs-*h***
In manchen Wörtern zeigt ein *h* die offene Silbe mit lang gesprochenem Vokal an.
Dieses Dehnungs-*h* steht nur (aber nicht immer!) vor *l, m, n* oder *r*, z. B.:
*zahlen, nehmen, Bohne, fahren.*

**Das silbentrennende *h***
Im Wortinneren kann eine Silbe auch **mit einem *h* beginnen**. Dieses *h* kann man hören, z. B.:
*zie - hen, ge - hen, ru - hig.* Hier spricht man von einem **silbentrennenden *h***.
Es bleibt in verwandten Wörtern erhalten. Um es zu hören, verlängert man einsilbige Wörter, z. B.:
*zie ? t zie - hen ⟶ zieht.*

# Wörter mit lang gesprochenem *i*

❶ a) Suche in jeder Zeile das Kuckucksei. Sprich dazu die Wörter deutlich und nach Silben getrennt, z. B.:
*der Pin-sel, ...*
Begründe deine Entscheidung.

> der Pinsel · schieben · biegen · die Liebe · vergießen
> schließen · bieten · bilden · sieben · die Miete
> der Riemen · die Kiemen · der Spiegel · die Niete · tippen
> die Wiege · der Riese · fliegen · kitzeln · die Biene

b) Wann werden Wörter mit *ie* geschrieben? Versuche, einen Merksatz zu formulieren.

❷ a) Bilde zu diesen Wörtern jeweils das Gegenteil:

die Niederlage – der ▪▪▪▪
gerade – ▪▪▪▪▪
hoch – ▪▪▪▪
böse – ▪▪▪▪
der Frieden – der ▪▪▪▪
der Start – das ▪▪▪▪
wenig – ▪▪▪▪
bescheiden – ▪▪▪▪▪▪
einfach – ▪▪▪▪▪▪▪▪
winzig – ▪▪▪▪▪

b) Die Schreibung des *i*-Lauts im Wortstamm bleibt in der Wortfamilie erhalten. Schreibe jeweils mindestens zwei weitere Wörter aus derselben Wortfamilie auf, z. B.:
*der Sieg* ⟶ *siegen, besiegen, siegreich, ...*

❸ a) Schreibe zu jedem Nomen im Wortspeicher verwandte Verben mit der Endung *-ieren* auf.
*das Programm: programmieren*
*die Nummer: ...*

> das Programm · die Nummer · der Marsch · die Probe · das Training ·
> der Fotograf · das Experiment · das Telefon · der Alarm · die Explosion ·
> die Organisation · die Reparatur · die Balance

b) Formuliere mit fünf Verben, die du mit der Endung *-ieren* gebildet hast, einen Satz.
*Marlene kann schon ein bisschen programmieren.*

**4** Achtung Ausnahme: Bei diesen Wörtern wird das lang gesprochene *i* mit einfachem *i* geschrieben! Schreibe die Wortanfänge ab und ergänze passende Silben aus dem Silbengitter.
*der Liter*

der Li ▨
das Ki ▨
der Ti ▨
der Bi ▨
die Ma ▨ ▨
die Man ▨ ▨ ▨
das Kli ▨
die La ▨ ▨

| ~~ter~~ | ne | no |
|---|---|---|
| ber | wi | ger |
| schi | da | ma |
| ne | ri | ne |

**5** In diesem Text fehlen alle *i*-Laute. Schreibe ihn ab und setze sie in der richtigen Schreibung ein.
Tipp: Prüfe zunächst, ob der *i*-Laut lang oder kurz gesprochen wird. Wird er kurz gesprochen, schreibe ein einfaches *i*. Wird er lang gesprochen, nutze den Merkkasten.

### T▨rische Erm▨ttler

M▨ttlerweile s▨nd T▨re aus v▨len Bereichen gar n▨cht mehr wegzudenken. So helfen zum Beisp▨l Hunde wegen ▨res guten R▨chers, von Law▨nen verschüttete Menschen zu f▨nden. Besonders ausgebildete S▨gnalhunde werden train▨rt, um Menschen mit Hörbehinderung zu helfen. Selbst B▨nen werden bei der Sprengstoffsuche eingesetzt, weil ▨re Fühler über mehrere K▨lometer h▨nweg Explos▨ves r▨chen können.

---

**Merke** **Wörter mit lang gesprochenem *i***

Für das lang gespochene *i* gibt es drei verschiedene Schreibweisen:
– **Wörter mit *ie*:** Die meisten Wörter mit lang gesprochenem *i* werden mit *ie* geschrieben, z. B.: *die-se, Spie-le, bie-gen, Brie-fe, fie-len, flie-gen, Frie-den.*
– **Wörter mit *i*:** Seltener wird der lange *i*-Laut durch den Buchstaben *i* wiedergegeben. Das gilt vor allem für Fremdwörter und einige Merkwörter, z. B.: *das Benzin, das Klima, das Kino, die Maschine, die Medizin, die Lawine, das Kaninchen, der Tiger, der Igel; wir, dir, mir.*
– **Wörter mit *ih*:** Merke dir als Ausnahmen die Personalpronomen *ihr, ihn, ihm, ihnen, ihre.*

# Merkwörter mit Doppelvokal

**❶ a)** Welche Wörter mit Doppelvokal fehlen hier? Schreibe die Sätze ab und ergänze sie.

    A  Schuhe kauft man immer als ▭.
    B  Damit gingen die Neandertaler auf Jagd: ▭.
    C  Der fällt im Winter: ▭.
    D  Das wächst auf dem Waldboden und ist ganz weich: ▭.
    E  Auf dem Kopf wachsen ▭.
    F  Dort kann man wilde Tiere beobachten: ▭.
    G  Dort gibt es oft hohe Wellen: ▭.
    H  Das trinken viele Erwachsene zum Frühstück: ▭.
    I  Sie erfüllt im Märchen Wünsche: ▭.

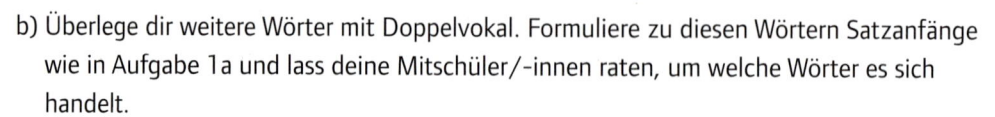

**b)** Überlege dir weitere Wörter mit Doppelvokal. Formuliere zu diesen Wörtern Satzanfänge wie in Aufgabe 1a und lass deine Mitschüler/-innen raten, um welche Wörter es sich handelt.

**c)** Untersuche, welche Vokale verdoppelt werden können und welche nicht.

**❷** Bilde möglichst viele Zusammensetzungen mit folgenden Nomen:

| die Beere | der Saal | die Waage | der Zoo |

*die Beere* ⟶ *der Beerenkuchen, die Stachelbeere, ...*

**❸** Hier stimmt etwas nicht: Setze die Wörter richtig zusammen und schreibe sie in dein Heft.

| Meeresgut | Kleebrise | Saatfang | Seelenblatt | Aalverwandter |

---

**Merke — Wörter mit Doppelvokalen**

Nur in wenigen Wörtern wird der lang gesprochene Vokal durch **Vokalverdopplung** gekennzeichnet. Diese Wörter solltest du dir merken, z. B.:
- **aa:** *der Aal, das Haar, das Paar, der Saal, der Staat*
- **ee:** *die Beere, das Beet, die Fee, das Heer, leer, das Meer, der Schnee, der See, der Tee, die Idee, der Kaffee, ...*
- **oo:** *das Boot, doof, das Moor, das Moos, der Zoo*

# s-Laute unterscheiden

## s oder ß? Der s-Laut nach langem betontem Vokal

**❶** a) Sprich die Wörter im Wortspeicher laut und deutlich. Welche Unterschiede kannst du erkennen?

> heißen · die Hose · die Dose · außen · grüßen · lösen · stoßen · draußen ·
> beißen · reißen · reisen · lesen · die Straße · hinweisen · der Riese · fließen

b) Schreibe die Wörter nach Silben getrennt ab. Was fällt dir auf?
*hei-ßen, …*

**❷** Am Wortende wird der s-Laut immer stimmlos gesprochen. Deshalb musst du die Wörter verlängern, um zu entscheiden, wie du schreiben musst.

> der Bewei? · das Ei? · der Fu? · das Gla? · das Glei? · der Krei? · das Ma? ·
> der Prei? · der Spa? · der Sto? · barfu? · gro? · sü? · wei?

**❸** Rätsel: Schreibe die gesuchten Begriffe in dein Heft. Von oben nach unten gelesen, ergeben die Buchstaben in den rot unterlegten Feldern das Lösungswort.

Wer spukt nachts durch Häuser?
Was tut ein Fluss?
Wo findet man Blumen?
Was hat der Schornsteinfeger an den Händen und im Gesicht?
Was ist das Gegenteil von *laut*?
Wie heißt eine mit kurzem Gras bewachsene Fläche?

---

**Merke**    **s-Laute unterscheiden**

– Wird der s-Laut nach einer offenen Silbe **stimmhaft** (weich, summend) gesprochen, dann wird er mit **s** geschrieben, z. B.:
    *die Na-se, rei-sen.*
– Wird der s-Laut nach einer offenen Silbe **stimmlos** (hart, zischend) gesprochen, dann wird er als **ß** geschrieben, z. B.:
    *schlie-ßen, die So-ße.*
**Achtung**: Am Wortende wird der s-Laut immer stimmlos gesprochen, deshalb musst du das Wort verlängern und dich nach der Aussprache im verlängerten Wort richten, z. B.:
    *Gra? Grä-ser (stimmhaft) ⟶ Gras; Strau? Sträu-ße (stimmlos) ⟶ Strauß.*

# Langer oder kurzer Vokal, ß oder Doppel-s?

**1** a) Sortiere in einer Tabelle: die Wörter mit ß links, die Wörter mit Doppel-s rechts.

> außen · besser · draußen · fassen · fleißig · gießen · größer · grüßen · die Klasse · das Messer · passen · schließen · schließlich · der Sessel · die Tasse · das Wasser

b) Untersuche die Silben der Wörter.
  – Achte auf die Länge des Vokals in der ersten Silbe.
  – Schreibe die Wörter nach Silben getrennt auf und bestimme, ob die erste Silbe offen oder geschlossen ist.
c) Formuliere eine Regel, wann man Doppel-s und wann man ß schreibt.

**2** Bilde aus den Silben in den Kästen zweisilbige Wörter, z. B.:
Fü - ße, ...

> die Fü-, hei-, sto-, die Grü-, die Stra-, flei-, die Spä-, drei-, die Grö-, die Sü-

> -ße, -ßen, -ßig

**3** In folgenden Wortfamilien verändert sich die Länge des betonten Vokals und damit auch die s-Schreibung.
  a) Notiere alle Infinitivformen (Grundformen) aus dem Wortspeicher untereinander in dein Heft.
  b) Schreibe die dazugehörige Präteritumform (→ S. 230) dahinter und markiere den s-Laut.
  la_ss_en – ließ, ...

> lassen · er goss · schließen · sie vergaß · essen · fließen · er schoss · sie verließ · gießen · messen · er riss · sie ließ · schießen · er aß · verlassen · reißen · er floss · sie maß · sie schloss · vergessen

**4** Schreibe eine kleine Geschichte mit möglichst vielen Wörtern aus Aufgabe 3. Unterstreiche anschließend das Doppel-s oder das ß in diesen Wörtern.
*„Ich darf die Blumen nicht vertrocknen la_ss_en!", dachte Kolya. Er go_ss_ ...*

---

**Merke** | **Der Wechsel von ß und Doppel-s im Wortstamm**

– Wird beim **Wechsel des Stammvokals** in verwandten Wörtern **aus dem kurzen Stammvokal ein langer**, dann wird aus Doppel-s ein ß, z. B.:
  *verla_ss_en* (kurzer Stammvokal) ⟶ *sie verließ* (langer Stammvokal).
– Wird umgekehrt aus dem langen Stammvokal ein kurzer, dann wird aus ß Doppel-s, z. B.:
  *gießen* (langer Stammvokal) ⟶ *er go_ss_* (kurzer Stammvokal).

# Groß- und Kleinschreibung

**❶** Detektiv Spürnase erhält eine Nachricht von Gräfin Jutta von Sonnenwind.
„Die Gräfin ist wirklich sehr aufgeregt, sonst hätte sie nicht so viele Fehler bei der Groß- und Kleinschreibung gemacht", denkt sich Spürnase.
Suche die elf Fehler in dem Brief. Der Merkekasten hilft dir.

---

*Sehr geehrter Herr Detektiv,*

*ich möchte Sie bitten, in einer sehr wichtigen Angelegenheit für Mich zu ermitteln. Meine Überaus wertvolle Halskette mit Diamanten und Rubinen wurde gestohlen. Ich bin außer mir. Die kette ist ein Erbstück von meiner Großmutter elvira. alle Hoffnung liegt nun bei Ihnen, dass sie Sie wiederfinden und den Dieb schnappen. Von einem Freund wurden Sie mir als sehr Zuverlässiger und findiger ermittler empfohlen. Ich erwarte Sie heute gegen 14 uhr bei mir zu Hause (Villenweg 12). bitte seien Sie pünktlich.*

*Hochachtungsvoll
Gräfin Jutta von Sonnenwind*

---

**❷** Die Wortkette enthält die Lösung des Falles. Schreibe mithilfe der Regeln im Merkkasten die drei Sätze in der richtigen Groß- und Kleinschreibung in dein Heft.

Wortkette: *derfallkonnteschnellgelöstwerdendiekettefandderdetektivimstaubsaugerbeutelsiewarunterdasbettgefallenundunbemerktvonderputzfraumaaufgesaugtworden*

---

| **Merke** | **Groß schreibt man:** |
|---|---|

– am **Satzanfang**, z. B.: *Die Gräfin war entsetzt. Aber Spürnase blieb gelassen.*
– bei **Eigennamen** und **Nomen**, z. B.: *Anton, Sofie; die Katze, der Koffer, der Urlaub*
– bei der **Anrede** von Personen, die man mit „Sie" anspricht, z. B.:
 *Liebe Frau Schlau,
 wir danken Ihnen dafür, dass Sie uns immer so tolle Knobelaufgaben geben.*

# Strategien zum richtigen Schreiben

## Strategie: Nomen an typischen Suffixen erkennen

**❶** Bilde aus den Wortbausteinen Nomen und schreibe sie mit Artikel in dein Heft.
*die Freundschaft, ...*

| Freund- | Kind- | Meister- | Land- | Hellig- | Dunkel- |
| Wohn- | Erleb- | Geheim- | Reich- | Helden- | Schön- |

| -nis | -ung | -keit | -tum | -heit | -schaft |

**❷** Bilde mit den Suffixen (Nachsilben) *-keit, -heit ...* und den Wörtern im folgenden Wortspeicher Nomen und verwende sie in einem Beispielsatz:
*aufmerksam – Aufmerksamkeit*
*Spürnase richtete seine Aufmerksamkeit auf den verdächtigen Fleck am Boden.*

aufmerksam · dunkel · entdecken · finster · lösen · sichern · täuschen · verfolgen

**❸** Schreibe den Text in der richtigen Groß- und Kleinschreibung ab und unterstreiche die Suffixe (Nachsilben).

*die perfekte tarnung*

*eine gute tarnung ist wichtig für das erfolgreiche beschatten eines verdächtigen. für die anfertigung der verkleidung braucht man etwas geschick. eigenschaften einer fremden person werden vom spion täuschend echt übernommen. dazu benötigt er auch gute sprachkenntnisse, um botschaften zu verstehen. das geheimnis seiner identität soll möglichst lange gewahrt bleiben. so kann es dem ermittler gelingen, den verbrecher zu stellen.*

| **Merke** | **Typische Nomensuffixe** |

Wörter mit den Suffixen (Nachsilben) *-heit, -keit, -nis, -schaft, -tum, -ung* sind Nomen und werden großgeschrieben, z. B.:
die Kind<u>heit</u>, die Heiter<u>keit</u>, das Geheim<u>nis</u>, die Bot<u>schaft</u>, der Reich<u>tum</u>, die Belohn<u>ung</u>.

## Strategie: Nomen an ihren Begleitwörtern erkennen

**1** Entscheide bei jedem Satz, ob du die Wörter rechts als Nomen einsetzen musst oder nicht. Begründe deine Entscheidung.

Ich ▇ meinen Schlüssel. Kannst du mir bei meiner ▇ helfen?  suche / Suche
Die ▇ dauert schon sehr lange. Wenn du mir hilfst, ▇ ich nicht mehr lange.

Beim Golfen liegt das Zielloch auf dem ▇.  grün / Grün
Nicht nur auf dem Golfplatz ist ein Rasen eine Zierde, wenn er schön ▇ ist.

Die Mannschaft gewann alle ▇.  spiele / Spiele
Wegen des Sturms sagte man die ▇ ab.
Am liebsten ▇ ich mit Freunden.
Schach ▇ ich sehr gut.

**2** Übertrage die Tabelle in dein Heft und ordne alle Nomen mit ihren Begleitwörtern aus dem folgenden Text ein.

| mit Artikel | mit Adjektiv | mit Pronomen | mit Zahlwort | ohne Begleitwort |
|---|---|---|---|---|
| … | wichtige Unterlagen | … | … | … |

### Wohin mit den Unterlagen?

*Um wichtige Unterlagen sicher weiterzugeben, braucht ein einfallsreicher Spion gute Verstecke. Schließlich möchte er ja, dass sein Auftraggeber die interessanten Informationen erhält, und zwar ohne dass Unbefugte in den Besitz der Papiere gelangen. Also sind gute Ideen gefragt: In einer Mülltüte vermutet keiner einen Geheimauftrag. Auch Bäume und Steine sind geeignet. Raffiniert sind ausgehöhlte Bücher, in denen man Schlüssel oder Briefe vor neugierigen Blicken verbergen kann. Manche Spione haben Pech: Denn was passiert mit den vielen Informationen, wenn der Wind den Laubhaufen verweht oder die Mülltonne von der Müllabfuhr abgeholt wird?*

❸ Nomen können mehrere Begleitwörter haben. Probiere es aus:
– Erweitere die markierten Nomen in den Sätzen A und B um mehrere Begleitwörter.
– Schreibe die Sätze in dein Heft und achte auf die richtige Groß- und Kleinschreibung.
– Markiere das Nomen und unterstreiche die Begleitwörter, z. B.:

Ich habe einen Roller.
Ich habe einen tollen Roller.
Ich habe einen tollen, bunten Roller.

A   Gib mir die Tasche!
B   Das Kind kauft Gummibärchen.

❹ a) Entscheide, welche der Wörter im Text Nomen sind.
   Erkläre deine Entscheidung, z. B.:
   „Geheimnisse": hat das Begleitwort „wichtige".
b) Schreibe den Text in der richtigen Groß- und Kleinschreibung in dein Heft.

### WICHTIGE GEHEIMNISSE WAHREN

SICHER BESITZT AUCH DU GEHEIME DINGE, DIE NICHT JEDER ENTDECKEN SOLL. DA DU ALLERDINGS NICHT IMMER DAHEIM BIST, BRAUCHST DU EINE FUNKTIONIERENDE ALARMANLAGE, UM UNERWÜNSCHTE SCHNÜFFLER ABZUWEHREN. BEFESTIGE EINEN AUFGEBLASENEN LUFTBALLON AN DER WAND HINTER DEINER ZIMMERTÜR. AN DIE TÜR SELBST BRINGST DU MIT KLEBEBAND EINE PINNNADEL SO AN, DASS SIE BEIM ÖFFNEN DER TÜR DEN BALLON ZUM PLATZEN BRINGT. BEI DEM KNALL WIRD DER ERSCHROCKENE EINDRINGLING SCHNELL DAS WEITE SUCHEN.

---

**Merke**   **Nomen an ihren Begleitwörtern erkennen**

**Nomen** kann man an **Begleitwörtern** erkennen, die ihnen im Satz vorausgehen.
Das sind z. B.:
– **Artikel:** der Polizist
– **Adjektive:** schwierige Fälle
– **Pronomen:** dieser Beweis, meine Juwelenkette
– **Zahlwörter:** einige Probleme; viele Täter, fünf Beweisfotos

Manchmal ist das Begleitwort versteckt (z. B. *am Tag = an dem Tag*).
Ist kein Begleitwort vorhanden, kann man **ein gedachtes Begleitwort ergänzen**, z. B.:
*Ohne Glück klappt es nicht.* → *Ohne ein wenig Glück / Ohne besonderes Glück …*

# Strategie: Wörter verlängern

**1** Bilde aus den Satzteilen sinnvolle Sätze. Schreibe sie in dein Heft und vergleiche die Schreibung.

| | |
|---|---|
| Ein Rad … | … von dir wäre mir wichtig. |
| Das Schiff … | … singt. |
| Der Chor … | … sinkt. |
| Ein Rat … | … ist ein Sportgerät. |

**2** a) Sprich die folgenden Wörter deutlich aus und achte dabei auf den markierten Buchstaben. Welche Laute hörst du jeweils?

> das Ba**d** · trü**b** · run**d** · wichti**g** · er lie**g**t · es rei**b**t · der Ber**g** · das Wer**k**

b) Verlängere die Wörter, indem du beispielsweise folgende Formen bildest:
- bei Nomen den Plural, z. B.: *Rad – Räder,*
- bei Verben den Infinitiv (die Grundform), z. B.: *sie raubt – rauben*
- bei Adjektiven die erste Steigerungsstufe, z. B.: *schräg – schräger*

c) Vergleiche die Aussprache bei den Wortpaaren. Was zeigt dir die Verlängerung an?

**3** *b* oder *p*? *d* oder *t*? *g* oder *k*?

a) Schreibe jedes Wort zusammen mit einer verlängerten Form in dein Heft und setze den fehlenden Buchstaben ein, z. B.:

*der Ran? ⟶ die Rän**d**er ⟶ der Ran**d**.*

b) Wähle fünf Wörter aus dem Wortspeicher aus und formuliere zu jedem einen Satz.

> der Ran? · der Aben? · der Erfol? · der Hun? · sie flie?t · gro? · du kle?st · der Kor? ·
> das Kin? · mil? · wun? · richti? · der Sta? · er schrei?t · sie glau?t ·
> die Wan? · der Zwer? · er hu?t · er to?t

**4** Diktiert euch in Partnerarbeit gegenseitig den folgenden Text und vergleicht eure Schreibungen. Führt bei Bedarf die Verlängerungsprobe durch.

### Ständig im Einsatz

Ein Detektiv ist ständig bei Win■ und Wetter im Einsatz, einen Feierabend■ gi■t es nicht. Gerade will Spürnase in sein Butterbro■ beißen, als das Telefon klingelt. Ein wertvoller Gol■ring wurde gestohlen und der Wachhun■ verschwan■. Spürnase greift sich seinen Anzu■ und macht sich auf den We■.

Er verfolgt den Die■ bis in den Wal■. Hier kann er den Gauner fangen, als er gerade die Beute vergrä■t. „Wo ist Bello?", befra■t ihn der Detektiv. Doch der Mann schwei■t.

**5** Zerlege die Zusammensetzungen im Wortspeicher und führe die Verlängerungsprobe durch wie im Beispiel.

die Ra?kappe = Ra? + Kappe ⟶ Rä<u>d</u>er ⟶ Ra<u>d</u>kappe

> die Ra?kappe · das Aben?essen · der Wer?zeu?kasten · das Han?tuch · ein Mor?fall ·
> das Rin?fleisch · die Lan?luft · der Win?stoß · die Gel?gier

**6** Was gehört zusammen?

a) Kläre die Schreibung der Wörter im linken Kasten mit der Verlängerungsprobe, z. B.:
Ber<u>g</u>e ⟶ Berg.

b) Bilde Zusammensetzungen mit den Wörtern links und rechts, z. B.:
Berghütte, ...

> Ber(g/k) · Her(d/t) · Flu(d/t) · Kor(g/k) ·
> Wer(g/k) · Stau(b/p) · Lie(d/t) · Lau(p/b)

> Text · Hütte · Baum · Wolke ·
> Tag · Signal · Platte · Boden

---

**Merke   Wörter verlängern (Verlängerungsprobe)**

Am Wortende klingt **b** wie **p**, **g** wie **k** und **d** wie **t**. Hier verwendet man die **Verlängerungsprobe**, um die richtige Schreibung zu ermitteln. Beim Verlängern
– setzt man **Verben** in den **Infinitiv** (Grundform), z. B.: *gibt* ⟶ *geben*,
– werden **Adjektive gesteigert**, z. B.: *gesund* ⟶ *gesünder*,
– bildet man bei **Nomen** den **Plural**, z. B.: *der Tag* ⟶ *die Tage*.

**Achtung**: Zusammensetzungen müssen zerlegt werden, um die Verlängerungsprobe durchzuführen, z. B.: *Fel?hase = Fel? + Hase* ⟶ *Fel<u>d</u>er* ⟶ *Fel<u>d</u>hase*.

## Strategie: Die Schreibung aus verwandten Wörtern ableiten

**❶** Suche zu den Wörtern im Wortspeicher verwandte Formen mit *a/au*. Schreibe sie in dein Heft, z. B.: *kräftig – die Kraft*, ...

> kräftig · der Bäcker · glänzen · häuslich · die Läuferin · rächen ·
> schädlich · träumen · die Wärme · zählen

**❷** *ä* oder *e*, *äu* oder *eu*? Schreibe die folgenden Wörter richtig in dein Heft.
Notiere bei *ä/äu*-Schreibung ein verwandtes Wort als „Beweis", z. B.: *äußerlich (außen)*, ...

> ?ßerlich · die B?te · das B?mchen · die Fr?nde · h?fig · die M?nschen ·
> pr?chtig · bef?stigen · bem?rken · f?rben · die F?lschung · die Fl?che ·
> gl?nzen · gl?tten · die Gr?ser · die K?lte · k?mmen · k?hren · l?rnen ·
> die S?cke · sch?men · der Verr?ter

**❸** Verkehrte Welt? Verbessere die Sätze und begründe die richtige Schreibweise.

> Das Leuten erschreckt die Läute.
> Die gestohlenen Fälle gehören zu seinen schwersten Fellen.

*Achtung Fehler!*

**❹** Zu den folgenden Wörtern gibt es kein verwandtes Wort mit *a*. Daher musst du sie dir besonders gut einprägen. Schreibe das Rätsel in dein Heft und löse es.

1. Mäuse essen angeblich gerne K ▪ se.
2. eine Insektenart: K ▪ ▪ ▪ ▪
3. das Gegenteil von *früh*: ▪ ▪ ▪ ▪
4. ein Zeichen von Müdigkeit: ▪ ▪ ▪ ▪ ▪ n
5. das Gegenteil von *freuen*: ▪ rg ▪ ▪ ▪
6. Flüssigkeit des Auges: ▪ ▪ ▪ ▪ ▪
7. Monat im Frühling: ▪ ▪ ▪ ▪
8. Hohes, schmales Bauteil, z. B. von Tempeln: ▪ ▪ ▪ ▪ ▪
9. Aufenthaltsort von Kleinkindern in der Wohnung: ▪ ▪ ▪ ▪ ▪

---

**Merke    Verwandte Wörter suchen (Ableitungsprobe)**

Bist du bei der Schreibung unsicher, hilft oft die Suche nach einem **verwandten Wort**.
Nutze dies zum Beispiel, wenn du zwischen *e/ä* oder zwischen *eu/äu* entscheiden musst:
– Gibt es **eine verwandte Form mit *a/au***, schreibe *ä/äu*, z. B.:
  *Glas* → *Gläser*, *Raum* → *räumen*.
– Gibt es **kein verwandtes Wort mit *a* oder *au***, schreibt man meist *e* oder *eu*.

**5** Auch bei der Entscheidung, ob du ein Dehnungs-*h* schreiben musst, hilft dir die Suche nach verwandten Wörtern. Es bleibt in einer Wortfamilie erhalten.
   a) Stelle zu den folgenden Wörtern eine Wortfamilie mit jeweils mindestens vier Wörtern zusammen.
   b) Unterstreiche in allen Wörtern der Wortfamilie das Dehnungs-*h*.
   fa*h*ren, die Fä*h*re, anfa*h*ren, das Fa*h*rzeug, …

| fahren | lehren | zahlen | der Ruhm |

**6** Überprüfe bei den Wörtern im folgenden Wortspeicher, ob du ein Dehnungs-*h* schreiben musst, indem du ein verwandtes Wort suchst. Schreibe die Wörter richtig in dein Heft.
*der Lo?nzettel: der Lohn* ⟶ *Lohnzettel*
*die Bana?ne: kein verwandtes Wort mit h* ⟶ *Banane*

> der Lo?nzettel · die Bana?ne · der Ba?nverkehr · das Wasserro?r · der Ho?lraum ·
> der U?rzeiger · der Za?nschmelz · die Bo?rmaschine · der Lichtstra?l
>
> die Rücksichtna?me · der Diebsta?l · die Spu?r · die Wo?nung · das Gefä?rt ·
> das Gefü?l · der Schwu?r · das Gemä?lde · der To?n
>
> ho?len · scho?nen · sich lo?nen · gezä?mt · verko?lt

**7** Schreibe zu den folgenden Wörtern mit *s* jeweils sieben verwandte Wörter in dein Heft. Unterstreiche dann den *s*-Laut, z. B.:
*das Eis, eisfrei, vereisen, …*

| das Eis | der Kreis | der Preis |
| das Gras | das Haus | die Laus |

**8** *s* oder *ß*? Entscheide bei den Wörtern im Wortspeicher mithilfe der Verlängerungsprobe (→ S. 274) oder der Ableitungsprobe (→ S. 275), wie du den *s*-Laut schreiben musst, z. B.:
*Bewei?mittel: die Beweise, beweisen* ⟶ *das Beweismittel.*

> das Bewei?mittel · das Fu?bad · das Gla?haus · das Bahnglei? ·
> der Krei?verkehr · die Gie?kanne · die Wei?wäsche · der Gra?halm ·
> die Ei?maschine · das Prei?rätsel · der Spa?vogel · die Gro?schreibung ·
> das Ma?band · der Sü?stoff

**9** Schreibe eine Unsinngeschichte mit möglichst vielen Wörtern aus dem Wortspeicher von Aufgabe 8.

# Zum Wiederholen und Üben

## Wörter mit *h*

**❶** Suche im Text die vierzehn Wörter mit Dehnungs-*h* und fünf Wörter mit einem silbentrennenden *h* (→ S. 263).

### Als Detektiv hat man es nicht leicht

Detektiv Spürnase wurde ungefähr um Mitternacht sehr unsanft aus dem Schlaf gerissen. Seine Ohren nahmen ein Geräusch aus dem Flur wahr. Was das wohl war – ein Dieb? Ein unangenehm ziehendes Gefühl stieg in ihm auf, während er lauschte. Er schlich auf den Zehenspitzen zur Tür, drückte die Klinke leise herunter und fühlte einen kalten Luftzug. Jetzt hatte er keine Angst mehr: Wahrscheinlich war es nur der Wind! Er hatte einfach den Fehler gemacht, das Fenster offen stehen zu lassen. Jetzt konnte er ruhig zu Bett gehen.

**❷** a) Übertrage die Tabelle in dein Heft und ordne die Wörter mit Dehnungs-*h* richtig ein:

| *h* vor *l* | *h* vor *m* | *h* vor *n* | *h* vor *r* |
|---|---|---|---|
| … | … | … | *ungefähr* |

b) Ergänze in jeder Spalte fünf weitere Wörter mit Dehnungs-*h*.

## Wörter mit lang gesprochenem *i*

**❶** Schreibe den Text in dein Heft und ergänze die langen *i*-Laute (→ S. 264 f.).
Tipp: Meist musst du *ie* schreiben, manchmal auch *i*, einmal *ih*.

Hallo, h▢r ist „Feinkost Goldapfel"! Herr Detektiv, S▢ müssen m▢r helfen! Schon w▢der ein D▢bstahl! D▢smal sind gleich v▢r Ganoven m▢r nichts, d▢r nichts durch das Fenster eingest▢gen. D▢ hatten wohl Vitam▢nmangel: S▢ haben d▢ schönsten Apfels▢nen, Auberg▢nen und Mandar▢nen geklaut. Und w▢ soll ich meiner Frau erklären, dass ▢re schöne Saftmasch▢ne weg ist?

277

# Wörter mit Doppelkonsonanten

**1** a) Schreibe den Text ab und ergänze dabei den passenden Doppelkonsonanten, *tz* oder *ck* (→ S. 262).
b) Schreibe zu jeder Verbform mit Doppelkonsonant den Infinitiv (die Grundform) auf: *angestellt – anstellen*.

### Eine Ka▇e in Not

„Ja, was hast du denn angeste▇t?" Spürnase erbli▇t seine Ka▇e Minka, die auf dem Te▇ich kauert und ja▇ert. Da erst sieht er, da▇ Minka zwischen dem Schrank und einem Ho▇er eingekle▇t ist.

Schne▇ befreit er sie aus ihrer mi▇lichen Lage. Die Ka▇e schü▇elt sich und kehrt wieder in die Küche zurü▇. „Sie hat besti▇t wieder eines ihrer Kunststü▇e probiert, das ka▇ sie einfach nicht la▇en!", denkt Spürnase. Er ho▇t, da▇ Minka mit zunehmendem Alter be▇er aufpa▇t.

**2** Doppelkonsonant oder nicht? Schreibe den Text in der richtigen Schreibweise auf. Tipp: Informiere dich auf den Seiten 259–261.

### Ein schlauer Ermi(t/tt)ler

Detektiv Spürnase war ein schlauer Ermi(t/tt)ler. Er ste(l/ll)te dem Verdächtigen eine ra(f/ff)inierte Fa(l/ll)e. Eine Reihe von Einbrüchen ha(t/tt)e im Vi(l/ll)enviertel sta(t/tt)gefu(n/nn)den. Nachdem die Zei(t/tt)ung vom Fu(n/nn)d der wertvo(l/ll)en Halske(t/tt)e der Gräfin berichtet ha(t/tt)e, ahnte er, dass die Diebe bald bei ihr einbrechen würden. Mit dem Einverständnis der Haushe(r/rr)in befestigte er Kameras und Sensoren. Die Bewohner des Hau(s/ss)es verreisten über das Wochenende.

Das Außenfenster in der Küche ki(p/pp)te er. Ba(k/ck)bleche und Töpfe ordnete er so an, dass der Täter sie umwe(r/rr)fen und sich erschre(k/ck)en würde. Zeitverse(z/tz)t würde das Licht angehen und ein schri(l/ll)es Signal ertönen. Der Täter würde fliehen, währendde(s/ss)en würde die Polizei informiert werden. Am Ende war Spürnases Pla(n/nn) ein großer Erfolg!

# *e* oder *ä*? *eu* oder *äu*?

**❶** Entscheide jeweils: *e* oder *ä*? *äu* oder *eu*? Suche verwandte Wörter mit *a/au* (→ S. 275).
Schreibe die gesuchten Wörter in dein Heft, z. B.:
*Zwang* ⟶ *eingezwängt*.

### Spürnase bei der Arbeit

Schon seit drei Stunden sitzt Detektiv Spürnase eingezw■ngt im Gestrüpp und beobachtet ein altes Geb■de. Schweißp■rlen gl■nzen auf seiner Stirn. Er jagt h■te einen Juwelen-
5 dieb und will nicht, dass ihm der R■ber entkommt. Da bem■rkt er ein immer lauter werdendes Ger■sch: ein Hubschrauber! Der T■ter will fliehen. Da kommt der Dieb, er schl■ndert mit der B■te über die Wiese. „Da
10 hast du dich zu früh gefr■t, mein Fr■ndchen!" Spürnase springt aus seinem Versteck und r■nnt zum Landeplatz. Der Dieb ist so überrascht, dass er den Schmuck ohne Widerstand aush■ndigt.

# Wörter mit *b*, *d*, *g* im Auslaut

**❶** Im folgenden Text gibt es acht Fehler in der Schreibung von *b/p*, *d/t* oder *g/k*.
a) Suche die Fehler mithilfe der Verlängerungsprobe (→ S. 274), z. B.:
*Win?, Winde* ⟶ *Wind*.
Zusammensetzungen musst du zerlegen, z. B.:
*Win?rad = Win? + Rad* ⟶ *Windrad*.
b) Schreibe die fehlerhaften Wörter korrigiert in dein Heft.

### Das Geheimnis eines guten Detektivs

Nach seinem großen Erfolg wird Detektiv Spürnase interviewt. Er erklärt liebend gerne, wie es dazu kam, und gipt auch ein wenig an: „Geduld ist alles, müssen Sie wissen! Das gehört einfach zum Werkzeug eines Detektivs und wirt oft vergessen. Wäre ich dem Diep einfach blint hinterhergerannt, wäre er mir entkommen und schon über alle Berge. So aber habe ich es wohl goltrichtig gemacht und es war ein toller Tak!"

# Großschreibung von Nomen und Satzanfängen

**1** a) Schreibe die Sätze in den Wortschlangen in der richtigen Groß- und Kleinschreibung und mit einem Punkt am Satzende in dein Heft.
b) Markiere die Begleitwörter der Nomen.
Achtung: Nicht alle Nomen haben ein Begleitwort! Denke dir bei Bedarf eines dazu.

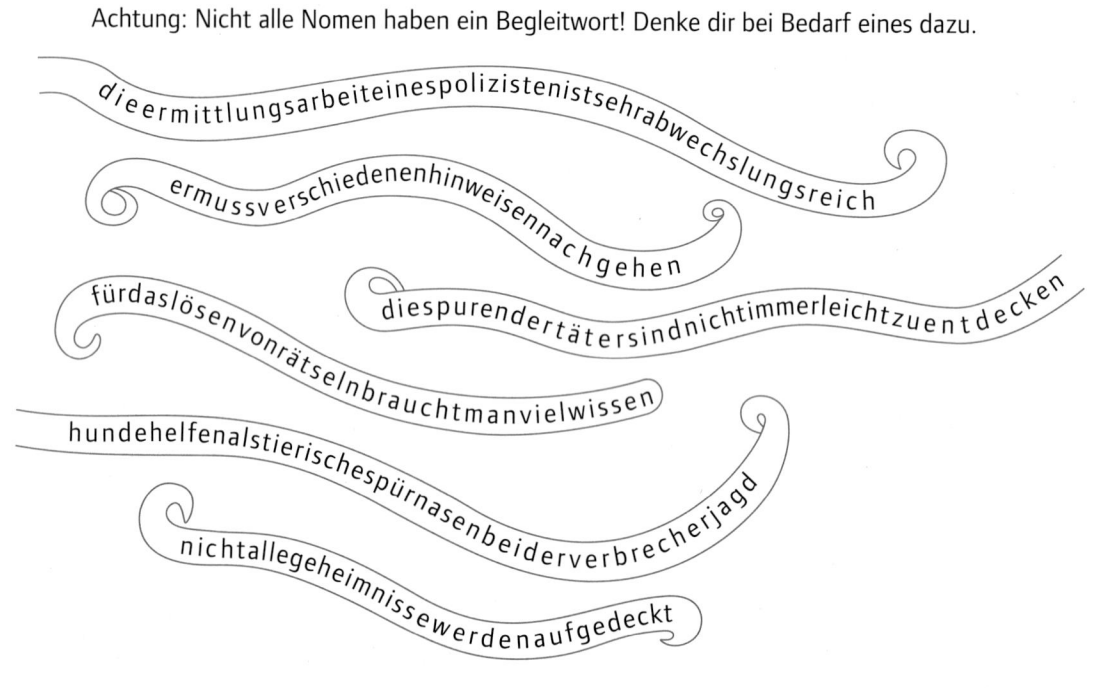

- dieermittlungsarbeiteinespolizistenistsehrabwechslungsreich
- ermussverschiedenenhinweisennachgehen
- diespurendertätersindnichtimmerleichtzuentdecken
- fürdaslösenvonrätselnbrauchtmanvielwissen
- hundehelfenalstierischespürnasenbeiderverbrecherjagd
- nichtallegeheimnissewerdenaufgedeckt

**2** Übertrage den Text in der korrekten Groß- und Kleinschreibung in dein Heft.

### kein tag für einbrecher

ein ohrenbetäubender knall erschreckte den einbrecher. er entdeckte die ursache: ein schweres backblech war auf den boden der konditorei gefallen. zum glück hatte er wohl nicht die aufmerksamkeit der hausbewohner geweckt, weil alle verreist waren. daher glaubte der räuber sich in sicher-
5 heit und schlich weiter.

plötzlich aber ging das licht an und eine schrille sirene heulte auf. in panischer angst quetschte sich der dieb aus dem Klofenster. als er mit kopf und schultern schon draußen war, sah er den bäckermeister und zwei kräftig aussehende polizisten. er versuchte so schnell wie möglich wieder
10 zurückzuklettern, aber er steckte mit den Schultern fest und kam weder vor noch zurück. das war wirklich nicht sein tag! jetzt standen ihm die festnahme, mehrere vernehmungen, eine gerichtsverhandlung und am ende wohl sogar eine gefängnisstrafe bevor.

# Wörter mit s-Laut

**1** s, ß oder Doppel-s?
Schreibe die Lückenwörter in dein Heft und ergänze die s-Laute in der richtigen Schreibung.

### Der Fremde mit der Tasche

Florian sa▆ wartend an der Bu▆haltestelle. Nach dem Training an diesem hei▆en Tag flo▆ ihm der Schwei▆ in Strömen von der Stirn. Wenigstens blie▆ eine leichte Bri▆e. Aus den Augenwinkeln
5 beobachtete er einen Mann, der etwas abseits stand und sich immerzu nervö▆ umschaute. In der Hand hielt er eine gro▆e, braune, offenbar sehr schwere Tasche, die er nicht losla▆en wollte.

Florians Intere▆e war geweckt. Was für ein Geheimni▆ mochte da-
10 hinterstecken? Der Junge war sehr wi▆begierig. Wie konnte er nur dieses Rätsel lö▆en? Er stellte Mutma▆ungen über den Tascheninhalt an, aber sicher wu▆te er es nicht. Vielleicht war es ja nur eine ganz normale Rei▆etasche und er bildete sich nur wer wei▆ was ein. Womöglich waren nur Ho▆en, T-Shirts, Socken und ein Ra▆ierpinsel darin. Gewi▆ würde
15 der Mann nicht antworten, wenn er ihn fragen würde. Ihm einfach die Tasche wegzurei▆en kam auch nicht infrage. Gewalt war schlie▆lich keine Lö▆ung!

Der ankommende Bu▆ ri▆ Florian aus seinen Gedanken und bald hatte er den Mann verge▆en.

**2** Bei den markierten Wörtern wechseln ss/ß im Stammvokal.
a) Schreibe ab und ergänze dabei die Schreibung des s-Lauts.
b) Notiere zu jedem Wort ein verwandtes Wort mit der jeweils anderen s-Schreibung:
*Guss – gießen, ...*

### Ein unerwarteter Regengu▆

Anna-Lena spazierte gemütlich und a▆ einen Schokoriegel. Sie wu▆te zwar, dass Regen angekündigt war. Trotzdem war sie überrascht, als es plötzlich go▆ wie aus riesigen Gie▆kannen. Leider hatte sie ihren Regenschirm verge▆en und außerdem war ihr Rucksack noch offen. Sie ri▆ heftig am Rei▆verschlu▆, und schließlich schaffte sie es, ihn zu schlie▆en. Da hörte der Regen auch schon wieder auf.

# Satzschlusszeichen richtig setzen

**So, so!**  *nach Kurt Schwitters*

Vier Maurer saßen einst auf einem Dach
Da sprach der erste: „Ach"
Der zweite: „Wie ist's möglich dann"
Der dritte: „Dass das Dach halten kann"
Der vierte: „Ist doch kein Träger dran"
Und mit einem Krach
Brach das Dach

**1** a) Hier sind einige Satzzeichen nicht mit abgedruckt.
Lies das Gedicht laut vor und achte darauf, wie du die einzelnen Sätze betonst.
b) Schreibe das Gedicht ab und setze die fehlenden Satzzeichen.

**2** a) Wie lässt sich der folgende Text lesen und verstehen? Probiere es aus.
b) Schreibe den Text mit Satzzeichen in dein Heft. Begründe deine Entscheidungen.

*Was für ein grässlicher Tag in der Schule fehlten ganz viele Schülerinnen und Schüler wegen Grippe im Unterricht kamen wir Übrigen deshalb andauernd dran in Mathe musste ich eine Aufgabe lösen zur Zeichensetzung befragte mich meine Deutschlehrerin im Sportunterricht musste ich viel mehr üben als sonst am Abend fühlte ich mich auch ganz krank.*

**3** a) Welche Absicht verfolgt der Sprecher der folgenden Sätze? Begründe.
b) Beschreibe, wie die einzelnen Sätze auf dich wirken.

A  Räum dein Zimmer auf!
B  Ich möchte, dass du dein Zimmer aufräumst.
C  Könntest du mal dein Zimmer aufräumen?

---

**Merke    Satzarten und Satzschlusszeichen**

Satzzeichen sind eine wichtige Lesehilfe, die das Verständnis eines Textes erleichtert:
An den **Satzschlusszeichen** erkennt man in der geschriebenen Sprache die Satzarten und Aussage-Absichten, d. h., ob jemand etwas **fragt, mitteilt, ausruft** oder **befiehlt**. In der gesprochenen Sprache erkennt man dies meist an der Stimmführung.
– **Aussagesatz:** *Ich gratuliere dir zum Geburtstag.*
– **Fragesatz:** *Hast du Fabian zum Geburtstag gratuliert?*
– **Ausrufe- oder Aufforderungssatz:** *Herzlichen Glückwunsch! Komm jetzt bitte!*

# Kommas richtig setzen

## Krabat und sein Meister   *nach Otfried Preußler*

Der Meister belehrte ihn: „Du musst wissen Krabat dass du in einer Schwarzen Schule bist. Man lernt hier nicht Lesen und Schreiben und Rechnen – hier lernt man die Kunst der Künste. Das Buch das da angekettet vor mir auf dem Tisch liegt ist der Koraktor, der Höllenzwang. Wie du siehst hat es schwarze Seiten die Schrift ist weiß. Es enthält alle Zaubersprüche der Welt. Ich allein darf sie lesen weil ich der Meister bin. Euch aber dir und den anderen Schülern ist es verboten, darin zu lesen das merke dir! Und versuche nicht, mich zu hintergehen, das würde dir schlecht bekommen!"

❶ In diesem Text sind einige Kommas nicht mit abgedruckt. Wo würdest du ein Komma setzen? Begründe.

❷ Überprüfe deine Vorschläge zu Aufgabe 1 mithilfe der folgenden Grundregeln:

**Merke    Grundregeln der Kommasetzung**

– Das Komma kennzeichnet **Unterbrechungen** im Satz, z. B. bei Anreden:
  *Krabat, du musst wissen … / Du, Krabat, musst wissen …*
– Das Komma trennt die Bestandteile einer **Aufzählung**, z. B.:
  *Man lernt hier nicht lesen, schreiben, rechnen.*
– Das Komma entfällt, wenn die Elemente durch *und/oder* verbunden sind, z. B.:
  *Man lernt hier nicht lesen, schreiben und/oder rechnen.*
– Das Komma trennt „**Sätze**", z. B.:
  *Das Buch hat schwarze Seiten, die Schrift ist weiß.*
  *Ich allein darf sie lesen, weil ich der Meister bin.*

## Das Komma bei Anreden

### Wenn der Topf aber nun ein Loch hat …

Wenn der Topf aber nun ein Loch hat lieber Heinrich was dann?
Stopf es zu liebe Liese stopf es zu!
Womit soll ich es denn aber zustopfen lieber Heinrich womit?
Mit Stroh liebe Liese mit Stroh!
…

❶ Schreibe die vier Zeilen des Liedes ab und setze die Kommas. Beachte: Die Anrede muss in Kommas eingeschlossen werden, wenn sie nicht am Satzanfang oder -ende steht.

❷ Schreibe die folgenden Sätze mit Anreden ab und setze die Kommas:

> Sehr geehrte Frau Blum ich interessiere mich für das angebotene Fahrrad.
> Ich schreibe dir lieber Lorenz mein Lieblingsrezept auf.
> Über dein Geschenk habe ich mich sehr gefreut liebe Sophie.

## Das Komma in Aufzählungen

A   Messer Gabel Schere Licht
    sind für kleine Kinder nicht.

B   Der Mensch hat eine Nase einen Mund einen Hals zwei Ohren zwei Arme zwei Hände zehn Finger zwei Beine zwei Füße und zehn Zehen.

C   Gestern hatte ich extrem schwierige langwierige öde Hausaufgaben auf.

❶ Schreibe die Sätze in dein Heft und setze die Kommas.

❷ Manchmal ist es nicht leicht, die Bestandteile einer Aufzählung zu erkennen. Überprüfe, wo du in den folgenden Sätzen ein Komma setzen musst. Gehe so vor:
– Probiere aus, wo du ein *und* einfügen kannst. Dort musst du ein Komma setzen.
– Schreibe die Sätze mit den notwendigen Kommas in dein Heft:
Achtung: Wenn bereits ein *und* zwischen den aufgezählten Elementen steht, darfst du kein Komma setzen.

A   Du brauchst für die Wanderung einen kleinen Rucksack mit ausreichendem Proviant für einen Tag feste Schuhe ein Regencape und etwas Taschengeld.

B   In unserem Gartenbeet blühen im Frühjahr Tulpen und Narzissen im Sommer Rosen im Herbst Astern und Dahlien im Winter Christrosen und Schneeglöckchen.

# Das Komma zwischen Haupt- und Nebensätzen

**1** a) Untersuche die Sätze A, B, C: Wo könntest du anstelle eines Kommas auch einen Punkt setzen? Begründe.
b) Schreibe die Sätze in dein Heft und unterstreiche den finiten (gebeugten) Teil des Prädikats. Was stellst du fest?
c) Informiere dich im Merkkasten, wie man Haupt- und Nebensätze unterscheidet. Bestimme dann die Haupt- und Nebensätze in den Beispielen.
*Der Meister klappte das Buch zu. – (Hauptsatz)*

  A  Der Meister klappte das Buch zu, damit war Krabat entlassen.
  B  „Du musst gut zuhören, damit du dir das Vorgelesene einprägen kannst."
  C  „Ich darf allein im Koraktor lesen, weil ich der Meister bin."

**2** a) Untersuche die Ausdrücke im Wortspeicher: Welche sind keine Sätze? Begründe.
b) Übernimm die folgende Tabelle in dein Heft und ordne die Haupt- und Nebensätze aus dem Wortspeicher ein wie im Beispiel:
c) Wähle drei Nebensätze aus deiner Tabelle aus und bilde passende Hauptsätze.

> mit allen Kräften · sie arbeiteten lange · sodass sie lange arbeiteten ·
> heute nicht · ob er rechtzeitig kommt · er kommt rechtzeitig ·
> der musste dem Meister gehorchen · es stimmt · dass es stimmt ·
> ein Fuhrwerk mit sechs rabenschwarzen Rössern · obwohl es regnete ·
> und das Mühlrad drehte sich · weil sie ihren Meister fürchteten

| Hauptsatz (Prädikat steht an zweiter Satzgliedstelle) | Nebensatz (Prädikat steht an letzter Satzgliedstelle) |
|---|---|
| *Sie arbeiteten lange.* | *..., sodass sie lange arbeiteten.* |
| ... | ... |

---

**Merke**  Das Komma zwischen Haupt- und Nebensätzen

**Haupt- und Nebensätze** werden durch **Kommas** voneinander **getrennt**, z. B.:

– *Der Meister öffnete die Tür, aber die Raben flogen nicht hinaus.*
  _____ Hauptsatz _____ , _____ Hauptsatz _____ .

– *Obwohl der Meister die Tür öffnete, flogen die Raben nicht hinaus.*
  ~~~~~~ Nebensatz ~~~~~~ , _____ Hauptsatz _____ .

– *Die Raben flogen nicht hinaus, weil sie nicht wollten.*
  _____ Hauptsatz _____ , ~~~~~~ Nebensatz ~~~~~~ .

Gewusst wie

# Wortbildung

## Zusammensetzungen und Ableitungen

**❶** a) Bilde neue Wörter, indem du Wörter zusammensetzt. Wer findet das längste Wort? Achtung: Manchmal musst du ein Fugenelement (-s-, -n-, -en-) zwischen die Wortbestandteile schieben, z. B.:
*Mitglied-s-karte.*

> Ausweis · Blume · Deckel · Nummer · Karte · Koch · Mitglied · Topf

b) Schreibe die Wörter mit Artikel in dein Heft. Welches der Wörter entscheidet jeweils über das Genus (grammatisches Geschlecht) der Zusammensetzung?

**❷** Vertausche bei den folgenden zusammengesetzten Wörtern die Einzelwörter um und erkläre die Bedeutungsänderungen:
*Kartenspiel: ein Spiel mit Karten; Spielkarte: eine Karte in einem Spiel.*

> Wiesenblume · Salatgurke · Ballspiel · Himmelsstern · weinrot · Eckhaus · Notenbank

**❸** Schreibe die Zusammensetzungen in der richtigen Groß- und Kleinschreibung in dein Heft. Begründe jeweils deine Entscheidung.

> bärenstark · bösewicht · mordfall · blutrot · geheimdienst · schlapphut · fleißarbeit · glasklar · fluchtgefahr · scharfsinn · butterweich · spurensuche · wissbegierig · übeltäter · riesengroß · bettelarm · riesenerfolg

**❹** a) Setze folgende Bestimmungs- und Grundwörter zu Adjektiven zusammen: *rabenschwarz.*
– Bestimmungswörter: der Rabe, das Gold, das Haar, die Feder, der Schnee
– Grundwörter: weiß, richtig, schwarz, leicht, scharf
b) Erkläre den Zusammenhang zwischen dem Grund- und dem Bestimmungswort.

---

**Merke**  **Zusammensetzungen**

Setzt man zwei Wörter zu einem neuen Wort zusammen, nennt man dies **Zusammensetzung**. Das zweite Wort ist das **Grundwort**. Es legt die Wortart des neuen Wortes fest, z. B.:
das Hoch*haus* (Nomen), haus*hoch* (Adjektiv), hoch*heben* (Verb).
Das erste Wort nennt man **Bestimmungswort**, da es das Grundwort näher beschreibt, z. B.:
*Hand*ball, *Gummi*ball, *Eck*ball.
Manchmal braucht man zusätzlich ein **Fugenelement** (-s-, -e-, -es, -n-, -en-, -er-), z. B.:
der Geburt-s-tag, das Krank-en-haus.

Gewusst wie

**5** a) Bilde mit den folgenden Wortbausteinen Wörter. Sortiere nach Groß- und Kleinschreibung.
*klein: leben, erleben, ...*
*groß: das Erlebnis, ...*

b) Sortiere die gebildeten Wörter nach Wortarten. Markiere die Wortbausteine, an denen du die Wortart erkannt hast.
*Verben: leb(en), ...*
*Nomen: das Erleb(nis), ...*

| er-, ent-, ab-, un-, miss-, aus-, ge-, über-, weg-, ver-, be-, auf-, zer– |
|---|

| -spür-, -beweg-, -leb-, -heil-, -lauf-, -spät-, -lieb-, -schmerz-, -wohn-, -fahr- |
|---|

| -heit, -keit, -schaft, -ig, -lich, -bar, -ung, -nis, -er, -tum, -haft, -sam, -en |
|---|

**6** Manche Bausteine verändern die Bedeutung eines Wortes, z. B. *beweglich – unbeweglich*. Nenne weitere Beispiele anhand deiner notierten Wörter.

**7** Leite aus den Verben im Wortspeicher Nomen ab. Verwende dazu das Präfix (die Vorsilbe) ge-. Formuliere zu jedem Nomen einen Satz, z. B.:
*backen – das Gebäck*
*Er verkauft frisches Gebäck.*

| backen · packen · fühlen · fallen · hören · heulen · stellen · sprechen · wühlen |
|---|

**8** a) Leite aus den Nomen im Wortspeicher unten Adjektive ab. Verwende dazu das passende Suffix (die Nachsilbe): *-ig, -lich, -isch, -bar, -haft*.
Tipp: Manchmal gibt es mehrere Möglichkeiten.

b) Verwende das Adjektiv sinnvoll in einem Satz.
*Das Wunder ⟶ wunderbar ⟶ Das ist eine wunderbare Überraschung.*

| das Wunder · das Rätsel · die Rose · der Verkauf · der Staub · der Schein · das Kind |
|---|

**Merke  Ableitungen**

Mithilfe von **Präfixen** (Vorsilben) und **Suffixen** (Nachsilben) kannst du aus Wörtern bzw. **Wortstämmen** weitere Wörter **ableiten**.
Die Präfixe und Suffixe können die Wortart verändern, z. B.:
*die Furcht – furchtbar, denken – das Gedenken, sanft – die Sanftheit.*

# Nachschlagen im Wörterbuch

❶ **Die Stichwörter in einem Wörterbuch sind alphabetisch geordnet.**
Übt das schnelle alphabetische Sortieren mit folgendem Spiel:
– Reihum nennt jede/jeder einen Buchstaben.
– Die/Der Nächste muss sagen, welcher Buchstabe vor und welcher hinter diesem Buchstaben im Alphabet steht.
– Dann macht sie/er mit einem anderen Buchstaben weiter.

❷ **Haben Wörter den gleichen Anfangsbuchstaben, wird nach dem zweiten Buchstaben geordnet.** Ist auch der zweite Buchstabe gleich, entscheidet der dritte usw. Umlautzeichen werden dabei nicht beachtet, also: *Argentinien, Ärger, ärgern, Ärgernis, Arglist, …*
Schreibe die Wörter im Wortspeicher alphabetisch geordnet auf.
*Ärger, Argwohn, …*

> Rose · Ärger · unheimlich · malen · Fräse · böse · schlafen · Argwohn · Pass · völlig · schwätzen · vor · rosa · rund · Rad · raten · schlank · Floß · Schluss · stolpern · süß · Stadion · düster · Flößer · überlegen

❸ Schau dir die Wörterbucheinträge zu folgenden Nomen an. Welche Informationen geben sie?

**Floß** das, des Floßes, die Flöße

**Fuß|ball|län|der|spiel** das

❹ **Nomen findest du im Wörterbuch im Singular (Einzahl).**
Schlage die Nomen im Wortspeicher in einem Wörterbuch nach und schreibe sie mit Artikel in dein Heft. Notiere auch die Pluralform dazu.
*das Hindernis – die Hindernisse, …*

> Hindernis · Fluss · Wand · Frau · Schülerin · Stuhl · Erlebnis · Entwicklung · Kleinigkeit · Sammlung · Atlas · Zaun

## Gewusst wie

**5** Verben findest du im Wörterbuch im Infinitiv (Grundform).
Schreibe den Infinitiv dieser Verben auf. Überprüfe dein Ergebnis mit dem Wörterbuch.
*er floss → fließen, ...*

> er floss · sie trägt · es hielt · sie kannten · wir dachten · ich sprang · sie entschied ·
> du kamst · sie waren · wir sind geschwommen · es hatte geregnet · wir hatten geplant

**6** Sieh dir die Wörterbucheinträge zu folgenden Verben an. Worüber informieren sie?

> re̲i|sen; du reist, du reis|test; gereist; reis[e]!
>
> re̲i|ßen; du reißt, er/sie reißt; du rissest, er/sie riss; gerissen; reiß[e]!
>
> lä̲|cheln; ich läch[e]le

**7** Adjektive schlägst du in der Grundstufe nach.
Suche folgende Adjektive im Wörterbuch, z. B.: *schnelle → schnell, ...*

> das schnelle Schiff · auf dem kleinen Boot · die kälteste Nacht · älter als der Kapitän ·
> eine bessere Mannschaft · ein wichtiges Zeichen · mit zaghafter Stimme ·
> gründlicher lesen

**8** Zerlege zusammengesetzte Wörter und schlage bei den Bestandteilen nach, um die
Schreibung zu überprüfen. Probiere das bei den Zusammensetzungen im Wortspeicher aus.
*Lupe, Trick → Lupentrick*

> Lupentrik · Schockoladenkeks · Ambelanlage · himelblau · Flauschkisen · Schulfäst

**9** Probiere verschiedene Schreibweisen beim Nachschlagen aus.
Wie schreibt man beispielsweise das Wort, das man „Kautsch" ausspricht? Probiere es bei
den Wörtern im Wortspeicher aus. Sie werden wie im Kasten gezeigt ausgeprochen,
jedoch ganz anders geschrieben.

> „Kautsch" · „Häkse" · „Axel" · „Kwark" · „Schtok" · „kwatschen" · „schpikken"

Häckse? Häxe? Heckse? Hekse?
Hekkse? Hexe?

# Tipps & Hilfen

## 2  Erzählen wie die Profis

### Erzählende Texte erschließen

zu ❶  a) Was geht in Markus vor, als er auf dem Sprungbrett steht?   ← S. 29
Lies noch einmal die Textstelle von Zeile 30 bis Zeile 40.
b) Untersuche, wie seine Gedanken und Gefühle im Text dargestellt werden.
Achte besonders auf Adjektive und Vergleiche.
- Er spürt, wie in ihm drin alles ganz starr wird (Zeile 22 f.).
- Ein Gefühl wie in einer anderen Welt (Zeile 24).

zu ❷  Notiere zu jedem Handlungsbaustein Stichpunkte:
- Problem der Hauptfigur: Zeile 11–29
- Lösungsversuche: Zeile 30–47
- Ende der Geschichte: Zeile 48–54

### Zu einer Bildergeschichte schreiben

zu ❷  (unten) Du kannst einen dieser Erzählanfänge auswählen und weiterschreiben:   ← S. 31
- Letzten Sonntag hatte ich die Idee, …
- Ich langweilte mich schon den ganzen Tag. „Was machen wir heute?", …
- Die ganze Woche hatte ich mich schon darauf gefreut, …

zu ❸  (unten) Welche der folgenden Überschriften eignet sich für deine Geschichte?
Wähle einen passenden Vorschlag aus und begründe in Stichpunkten.
- Der Sonntagskuchen         - Papas verrückteste Idee
- Mein lustigster Kuchen     - Wie man Rosinenkuchen backen kann

zu ❶  b) und c) Überarbeite die Geschichte mithilfe der Randanmerkungen.   ← S. 32

*Ole und sein Vater backen einen Kuchen*

| | |
|---|---|
| An einem Wintertag haben Ole und sein Vater Lust, | falsche Zeitform |
| einen Kuchen zu backen. Als sie den Kuchen in den Backofen | genauer |
| geschoben hatten, fand Ole die Rosinen unterm Esstisch. | |
| Schlechte Laune breitete sich aus. | genauer |
| Plötzlich hatte Ole eine Idee: In der Küche hing doch ein | falscher Raum |
| Gewehr an der Wand. Also holte Ole es. Anschließend | hier wörtliche Rede |
| schoss sein Vater die Rosinen in den Kuchen. | ergänzen |
| Zum Schluss ist es doch noch ein Rosinenkuchen. | falsche Zeitform |

# Eine Geschichte weiterschreiben

zu ❶ b) Schreibe deine Geschichte. ← S. 33
Du kannst die folgenden Formulierungshilfen für die Satzanfänge nutzen:

> **Formulierungshilfen: Abwechslungsreiche Satzanfänge**
>
> Zunächst … / Kurz darauf … / Im Anschluss … / Plötzlich … / In diesem Augenblick … / Einige Zeit später …/ Kaum hatte er … / Daraufhin … / Gleich darauf … / Sogleich … / Nun … / Da … / Trotzdem … / Obwohl … / Dennoch … / Einerseits … andererseits … / Entweder … oder …

# Zu Reizwörtern und Erzählkernen schreiben

zu ❶ Was fällt dir zu den einzelnen Wörtern ein? ← S. 37
Lege in deinem Heft einen Cluster wie im Beispiel an und sammle Stichpunkte.

Zeltlager — dunkel — Nacht — schlafen — Schnarchen — Geräusch — finster

zu ❷ b) Überlege: ← S. 39
– Wer erlebt am meisten?
– Wer macht sich mehr Gedanken als die anderen?
c) Übertrage den Schreibplan in dein Heft und ergänze ihn.

| Bausteine | Handlung<br>Was passiert? | Gedanken/<br>Gefühle<br>Was denkt/fühlt die Hauptfigur? | Wörtliche Rede<br>Wo sprechen die Figuren? |
|---|---|---|---|
| Ausgangssituation | Einbrecher bricht in Haus ein. | | |
| Problem | | plötzliche Geräusche | |
| Lösungsversuche | | | Telefonat mit der Polizei |
| Ende | | | |

# 3 Ansichtssache: Freizeit

## Begründungen untersuchen

zu ❶ a) Warum streiten Gunnar und Lars? ← S. 63
Lies noch einmal die Zeilen 5–26:
– Wie verhält sich Gunnar?
– Wie verhält sich Lars?
d) Welcher der beiden folgenden Aussagen stimmst du zu?
Begründe deine Entscheidung mit genauen Textstellen.

A  Gunnar verwendet Begründungen (Argumente), die Lars überzeugen müssen, da sie für alle nachvollziehbar sind.
B  Gunnars Begründungen (Argumente) sind nicht überzeugend, weil er nur seine persönlichen Interessen äußert.

zu ❷ Mit welchen der folgenden Argumente könnte Lars Gunnar besonders gut überzeugen? Begründe deine Entscheidung.

A  Es ärgert mich, dass du im oberen Bett schläfst,
– weil ich auch gerne oben schlafen möchte.
– weil du es einfach als selbstverständlich ansiehst und wir nicht vorher darüber gesprochen haben, wer wo schläft.
– weil ich es blöd finde, dass du immer alles bestimmst.

B  Bevor wir die Sandburg bauen, möchte ich erst im Meer baden,
– da es so heiß ist und ich dringend eine Abkühlung brauche.
– weil ich auch mal etwas bestimmen möchte.
– weil ich nur deswegen mit euch in den Urlaub gekommen bin.

C  Du kannst auch mal Wasser holen gehen,
– weil ich keine Lust mehr habe.
– weil ich schon zweimal Wasser geholt habe.
– weil es gerechter ist, wenn wir uns abwechseln und jeder einmal drankommt.

D  Ich möchte mit dir gemeinsam das Fernsehprogramm aussuchen,
– weil wir dann etwas auswählen können, was uns beiden gefällt.
– weil die Show langweilig ist.
– weil du schon den ganzen Tag bestimmt hast.

## Die eigene Meinung begründen

zu ❶ a) Entscheide dich für drei Gegenstände, die du mitnehmen möchtest. ← S. 64
Begründe deine Auswahl.
- *Besonders wichtig ist für mich Sonnencreme, weil …*
- *Am wichtigsten finde ich eine Luftmatratze, da …*
- *Für mich gehört unbedingt ein Kescher dazu, denn …*
- *An erster Stelle für mich steht eine Frisbeescheibe, weil …*

zu ❷ a) Welche Aussagen geben nur eine Meinung wieder und wer begründet seinen Standpunkt? Ordne richtig zu. Arbeite mit Folie.

Ben — gibt eine Begründung.
Sven — wiederholt Begründung der Eltern.
Lena — gibt eine Begründung.
Merve — gibt keine Begründung.
Carola — gibt eine Begründung.

b) Nutze die folgenden Ideen und formuliere Argumente für oder gegen das Handy im Urlaub:
- Man kann den Großeltern zu Hause aktuelle Fotos schicken.
- In Notfällen kann man mit dem Handy telefonieren.
- Man hat keine Motivation rauszugehen.
- Ein Handy ersetzt viele andere Geräte.
- Man kann sich mithilfe einer Karten-App in einer fremden Umgebung orientieren.
- Man lernt keine neuen Leute kennen und chattet nur mit Freunden zu Hause.

## Einen Leserbrief schreiben

zu ❷ Verfasse mithilfe der folgenden Textbausteine einen Leserbrief zur Frage: ← S. 67
„Schulfrei für ein Abenteuer?".

*Sehr geehrte …,*
*ich fand Ihren Bericht über Laura Dekker …*
*Aus meiner Sicht …, da …. Außerdem bin ich der Meinung, dass …, weil ….*
*Am wichtigsten ist aber, dass …, denn …*
*Mit freundlichen Grüßen*
*Ihr/Ihre …*

Tipps & Hilfen

# 4  „Ich sehe was …"

## Ähnliche Tiere beschreiben

**zu ❷**  b) Ergänze in deinem Steckbrief die allgemeinen äußeren Merkmale.   ← S. 86
Du kannst dafür passende Wörter aus dem Wortspeicher verwenden.

riesig · groß · mittelgroß · klein · winzig · schlank · dick · schmal · gedrungen ·
lang · kurz · struppig · länger · weich · glatt · drahtig · braun · weiß ·
ockerfarben · weiß-braun · schwarz-braun ·
gefleckt · gescheckt · meliert ·
weiße Brust · weiße Vorderläufe · weiße Hinterläufe · weißer Bauch ·
hängend · leicht hängend · stehend

**zu ❸**  b) Die unterstrichenen Textstellen sind besonders gut gelungen.   ← S. 87
Begründe, warum das so ist.

*Hund entlaufen*
*Wer kann mir helfen, meinen Hund wiederzufinden? Mein Hund Charly ist* <u>am</u>
<u>2. Juli am Rheinufer in Köln</u> *weggelaufen.*
*Er ist* <u>mittelgroß und kräftig gebaut</u>. *Charly hat wunderbar flauschiges,*
*braun-weißes Fell, eine* <u>ockerfarbene Schnauze und leicht herabhängende Ohren.</u>
<u>Wenn Sie ihn gesehen haben, rufen Sie mich bitte an unter 0170 …</u>

c) Welche der folgenden Formulierungen eignet sich besser für den Zweck der
Beschreibung? Begründe.
– *langes braun-weißes Fell*
– *langes braunes Fell, eine weiße Brust und weiße Vorder- und Hinterläufe*
– *langes braunes Fell mit einigen weißen Stellen*

**zu ❹**  Entscheide, ob du einen Lexikonartikel, eine Suchanzeige oder eine Vermittlungsanzeige
verfassen möchtest. Du kannst so beginnen:

Lexikonartikel:
*Der … gehört zur Tierart … Er ist zwischen … und … groß …*

Suchanzeige:
*Ich suche meinen …, der mir am … in … entlaufen ist …*

Tiervermittlung:
*Ich muss leider meinen Hund … abgeben. Er ist … alt und …*

## Gegenstände beschreiben

zu ❷ Verfasse eine Suchanzeige. Du kannst so beginnen: ← S. 88
*Ich habe am ... meine/n ... verloren. ...*
*Sie/Er/Es ist ...*
*Ein besonders gutes Erkennungsmerkmal ist ...*
*Wenn Sie ... gefunden haben, melden Sie sich bitte bei ...*

zu ❺ Verfasse zu deinem Gegenstand eine Beschreibung für einen ← S. 89
Museumskatalog. Ergänze den folgenden Lückentext mit passenden
Informationen.
*Bei dem abgebildeten Gegenstand handelt es sich um ...*
*Er/Sie/Es wurde Anfang des 20. Jahrhunderts vor allem für ... benutzt. Andere Verwendungszwecke waren ...*
*Neben dem/der ausgestellten ... gab es auch noch andere spezielle Arten des/der ..., z. B. ...*
*Diese wurden z. B. für ... genutzt.*

## Personen beschreiben

zu ❸ a) Ordne die Wörter im Wortspeicher zunächst danach, welche Teile des ← S. 90
Gesichts man damit beschreiben kann. Nutze dafür die Tabelle aus
Aufgabe 2 (→ S. 90).
Achtung: Mit manchen Wörtern kannst du verschiedene
Teile eines Gesichts beschreiben.
*Haare: lang, ...*
*Gesicht: kantig, länglich, schmal, ...*
*Augen: schmal, ...*
*Nase: gerade, lang, ...*
*Mund/Lippen: breit, ...*

b) Beschreibe das Gesicht nun so genau, dass die Leser/-innen deines Textes erkennen
können, um welches Gesicht es sich handelt. Nutze den folgenden Lückentext.
*das Kind, das ich beschreibe, hat ein ... Gesicht.*
*Seine Haare sind ... und ...*
*Besonders auffällig ist/sind ...*

## 5 Einfach märchenhaft …

### Märchen lesen

zu ❷ Erkläre, woran du erkennst, dass „Die Bienenkönigin" ein Märchen ist. ← S. 103
Die folgenden Fragen helfen dir:
- Ist das Märchen in typischer Märchensprache geschrieben?
- An welchem Ort spielt das Märchen?
- Müssen die Figuren bestimmte Prüfungen bestehen?
- Gibt es Figuren mit magischen Fähigkeiten?
- Werden die Guten belohnt und die Bösen bestraft?
- Enthält das Märchen magische Zahlen, z. B. 3, 7 oder 12?

zu ❶ Welches Problem hat die Hauptfigur in diesem Märchen und ← S. 105
wie löst sie das Problem? Orientiere dich an diesen Fragen:
- Wie reagieren die Eltern von „Kleiner Ein-Zoll" auf die Besonderheit ihres Sohnes?
- Wie bewältigt „Kleiner Ein-Zoll" das Problem, das ihm in Form des menschenfressenden Riesen begegnet? Nutzt es ihm dabei, dass er so klein ist?
- Was passiert, als „Kleiner Ein-Zoll" plötzlich wächst?

### Märchen schreiben

zu ❶ Gehe bei der Lösung der Aufgabe in folgenden Schritten vor: ← S. 106
a) Untersuche das Märchen absatzweise anhand der folgenden Fragen:

| | |
|---|---|
| 1. Absatz (Z. 1–11): | Welche Märchenkarten spielen hier eine Rolle? Was ist hinzuerfunden? |
| 2. Absatz (Z. 12–18): | Welches Ziel verfolgt die Königin? |
| 3. Absatz (Z. 19–29): | Welche Belohnung erhält sie, nachdem sie die drei Kleider genäht hat? Welche drei Märchenkarten sind hinzuerfunden? |

b) Notiere Zeilenangaben für die Erzählbausteine:
  - *Ausgangssituation: Zeile 1 – Zeile …*
  - *Problem: Zeile … – Zeile …*
  - *Lösungsversuche: Zeile … – Zeile …*
  - *Ende: Zeile … – Zeile …*

Tipps & Hilfen

zu ❷ Sammle Ideen mithilfe eines Clusters. ← S. 107

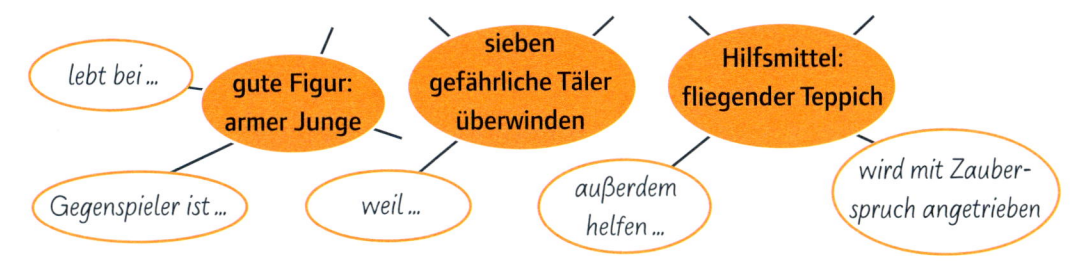

- lebt bei …
- gute Figur: armer Junge
- sieben gefährliche Täler überwinden
- Hilfsmittel: fliegender Teppich
- Gegenspieler ist …
- weil …
- außerdem helfen …
- wird mit Zauberspruch angetrieben

zu ❸ Plane dein Märchen. Übertrage den Schreibplan in dein Heft und ergänze Stichpunkte.

| Ausgangssituation | Problem | Lösungsversuche | Ende |
|---|---|---|---|
| – Hat der Junge einen Namen?<br>– Wo lebt er?<br>– Wer stellt ihm eine Aufgabe? | – Welche Gefahren gibt es?<br>– Gibt es Hindernisse oder Gegenspieler? | – Wie hilft ihm der fliegende Teppich?<br>– Gibt es weitere Helfer? | – Wie wird der Junge belohnt?<br>– Welche Strafe erhalten die Gegenspieler? |
| … | … | … | … |

zu ❺ Verfasse ein Märchen zu den Märchenkarten von Seite 107. ← S. 108
Du kannst so beginnen:

<u>Der fliegende Teppich</u>
In einer eiskalten Nacht – vor langer, langer Zeit – fand ein reicher Bauer vor seiner Tür einen Korb, in dem ein kleiner Junge lag …

# Ein Märchen fortsetzen

zu ❶ Wie soll das Märchen weitergehen? Notiere Stichpunkte zu diesen Fragen: ← S. 109

**Problem:**
– Welche Prüfungen müssen die drei Brüder bestehen?
– Welche Hindernisse oder Gegenspieler treten auf?
**Lösungsversuche:**
– Wer hilft den drei Brüdern?
– Gibt es Personen oder Gegenstände mit Zauberkräften?
**Ende:**
– Welcher Bruder liefert das beste Meisterstück ab?
– Was passiert mit den anderen beiden Brüdern?

Tipps & Hilfen

# 6 Kolossal komisch

## Lügengeschichten untersuchen

zu ❶ Erläutere, warum es sich bei den „Zwergpiraten" um Seemannsgarn  ← S. 129
handelt. Gehe dabei so vor:
– Lies den Text noch einmal bis Zeile 27. Wo bleibt der Erzähler hier nicht bei der Wahrheit? Nenne drei Textbeispiele.
– Untersuche nun den Text von Zeile 28 bis zum Ende. An welchen Stellen werden Ereignisse übertrieben oder hinzuerfunden? Nenne ebenfalls drei Textbeispiele.

zu ❷ a) Suche die vier Erzählbausteine in Münchhausens drittem  ← S. 131
Seeabenteuer und notiere, wo ein neuer Baustein beginnt (Zeilennummer).
*Ausgangssituation: Zeile 1 – Zeile …*
*Problem: Zeile … – Zeile …*
*Lösungsversuche: Zeile … – Zeile …*
*Ende: Zeile … – Zeile 47*

b) Schreibe zu jedem Baustein in Stichpunkten auf, was passiert.
*Ausgangssituation: Todesgefahr: …*
*Problem: …*
*Lösungsversuche: Münchhausen strampelt und tanzt im Inneren des Fisches, …*
*Ende: …*

## Eine Schelmengeschichte untersuchen

zu ❶ Überprüfe, ob du die Handlungsbausteine auch in dieser Geschichte  ← S. 133
wiederfindest. Nenne genaue Zeilenangaben.
– *Ausgangssituation: Zeile 1 – Zeile …*
– *Problem: Zeile …*
– *Lösungsversuche: Zeile … – Zeile 36*
– *Ende: Zeile 37 – Zeile …*

zu ❹ b) Begründe dein Urteil. Ergänze dazu den folgenden Lückentext mit passenden Beispielen aus dem Text.
– *Der betrunkene Mann in der Maske des Todes verhält sich …, weil er …*
– *Der feiste Herr im kostbaren Pelzmantel verhält sich arrogant, denn …*
– *Er ist aber auch … Das zeigt sich daran, dass …*

## Literarische Figuren beschreiben

zu ❷ Welche Eigenschaften passen zur Beschreibung der Hobbits?  ← S. 134
Wähle aus und begründe.

empfindlich · täppisch · ungeschickt · friedliebend · sanft · flink · geschickt · unfreundlich · gewandt · gutmütig · lustig · listig

## Verhalten und Eigenschaften beschreiben

zu ❷ Welche Eigenschaften kannst du aus dem Verhalten von Pippi ableiten?  ← S. 136
Ergänze die folgenden Aussagen:
*Pippi macht viel Quatsch, das zeigt, dass sie ... ist.*
*Pippi ... Das zeigt, dass sie unternehmungslustig ist.*
*Pippi kauft ihren Freunden Bonbons, ...*

## Übertreibend schreiben

zu ❶ Untersuche, wodurch der Text komisch wirkt.  ← S. 137
Achte dabei besonders auf
– die Adjektive und
– verstärkende Wörter, z. B.: *sehr, gewaltig*.

zu ❷ Übertrage die Tabelle in dein Heft und ergänze sie.

| Das Adjektiv steigern | Verstärkende Wörter verwenden | Sprachliche Bilder einsetzen |
|---|---|---|
| groß, größer, ... | gigantisch groß, ... | riesengroß, groß wie ... |
| ..., am kleinsten | mikroskopisch klein, ... | so winzig wie ein Zwerg, ... |
| stark, ... | besonders stark, ... | bärenstark, ... |
| ..., am schwächsten | auffällig schwach, ... | schwach wie ein Kind, ... |
| schlau, ... | beeindruckend schlau, ... | schlau wie ein Fuchs, ... |
| dumm, ... | extrem dumm, ... | dumm wie Bohnenstroh, ... |
| weit, ... | unglaublich weit ... | meilenweit, ... |
| ..., am längsten | überaus lang ... | ellenlang, ... |

# 7 Lauter Unsinn?

## Den Klang von Gedichten untersuchen

zu ❷ Lies noch einmal die folgenden Zeilen, um die Begriffe zu erläutern. ← S. 154
– Metrum: Zeile 10–12
– Vers: Zeile 16–18
– Strophe: Zeile 16–18
– Reim: Zeile 12 f.

zu ❸ Vergleiche die beiden Gedichte: ← S. 155
Was haben sie gemeinsam, worin unterscheiden sie sich?
Achte z. B. auf:
– den Inhalt
– die Sprache
– den Reim
– die Betonung der Silben beim Klatschen

## Reimformen entdecken

zu ❻ a) Untersuche die Reime des Gedichts. Was fällt dir auf? ← S. 157
Tipp: Schreibe alle Reimwörter in deinem Heft untereinander und verbinde die Reimwörter mit einem Bogen:

⎧ *Degen*
⎩ *Regen*

⎧ *Stirm*
⎩ *Schirm*

## Das Metrum untersuchen

zu ❼ b) Was fällt dir im zweiten und dritten Abzählreim auf? ← S. 161
Übertrage die folgenden Verse in dein Heft und markiere die betonten und die unbetonten Silben, wie du es gelernt hast.

x́ x x x́ x
Zwibbel di bibbel boneratschen [...]
sibeti, bibeti, bonchen, battchen,
sibeti, bibeti, buff.

# Tipps & Hilfen

## Vers und Satz untersuchen

zu ❶ Versuche, die Verse des Gedichts wieder herzustellen.    ← S. 162
Hier erhältst du einige Hinweise:

### Drei Bären von Heinz Erhardt

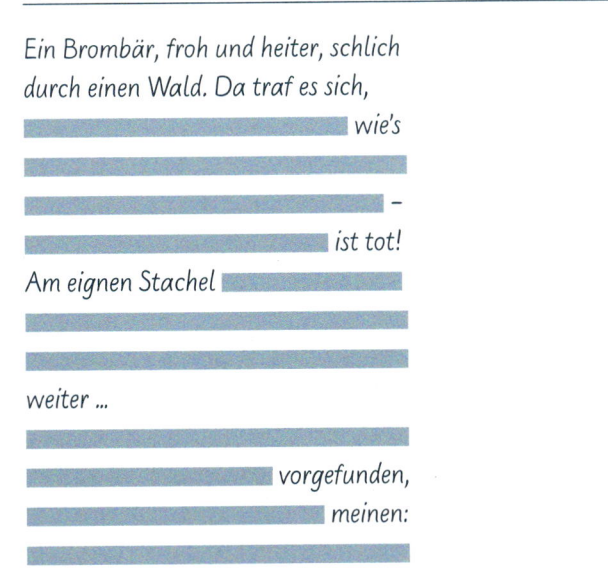

Ein Brombär, froh und heiter, schlich
durch einen Wald. Da traf es sich,
▬▬▬▬▬▬▬▬ wie's
▬▬▬▬▬▬▬▬ –
▬▬▬▬▬▬▬▬ ist tot!
Am eignen Stachel ▬▬▬▬▬
▬▬▬▬▬▬▬▬
▬▬▬▬▬▬▬▬
weiter ...
▬▬▬▬▬▬▬▬
▬▬▬▬▬▬▬ vorgefunden,
▬▬▬▬▬▬▬ meinen:
▬▬▬▬▬▬▬▬
'nen Bären aufgebunden!

zu ❷ Versuche auch hier, die Versform wieder herzustellen. Du kannst den
folgenden Lückentext als Hilfestellung nutzen.
Tipp: Es sind insgesamt 19 Verse.

### Satz für Satz von Peter Härtling

Einen Satz machen.
Mit einem Satz
ins falsche Ende krachen.
Mit einem Satz

...

mit einem Satz.
Doch ein Satz

...

Ein Satz, der Wörter braucht,
kann nicht hüpfen,

...

# 8 Detektive des Alltags

## Strategie: Sich einen Überblick verschaffen

zu ❶ Überfliege Text 1 und Text 2 auf Seite 176. ← S. 177
Achte beim Überfliegen der beiden Texte auf die folgenden Schlüsselwörter:
- Pulsieren des Blutes
- Luft
- Geräusche

## Strategie: Informationen markieren

zu ❹ Überprüfe anhand der Bilder, welche Informationen aus den Texten zutreffen. ← S. 179
Achte besonders auf folgende Punkte:
- Wo und in welcher Richtung wachsen die Bananen an den Bananenstauden?
- In welche Richtung biegen sich die Früchte?

## Strategie: Einen Text durch Fragen gliedern

zu ❶ Ordne die folgenden Fragen den vier Absätzen zu und belege deine ← S. 180
Entscheidung mit genauen Textstellen.
- *Wie unterstützt die Nase das Schmecken?*
- *Was sind Geschmacksknospen?*
- *Wie ist das Geschmacksergebnis bei zugehaltener Nase?*
- *Welche weiteren Rezeptoren spielen beim Schmecken eine Rolle?*

## Strategie: Schwierige Begriffe klären

zu ❶ Vergleiche Ricos Erklärung des Begriffs „Lot" mit dem Lexikonartikel. ← S. 181
Achte auf:
- die Wortwahl
- die Anschaulichkeit
- die sachliche Richtigkeit

Tipps & Hilfen

zu ❸ Überarbeite die unterstrichenen Textstellen in Ricos Erklärung zu „Display" ← S. 181
mithilfe eines Lexikons. Formuliere deine Erklärung so, dass sie für Kinder
gut verständlich ist.

Display: Ein Leuchtdings, das alle möglichen Sachen anzeigt, zum Beispiel Telefonnummern oder den Preis an der Kasse im Supermarkt oder den Filmtitel im DVD-Spieler. Es ist ein komisches englisches Wort und ich weiß echt nicht, warum alle es benutzen. Man könnte schließlich genauso gut Leuchtdings sagen.

## Strategie: Inhalte wiedergeben

zu ❶ Ordne die folgenden Fragen den Absätzen zu. ← S. 183
Zu einem Absatz fehlt die Frage. Formuliere sie selbst.
- Welcher Stoff reizt die die Augenschleimhäute?
- Woher stammt die Zwiebel?
- Welche gesundheitliche Wirkung hat die Zwiebel?
- Welche Tricks helfen gegen das Tränen beim Zwiebelschneiden?
- Welche Wirkung hat die tränenauslösende Wirkung in der Natur?

zu ❷ In welchem Absatz wird erklärt, warum die Augen tränen?
Ordne die folgenden Angaben in deinem Heft so, dass sie mit den
Informationen aus dem Text übereinstimmen, und nummeriere sie:
- Die Tränendrüsen setzen Tränenflüssigkeit frei.
- Das Messer zerschneidet die Zellwand.
- Das Gas reizt die Augenschleimhäute.
- Die Alliinase spaltet das Alliin.
- Es kommen Stoffe miteinander in Berührung, die vorher getrennt waren.
- Alliin und Alliinase verbinden sich.
- Das Alliin steigt als Gas auf.
- Zwiebelsaft tritt aus.

zu ❹ b) Ordne die folgenden Stichpunkte den drei Fragen zu und ergänze sie
mit weiteren Informationen:
- scharfes Messer verwenden
- wird zwischen Blumenzwiebeln gesetzt
- gehört zu den Lauchgewächsen
- unter fließendem Wasser schneiden
- wird als Hausmittel genutzt
- Abwehr von Schädlingen
- Gewürz zum Kochen

# Orientierungswissen
## Sprechen und Zuhören

### Gesprächsregeln nutzen → S. 16 f.

Bei Gesprächen werden oft unterschiedliche Meinungen ausgetauscht. Bestimmte Gesprächsregeln helfen dabei, die Verständigung zu erleichtern. Die wichtigsten Regeln:
– Wir äußern uns nur zu dem Thema, um das es jeweils geht.
– Wir melden uns zu Wort und reden nicht einfach drauflos.
– Wir hören uns gegenseitig aufmerksam zu.
– Wir unterbrechen uns nicht gegenseitig.
– Wir folgen den Hinweisen der Gesprächsleiterin oder des Gesprächsleiters.
– Wir beleidigen oder verspotten andere nicht wegen ihrer Äußerungen.

### Aktiv zuhören → S. 18

Beim **aktiven Zuhören** machst du deiner Gesprächspartnerin / deinem Gesprächspartner deutlich, dass du aufmerksam verfolgst, was sie/er sagt.
Deine Aufmerksamkeit kannst du z. B. dadurch zeigen, dass du
– dein Gegenüber ausreden lässt.
– Blickkontakt mit deiner Gesprächspartnerin / deinem Gesprächspartner hältst.
– durch Nicken oder Kopfschütteln deutlich machst, dass du dem Gespräch aufmerksam folgst.
– dich nicht durch andere Tätigkeiten, wie z. B. das Lesen von Handynachrichten, ablenken lässt.
– Rückfragen zum Gesagten stellst oder noch einmal in eigenen Worten zusammenfasst, wie du dein Gegenüber verstanden hast, z. B.:
  – *Habe ich es richtig verstanden, dass es dir unangenehm ist, wenn andere, ohne zu fragen, deine Stifte ausleihen?*
  – *Du hast deinen ersten Schultag in der neuen Schule also spannend gefunden?*
  – *Wenn ich es richtig sehe, ärgerst du dich darüber, dass wir kein Mitspracherecht bei der Sitzordnung hatten.*

### Ein Interview führen → S. 19

Bereite Fragen vor, die du deinem Gegenüber stellen mochtest. Achte darauf, dass du sogenannte **offene Fragen** stellst, auf die sie/er nicht mit nur einem einzigen Wort oder mit Ja oder Nein antworten kann, sondern ausführlicher antworten muss, z. B.:

*Was tust du, wenn du dich langweilst?* (Anstelle *von: Langweilst du dich manchmal?*)
*Was kannst du mir über deine Geburtsstadt erzählen?* (Anstelle *von: Wo bist du geboren?*)
*Welche Dinge an deiner neuen Schule gefallen dir besonders gut?* (Anstelle *von: Wie findest du deine neue Schule?*)

Notiere während des Interviews die Antworten in Stichpunkten.
Du kannst das Interview auch mit dem Handy aufnehmen, wenn deine Interviewpartnerin / dein Interviewpartner einverstanden ist.

### Die eigene Meinung begründen → S. 60–81

In Gesprächen und Diskussionen gibt es oft unterschiedliche Ansichten zu einem Thema oder Problem. Um andere von der eigenen **Meinung** zu überzeugen, braucht man gute **Begründungen (Argumente)**, z. B.:

*Geschäfte sollten auch am Sonntag geöffnet sein, denn viele Berufstätige haben unter der Woche kaum Zeit zum Einkaufen.*

→ Hinweise zum **schriftlichen Begründen** und zum Formulieren von überzeugenden Argumenten findest du auf Seite 308.

### Mündlich nacherzählen → S. 112–115

So kannst du das mündliche Nacherzählen **vorbereiten:**

1 **Lies** die Geschichte mehrmals **laut** durch und präge dir den **Handlungsverlauf** ein: Wie fängt die Geschichte an? Was geschieht im Hauptteil? Wie endet die Geschichte?
2 **Notiere wichtige Handlungsschritte** in Stichpunkten. Dabei helfen dir **W-Fragen** (Wer? Was? Wann? Wo? …).
   Auch die **Handlungsbausteine** können dir helfen. Notiere Stichpunkte zur Ausgangssituation der Hauptfigur(en), zum Problem, zu den Lösungsversuchen und zum Ende.
   Beachte beim Nacherzählen:
   – Halte dich eng an die Textvorlage (einschließlich Tempusform).
   – Gib den Inhalt richtig und zusammenhängend wieder. Erfinde nichts dazu.
   – Erzähle möglichst anschaulich mit eigenen Worten.
3 Lerne **wichtige Textstellen auswendig.**
4 **Erzähle** die Geschichte anhand deiner **Stichpunktliste.**

Orientierungswissen

## Szenisch lesen und spielen → S. 138–141

Beim Theaterspielen kommt es nicht nur darauf an, **was** gesagt wird. Ganz entscheidend ist, **wie** etwas gesprochen und gespielt wird. Damit kannst du so viel ausdrücken wie mit Worten:
- **Stimme/Sprechweise:** Eine bestimmte Sprechweise zeigt, wie sich jemand fühlt oder wie etwas gemeint ist. So kann eine Stimme klingen:
  *ängstlich, streng, zärtlich, vorwurfsvoll, …*
- **Gesichtsausdruck (Mimik):** Am Gesichtsausdruck kann man erkennen, wie sich eine Person fühlt und was sie denkt. So kann der Ausdruck sein:
  *traurig, besorgt, entspannt, …*
- **Körpersprache (Gestik):** So kann man Gefühle und Stimmungen ausdrücken:
  *Mit der Faust drohen, Schulterzucken, in die Luft springen, mit dem Fuß aufstampfen …*

## Gedichte vortragen → S. 166 f.

Beantworte folgende **Fragen vor dem Gedichtvortrag**:
- Welche **Stimmung** kennzeichnet die einzelnen Strophen? *(glücklich, bedrohlich …)*
- Hat das Gedicht einen **Höhepunkt**? Falls ja, wie kannst du ihn hervorheben?
- Unterstreiche alle Wörter, die du **besonders betonen** willst.
- Welcher **Tonfall** passt zu genau dieser Stelle? Notiere am Rand, z. B. *aufgeregt, wütend*.
- Wo passt eine **kurze Pause** (vor einem neuen Gedanken, zum Spannungsaufbau …)?
- Wo musst du **langsamer oder schneller** (vielleicht sogar gehetzt) sprechen?
- Wo musst du **leiser oder lauter** sprechen (vielleicht sogar rufen)?
- Passen bestimmte **Gesten** (Bewegungen) zu bestimmten Textstellen?

Trage **Betonungszeichen für den Gedichtvortrag** ein:

| | | | |
|---|---|---|---|
| besonders betonen: | unterstreichen | leiser werden: | ↘ |
| schneller sprechen: | ∿ | lauter werden: | ↗ |
| langsamer sprechen: | ∿∿ | kurze Pause: | I |
| | | lange Pause: | I I |

Orientierungswissen

## Einen Kurzvortrag vorbereiten und halten → S. 184–187

Am Anfang eines Kurzvortrags steht ein **Thema**, über das du deine Mitschüler/-innen informieren willst. Gehe in folgenden **Arbeitsschritten** vor:

**1 Fragen stellen und Informationen sammeln**
- **Sammle** Begriffe, Fragen und Informationen zum Thema deines Vortrags. Dazu kannst du eine Stichwortliste oder einen **Cluster** (→ S. 329) anlegen.
- Beschaffe weitere Informationen. Nutze dazu **mehrere Informationsquellen**:
Frage **Eltern und Bekannte,** die Ahnung von deinem Thema haben.
In deiner **Stadt- oder Schulbibliothek** findest du **(Fach-)Bücher, Lexika, Zeitschriften**.
Im **Internet** helfen dir **Suchmaschinen**. Gib passende Suchbegriffe ein und prüfe die angezeigte Liste von Internetseiten, die den Suchbegriff enthalten. Gute Suchmaschinen sind z. B.: www.blinde-kuh.de, www.fragfinn.de, www.helles-koepfchen.de.

**2 Informationen auswerten und ordnen**
Das kannst du mithilfe einer **Mindmap** (→ S. 329) tun. Aus ihr kannst du dann die Fragen auswählen, die für deinen Vortrag interessant sind.

**3 Vortragskarten anlegen**
Lege Vortragskarten zu den ausgewählten Unterthemen an. Notiere auf jeder Vortragskarte einen Aspekt, eine Frage oder einen Oberbegriff und dazu wenige Stichworte.

**4 Die Gliederung deutlich machen**
- In der **Einleitung** formulierst du das Vortragsthema und weckst Neugier auf den Inhalt. Erkläre z. B., warum die Frage interessant für die Zuhörer/-innen ist.
- Im **Hauptteil** präsentierst du die Informationen in einer sinnvollen Reihenfolge.
- Zum **Schluss** fasst du das Wichtigste zusammen und formulierst z. B. deine eigene Meinung.

**5 Informationen veranschaulichen**
Deine Zuhörer/-innen können dem Vortrag leichter folgen, wenn sie die Gliederung vor Augen haben. Schreibe diese z. B. als **Stichwortliste** an die Tafel. Hilfreich sind auch Anschauungsmaterial (Bilder) und eine **Übersicht** (Infoplakat, Wandpapier): Schiebe die Texte und Abbildungen hin und her, bis es möglichst übersichtlich aussieht. Klebe sie dann auf und gib deiner Übersicht einen **Titel**.

**6 Den Kurzvortrag halten**
Hinweise zum mündlichen Vortragen findest du auf Seite 305.

Orientierungswissen

# Schreiben

### Einen persönlichen Brief schreiben → S. 24 f.

Briefe werden an einen oder mehrere Empfänger (Adressatinnen/Adressaten) geschickt. Nach diesen richten sich Inhalt und Sprache (Wortwahl). An deine Oma schreibst du z. B. anders als an die Schulleitung. Baue deinen Brief nach dem folgenden Muster auf (→ Briefbeispiel S. 24):

**Briefkopf** (Adresse des Absenders und des Empfängers)   **Ort und Datum** (rechts oben)
**Anrede**
– Freunde, Verwandte und gute Bekannte: *Hallo, Tante Ulla, … / Liebe Celina, …*
– andere Erwachsene: *Sehr geehrter Herr Kemper, … / Liebe Frau Richter, …*
Nach der Anrede setzt du ein Komma und schreibst dann in der nächsten Zeile klein weiter.
  *Liebe Lorena,*
  *wie geht es dir?*
**Brieftext**
– Achte auf die **Anredepronomen**: Duzt du den Adressaten, kannst du die Anredewörter klein- oder großschreiben: *Ich habe Dich/dich so lange nicht mehr gesehen.*
– Siezt du jemanden, musst du großschreiben: *Ich wünsche Ihnen alles Gute.*
– Gliedere deinen Brief in Einleitung, Hauptteil, Schluss und trenne die Teile durch Absätze.
**Grußformel und Unterschrift**
Beende deinen Brief mit einer Grußformel und deiner Unterschrift – ohne Satzzeichen.

| *Mit freundlichem Gruß* | *Herzliche Grüße* | *Lieben Gruß* | *Viele Grüße* |
| *Sara Ludwig* | *Sara Ludwig* | *Sara* | *deine/Deine Sara* |

### Schriftlich begründen → S. 60–81

Wenn man seine **Meinung** schriftlich begründet, kommt es zum einen auf gute **Begründungen (Argumente)** an, zum anderen auf deren sprachliche Ausgestaltung. Je mehr gute, nachvollziehbare Argumente du anführst, desto eher überzeugst du andere. Mit einem **Beispiel** kannst du ein Argument stärken und veranschaulichen, z. B.:

| *In der Schule sollte mehr Sportunterricht stattfinden,* | Meinung |
| *da Sport gut für die Gesundheit ist.* | Argument |
| *Beispielsweise fördert Ausdauersport wie Schwimmen das Immunsystem.* | Beispiel |

**Diese Formulierungen kannst du beim Begründen verwenden:**
– Grund: *weil, denn, da …*   *…, da Sport gesund ist.*
– Folge: *sodass, folglich, darum …*   *…, darum sollte mehr Sportunterricht stattfinden.*
– Aufzählung: *außerdem, darüber hinaus …*   *Außerdem macht Sport stärker.*
– Beispiel: *beispielsweise, so …*   *So baut Laufen die Muskulatur auf.*
– Hervorhebung: *Besonders/Wichtig …*   *Besonders wichtig ist regelmäßiges Training.*

## Eine Erzählung schreiben → S. 26–59

**Einen Text planen:**
Lege vor dem Schreiben einen **Schreibplan** an. Darin notierst du die Hauptfigur (es können auch mehrere Hauptfiguren sein) und die **Handlungsbausteine**:
- Die **Hauptfigur** befindet sich in einer bestimmten **Ausgangssituation** (Ort, Zeit, Figuren).
- Die Hauptfigur hat ein **Problem**, oft ausgelöst durch ein **Ereignis**.
- Die Hauptfigur unternimmt **Lösungsversuche** und muss dabei Hindernisse überwinden.
- Am **Ende** hat die Hauptfigur Erfolg oder Misserfolg.

**Eine Erzählung schreiben:**
Stelle beim Schreiben lebendig dar, was eine Figur sagt, denkt und fühlt. Du hast mehrere Möglichkeiten, **Gefühle** einer Figur in Worte zu fassen (→ S. 34):
- das Gefühl **direkt benennen** *(sie fühlte ihre Angst; ängstlich)*
- das Gefühl **veranschaulichen** *(ohnmächtig vor Angst)*
- der Figur **Gedanken** durch den Kopf gehen lassen *(„Das gibt es doch nicht!")*
- **Handlungen und körperliche Reaktionen** der Figur darstellen, die mit dem Gefühl verbunden sind *(Sein Magen zog sich zusammen.)*

**Wörtliche Rede** der Figuren macht deine Geschichte lebendig (→ S. 36). Beachte die Zeichensetzung bei der wörtlichen Rede (→ S. 36, S. 328).

**Eine Erzählung überarbeiten:**
- Überprüfe die **Handlungsbausteine**: Wird die Ausgangssituation deutlich? Ist das Problem der Hauptfigur verständlich dargestellt? Können die Leser/-innen die Lösungsversuche der Hauptfigur verstehen? Ist das Ende der Geschichte nachvollziehbar?
- Überprüfe die **Figurensicht**: Erzählst du stimmig aus der Sicht einer bestimmten Figur?
- Sind die **Gedanken und Gefühle** deiner Figuren nachvollziehbar dargestellt?
- Hast du an passenden Stellen **wörtliche Rede** eingebaut?
- Macht der **Titel** neugierig und verrät nicht zu viel?

**Zu einer Bildergeschichte schreiben (→ S. 30–32):**
Die vorgegebenen Bilder einer Bildergeschichte zeigen **die wichtigsten Momente** der Geschichte.
So schreibst du eine Erzählung zu einer Bildergeschichte:
- Sieh dir jedes Bild genau an und finde heraus, worum es geht. Achte auf die Körpersprache (Gestik, Mimik) der gezeichneten Figuren.
- Notiere Stichpunkte zum Ablauf.
- Schreibe eine Erzählung nach den Schritten, die oben genannt sind.
- Überprüfe, ob dein Text zu den Bildern passt, also keine Widersprüche auftreten.

Orientierungswissen

**Einen Erzähltext fortsetzen:**

So setzt du einen Erzähltext, z. B. ein Märchen, fort:

1 **Notiere alles, was vorgegeben ist.**
   *Titel: Vom Fischer und seiner Frau*
   *Figuren: Fischer, Frau des Fischers, Butt*
   *Ausgangssituation: Ein armer Fischer fängt einen Butt, den er wieder freilässt.*
   *Magische Elemente: Verwandlungen (Butt: verwunschener Prinz)*

2 **Ergänze fehlende Bestandteile.**
   Berücksichtige dabei die Handlungsbausteine (→ S. 29, S. 109, S. 312).

3 **Schreibe den Erzähltext.**
   – Beachte die **Textsorte**. Verwende z. B. beim Schreiben eines Märchens märchentypische Wendungen und Formulierungen *(Es war einmal … Und wenn sie nicht gestorben sind …)* oder gestalte Erzählungen lebendig durch den Einbau von wörtlicher Rede (→ S. 36, S. 328).
   – Mache dir die **Erzählabsicht** klar: Welches Ziel hat die Geschichte? Soll sie belehren, unterhalten …?
   – Behalte den **Sprachstil** deiner Vorlage bei (Wortwahl, Satzbau) und schreibe in der gleichen **Tempusform**, z. B.:
   *Der Fischer sagte: „Ich mache das gerne." Tatsächlich tat er das nur widerwillig und dachte …*

## Literarische Figuren beschreiben → S. 126–151

Gehe so vor, wenn du eine literarische Figur beschreiben willst:

1 Suche im Text alle Informationen über das **Äußere** der Figur. Oft findest du nur wenige Merkmale. Manchmal sind die Figuren aber auch sehr genau beschrieben, z. B.:
   *Michel war fünf Jahre alt, hatte lockige blonde Haare und trug eine Schirmmütze.*

2 Gib Auskunft darüber, wie die Figur **handelt** oder sich anderen gegenüber **verhält**. Nenne **Ursachen und Gründe** für dieses Verhalten, falls du sie dem Text entnehmen kannst, z. B.:
   *Michel versteckte sich oft in einem alten Schuppen. Damit hoffte er der Bestrafung für seine zahlreichen Streiche zu entgehen.*
   **Begründen** kannst du mit:
   – **Konjunktionen**: *denn, da, weil*
   – **Adverbien**: *nämlich, deshalb, deswegen*
   – **Präpositionen** und **Präpositionalausdrücken**: *wegen, aus diesem Grund*

3 Aus dem Verhalten einer Figur und den Gründen dafür kannst du oft bestimmte **Charaktereigenschaften** ableiten. Formuliere diese, z. B.:
   *Michel ist einfallsreich, aufgeweckt und immer zu Streichen aufgelegt.*

Orientierungswissen

## Zu einem Gedicht schreiben → S. 152–173

**Ein Parallelgedicht schreiben (→ S. 163 f.):**
Übernimm die äußere Form, sozusagen den Rahmen des Gedichts:
die Zahl der Strophen und Verse, eventuell auch Reimschema und Metrum.
Fülle diesen Rahmen mit deinen eigenen Ideen und sprachlichen Bildern zum gleichen oder ähnlichen Gedichtthema aus.

**So beschreibst du ein Gedicht (→ S. 161, S. 163):**
In einer Gedichtbeschreibung beschreibst du – abhängig von der Aufgabenstellung – entweder alle wichtigen Merkmale des Gedichts oder einen ausgewählten Aspekt. Gehe so vor:
1. Nenne **Titel** und **Autor/-in**:
   *Das Gedicht „Alles Glück" wurde von Christine Nöstlinger geschrieben.*
2. Benenne **Thema** und **Inhalt** des Gedichts:
   *In dem Gedicht beklagt sich das lyrische Ich über seine Eltern.*
3. Beschreibe den **Aufbau**, gegebenenfalls auch **Reimschema** und **Metrum**:
   *Das Gedicht besteht aus zwei Strophen und insgesamt 18 Versen. Beim Reimschema handelt es sich um einen Paarreim. Das Metrum ist unregelmäßig.*
4. Formuliere deine Beobachtungen zum **Inhalt** und zur **Sprache** des Gedichts:
   *Dass das lyrische Ich mit seinen Eltern unzufrieden ist, zeigt sich an zahlreichen Adjektiven, z. B. mies, fies, grausig.*

## Tiere, Gegenstände und Personen beschreiben → S. 82–99

1. **Vorbereitung**
   - **Betrachte** das Tier, die Person oder den Gegenstand genau. Notiere deine Beobachtungen stichpunktartig, z. B. in einem Steckbrief (→ S. 86).
   - Beachte **Adressat und Zweck** der Beschreibung (→ S. 87): Welche Informationen sind nötig? Beschaffe dir **weitere Informationen**, falls notwendig.
   - **Ordne** deine Stichworte sinnvoll, z. B. vom Allgemeinen zum Speziellen.
2. **Schreiben**
   - Formuliere einen **einleitenden Satz**, der z. B. den Schreibanlass benennt.
   - Beginne mit **allgemeinen Merkmalen**: genaue Bezeichnung, Gesamteindruck, Aussehen, z. B.: *Die Sportschuhe von Adidas, Größe 38, sind schwarz mit blauen Streifen an der Seite und sehr gut erhalten.*
   - Beschreibe **auffällige Besonderheiten**, z. B.: *Auf der Schuhinnensohle befindet sich ein aufgedruckter Fußball.*
   - Ergänze **weitere Informationen je nach Schreibanlass/Textsorte**, z. B.:
     *Bitte melden Sie sich unter der Telefonnummer 0176 …*
3. **Sprache**: Schreibe im Präsens. Achte auf eine präzise Wortwahl und verwende bei Bedarf Fachausdrücke *(Fersenkeil, Schaft, …)*.

Orientierungswissen

# Mit Texten und Medien umgehen

### Erzählungen → S. 26–59, S. 124–151

Erzählungen handeln von Ereignissen, die tatsächlich passiert oder erfunden sind.

Die meisten Erzählungen haben folgende **Handlungsbausteine**:
– Die **Hauptfigur** befindet sich in einer bestimmten **Ausgangssituation** (Ort, Zeit, Figuren).
– Die Hauptfigur hat ein **Problem**, oft ausgelöst durch ein **Ereignis**.
– Die Hauptfigur unternimmt **Lösungsversuche** und muss dabei Hindernisse überwinden.
– Am **Ende** hat die Hauptfigur Erfolg oder Misserfolg.

**Figuren einer Erzählung**
– Die **Personen**, die **in einer Geschichte** vorkommen bzw. handeln, nennt man **Figuren**.
– Sie haben **bestimmte Eigenschaften und Absichten**.
– In den meisten Geschichten gibt es eine **Hauptfigur** (manchmal sind es auch mehrere), über die die Leser/-innen besonders viel erfahren.
– Auch Tiere können handelnde Figuren in Erzähltexten sein, z. B. in einem Märchen.

**Erzählweisen** (→ Erzählen, S. 26–59; Kolossal komisch, S. 126–151)
Man kann auf unterschiedliche Weise erzählen.
**Spannend** wird erzählt, wenn z. B.
– Ort und Zeit unheimlich wirken,
– eine Figur in eine gefährliche Situation gerät,
– etwas Rätselhaftes geschieht oder der Ausgang einer Situation ungewiss bleibt.
– Die Spannung kann durch bestimmte Wörter und Wendungen gesteigert werden, z. B.:
  *plötzlich … / auf seltsame Weise …*
**Lustig** wird erzählt, wenn z. B.
– eine beschriebene Situation zum Lachen reizt,
– eine Figur durch ihr Aussehen, ihre Redeweise oder ihr Verhalten komisch wirkt,
– etwas stark übertrieben wird (→ S. 137),
– eine Sprache verwendet wird, die nicht zur geschilderten Situation passt (z. B. förmliche, vornehme Sprechweise in komischen Situationen).

Orientierungswissen

## Gedichte → S. 152–173

**Was ist ein Gedicht?**
Ein **Gedicht** ist ein (meist) **kurzer Text**, der in Verse und Strophen unterteilt ist, ähnlich wie bei einem Lied. Das **Reimschema** und das **Metrum** eines Gedichts erzeugen einen besonderen Klang, ähnlich wie Melodie und Rhythmus bei einem Musikstück. Auch bei ungereimten Gedichten ist der Klang bestimmter Wörter wichtig.

**Vers und Strophe:**
Die Zeilen eines Gedichts nennt man **Vers**. Als **Strophe** bezeichnet man einen Abschnitt eines Gedichts, der aus mehreren Versen besteht.

**Reim:**
Der Reim ist ein **Gleichklang von Lauten**. Werden zwei oder mehrere Verse durch einen Gleichklang am **Ende** verbunden, spricht man von **Endreim**.

*Der Himmel ist blau,*
*sagte der Pfau.*
*Zeit zu verreisen,*
*sagten die Meisen.*

Das Muster des Reims nennt man **Reimschema**. Man unterscheidet z. B. in:

| | | |
|---|---|---|
| – **Paarreim** | *Haus – Maus – Hof – doof* | aa bb |
| – **Kreuzreim** | *Haus – Hof – Maus – doof* | ab ab |
| – **umarmenden Reim** | *Haus – Hof – doof – Maus* | ab ba |

Die Wiederholung eines oder mehrerer Laute am **Wortanfang** nennt man **Stabreim** oder **Alliteration**.

*Geld und Gut; mit Mann und Maus*

**Metrum (Versmaß):**
In einem Vers gibt es meist eine regelmäßige Abfolge **betonter ($\acute{x}$)** und **unbetonter (x) Silben**. Sie wird Metrum genannt. Man unterscheidet z. B.:

– **Jambus:** x $\acute{x}$  x $\acute{x}$

$$x\ \acute{x}\ \ x\ \acute{x}\ \ x\ \acute{x}\ \ x\ \acute{x}\ \ x$$
*Ein Karp-/ fen sprach / zu ei- / nem Mäd-chen*

– **Trochäus:** $\acute{x}$ x  $\acute{x}$ x

$$\acute{x}\ x\ \ \acute{x}\ x\ \ \acute{x}\ x\ \ \acute{x}$$
*Was ich / gerne / an dir / mag …*

**Lyrisches Ich:**
Das lyrische Ich ist die Person oder Sache, die im Gedicht spricht. Es darf nicht mit der Dichterin / dem Dichter verwechselt werden.

*Ich bin ein einsamer Schaukelstuhl.*

Orientierungswissen

## Märchen → S. 100–125

Das Märchen ist eine sehr alte Erzählform, die es zu allen Zeiten und bei allen Völkern gab. Früher wurden Märchen nur mündlich weitergegeben. **Typische Merkmale** von Märchen sind:

Die **Figuren**
- sind auf ihre wesentlichen Eigenschaften festgelegt: *gut – böse, schön – hässlich, …*
- haben oft einen Gegenspieler: *böser Zauberer, eifersüchtige Stiefschwester, …*
- können teilweise zaubern oder sind Fantasiewesen: *Hexe, sprechender Frosch, …*

Es gibt **magische Elemente** wie
- Zauberkräfte, Verwandlungen: *verwunschener Prinz (Frosch, Bär, Biest), …*
- Reime, Zaubersprüche: *Ach, wie gut, dass niemand weiß, dass ich Rumpelstilzchen heiß!*
- besondere Zahlen: *drei Wünsche, sieben Zwerge, zwölf Schwäne, …*

**Ort und Zeit**
- sind nicht genau festgelegt: *in einem dunklen Wald, in einem fernen Land, …*
- bergen ein Geheimnis.

Die **Erzählweise** ist durch märchentypische sprachliche Wendungen gekennzeichnet:
   *Es war einmal … / Vor langer Zeit … / Und wenn sie nicht gestorben sind …*

**Handlungsverlauf**
Typisch für Märchen ist, dass am **Ende** die **Mühe belohnt wird**: Das Gute siegt über das Böse und das Böse wird bestraft.

## Schelmengeschichten → S. 132 f., 150

Eine **Schelmengeschichte** (auch: **Schwank**) ist eine **kurze, humorvolle Erzählung**, in der meist ein gerissener Spaßvogel auf scherzhafte Art das unmöglich Scheinende zu vollbringen vorgibt und daraus seinen Vorteil zieht. Oft legt er eine höhergestellte Figur herein und erteilt ihr so eine Lehre. Berühmte Schelme sind **Till Eulenspiegel** (schon im 16. Jahrhundert beliebt, → S. 132 f., S. 148 f.) oder **Nasreddin Hodscha** (lebte im 13. Jahrhundert in der Türkei).

## Lügengeschichten → S. 126–131

**Lügengeschichten** gab es schon in der Antike, im frühen Judentum und in der orientalischen Dichtung. Seemannsgarn (→ S. 126) und Jägerlatein sind besondere Formen der Lügengeschichte. Dies sind **typische Merkmale**:
- **Die Erzählerin / Der Erzähler** erzählt meist in der Ich-Form und beteuert immer wieder die eigene Glaubwürdigkeit. Oft werden die Lügen gereiht (Lügenreihe) und dabei gesteigert (Lügentreppe → Beispiel: S. 150).
- **Inhalt und Handlung** sind durch höchst unwahrscheinliche Ereignisse bestimmt, die der Erzähler (oft auf Reisen) erlebt haben will. Durch die Übertreibung wirkt das Erzählte komisch.
- Für den Handlungsverlauf ist typisch, dass ein Problem auf unglaubliche Weise gelöst wird und die Hauptfigur am Ende ihr Ziel erreicht.

Orientierungswissen

## Sachtexte verstehen → S. 174–197

Wie du einen Sachtext liest, hängt davon ab, wie der Text gestaltet ist und welche Ziele du bei der Lektüre verfolgst (sich informieren, Antworten auf Fragen finden, zu einem Thema Fakten zusammentragen). Folgende Strategien sind immer wieder hilfreich:

- **Sich einen Überblick verschaffen**
  Lies den Text zügig ganz durch. Zu welchem Themenbereich liefert er Fakten? Welche Fragen beantwortet er? Beachte auch die Überschrift und die Abbildungen im Text.
- **Einen Text gliedern**
  Wenn ein Text nicht bereits in Absätze unterteilt ist, gliedere ihn selbst. Überlege dazu, wo jeweils ein neuer Sinnabschnitt beginnt. Formuliere Überschriften zu Absätzen und halte damit fest, worum es jeweils geht, z. B. in Form von Stichworten oder Fragen:
  *Absatz 1: Nahrung von Katzen / Wie füttere ich eine Katze?*
  *Absatz 2: Pflege der Katze / Wie pflege ich eine Katze?*
- **Begriffe und Textteile markieren**
  Markiere Begriffe und Textteile, die Antworten auf deine Fragen geben, farbig oder durch Unterstreichen. So findest du sie schnell wieder, um das Wichtigste im Text herauszuarbeiten.
- **Unbekannte Begriffe klären**
  Versuche, unbekannte Begriffe zunächst aus dem Zusammenhang zu erschließen. Wenn das nicht gelingt oder du unsicher bist, dann schlage z. B. in einem Lexikon nach.
- **Textinhalte strukturiert darstellen** (→ Kurzvortrag, S. 329)
  Texte werden oft klarer und sind leichter wiederzugeben, wenn man die Informationen neu zusammenstellt. Dafür eignen sich z. B. Listen, Tabellen, Skizzen, …

## Diagramme lesen → S. 70 f.

**Diagramme** stellen Zahlenwerte und Größenverhältnisse in einer übersichtlichen Form dar. Um Diagramme zu verstehen, gehe folgendermaßen vor:

1. **Verschaffe dir einen Überblick über das Diagramm.**
   Lies die Überschrift oder Bildunterschrift. Worüber informiert das Diagramm? Benenne das Thema.
2. **Betrachte das Diagramm genau.**
   - Welche Angaben kannst du ablesen?
   - Welche Maßeinheiten werden verwendet (z. B.: *kg, Liter, km*)?
   - Gibt es zusätzliche Erklärungen?
3. **Vergleiche die Angaben im Diagramm.**
   - Welches ist der höchste und welches der niedrigste Wert?
   - Welche Werte sind ähnlich oder gleich groß?
4. **Fasse zusammen, was im Diagramm gezeigt wird.**
   Welche Angaben findest du erstaunlich, welche hast du erwartet?

Orientierungswissen

### Medien nutzen → S. 198–209

Als Medien bezeichnet man sogenannte „Vermittler von Inhalten". Dazu gehören **Bücher**, **Zeitschriften** und **Zeitungen** genauso wie **Film**, **Fernsehen** und **Internet**. Medien kann man z. B. zur Unterhaltung, zur Information oder zur Kommunikation nutzen.

**Medien zur Unterhaltung nutzen:**
Bücher, Filme, Serien oder Fernsehshows werden häufig zur Unterhaltung genutzt. Beliebt sind z. B. Fantasyromane, Spielfilme, Fernsehserien oder Serien von Streamingdiensten und Shows wie Quiz- oder Castingshows.

**Sich mithilfe von Medien informieren:**
– **Sachbücher** zu unterschiedlichen Themen, z. B. zu „Alltagsfragen", „Vulkanen" oder „Dinosauriern", führen gezielt in ein Thema ein und bieten gesammelt die wichtigsten Informationen. Sowohl die Autorin / der Autor als auch die Verlage achten darauf, dass die Inhalte korrekt und z. B. auch für Kinder und Jugendliche geeignet sind. Das Inhaltsverzeichnis am Anfang und das Sachregister am Ende geben erste Hinweise, ob das Buch die Informationen bietet, die man benötigt.
– Mithilfe des **Internets** kann man sich zu fast allen Themen informieren. Hier ist es wichtig, dass man sehr gezielt sucht, weil man sonst Hunderte von Ergebnissen erhält und leicht den Überblick verlieren kann (→ Im Internet recherchieren, S. 329). Spezielle **Kindersuchmaschinen** erleichtern die Orientierung, da hier bereits eine Vorauswahl der Ergebnisse getroffen wird.
– **Wissenssendungen** oder sogenannte **Tutorials** sind ebenfalls geeignet, um sich zu einem bestimmten Thema zu informieren. Während Wissenssendungen im Fernsehen von Profi-Autorinnen und -Autoren geschrieben werden und von Redakteurinnen/Redakteuren geprüft sind, kann auf Internetplattformen jede/jeder ein Tutorial hochladen. Hier muss die Zuschauerin / der Zuschauer selbst prüfen, ob die Informationen korrekt und verständlich sind.

**Medien zur Kommunikation nutzen:**
Besonders beliebt zur Kommunikation sind die sogenannten sozialen Netzwerke. Hier ist es wichtig, auf die Altersbeschränkungen zu achten.

### Filmbilder untersuchen: Einstellungsgrößen der Kamera → S. 40–43

Eine Kamera zeigt nur einen Ausschnitt aus einer Szene. Je nachdem, wie nah am Geschehen der Betrachter sein soll, wählt man die Größe des Bildausschnitts. Je nach Bildmotiv und erwünschter Wirkung werden also unterschiedliche Kameraeinstellungen verwendet.
Auf den Seiten 40–43 findest du Beispiele für Einstellungsgrößen.

Orientierungswissen

# Nachdenken über Sprache

## Wortarten

### Das Nomen → S. 213–216

- Nomen (das Nomen; Plural: die Nomen) bezeichnen Lebewesen/Eigennamen *(Katze, Peter)*, Gegenstände *(Buch)* und Begriffe (Gedanken, Gefühle usw.: *Ferien, Mut*).
- Nomen werden immer **großgeschrieben**. Sie werden oft von Wörtern begleitet, an denen du sie erkennen kannst. Das ist meist der Artikel *(der Ball)*, es kann aber auch ein anderes **Begleitwort** sein *(diese, jener, solches, mein, dein, unser, euer, ihr, sein, …)*.

Genus (grammatisches Geschlecht → S. 214)
Jedes Nomen hat ein Genus, das man an seinem Artikel erkennt:
- **Maskulinum** (männliches Nomen): *der Tisch, der Vogel, der Garten*
- **Femininum** (weibliches Nomen): *die Schule, die Blume, die Maus*
- **Neutrum** (sächliches Nomen): *das Haus, das Kaninchen, das Fahrrad*

Das grammatische Geschlecht hat in der Regel nichts mit dem biologischen Geschlecht zu tun.

Numerus (Anzahl → S. 214)
Nomen haben einen **Numerus**, d. h., sie verändern sich nach ihrer **Anzahl**. Sie stehen entweder
im **Singular** (Einzahl), z. B. *der Stern*, oder
im **Plural** (Mehrzahl), z. B. *die Sterne*.

Kasus (Fall → S. 215 f.)
Im Satz erscheint ein Nomen in einem bestimmten **Kasus (Fall)**, erkennbar am Artikel.
Wenn man ein Nomen in einen anderen Kasus setzt, nennt man dies **Deklinieren** (Beugen).
Im Deutschen gibt es **vier Fälle**. Fragen helfen dir bei deren Bildung und Bestimmung:

| Kasus | Beispiele | Frage |
|---|---|---|
| **Nominativ** (1. Fall) | *Das Kind hilft dem Vater.* | *Wer oder was hilft dem Vater?* |
| **Genitiv** (2. Fall) | *Die Hände des Kindes sind verschmiert.* | *Wessen Hände sind verschmiert?* |
| **Dativ** (3. Fall) | *Im Garten läuft der Hund dem Kind hinterher.* | *Wem läuft der Hund im Garten hinterher?* |
| **Akkusativ** (4. Fall) | *Der Hund mag das Kind.* | *Wen oder was mag der Hund?* |

Orientierungswissen

## Der Artikel → S. 217 f.

**Der Artikel** (Plural: die Artikel) **begleitet das Nomen** und zeigt dessen **Genus**, **Numerus** und **Kasus** an, z. B.:

*Das Eis schmeckt mir gut. Der Torwart hält den Schuss.*

Der Artikel erscheint **nur zusammen mit einem Nomen** im Satz und kann nicht alleine stehen. Das **Nomen** dagegen kann ohne seinen Begleiter im Satz stehen, z. B.:

*Viele Menschen mögen Eis.*

Zwei Arten von Artikeln können das Nomen begleiten:
- **der bestimmte Artikel:** *der (Ball), die (Tür), das (Eis)*
- **der unbestimmte Artikel:** *ein (Ball), eine (Tür), ein (Eis)*

## Das Adjektiv → S. 219–223

**Das Adjektiv** (Eigenschaftswort; Plural: die Adjektive) beschreibt, wie etwas ist. Es gibt **Eigenschaften** eines Lebewesens, Gegenstands oder Vorgangs an, z. B.:

*der grüne Baum, das teure Restaurant; sie lacht laut.*

Wenn ein Adjektiv ein Nomen begleitet, wird es **dekliniert** (gebeugt). Das Adjektiv stimmt dann in **Genus** (Geschlecht), **Numerus** (Zahl) und **Kasus** (Fall) mit dem rechts von ihm stehenden Nomen überein, z. B.:

*ein nasses T-Shirt* (Neutrum, Nominativ Singular)
*die nassen Hunde* (Maskulinum, Akkusativ Plural)
*mit nasser Hose* (Femininum, Dativ Singular)
*wegen des nassen Rasens* (Maskulinum, Genitiv Singular)

Steigerung (→ S. 222 f.)
**Adjektive** kann man **steigern**. So kann man Lebewesen oder Dinge miteinander **vergleichen**, z. B.:

*schnell – schneller – am schnellsten / das schnellste Tier.*

Es gibt **drei Steigerungsstufen**:
**Grundstufe (Positiv):** *Ein Tiger ist so schnell wie ein Löwe.*
**Vergleichsstufe (Komparativ):** *Eine Maus ist schneller als eine Schildkröte.*
**Höchststufe (Superlativ):** *Der Gepard ist von allen Tieren am schnellsten.*
**Vergleiche mit dem Positiv** werden mit *wie* gebildet, z. B.:

*Micha ist so groß wie Aisha.*
*Ich kann das genauso gut wie du.*

**Vergleiche mit dem Komparativ** (von lateinisch *comparare*: vergleichen) werden mit *als* gebildet, z. B.:

*Ein Buch ist dicker als eine Zeitschrift.*
*Ich kann das besser als du.*

Orientierungswissen

## Das Personalpronomen → S. 224–226

Es gibt unterschiedliche Arten von Pronomen (Fürwörtern).

Die **Personalpronomen** *er, sie, es* im Singular und *sie* im Plural können **Nomen ersetzen**, die zuvor genannt wurden. Sie sind nur als „Fortführer" möglich. Mit ihrem Einsatz kann man Wiederholungen vermeiden, z. B.:

*Heute wollen Lennart, Maria und Marika ins Schwimmbad. Vorher wollen sie noch zur Eisdiele. Außerdem überlegen sie, hinterher noch einen Film zu schauen.*

Die Personalpronomen *ich, du, wir, ihr* hingegen verweisen auf die Rolle des Sprechers *(ich, wir)* und des Adressaten *(du, ihr)*, z. B.: *Heute will ich ins Schwimmbad. Kommst du auch mit?*

Die Personalpronomen werden im Satz **wie die Nomen dekliniert** (gebeugt):

| Kasus | 1. Pers. | 2. Pers. | 3. Pers. | | |
|---|---|---|---|---|---|
| **Singular** | | | | | |
| 1. Fall: Nominativ | ich | du | er | sie | es |
| 2. Fall: Genitiv | meiner | deiner | seiner | ihrer | seiner |
| 3. Fall: Dativ | mir | dir | ihm | ihr | ihm |
| 4. Fall: Akkusativ | mich | dich | ihn | sie | es |
| | | | | | |
| **Plural** | | | | | |
| 1. Fall: Nominativ | wir | ihr | sie | | |
| 2. Fall: Genitiv | unser | euer | ihrer | | |
| 3. Fall: Dativ | uns | euch | ihnen | | |
| 4. Fall: Akkusativ | uns | euch | sie | | |

## Das Verb → S. 227–233

Mit dem **Verb** (Tätigkeitswort; Plural: die Verben) macht man **Aussagen** über jemanden oder etwas. Verben geben meist an, was jemand tut oder was geschieht, z. B.:

*Ich lese ein Buch; du wäschst dich; der Zug fährt los.*

**Verben** erscheinen im Wörterbuch im **Infinitiv** (Grundform). Dieser endet meist auf *-en*, selten auf *-n*, z. B.:

*spielen, mögen, gehen, können; albern, angeln, ärgern, klettern.*

### Konjugation (Beugung → S. 228 f.)

Im Satz richten sich die Verbformen nach den „Personen", über die das Verb etwas aussagt. Man spricht deshalb von den **Personalformen** des Verbs.

*Ich lese gerne Pippi Langstrumpf; er malt; wir rudern; du schwimmst.*

Die Veränderung des Verbs nach der Personalform und dem Numerus (Singular/Plural) nennt man **Konjugation** (Beugung).

Orientierungswissen

Mit der Verbform **Imperativ** (Befehlsform) kann man auffordern oder einen Befehl erteilen:
**Singular:** *Bearbeite die Aufgabe! Sei leise! Lies das Buch!*
**Plural:** *Bearbeitet die Aufgabe! Seid leise! Lest das Buch!*

## Die Tempusformen des Verbs → S. 229–233

Mit den **Tempusformen** des Verbs kann man angeben, ob es um die **Gegenwart**, die **Vergangenheit** oder die **Zukunft** geht:

*Als Kind habe ich Geige gespielt. Jetzt singe ich im Chor.*
*In einem Jahr werde ich Gitarre lernen.*

### Das Präsens (→ S. 231 f.)
Das **Präsens** (Gegenwartsform) verwendet man für Aussagen über etwas,
– das **in der Gegenwart** geschieht, z. B.: *Sie weiß es nicht.*
– das **allgemein und immer gilt**, z. B.: *Frische Luft tut gut.*
– das man **für gewöhnlich so macht**, z. B.: *Beim Fahrradfahren trägt man einen Helm.*
– das in der **Zukunft** geschieht. In diesem Fall verweist man meist mit einer Zeitangabe auf die Zukunft, z. B.: *In drei Wochen fliege ich in die USA.*

### Das Perfekt (→ S. 231 f.)
Das **Perfekt** verwendet man
– als Vergangenheitsform zum **Präsens**, z. B.:
   *Wenn ich den Führerschein bestanden habe, kaufe ich mir ein Mofa.*
   *Gestern hast du gewonnen, heute gewinne ich.*
– beim **mündlichen** Erzählen oder Berichten über Vergangenes, z. B.:
   „*Gestern bin ich im Schwimmbad gewesen. Da habe ich auch Marika getroffen.*"
Das Perfekt wird **zusammengesetzt** aus dem **Präsens von** *haben/sein* und dem **Partizip II:**
   *ich habe geweint, wir sind geschwommen, es hat gedauert.*
Das **Partizip II** beginnt meist mit der Vorsilbe *ge-*, z. B.: *stehen* ⟶ *gestanden*.
Hat das Verb bereits eine Vorsilbe (*ge-, be-, ver-*), dann bekommt das Partizip keine mehr:
   *gefrieren* ⟶ *gefroren*; *beginnen* ⟶ *begonnen*; *verlieren* ⟶ *verloren*.

### Das Präteritum (→ S. 230)
Das **Präteritum** ist eine einfache, d. h. nicht zusammengesetzte **Zeitform der Vergangenheit**. Es wird vor allem beim schriftlichen Erzählen und Berichten verwendet. Es wird folgendermaßen gebildet:
– Bei **starken Verben** ändert sich im Präteritum der Vokal im Wortstamm, z. B.:
   *ich laufe* ⟶ *ich lief; ich gehe* ⟶ *ich ging; ich trinke* ⟶ *ich trank.*
– Bei **schwachen Verben** wird ein *-t-* zwischen Stamm und Endung eingefügt, z. B.:
   *ich rechne* ⟶ *ich rechnete; ich wohne* ⟶ *ich wohnte; ich kaufe* ⟶ *ich kaufte.*

Orientierungswissen

# Sätze und Satzglieder

## Der Satz und seine Gliederung → S. 234 f.

Mit dem **Prädikat** wird die „Satzaussage" gemacht. Es wird aus einem Verb gebildet. Manchmal besteht es nur aus einem Teil, z. B.:

*Im Sommer ging Peter immer an den Strand.*

Meist ist das Prädikat jedoch **mehrteilig** und bildet dann die Satzklammer, z. B.:

Satzklammer

*In den Ferien stehen die Kinder spät auf.*

Der **finite (veränderliche, gebeugte) Teil des Prädikats** steht in einem Aussagesatz immer an der **zweiten Satzgliedstelle**. Nur in Frage- und Aufforderungssätzen rutscht er an die erste Satzgliedstelle, z. B.:

*Stehen die Kinder in den Ferien spät auf?*   *Seht euch das an!*

## Satzglieder mit der Umstellprobe erkennen → S. 241 f.

**Satzglieder** nennt man die Wörter oder Wortgruppen, die beim Umstellen des Satzes (**Umstellprobe**) immer zusammenbleiben und im Vorfeld des Satzes stehen können, z. B.:

|  | Satzklammer | | |
|---|---|---|---|
| Vorfeld |  | Mittelfeld |  |
| Die Bauern | liefen | ihrem Grundherrn | weg. |
| Ihrem Grundherrn | liefen | die Bauern | weg. |

## Das Subjekt → S. 236 f.

Das **Subjekt** ist der wichtigste „Partner" des Prädikats. Es ist der **Satzgegenstand**, über den mit dem Prädikat eine Aussage gemacht wird, z. B.:

*Der geschickte Friseur schnitt die Haare.*

Das **Subjekt** steht immer im **Nominativ**:

*Wer schnitt die Haare? – der Friseur*

Das **Subjekt** bestimmt die Personalform des Prädikats, z. B.:

*Der Friseur schneidet die Haare.*   *Friseure schneiden täglich Haare.*

Das **Subjekt** besteht oft aus einer **Wortgruppe** *(der geschickte Friseur)* oder einem **Pronomen** *(er, sie, …)*.

Orientierungswissen

### Das Objekt → S. 238–240

Ein **Objekt** ist eine Satzergänzung, die sich auf das Prädikat bezieht und ein wichtiger Teil der Satzaussage ist, z. B.:

*Die Tierpflegerin  gibt  der Robbe  einen Fisch.*

Das **Akkusativobjekt** antwortet auf die Frage „Wen oder was …?", z. B.:

*Wen/Was gibt die Tierpflegerin der Robbe? – einen Fisch*

Das **Dativobjekt** antwortet auf die Frage „Wem …?", z. B.:

*Wem gibt die Tierpflegerin einen Fisch? – der Robbe*

### Was ist ein Satz? → S. 234–247

Ein **Satz** besteht mindestens aus einem **Prädikat** mit **finitem Prädikatsteil** und den **Satzgliedern**, die das Verb verlangt.
- Von einem **Hauptsatz** spricht man, wenn der Satz abgeschlossen ist.
  Der finite Prädikatsteil steht an der zweiten Satzgliedstelle, z. B.:
    *Das hat mir geholfen.*
- Von einem **Nebensatz** spricht man, wenn der Satz von einem Hauptsatz abhängt.
  Der finite Prädikatsteil steht an der letzten Satzgliedstelle, z. B.:
    *…, wenn du mich abholst.*

### Die Satzreihe: Hauptsatz + Hauptsatz → S. 244 f.

Die **Satzreihe** ist ein aus Hauptsätzen zusammengesetzter Satz. Hier werden die einzelnen Hauptsätze durch **Kommas** voneinander getrennt, z. B.:
*Er kam nach Hause, er warf den Rucksack hin, ein Apfel fiel heraus.*
Wenn die Sätze durch *und/oder* verbunden werden, kann das Komma entfallen, z. B.:
*Er kam nach Hause, warf den Rucksack hin(,) und ein Apfel fiel heraus.*

Eine Reihung von Sätzen ist nur sinnvoll, wenn die Sätze einen **Zusammenhang** haben.
- Mit *aber, sondern, doch* kann man **Gegensätze** verdeutlichen, z. B.:
  *Sie wollten eigentlich einen Spaziergang machen, doch dann fing es an zu regnen.*
- Mit *denn* kann man **Gründe** verdeutlichen, z. B.:
  *Ich kann in der nächsten Zeit nicht joggen, denn ich habe mir den Fuß verstaucht.*
Achtung: Vor *aber, sondern, doch, denn* setzt man ein **Komma**!

### Das Satzgefüge: Hauptsatz + Nebensatz → S. 245 f.

Ein **Satzgefüge** besteht aus mindestens einem **Hauptsatz** und mindestens einem **Nebensatz**. **Nebensätze** beginnen mit einem **Einleitewort**, z. B. einer **Konjunktion** (Bindewort), die den Nebensatz **unterordnet**, z. B.:
*weil, da, (so)dass, obwohl, bis, nachdem, während, bevor, als, wenn.*

Nebensätze **enden mit der finiten Prädikatsform**, z. B.:

*Weil ich mir eine neue Hose kaufen möchte, spare ich mein Taschengeld.*

Ein Nebensatz kann im Satzgefüge **vor, hinter oder in einem Hauptsatz** stehen.
Zur Leseerleichterung wird **der Nebensatz** vom Hauptsatz oder von anderen Nebensätzen **durch Kommas getrennt**, z. B.:

*Wenn ich meine Lieblingsband höre, bin ich glücklich.*
*Ich reise gerne nach Spanien, weil es dort warm ist.*
*Ich schlafe, wenn ich mir gruselige Filme ansehe, immer schlecht ein.*

## Wortbedeutung, Wortbildung und Sprachebenen

### Wortbedeutung: Sinnverwandte und (fast) sinngleiche Wörter → S. 246–249

– Eine Gruppe von Wörtern, die **sinnverwandt** sind, d. h. Ähnliches aussagen, bildet ein **Wortfeld**, z. B.:

*flüstern, murmeln, zischen, tuscheln, wispern, hauchen, …*

– Wörter mit (fast) **gleicher Bedeutung** nennt man **Synonyme**, z. B.:

*dösen/schlummern; Geschenk/Mitbringsel; schön/hübsch, …*

– Mit einem **Antonym** (Gegenwort) kannst du einen Gegensatz ausdrücken, z. B.:

*langweilig – spannend, Ordnung – Chaos, lieben – hassen.*

Das Erkunden von Wortfeldern hilft dir dabei, deinen **Wortschatz** zu erweitern und dich **treffend und genau** auszudrücken. Synonyme können dir helfen, **abwechslungsreich** zu schreiben und Wiederholungen zu vermeiden, z. B.:

*Erst sah Sofia eine Antilope. Dann entdeckte sie eine Giraffe und beobachtete genau ihre eleganten Bewegungen.*

### Wortbildung: Ableitungen und Zusammensetzungen → S. 278 f.

**Zusammensetzungen**
Setzt man zwei Wörter zu einem neuen Wort zusammen, nennt man dies **Zusammensetzung**.
Das zweite Wort ist das **Grundwort** und legt die Wortart des neuen Wortes fest, z. B.:

*das Küchenmesser (Nomen), federleicht (Adjektiv), lahmlegen (Verb).*

Das erste Wort nennt man **Bestimmungswort**, da es das Grundwort näher beschreibt, z. B.:

*Handschuhe, Lederschuhe, Sommerschuhe.*

Manchmal braucht man ein **Fugenelement** (*-e-, -es-, -n-, -en-, -er-*) zwischen den Bestandteilen, z. B.:

*die Weihnacht-s-ferien, das Storch-en-nest.*

### Ableitungen

Mithilfe von **Präfixen** (Vorsilben) und **Suffixen** (Nachsilben) kannst du aus Wörtern bzw. Wortstämmen weitere Wörter **ableiten**. Die Präfixe und Suffixe können die Wortart verändern, z. B.:

*das Wunder → wunderbar, sauber → die Sauberkeit, heulen → das Geheule.*

### Umgangssprache, Standardsprache, Bildungssprache → S. 252 f.

Auch wenn man keine Fremdsprachen spricht, so beherrscht doch jeder Mensch verschiedene Sprachebenen, abhängig davon, ob man mit Freunden oder mit Eltern, mit Lehrerinnen/Lehrern oder fremden Erwachsenen redet. Man unterscheidet z. B.:

- **Alltagssprache oder Umgangssprache:** Sie wird vorwiegend im Mündlichen verwendet, z. B., wenn man mit Familienmitgliedern oder Freundinnen/Freunden spricht. Schriftlich wird Umgangs- und Alltagssprache z. B. beim Chatten verwendet.
- **Standardsprache:** Damit ist die Sprache gemeint, die in offiziellen Situationen gesprochen und geschrieben wird, z. B. mit fremden Erwachsenen oder in einem offiziellen Brief.
- **Bildungssprache:** So bezeichnet man die Sprache, die man im Unterrichtsgespräch verwendet, z. B. wenn man über einen Roman oder ein Gedicht spricht. Dazu gehören die korrekte Grammatik und auch passend Fachbegriffe, z. B. *Figur, Erzähler, Strophe.*

## Rechtschreibregeln und -strategien

### Wörter und Silben untersuchen → S. 256–262

Die große Mehrzahl der deutschen Wörter ist nach dem gleichen Muster aufgebaut. Kenntnisse über diese Regelmäßigkeiten helfen dir beim Rechtschreiben.

### Silbenkern und Silbenrand

- **der Silbenkern:** Zu **jeder Silbe** gehört ein **Vokalbuchstabe**. Das kann ein Vokal (Selbstlaut) sein (*a, e, i, o, u*), ein Umlaut (*ä, ö, ü*) oder ein Doppellaut/Diphthong (*ei, ai, au, äu, eu*), z. B.: *rei-ten, die Kar-te.*
- **der Silbenrand:** Am Anfang oder Ende der Silbe können ein oder mehrere **Konsonantenbuchstaben** stehen. Diese bilden den Silbenrand, z. B.: *die Lam–pe, we–nig, sprin–gen.*

### Offene und geschlossene Silben, lang und kurz gesprochene Vokale

Die allermeisten deutschen Wörter bestehen aus zwei Silben, von denen die erste betont wird. Für diese typischen Wörter gilt:

- Ist die Silbe **offen** (endet auf einen **Vokalbuchstaben**), wird dieser lang gesprochen: *Bo–gen.*
- Ist die Silbe **geschlossen** (endet auf einen **Konsonanten**), wird der Silbenkern (Vokal) kurz gesprochen:
  *tan–ken, die Sor–ge.*

## Wörter mit Doppelkonsonanten → S. 259–261

- In den meisten Wörtern mit geschlossener betonter Silbe stehen an der Silbengrenze **mindestens zwei verschiedene Konsonanten**, z. B.:
  *die Bir–ne, hef–tig.*
- In manchen Wörtern mit geschlossener betonter Silbe spricht und hört man nach dem kurzen Vokal nur **einen Konsonanten**. Dieser Konsonant wird beim Schreiben **verdoppelt**, damit die Silbe geschlossen werden kann. („Nach kurzem Vokal eins hören heißt: zwei schreiben"), z. B.:
  *kom–men, Bet–ten, wis–sen, die Wip–pe.*
- Die **Verdopplung eines Konsonanten im Wortstamm bleibt in der Wortfamilie erhalten**, z. B.:
  *ken–nen ⟶ kennt, Kenntnis, …*
  Wenn du bei der Schreibung unsicher bist, kann dir eine verlängerte Form helfen, z. B.:
  *dün(n)?  \*dü–ner?  ⟶ falsch: Hier würde das ü lang ausgesprochen.*
  *dün–ner?  ⟶ richtig: Silbengelenk nach kurzem Vokal*
- Beachte: Die Konsonanten *k* und *z* werden in deutschen Wörtern nicht verdoppelt. Stattdessen schreibt man *ck* bzw. *tz*, z. B.:
  *lecker, die Mütze.*

## Dehnungs-*h* und silbentrennendes *h* → S. 263

- Vom **Dehnungs-h** spricht man, wenn ein h die offene Silbe mit lang gesprochenem Vokal anzeigt. Dieses *h* steht nur (aber nicht immer!) vor *l, m, n* oder *r*, z. B.:
  *prahlen, wohnen, führen, nehmen.*
  Diese Wörter sind Merkwörter, die du dir am besten einprägst.
- Vom **silbentrennenden h** spricht man, wenn eine Silbe im Wortinneren mit einem h beginnt. Dieses h hört man, z. B.:
  *Mü–he, se–hen, ste–hen.*
  Es bleibt in verwandten Wörtern erhalten. Verlängere einsilbige Wörter, um es zu hören, z. B.:
  *ste?t  ste–hen ⟶ steht.*

## Wörter mit langem *i* → S. 264 f., S. 277

- **Wörter mit ie:** Bei den meisten Wörtern mit lang gesprochenem *i* ist die betonte Silbe offen und die lange Aussprache des Vokals wird in der Schreibung durch *ie* angezeigt, z. B.:
  *sie–ben, Bie–ne, wie–gen, Rie–gel, fie–len, frie–ren, Lie–be.*
- **Wörter mit i:** Seltener wird der lange *i*-Laut durch den Buchstaben *i* wiedergegeben. Das gilt vor allem für Fremdwörter und einige Merkwörter, z. B.:
  *Kamin, Klima, Kilo, Risiko, Lawine; wir, dir, mir; Igel, Kaninchen, Tiger.*
- **Wörter mit ih:** Merke dir als Ausnahmen die Personalpronomen *ihr, ihn, ihm, ihnen, ihre.*

Orientierungswissen

## Merkwörter mit Doppelvokalen → S. 266

Die wenigen Wörter mit **Vokalverdopplung** sind Merkwörter, z. B.:
- **aa:** *der Aal, das Haar, das Paar, der Saal, der Staat, ...*
- **ee:** *die Beere, das Beet, die Fee, das Heer, leer, das Meer, der Schnee, der See, der Tee, ...*
  **Fremdwörter mit -ee** am Wortende: *die Idee, der Kaffee, die Armee, ...*
- **oo:** *das Boot, doof, das Moor, das Moos, der Zoo, ...*

## s-Laute unterscheiden → S. 267 f., 281

Endet eine Silbe **offen**, dann wird der folgende s-Laut mit **s oder ß** notiert.
- Ist der s-Laut nach der offenen Silbe **stimmhaft** (weich, summend gesprochen), dann wird er mit **s** geschrieben, z. B.: *der Ha-se, spei-sen*. Das gilt auch für verwandte Wörter.
- Ist der s-Laut nach der offenen Silbe **stimmlos** (hart, zischend gesprochen), dann wird er mit **ß** notiert, z. B.: *sto-ßen, die Stra-ße*. Das gilt auch für verwandte Wörter.

**Achtung:** Am Wortende ist der s-Laut immer stimmlos. **Verlängere** daher einsilbige Wörter:
  *Hau? Häu-ser (stimmhaft)* ⟶ *Haus*   *Fu? Fü-ße (stimmlos)* ⟶ *Fuß*

Wird beim **Wechsel des Stammvokals** in verwandten Wörtern aus dem kurzen Stammvokal ein langer, dann wird aus **Doppel-s** ein **ß**, z. B.: *essen* (kurzer Vokal) ⟶ *sie aß* (langer Vokal). Wird umgekehrt aus dem langen Stammvokal ein kurzer, dann wird aus **ß** ein **Doppel-s**, z. B.: *schießen* (langer Vokal) ⟶ *er schoss* (kurzer Vokal).

## Großschreibung → S. 269–272

**Groß schreibt man:**
- am **Satzanfang**, z. B.: *Es regnete in Strömen. Doch Annette fuhr trotzdem Fahrrad.*
- bei **Eigennamen** und **Nomen**, z. B.: *Merlin, Olga; Fahrrad, Banane*
- bei der **Anrede** von Personen, die man siezt, z. B.: *Lieber Herr Schmidt, ich bitte Sie ...*

**Daran erkennt man Nomen:**
- an vorausgehenden **Begleitwörtern** wie **Artikel** (*die* Lehrerin), **Adjektiv** (*lustige* Witze), **Pronomen** (*dieser* Hund, *dein* Wissen), **Zahlwort** (*viele* Fragen, *drei* Antworten)
- Manchmal ist das Begleitwort versteckt (*zum Geburtstag: zu dem Geburtstag*) oder man kann ein Begleitwort dazudenken, z. B.: *mit Anstrengung* ⟶ *mit etwas Anstrengung*.
- an typischen **Suffixen** (Nachsilben) wie **-heit, -keit, -nis, -schaft, -tum, -ung**, z. B.: *die Schönheit, die Heiterkeit, das Hindernis, die Mannschaft, das Eigentum, die Wohnung*

## Strategie: Wörter verlängern → S. 273 f.

Am Wortende klingt *b* wie *p*, *g* wie *k* und *d* wie *t*. Nutze die **Verlängerungsprobe**, um die richtige Schreibung zu ermitteln. Beim Verlängern kannst du beispielsweise
- **Verben** in den **Infinitiv** (Grundform) setzen, z. B.: *hebt* ⟶ *heben*,
- **Adjektive steigern**, z. B.: *spannend* ⟶ *spannender*,
- bei **Nomen** den **Plural** bilden, z. B.: *der Käfig* ⟶ *die Käfige*.

**Achtung**: Zusammensetzungen müssen zerlegt werden, um die Verlängerungsprobe durchzuführen, z. B.: *Gel?börse = Gel? + Börse* ⟶ *Gelder* ⟶ *Geldbörse*.

## Strategie: Die Schreibung aus verwandten Wörtern ableiten → S. 275 f., 279

Bist du bei der Schreibung unsicher, hilft oft die Suche nach einem verwandten Wort. Nutze dies z. B., wenn du zwischen *e/ä* oder zwischen *eu/äu* entscheiden musst.
- Gibt es eine verwandte Form mit *a/au*, schreibe *ä/äu*, z. B.:
   *Schrank* ⟶ *Schränke*, *sauber* ⟶ *säubern*.
- Gibt es kein verwandtes Wort mit *a* oder *au*, schreibt man meist *e* oder *eu*.

## Im Wörterbuch nachschlagen → S. 288 f.

- Die **Stichwörter** in einem Wörterbuch sind **alphabetisch** geordnet. Bei gleichem Anfangsbuchstaben wird nach dem zweiten Buchstaben geordnet. Ist auch der zweite Buchstabe gleich, entscheidet der dritte Buchstabe usw.: *Flamme, Fleiß, Floß, ...*
Umlautzeichen werden dabei nicht beachtet.
- So findest du Wörter im Wörterbuch:
- **Nomen im Singular** (*das Spiel*),
- **Verben im Infinitiv** (*spielen*),
- **Adjektive in der Grundform** (*gut*).
Zerlege Zusammensetzungen und schlage ihre Bestandteile nach, um die Schreibung zu prüfen, z. B.:
   *Laptoptasche?* ⟶ *Laptop, Tasche*.

## Orientierungswissen

### Zeichensetzung bei der wörtlichen Rede → S. 36

Die wörtliche Rede steht in einem Text in Anführungszeichen. Die Satzzeichen ändern sich, je nachdem, ob der Redebegleitsatz vor, hinter oder zwischen der wörtlichen Rede steht.
- Der **Redebegleitsatz vor der wörtlichen Rede** wird durch einen Doppelpunkt von der wörtlichen Rede abgetrennt, z. B.:
  *Pippi sagte: „Ich erzähle gerne Geschichten."*
- Der **Redebegleitsatz hinter der wörtlichen Rede** wird durch ein Komma von der wörtlichen Rede abgetrennt, z. B.:
  *„Ich erzähle gerne Geschichten", sagte Pippi.*
- Der **Redebegleitsatz zwischen der wörtliche Rede** wird durch Kommas von der wörtlichen Rede abgetrennt, z. B.:
  *„Ich", sagte Pippi, „erzähle gerne Geschichten."*

Vergiss bei Fragen und Ausrufen das **Frage-/Ausrufezeichen** nicht, z. B.:
  *„Hörst du gerne Geschichten?", fragte Annika. „Erzähl!", forderte Tommy.*

## Sätze und Satzarten

### Satzarten und Satzzeichen → S. 282

Satzzeichen sind eine Lesehilfe, die das Verständnis eines geschriebenen Textes erleichtert:
- An den **Satzschlusszeichen** erkennt man die Satzarten und Aussageabsichten, d. h., ob jemand etwas fragt, mitteilt, ausruft oder zu etwas auffordert.
  Nach einem **Aussagesatz** steht ein Punkt, z. B.:
  *Ich wünsche dir alles Gute.*
  Nach einem **Fragesatz** steht ein Fragezeichen, z. B.:
  *Habt ihr Tom verabschiedet?*
  Nach einem **Ausrufe- oder Aufforderungssatz** steht meist ein Ausrufezeichen, z. B.:
  *Alles Gute! Räum endlich dein Zimmer auf!*
- Der **Doppelpunkt** kündigt an, dass etwas folgt, z. B. wörtliche Rede:
  *Celina fragte: „Fahren wir heute Nachmittag an den See?"*

### Grundregeln der Kommasetzung → S. 283–285

- Das Komma kennzeichnet **Unterbrechungen** im Satz, z. B. bei Anreden:
  *Kinder, ihr dürft … / Ihr, Kinder, dürft …*
- Das Komma trennt die Bestandteile einer **Aufzählung**, z. B.:
  *Ich brauche Toastbrot, Erdnussbutter, Marmelade.*
  Das Komma entfällt, wenn die Elemente durch *und/oder* verbunden sind, z. B.:
  *Ich brauche Toastbrot, Erdnussbutter und Marmelade.*
- Das Komma trennt **Sätze** (→ S. 244–247), z. B.:
  *Der Sommer kommt, die Ferien beginnen.*

# Arbeitstechniken und Methoden

### Ideen sammeln: Der Cluster → S. 184

Der **Cluster** hilft dir, Ideen zu einem bestimmten Thema zu finden. Einen Cluster legst du an, indem du das Thema in die Mitte eines Blatts schreibst und sternförmig davon ausgehend Fragen und Begriffe dazu notierst.

(Beispielcluster zum Thema **Halloween**: verkleiden, Irland, Geister, Brauch, Süßigkeiten, Kürbisfratzen, …)

### Ideen ordnen: Die Mindmap → S. 185

Mit einer **Mindmap** stellst du Ideen und Sachverhalte übersichtlich dar, indem du sie nach Ober- und Unterbegriffen ordnest. In die Mitte schreibst du den zentralen Begriff, davon ausgehend die immer weiter verzweigten Unterpunkte.

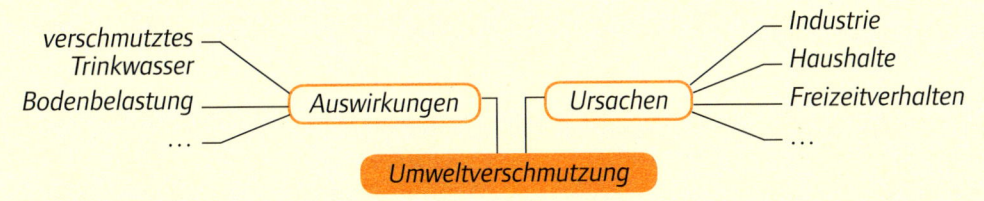

(Beispielmindmap zum Thema **Umweltverschmutzung**: Auswirkungen — verschmutztes Trinkwasser, Bodenbelastung, …; Ursachen — Industrie, Haushalte, Freizeitverhalten, …)

### Im Internet recherchieren → S. 202 f.

Neben den bekannten großen Suchmaschinen gibt es spezielle Suchmaschinen für Kinder, z. B.: www.blinde-kuh.de, www.fragfinn.de, www.helles-koepfchen.de oder Internetlexika für Kinder wie www.klexikon.de.
Gehe bei deiner Internetrecherche so vor:

1. Formuliere Fragen, die du mithilfe deiner Recherche beantworten möchtest, z. B.:
   *Wie halte ich ein Kaninchen?*
2. Sammle geeignete Suchbegriffe und kombiniere mehrere Suchbegriffe, z. B.
   *Kaninchen + Haltung.* Damit schränkst du die Suchergebnisse ein.
3. Werte deine Suchergebnisse aus. Überprüfe, welche Suchergebnisse dir die Auskünfte geben, die du brauchst. Hast du eine passende Seite gefunden, kopiere die www-Adresse in ein extra Dokument und notiere kurz, welche Information du dort gefunden hast.

# Textquellen

**21** Smith, Penny; Shalev, Zahavit: Yiting aus China. Aus dem Engl. von Maria Zettner. In: Dies.: Meine Schule. Kinder aus aller Welt erzählen. München: Dorling Kindersley, 2008, S. 64.* **22** Schnippenkoetter, Beatrix: Chile. In: Dies.: Ich wäre gern ein Huhn. Was Kinder aus aller Welt erleben und sich erträumen. Frankfurt a. M.: Campus Verlag, 2006, S. 38 f.* **23** Schnippenkoetter, Beatrix: Oriana, 10, aus Santiago de Chile in Chile. Ebd. **26 o.** Ende, Michael: Zettelkasten. Skizzen & Notizen. Hocke, Roman (Hrsg.). München: Piper, 2011, S. 294. **26 M.** Boie, Kirsten: Wie gehen Sie vor, wenn Sie ein Buch schreiben? http://www.kirsten-boie.de/fragen/kirsten-boie-fragen.php?frage=Wie+gehen+Sie+vor%2C+wenn+Sie+ein+Buch+schreiben%3F&sprache=de&kategorie=Fragen+%26+Antworten [01.04.2019]. **26 u.** Stromiedel, Markus: Ich habe schon als Kind davon geträumt. https://www.oetinger.de/buecher/autoren-ausgefragt/markus-stromiedel.html [01.04.2019]. **27** Steinhöfel, Andreas: Nachwort. In: Ders.: Beschützer der Diebe. Hamburg: Carlsen, 2007, S. 291. **28 f.** Boie, Kirsten: Im Schwimmbad. In: Dies.: Kirsten Boie erzählt vom Angsthaben. Hamburg: Oetinger, 2012, S. 40–43. **30** Ohser, Erich (o. e. plauen): Die vergessenen Rosinen. In: Ders.: Vater und Sohn. Sämtliche Streiche und Abenteuer. Konstanz: Südverlag, 2003. **38** Bumerang. Aus: Fränkischer Tag, 26.09.1997. **41** Kästner, Erich: Das fliegende Klassenzimmer. Hamburg: Cecilie Dressler Verlag. 168. Auflage, 2011. © Atrium Verlag, Zürich, 1945 (Auszug). **44** Schultz, Charles M.: Peanuts. In: Ders.: Die Peanuts – Ohne Worte: Reden ist silber, Schweigen ist Peanuts. Hamburg: Carlsen Verlag, S. 12. **45 f.** Funke, Cornelia: Tiger und Leo. In: Giordano, Mario (Hrsg.): Ab morgen bin ich Löwe. Berlin: Aufbau-Verlag, 2011, S. 178 ff. **47 ff.** Ruck-Pauquèt, Gina: Ein Hund mit blauen Augen. In: Höfer, Arno, u. a. (Hrsg.): Schwann Arbeitsbuch Literatur Band 5. Düsseldorf: Pädagogischer Verlag Schwann, 1971, S. 7 ff. **50 ff.** Petit, Xavier-Laurent: Steppenwind und Adlerflügel. Winterabenteuer in der Mongolei. Kap. 5 und 6. Aus dem Franz. von Anja Malich. Hamburg: Cecilie Dressler Verlag, 2006, S. 26–33. **55** Pludra, Benno: Die Schwäne auf dem Wasser. In: Gelberg, Hans-Joachim (Hrsg.): Geh und sprich mit dem Riesen. 1. Jahrbuch der Kinderliteratur. Weinheim/Basel: Beltz & Gelberg, 1971, S. 94.* **56 ff.** Lind, Åsa: Alle arbeiten sie dauernd! In: Dies.: Zackarina und der Sandwolf. Aus dem Schwedischen von Jutta Leukel. Weinheim/Basel: Beltz & Gelberg, 2008, S. 19–25. **62 f.** Korschunow, Irina: Gunnar spinnt und andere Geschichten für Leseanfänger. Boldt, Renate / Krahl, Gisela (Hrsg.). Reinbek: Rowohlt Taschenbuch, 1985, S. 7–11. **65** Watterson, Bill: Calvin und Hobbes. Band 1. Aus dem Engl. von Waltraud Götting. Hamburg: Carlsen Comics, 2005, S. 111. **72 f.** Ruck-Pauquèt, Gina: Ein Fisch sein. In: Steinwede, Dietrich (Hrsg.): Neues Vorlesebuch Religion 2. Lahr: Verlag Ernst Kaufmann, 1998, S. 102 f. **73 f.** Maier, Josephina: Skaten in Kabul. Aus: ZEIT LEO 1/2013, S. 18–21. © DIE ZEIT für die Schule.* **75** Kinney, Jeff: Gregs Tagebuch – Von Idioten umzingelt! Aus dem Engl. von Collin McMahon. S. 24 © 2008 Baumhaus in der Bastei Lübbe AG, Köln. Original: „Diary of a Wimpy Kid", Amulet Books (Imprint von Harry N. Abrams, Inc., New York), © 2008 Jeff Kinney. DIARY OF A WIMPY KID®, WIMPY KID ™, and the Greg Heffley design ™ are trademark of Wimpy Kid, Inc. **76 f.** Funke, Cornelia: Tintenherz. Hamburg: Cecilie Dressler Verlag, 2003, S. 9 f. **78** Nach: Insa Gall: Oma, wie war das früher, ein Kind zu sein? In: Hamburger Abendblatt, Magazin Junior, © 5.10.2013. http://www.abendblatt.de/hamburg-tipps/kinder/kinder/article120652940/Oma-wie-war-das-frueher-ein-Kind-zu-sein.html. [01.04.2019].* **84** Halmahera-Papageien. http://www.kindernetz.de/oli/tierlexikon/-/id=74986/nid=74986/did=83954/ngjnbu/ [01.04.2019].* **92 f.** Lorenz, Konrad: Zwei Raubtiere im Aquarium. In: Ders.: Er redete mit dem Vieh, den Vögeln und den Fischen. München: dtv, 1984, S. 24 f. **94** Dumon Tak, Bibi: Der Mistkäfer. In: Dies.: Kuckuck, Krake, Kakerlake. Aus dem Niederländischen von Meike Blatnik. Berlin: Bloomsbury, 2010, S. 26 f. **95** Ebner-Eschenbach, Marie von: Krambambuli und andere Tiergeschichten. Husum/Nordsee: Hamburger Lesehefte, 2012, S. 3 f. **95 f.** Süskind, Patrick: Die Geschichte von Herrn Sommer. Zürich: Diogenes, 2000, S. 19–25. **98** Rowling, Joanne K.: Harry Potter – Der Feuerblitz. In: Dies.: Harry Potter und der Gefangene von Askaban. Aus dem Engl. von Klaus Fritz. Hamburg: Carlsen, 2007, S. 59 f. **100** Grimm, Jacob und Wilhelm: Der goldene Schlüssel. In: Rölleke, Heinz (Hrsg.): Grimms Kinder- und Hausmärchen. 2. Band. Nach der zweiten vermehrten und verbesserten Auflage von 1819 textkritisch revidiert und mit einer Biographie der Grimmschen Märchen versehen. München: Eugen Diedrichs, 1982, S. 504. **102 f.** Grimm, Jacob und Wilhelm: Die Bienenkönigin. In: Ebd. Erster Band, S. 240 f. **105** Japanisches Märchen: Kleiner Ein-Zoll. In: Märchen aus aller Welt. Nacherzählt von Neil Philip. Aus dem Engl. von Cornelia Panzacchi. München: Dorling Kindersley, 2006, S. 23. **109** Grimm, Jacob und Wilhelm: Die drei Brüder. In: Rölleke, Heinz (Hrsg.): Grimms Kinder- und Hausmärchen. 2. Band. Nach der zweiten vermehrten und verbesserten Auflage von 1819 textkritisch revidiert und mit einer Biographie der Grimmschen Märchen versehen. München: Eugen Diedrichs, 1982, S. 435 f. **112** Andersen, Hans Christian: Die Prinzessin auf der Erbse. Nach: Ders.: Märchen. Aus dem Dänischen von Heinrich Denhardt. Stuttgart: Reclam, 1986, S. 123 f. **113** Grimm, Jacob und Wilhelm: Die Sterntaler. In: Dies.: Die schönsten Kinder- und Hausmärchen. Band 2. Neu bearbeitet unter Verwendung der Ausgabe von 1857. Rastatt: Arthur Moewig, S. 168. **117 f.** Chinesisches Märchen: Der Student und der Kranich. Nach: Stanek, Dr. Václav Jan (Hrsg.): Schönheit des Lebens. Dt. von Jindřich Gaydečka. Hanau: Verlag Werner Dausien, 1968, S. 114–117.* **120 f.** Türkisches Märchen: Das Töpfchen. In: Boratav, Pertev Naili (Hrsg.): Türkische Volksmärchen. Aus dem Türkischen von Doris Schultz und György Hazai. Berlin: Akademie-Verlag, 1967, S. 147 ff. **122 f.** Andersen, Hans Christian: Das Liebespärchen. In: Ders.: Märchen und Geschichten. Erster Band. Herausgegeben und übersetzt von Gisela Perlet. München: Eugen Diedrichs Verlag, 1996, S. 168–170. **126** Grimm, Hanna: Das Seemannsgarn. DW Deutsch lernen Kostenlos Deutsch lernen mit DW. Nutzen Sie die Texte, Audios, Videos und interaktive Übungen auf dw.com/deutsch-lernen. **128 f.** Moers, Walter: Zwergpiraten. In: Ders.: Die 13 ½ Leben des Käpt'n Blaubär. Frankfurt a. M.: Goldmann, 2002, S. 18, 21–24.* **130 f.** Bürger, Gottfried August: Drittes Seeabenteuer. In: Ders.: Wunderbare Reisen zu Wasser und zu Lande des Freiherrn von Münchhausen. Frankfurt a. M.: Insel Verlag, 1976, S. 84–87. **132 f.** Seliger, Dirk und Anke: Wie Eulenspiegel ein neues Kostüm erwarb und damit in Kronach ein gutes Geschäft machte. In: Dies.: Die Rückkehr des Till Eulenspiegel. Neue Schelmenstreiche. Föritz: amicus-Verlag, 2001, S. 31–34. **134** Tolkien, J. R. R.: Der Hobbit. Aus dem Engl. von Wolfgang Krege. Stuttgart: Klett-Cotta, 1998, S. 12.* **137** Moers, Walter: Der gefürchtete Malmstrom. In: Ders.: Die 13 ½ Leben des Käpt'n Blaubär. Frankfurt a. M.: Goldmann, 2002, S. 15. **140** Guggenmos, Josef: Haudenhund, Traumichnicht, Tutmirleid. In: Ders.: Oh, Verzeihung, sagte die Ameise. Weinheim/Basel: Beltz & Gelberg, 2008, S. 198 f. **142 ff.** Gernhardt, Robert: Auf der Insel der weinenden Riesen. In: Ders.: Ein gutes Wort ist nie verschenkt. Gedichte und Geschichten für Kinder. Frankfurt a. M.: Fischer, 2009, S. 241 ff. **144 f.** Lindgren, Astrid: Pippi erzählt von Agaton und Theodor. In: Dies.: Pippi Langstrumpf. Aus dem Schwedischen von Cäcilie Heinig. Mit Zeichnungen von Rolf Rettich. Hamburg: Oetinger, 1987, S. 301 ff. **146 f.** Dahl, Roald: Matilda. Aus dem Engl. von Sybil Gräfin Schönfeldt. Reinbek: Rowohlt Verlag, 1989, S. 63 f., 77 f.* **148 f.** Seliger, Dirk und Anke: Wie Eulenspiegel dem Propst des Klosters Roda eine Mondfinsternis verdarb. In: Dies.: Die Rückkehr des Till Eulenspiegel. Neue Schelmenstreiche. Föritz:

amicus-Verlag, 2001, S. 47–51. **150** Nach: Bürger, Gottfried August: Abenteuer des Freiherrn Münchhausen. Zweites Kapitel: Jagdgeschichten. Köln: Anaconda Verlag, 2010. **152** Erhardt, Heinz: Warum die Zitronen sauer wurden. In: Ders.: Gedichte für Kinder. Oldenburg: Lappan Verlag, 2009. **153** Ringelnatz, Joachim: Im Park. In: Der neue Conrady. Das große deutsche Gedichtbuch. Hrsg. von Karl Otto Conrady. Berlin: Artemis und Winkler 2000, S. 626. **155 o.** Goethe, Johann Wolfgang: Der Musensohn. In: Ders.: Sämtliche Gedichte, Gesamtausgabe, 1. Teil München: dtv 1968, S. 19. **155 u.** Erhardt, Heinz: Die Beichte. In: Ders.: Gesammelte Werke. Oldenburg: Lappan Verlag, 2004. **156** Wittkamp, Frantz: Reimreise. In: Hans-Joachim Gelberg (Hrsg.): Wo kommen die Worte her? Neue Gedichte für Erwachsene und Kinder. Weinheim/Basel: Beltz & Gelberg, 2011, S. 45. **157** Klee, Paul: Rach und Degen. In: Deutsche Unsinnspoesie. Hg. v. Klaus Peter Dencker. Stuttgart: Reclam Verlag, 1995, S. 250 f. **159** Nach: Pressler, Mirjam: Zauberspruch. In: Hexengeschichten. Bindlach: Loewe-Verlag, 1992.* **160** Ramnek, Hugo: Herz und Schmerz. In: Hans-Joachim Gelberg (Hrsg.): Wo kommen die Worte her? Neue Gedichte für Erwachsene und Kinder. Weinheim/Basel: Beltz & Gelberg, 2011, S. 32. **161** Menzel, Wolfgang: Unsinnverse. In: Ders.: Fischers Fritz bricht sich die Zunge. Würzburg: Benzinger Edition im Arena Verlag, 1980, S. 60 f. **162 o.** Nach: Erhardt, Heinz: Drei Bären. In: Ders.: Hinter eines Baumes Rinde. Gedichte für Kinder. Oldenburg: Lappan Verlag, 2009.* **162 u.** Nach: Härtling, Peter: Satz für Satz. In: Wo kommen die Worte her? Neue Gedichte für Erwachsene und Kinder. Weinheim/Basel: Beltz & Gelberg, 2011, S. 185.* **163** Morgenstern, Christian: Der Schaukelstuhl auf der verlassenen Terrasse. In: Ders.: Heimlich träumen Mensch und Erde. Grotesken. Lieder. Phantasien. Berlin: Henschelverlag, 1982, S. 67. **164** Naoura, Salah: Monsterliebe In: Hans-Joachim Gelberg (Hrsg.): Wo kommen die Worte her? Neue Gedichte für Erwachsene und Kinder. Weinheim/Basel: Beltz & Gelberg, 2011, S. 77. **165** Nöstlinger, Christine: Alles Glück. In: Hans-Joachim Gelberg (Hrsg.): Wo kommen die Worte her? Neue Gedichte für Erwachsene und Kinder. Weinheim/Basel: Beltz & Gelberg, 2011, S. 79. **167** Erhardt, Heinz: Der Mathematiker. In: Ders.: Gesammelte Werke. Oldenburg: Lappan Verlag, 2004. **168** Janosa, Felix: Das Raphuhn. Eres Edition Musikverlag Horst Schubert GmbH, Lilienthal/Bremen, 1995. © VG Musik Edition. **169 o.** Morgenstern, Christian: Gruselett. In: Ders.: Heimlich träumen Mensch und Erde. Grotesken. Lieder. Phantasien. Berlin: Henschelverlag, 1982, S. 70. **169 u.** Carroll, Lewis; Enzensberger, Christian: Der Zipferlake. In: Dies.: Alice hinter den Spiegeln. Frankfurt a. M.: Insel, 1994. **170 o.** Morgenstern, Christian: Das große Lalula. In: Deutsche Unsinnspoesie. Hg. v. Klaus Peter Dencker. Stuttgart: Reclam Verlag, 1995, S. 176. **170 u.** Klapphornverse. In: Halbey, Hans A. (Hrsg.): Schmurgelstein so herzbetrunken. München/Wien: Hanser Verlag, 1988, S. 166 f. **171** Kästner, Erich: Die Fabel von Schnabels Gabe. In: Ders.: Wir haben die Welt in die Schnauze geguckt: Gedichte. Ausgewählt und mit einem Text von Peter Rühmkorf. © Zürich: Atrium Verlag AG, 2008, S. 199 f. **172** Bormann, Edwin: Der alte Marabu. In: Halbey, Hans A. (Hrsg.): Schmurgelstein so herzbetrunken. München/Wien: Hanser Verlag, 1988, S. 115. **175** Wilhelmi, Friederike: Warum rauscht das Meer in der Muschel? In: Dies.: Warum schmeckt das Meer nach Salz? München: ars edition, 2007, S. 50. **176** (Text 1): Ebd. **176** (Text 2) Woher kommt das Meeresrauschen in Muscheln? In: Arens, Janka; Peick, Markus; Srowig, Meike: Warum Männer weniger lachen. München: C. H. Beck, 2006, S. 118 f. **177** Köthe, Rainer: Wie funktioniert ein Kugelschreiber? In: Ders.: Tessloffs superschlaues Antwortbuch. Technik. Nürnberg: Tessloff, 2003, S. 114. **178** (Text 1): Staguhn, Gerhard: Warum ist die Banane krumm? In: Ders.: Warum fallen Katzen immer auf die Füße …? und andere Rätsel des Alltags. München: Deutscher Taschenbuchverlag, 2005, S. 161. Warum ist die Banane krumm? In: Ders.: Warum? fallen Katzen immer auf die Füße … und andere Rätsel des Alltags. München: Deutscher Taschenbuch Verlag, 2005, S. 161. **178** (Text 2): Fritz, Martin: Warum ist die Banane krumm? In: Ders.: Warum? Warum? Warum? 111 verblüffende Fragen und Antworten. Würzburg: Arena, 1992, S. 9.* **180** Campbell, Guy: Warum kann ich nicht richtig schmecken, wenn ich mir die Nase zuhalte? In: Wingate, Philippa (Hrsg.): Kann ich mich nur von Cola ernähren? Aus dem Engl. vom Verlagsbüro Michael Holtmann. Münster: Coppenrath, 2009, S. 15 f. **181 o.** Steinhöfel, Andreas: Rico, Oskar und die Tieferschatten. Hamburg: Carlsen, 2011, S. 32, 121, 177. **181 u.** Lexikonartikel Lot. In: dtv-Lexikon in 24 Bänden. Band 13. München: dtv, 2006, S. 271. **182 f.** Hecker, Joachim: Warum tränen die Augen, wenn man Zwiebeln schneidet? In: Ders.: Frag doch mal … die Maus! Spannende Experimente zum Ausprobieren, Forschen und Staunen. München: cbj-Verlag, 2011, S. 13 ff. **188 f.** Borré, Martin; Reintjes, Thomas: Warum laufen Athleten im Stadion immer gegen den Uhrzeigersinn? In: Dies.: Warum Frauen schneller frieren: Alltagsphänomene wissenschaftlich erklärt. München: C. H. Beck, 2005, S. 44 f. **190 f.** Borré, Martin; Reintjes, Thomas: Können Pferde wirklich nicht kotzen? In: Dies.: Warum Frauen schneller frieren: Alltagsphänomene wissenschaftlich erklärt. München: C. H. Beck, 2005, S. 91 f. **192 o.** Vom Pferd erzählen. In: Krone, Dieter (Hrsg.): Woher kommt der Ausdruck? Vergnügliches zum Ursprung der Ausdrücke, Bd. 1. Leichlingen: Krone Verlag, 2003, S. 21. **192 u.** Da liegt der Hund begraben. In: Ebd., S. 20. **193 o.** Lexikonartikel: Etwas im Schilde führen. In: Röhrich, Lutz: Lexikon der sprichwörtlichen Redensarten. Band 4. Freiburg u. a.: Herder, 1994, S. 1333 f. **194 ff.** Hennemann, Laura: Tierisch klug. http://www.geo.de/GEOlino/natur/tiere/tiere-tierisch-klug-70731.html?p=1 [01.04.2019].* **200 f.** Irion, Thomas; Fricke, Christian: Brauchen Kinder ein Smartphone? In: Dein Spiegel 04/2014, S. 35. Hamburg: Spiegel Verlag Rudolf Augstein GmbH, 2014. **203 o.** Wie sind Märchen entstanden? Aus: https://www.kindernetz.de/©SWR2019. **203 M.** Märchen. Aus: Rossipotti Literaturlexikon. https://www.rossipotti.de ©rossipotti.de. **206 o.** Morgenstern, Christian: Vormittag am Strand. In: Gedichte in einem Band. Hrsg. von Reinhardt Habel. Berlin: Insel Verlag, 2004. **206 u.** Busch, Wilhelm: Der Esel. In: Ders.: Kritik des Herzens. Gedichte. Frankfurt a. M.: Fischer Scherz Verlag, 1989. **207 o.** Ringelnatz, Joachim: Die Ameisen. In: Ders.: Sämtliche Gedichte. Zürich: Diogenes Verlag, 2005, S. 72. **207 u.** Morgenstern, Christian: Die drei Spatzen. In: Gedichte in einem Band. Hrsg. von Reinhardt Habel. Berlin: Insel Verlag, 2004. **208 f.** Grimm, Jacob und Wilhelm: Der Fuchs und die Katze. In: Brüder Grimm: Kinder- und Hausmärchen. Ausgabe letzter Hand mit den Originalanmerkungen der Brüder Grimm. Band 3. Hrsg. von Heinz Rölleke. Stuttgart: Reclam Verlag, 1994, S. 137. **213** Morgenstern, Christian: Auf dem Fliegenplaneten. In: Ders.: Alle Galgenlieder. Insel-Taschenbuch. 6. Frankfurt a. M.: Insel, 1974, S. 200, © 1947 Inselverlag Wiesbaden.* **217** Grimm, Jacob und Wilhelm: Der Daumerling (Daumerlings Wanderschaft). In: Pietsch, Marianne (Hrsg.): Kinder-Märchen / Brüder Grimm. Stuttgart: Thienemann, 1977, S. 37. **218** Nach: Murschetz, Luis: Der Maulwurf Grabowski. Zürich: Diogenes Kindertaschenbuch, 1977, ohne Seitenzahlen, © 1972 Diogenes Zürich.* **219** Nach: Ende, Michael: Lukas der Lokomotivführer. In: Ders.: Jim Knopf und Lukas der Lokomotivführer. Stuttgart: Thienemann, 1983, S. 4 f.* **220** Ebd., S. 136. **221** Nach: Ende, Michael: Herr Tur Tur, der Scheinriese. In: Ders.: Jim Knopf und Lukas der Lokomotivführer. Stuttgart: Thienemann, 1983, S. 132 f., 136.* **237** Stempel, Hans; Ripkens, Martin: Kinderkram. In: Kliewer, Heinz-Jürgen (Hrsg.): Die Wundertüte. Alte und neue Gedichte für Kinder. Stuttgart: Reclam, 1989, S. 160. **245** Nach: Preußler, Otfried: Der Meister und seine Mühlknappen. In: Ders.: Krabat. Stuttgart: Thienemann, 1981, S. 156.* **250** Nach: Wilson, David Henry: Der Elefant auf Papas Auto. In: Ders.: Jeremy James oder Elefanten sitzen nicht auf Autos. Aus dem Engl. von Gerda und Helmut Winter. Hamburg: Oetinger,

1978, S. 7–15*. **282** Nach: Schwitters, Kurt: So, so! In: Gelberg, Hans-Joachim (Hrsg.): Großer Ozean. Gedichte für alle. Weinheim/Basel: Beltz & Gelberg, 2000, S. 24.* **283** Nach: Preußler, Otfried: Krabat und sein Meister. In: Ders.: Krabat. Stuttgart: Thienemann, 1981, S. 41.*

\* Die mit einem Stern gekennzeichneten Texte sind aus didaktischen Gründen gekürzt und z. T. auch vereinfacht.

## Illustrationen

**Cornelsen/Michael Fleischmann:** 4, 5, 6, 9, 10, 12, 13, 33, 37, 48, 50, 53, 57, 60, 61, 62, 64, 100, 101, 102, 105, 106, 107, 108, 110, 111, 113, 116, 117, 119, 123, 126, 127, 130, 141, 149, 190, 193, 200, 201, 210, 211, 212, 213, 217, 218, 226, 234, 236, 237, 238, 242, 251, 253, 254, 255, 260, 261, 264, 266, 267, 269, 270, 271, 273, 275, 277, 278, 279, 281, 289
**Cornelsen/Sulu Trüstedt:** 7, 14, 16, 17, 18, 25, 42, 152, 153, 154, 155, 156, 157, 158, 159, 160, 161, 163, 164, 165, 168, 169, 170, 171, 172, 202, 208, 209

## Bildquellen

Titelbild: Klein & Halm Grafikdesign, Hintergrundbild: ESB Professional/Shutterstock.com **5** stock.adobe.com/Eric Isselée **8** stock.adobe.com/rphfoto, **9** stock.adobe.com/patrick **12 M.** stock.adobe.com/Eric Isselée **14** Drozdowski/Shutterstock.com **15 o.** stock.adobe.com/cdrcom **15 u.** Drozdowski/Shutterstock.com **20, 21** Julian Germain: Classroom Portraits (2004–2012) **22** WERNERWERKE GbR **26 a** dpa/Picture-Alliance, **b** Michael Ende: Momo. Umschlag und Illustrationen von Dieter Braun © 2013 Thienemann in der Thienemann-Esslinger Verlag GmbH, **c** dpa/Picture-Alliance/Arno Burgi, **d** Kirsten Boie: Wir Kinder aus dem Möwenweg: Illustrationen von Katrin Engelking © 2017 Verlag Friedrich Oetinger GmbH **27 a** imago/Sven Simon, **b** Markus Stromiedel: Der Torwächter. Kick Verlag GmbH, **c** dpa/Picture Aliance/Arne Dedert, **d** Andreas Steinhöfel: Rico, Oskar und die Tieferschatten. Mit Bildern von Peter Schössow © Carlsen Verlag GmbH, Hamburg 2008 **30** Erich Ohser (e. o. plauen): Die vergessenen Rosinen In: Ders.: Vater und Sohn. Sämtliche Streiche und Abenteuer. Konstanz: Südverlag 2003 **34** stock.adobe.com/tunedin **40, 41** Bavaria Media GmbH **44** © Peanuts Worldwide LLC/Distr. Andrews McMeel/Distr. Bulls. **65** © Watterson/Distr. Andrews McMeel Syndicate/Distr. Bulls. **69** stock.adobe.com/FPWing **73** stock.adobe.com/gradt **75** Kinney, Jeff: Gregs Tagebuch. Von Idioten umzingelt! Baumhaus Verlag, Köln 2008, S. 24 mit freundlicher Genehmigung von Baumhaus Verlag ein Imprint der Bastei Lübbe AG **76** Cornelia Funke: Tintenherz. Dressler Verlag 2003. **79** akg-images/Voller Ernst **82 l.** mauritius image/image BROKER/Konrad Wothe, **r.** Sarunyo_foto/Shutterstock.com **83 l.** mauritius images/image BROKER/Gerhard Zwerger-Schoner, **r.** mauritius images/Stefan Huwiler **84** stock.adobe.com/Eric Isselée **86 l.** stock.adobe.com/Thomas Häfner, **M.** GPPets/Shutterstock.com, **r.** Jagodka/Shutterstock.com **88** (Tasche) stock.adobe.com/Nigel, (Brille mit Etui) yulstoki14/Shutterstock.com, (Brotdose) Morumotto/Shutterstock.com, (Portemonnaie) Mega Pixel/Shutterstock.com, (Schlüssel) stock.adobe.com/pixelrobot **89** stock.adobe.com/iamaimmy **90** Master1305/Shutterstock.com **92, 93** mauritius images/Gerard Lacz **94** mauritius images/Kroiss **97** akg-images; Jan Vermeer van Delft, Das Mädchen mit dem Perlenohrring (1665, Öl auf Leinwand) **126** Illustrationen Katrin Engelking: Astrid Lindgren, Pippi in Taka-Tuka-Land, © Verlag Friedrich Oetinger, Hamburg 2013 **127 l** © WDR mediagroup GmbH **128** Walter Moers: Die 13 ½ Leben des Käpt'n Blaubär. Roman, erstmals in Farbe © 2013, Albrecht Knaus Verlag, München, in der Verlagsgruppe Random House GmbH **134** David Eastwell/Shutterstock.com **138** stock.adobe.com/mariesacha **142** Illustration Almut Gernhardt: Robert Gernhardt, Auf der Insel der weinenden Riesen. Aus: Ders.: Der Weg durch die Wand. © S. Fischer Verlag GmbH, Frankfurt a. M. 2012 **144** Illustrationen Katrin Engelking: Astrid Lindgren, Pippi in Taka-Tuka-Land © Verlag Friedrich Oetinger, Hamburg 2013 **146** Roald Dahl: Matilda © Rowohlt Verlag GmbH 2008 **174 l.** Illustrationen: Jutta Wetzel, Antje Stemm: Christoph Drösser, Wie groß ist unendlich? Knobelgeschichten und Denkspiele aus dem Zahlenuniversum. © Rowohlt Verlag GmbH 2005, **M.** Naturwissenschaften für clevere Kids. Dorling Kindersley Verlag GmbH, München 2015, **r.** Rolf-Bernhard Essig: Da wird doch der Hund in der Pfanne verrückt! Die lustigen Geschichten hinter unseren Redensarten. Deutscher Taschenbuch Verlag, Reihe Hanser, München 2013 **175 l.** Yogeshwar, Ranga: Ach so! Warum der Apfel vom Baum fällt und weitere Rätsel des Alltags. Kiepenheuer & Witsch Verlag, Köln 2010, **M.** Illustrationen David Böhm: Ondřej Chrobák, Rostislav Koryčánek und Martin Vaněk, Wie kommt die Kunst ins Museum? Ein Wimmelsachbuch über die Kunst. Über die Arbeit von Museen und Galerien. Aus dem Tschechischen übersetzt von Lena Dorn, © 2018 Karl Rauch Verlag, Düsseldorf **r.** Illustrationen Sybille Hein: Joachim Hecker, Das Haus der kleinen Forscher: Spannende Experimente zum Selbermachen © Rowohlt Verlag GmbH 2007 **179 l.** stock.adobe.com/rphfoto, **r.** stock.adobe.com/grafikplusfoto **182** stock.adobe.com/Barbara Pheby **185** stock.adobe.com/thodonal **187** stock.adobe.com/Benjamin Simeneta **188** Maxisport/Shutterstock.com **192** steve estvanik/Shutterstock.com **194** stock.adobe.com/Daniel Ernst **195** stock.adobe.com/yevgeniy11 **198** stock.adobe.com/patrick **202** Screenshot www.fragfinn.de **203 o.** SWR Kindernetz, **M.** © rossipotti.de **204, 205** „Checker Tobi" © BR 2018 / FS Kinder; in Lizenz der BRmedia Service GmbH **206 o.** Robinson Thomas/Shutterstock.com, **M.** Mark Joseph McCall/Shutterstock.com, **l. u.** SpeedKingz/Shutterstock.com, **r. u.** James W Pearsell/Shutterstock.com **215** stock.adobe.com/Klaus Eppele **219** Michael Ende: Lukas der Lokomotivführer. Thienemann Verlag, Stuttgart 2004 **221** Illustration von F. J. Tripp, in: Michael Ende: Jim Knopf und Lukas der Lokomotivführer © 1960 Thienemann Verlag in der Thienemann-Esslinger Verlag GmbH, Stuttgart **222** adobe.stock.com/Eric Isselée **226** Mark Twain: Die Abenteuer des Tom Sawyer. Dressler Verlag, Hamburg 1999 **228** Charles Amundson/Shutterstock.com **229** imago/Laci Pereny **230** stock.adobe.com/Brocreative **240** akg-images (Klara im Ziborium um 1360/70) **243** stock.adobe.com/dispicture **245** Otfried Preußler: Krabat. Thienemann Verlag, Stuttgart 2016 **247** stock.adobe.com/Mulderphoto **252 l.** stock.adobe.com/Patryssia, **r.** stock.adobe.com/Sergey Kolesnikov/lotosfoto **253** stock.adobe.com/Touch **259** Holger Boehm/Shutterstock.com **265** stock.adobe.com/Grigorita Ko **283** Illustration Herbert Holzing: Otfried Preußler: Krabat © 1981 Thienemann Verlag in der Thienemann-Esslinger Verlag GmbH, Stuttgart **288 l.** Von Wort zu Wort Schülerwörterbuch Cornelsen Verlag, Berlin **M.** © 2017 Bibliographisches Institut GmbH (Duden), Berlin, **r.** Wortprofi® Schulwörterbuch Deutsch Oldenbourg, München.

# Sachregister

## A

Ableitung → Wortableitung
Ableitungsprobe **275 f.**, 323
Adjektiv  91, **137**, **219–223**, 287, 318
Akkusativ (4. Fall)  215 f., 225, 238 f., **317**
Akkusativobjekt  **238 f.**, 322
aktiv zuhören  **18**, 304
Alliteration (Stabreim)  169, **173**, 313
Anrede/Grußformel  25, **269**, 308, 326
Antonym  **249 f.**, 323
Arbeitstechniken  329
– Cluster  **184**, 329
– Diagramme lesen  **70 f.**, 80, 315
– Internetrecherche  202–205, **316**, 329
– Kurzvortrag  **184–187**, 307
– Lesestrategien  175–183, 197, 315
– Mindmap  **185**, 329
– Nachschlagen im Wörterbuch  **288 f.**, 327
– Textüberarbeitung  **32 f.**, 59, 241 f., 309
Argumentieren → Begründen
Artikel  **213 f.**, 318
– bestimmter/unbestimmter  **217 f.**, 318
Aufforderungssatz  **282**, 321
Aufzählung  **283**, 328
Ausrufesatz  **282**, 321
Ausrufezeichen  **282**, 328
Aussagesatz  235, **282**, 321, 328

## B

Befehlsform (Imperativ)  **228**, 320
Begleitsatz (Redebegleitsatz)  **36**, 328
Begleitwort (Artikel)  **213 f.**, 318
Begründen (Argumentieren)  63–69, 81, **305**, **308**
Beschreibung  84–90, **91**, **99**, 134–136, 310 f.
– Figuren beschreiben  **134–136**, 151, 310
– Gegenstand beschreiben  **88 f.**, 311
– Person beschreiben  **90**, 311
– Steckbrief  15, 85 f., 99
– Suchanzeige  85–88, 311
– Tiere beschreiben  **84–87**, 311
Bestimmungswort  **286**, 323
Betonungszeichen  **166 f.**, 306
Beugen → Konjugieren
Bildergeschichte  **30–32**, 44, 65, 309
Bildungssprache  **252 f.**, 324
Bindewort → Konjunktion
Brief  308
– Leserbrief  67 f.
– persönlicher Brief  **24 f.**, 308

## C

Cluster  **184**, 291, 307, 329
Computer  199–209
– Diagramme  199
– Rechtschreibprogramm  255
– Schreibprogramm  209
– Textgestaltung  206–209

## D

Dativ (3. Fall)  215 f., 225, 238 f., **317**
Dativobjekt  238–240, **322**
Dehnungs-h  **263**, 277, 325
Deklinieren (Beugen)  215–218, 317–319
– Adjektiv  **219**, 318
– Artikel  **217**, 318
– Nomen/Substantiv  **215–217**, 317
– Personalpronomen  **224**, 319
Diagramme  **70 f.**, 80, 199, 315
Diphthong (Doppellaut)  **256**, 324
Doppelkonsonant  **259–261**, 278, 325
Doppelpunkt  328
Doppelvokal  **266**, 326

## E

Eigennamen  **270**, 326
Eigenschaftswort → Adjektiv
Einleitewort → Konjunktion
Einstellungsgrößen  **42 f.**, 316
Einzahl → Singular
Ersatzprobe  243
Erzählung  26–39, 41–43, **59**, **309 f.**, 312
– Bildergeschichte  **30–32**, 44, 309
– Erzählkern ausgestalten  **38 f.**, 291
– Erzähltext fortsetzen  **109**, 310
– Filmbilder  **40–43**, 316
– Geschichte umschreiben  33
– Erzählbausteine  44, 104, 290, 309, **312**
– Schreibplan  **59**, **291**, 309
– Texte schreiben/überarbeiten  37, 59, 309 f.
– wörtliche Rede  **36**, 309

## F

Fall → Kasus
Femininum → Genus
Figurenbeschreibung  **134–136**, 151, 310–312
Filmbilder untersuchen  **40–43**, 316
Fragesatz  **282**, 328
Fragezeichen  **282**, 328
Fürwörter → Personalpronomen

333

## G

Gedicht   152–173, 306, **311**, **313**
– auswendig lernen   **167**, 305
– Beschreibung   **163**, 311
– Betonungszeichen   **166 f.**, 306
– Gedichtvortrag   **166 f.**, 306
– lyrisches Ich   **163–165**, 173, 313
– Metrum/Reimschema   **154–157**, 173, 311, 313
– Parallelgedicht schreiben   **163**, 311
– Personifikation   **163–165**, 173, 313
– Strophe   **154**, 313
– Vers   **154**, **173**, 313
Gefühle in Worte fassen   33–35, **59**
Gegenstandsbeschreibung   **88 f.**, 311
Gegenwartsform → Präsens
Gegenwort → Antonym
Genitiv (2. Fall)   **215**, 317, 319
Genus (grammatisches Geschlecht)   **214**, 217, 220, 317
Gesichtsausdruck → Mimik
Gesprächsregeln   **17**, 304
Gestik (Körpersprache)   **138 f.**, 306
Großschreibung   **269–271**, 279, 326
Grundform des Verbs → Infinitiv
Grundstufe (Adj.) → Positiv
Grundwort   **286**, 323

## H

Handlungsbausteine
– Bildergeschichte   31 f.
– Erzählung   29, 33, **59**, 309, 312
– Märchen   **104**, 107 f., 125
– Nacherzählung   **114 f.**, 305
Handlungsschritte/-verlauf   305, 314
Hauptsatz   **244–246**, 285, 322 f.
Höchststufe (Adj.) → Superlativ

## I

Imperativ (Befehlsform)   **228**, 320
Infinitiv (Grundform)   **227 f.**, 319
Informationsbeschaffung   **184**, 307
Informationsplakat   **187**, 307
Internet
– Internetrecherche   **202–205**, 329
– Kindersuchmaschine   **202 f.**, 316
– Suchmaschine   **184**, 203, 307
– Wissenssendungen   **204**, 316
Interview   **19**, 305

## J

Jambus   **173**, 313

## K

Kameraeinstellungen/-perspektive   **40–42**, 316
Kasus (Fall)   **215 f.**, 236, 317
Kleinschreibung   **269–271**, 280, 286 f.
Komische Geschichten   **126–150**
Komma → Zeichensetzung
Komparativ (Vergleichsstufe)   **222 f.**, 318
Konjugieren (Beugung des Verbs)   **228**, 319
Konjunktion (Bindewort)   **244–246**, 310, 322
Konsonant (Mitlaut)   256, **259–261**, 324 f.
Körpersprache → Gestik
Kreuzreim   **173**, 313
kurzer Vokal   **268**, 326
Kurzvortrag   **184–187**, 307

## L

langer Vokal   **266–268**, 272, 281, 326
– Dehnungs-h   **263**, 276 f., 325
– Doppelvokal   **266**, 326
– silbentrennendes h   **263**, 277, 325
– Wörter mit langem i   **264 f.**, 277, 325
Leserbrief   67 f.
Lesestrategien   175–183, 197, **315**
– Begriffe klären   **181**, 315
– Informationen markieren   **178 f.**, 315
– Inhalte wiedergeben   **182 f.**, 315
– Texte gliedern   **180**, 315
– Überblick verschaffen   **176 f.**, 307
Lexikonartikel   87, **181**
literarische Figur   134–136, **151**, 310
Lügengeschichte   126–131, 142–145, **150**, 314
Lyrik   154
lyrisches Ich   164 f., **173**, 313

## M

Märchen   100–125, **314**
– Handlungsbausteine   **104**, 107 f., 124 f., 314
– Internetrecherche   203
– Märchen schreiben/fortsetzen   **106–109**, 125, 310
– Märchenmerkmale   104, 124 f., 314
– mündlich nacherzählen   112, 114 f., 305, 314
Märchensprache   110
Maskulinum → Genus
Mediennutzung   **199–209**, 316, 329
Mehrzahl → Plural
Meinungsäußerung   **60–63**, 305
– schriftliche   **67–69**, 81, 308
Metrum (Versmaß)   **154**, 173, 311, 313
Mimik (Gesichtsausdruck)   **138 f.**, 306
Mindmap   **185**, 329

## N

Nacherzählung, mündliche **114 f.**, 224, 314
Nachschlagen im Wörterbuch 227 f., **288 f.**, 327
Nachsilbe → Suffix
Nebensatz **241–247**, 322 f.
Neutrum → Genus
Nomen/Substantiv **213–217**, 317
– Begleitwörter (Artikel) 213–217, **271 f.**, 317 f.
– Deklination **215 f.**, 317
– Genus **214**, 217, 220, 317
– Kasus **215 f.**, 317
– Numerus **214**, 317
Nomenpräfixe/-suffixe **270**, 287, 324
Nominativ (1. Fall) **215 f.**, 225, **236**, 317–319, 321
Numerus (Anzahl) **214**, 217, 220, 317

## O

Objekt **238–240**, 322
offene Silbe **257 f.**, 263, 268, 324

## P

Parallelgedicht **163**, 311
Partizip II **232**, 320
Perfekt **232**, 320
Personalform (Verb) **227 f.**, 237, **319**
Personalpronomen **224–226**, 319
Personenbeschreibung **90**, 311
Personifikation 163 f., 313
persönlicher Brief **24 f.**, 308
persönliches Fürwort → Personalpronomen
Plural (Mehrzahl) **214**, 216, 225, 317
Positiv (Grundstufe) **222 f.**, 318
Prädikat **235–238**, 246, 285, 321–323
Präfix (Vorsilbe) **287**, 324
Präsens **232**, 320
Präteritum **230**, 320
Proben
– Ableitungsprobe **275 f.**, 323
– Ersatzprobe 243
– Umstellprobe 235, **241**, 243, 321
– Verlängerungsprobe **274**, 327
Punkt (Satzschlusszeichen) **282**, 328

## R

Rap 168
Rechtschreibstrategien
– Wortableitung **275**, **287**, 323 f., 327
– Wortverlängerung **274**, 327
– Wortzusammensetzung **286**, 323
Rechtschreibung **254–289**, 324–326
Redebegleitsatz **36**, 328
Redewendungen **191**, 193, 251
Reim/Reimschema **154–159**, 173, 311, 313
– Paarreim **173**, 313
– umarmender Reim **173**, 313
Reizwortgeschichte 37, 59

## S

Sachtexte 175–183, 188–196, **315** → Interview
– Begriffe klären 181, 197
– Informationen markieren 178 f., 197
– Inhalte wiedergeben 182 f., 197
– Lexikonartikel 87, 181
– Merkwissen 197
– Sachtexte erschließen 175–183, 197
– Texte gliedern 180, 197
– Überblick verschaffen 176, 197, 289
Satz 233–246, 321 f.
Satzarten **282**, 321 f., 328
Satzgefüge **245–247**, 322 f.
Satzglieder **235**, 238–240, 321 f.
– Objekt **238–240**, 322
– Prädikat **235–238**, 246, 285, 321–323
– Subjekt **236–239**, 321
Satzklammer **235**, 242, 321
Satzreihe **244**, 322
Satzzeichen → Zeichensetzung
Schelmengeschichte (Schwank) 132 f., 148 f., **150**, **314**
Schreibplan 31, **59**, 291, 297, **309**
Selbstlaut → Vokal
Silbe 256–263, **324**
– betonte/unbetonte **256–258**, 260, 263–265
– offene/geschlossene 257 f., 260
Silbengelenk **260–262**, 324 f.
Silbenkern **256 f.**, 259, 324
Silbenrand 324
silbentrennendes *h* **263**, 277, 325
Singular (Einzahl) **214**, 216, 225, 228, 317
*s*-Laut **267**, 276, 281, 326
sprachliche Bilder **137**, 299, 311
Stabreim → Alliteration
Stammvokal 228, **268**, 326
Standardsprache **252**, 324
Steckbrief **15**, 86 f., 99, 311
Steigerungsstufen (Adj.) **222**, 318
Stimme/Sprechweise 115, **139**, 306
stimmhaftes/stimmloses *s* **267**, 326
Strophe **154**, 313
Subjekt **236–239**, 321
Suchanzeige 87 f., 99

Suffix (Nachsilbe) **270**, 287, 324
Superlativ (Höchststufe) **222 f.**, 318
Synonym **249 f.**, 323
szenisch lesen und spielen **138 f.**, 306

## T
Tätigkeitswort → Verb
Tempus/Tempora **229–233**, 320
– Perfekt/Präsens 231 f.
– Präteritum 230
Textüberarbeitung
– Begründung 69
– Beschreibung 99
– Erzählung 309
– Geschichte 32, 59
– Märchen 125
– Probenanwendung 241, 243
Tierbeschreibung **84 f.**, 311
Tiervermittlung 87
Trochäus **173**, 313

## U
Übertreibung **137**, 314
Umgangssprache **252 f.**, 324
Umlaut **256**, 324
Umstellprobe 235, 241, 243, 321

## V
Verb **227–233**, 319 f.
– schwaches/starkes **230**, 320
– Tempusformen **231 f.**, 320
Vergangenheitsform → Perfekt → Präteritum
Vergleichsstufe (Adj.) → Komparativ
Verlängerungsprobe **274**, 327
Vers 154, 162, **173**, 313
Versmaß → Metrum
Vokal (Selbstlaut)
– Doppelvokal **266**, 326
– kurzer/langer **262–264**, 268, 277, 324
Vorsilbe → Präfix
Vortrag 115, **184–187**, 307

## W
W-Fragen
– Diagramm 315
– Erzählung 39, 59
– Gedichtvortrag 166
– Gegenstandsbeschreibung 20
– Geschichte überprüfen 32
– Interview 19, 23, 305
– Kasus 317
– Märchen 107
– Nacherzählung 115
– Nomen 215 f.
– Objekt/Subjekt 322
– Vortrag 115
Wissenssendung (Tutorial) **204 f.**, 316
Wortableitung **287**, 323 f., 327
Wortarten 91, 212–233, 286 f., **317–320**
– Adjektiv 91, **137**, **219–223**, 287, 318
– Artikel **213 f.**, 217 f., 318
– Nomen/Substantiv **213–217**, 317
– Personalpronomen **224–226**, 319
– Verb **227–233**, 319 f.
Wortbedeutung **248 f.**, 286 f., 323
– Antonym/Synonym **249**, 323
– Wortfeld **249**, 323
Wortbildung 270, **286 f.**, 323
– Ableitung **287**, 324
– Zusammensetzung 274, **286**, 323
Wörter
– mit a/e, äu/eu 275
– mit ck/tz 325
– mit Doppelkonsonant **259–261**, 278, 325
– mit Doppelvokal **266**, 326
– mit h **263**, 325
– mit i, ie, ih **264 f.**, 325
– mit langem i **264 f.**, 277, 325
– mit s, ss, ß **167 f.**, 326
Wörterbuch **288 f.**, 327
Wortfamilie 261, 264, 268, 276, **325**
Wortfeld **249**, 323
Wortgruppe **235 f.**, 321
wörtliche Rede **36**, 59, 309, 328
Wortstamm 230, 261, 268, 287, **324**
Wortverlängerung **273 f.**, 327
Wortzusammensetzung 274, **286**, 323

## Z
Zeichensetzung 322, 328
– Ausrufezeichen **282**, 328
– Doppelpunkt 328
– Fragezeichen **282**, 328
– Komma **283**, **285**, 322, 328
– Punkt 282, 328
– Satzgefüge 323
– Satzreihe 322
– wörtliche Rede 36, 309, 328
Zeitformen → Tempus/Tempora

# Knifflige Verben im Überblick

| Infinitiv | Präsens | Präteritum | Perfekt |
|---|---|---|---|
| befehlen | du befiehlst | er befahl | er hat befohlen |
| beginnen | du beginnst | sie begann | sie hat begonnen |
| beißen | du beißt | er biss | er hat gebissen |
| bieten | du bietest | er bot | er hat geboten |
| bitten | du bittest | sie bat | sie hat gebeten |
| blasen | du bläst | er blies | er hat geblasen |
| bleiben | du bleibst | sie blieb | sie ist geblieben |
| brechen | du brichst | sie brach | sie hat gebrochen |
| brennen | du brennst | es brannte | es hat gebrannt |
| bringen | du bringst | sie brachte | sie hat gebracht |
| dürfen | du darfst | er durfte | er hat gedurft |
| einladen | du lädst ein | sie lud ein | sie hat eingeladen |
| erschrecken | du erschrickst | er erschrak | er ist erschrocken |
| essen | du isst | er aß | er hat gegessen |
| fahren | du fährst | sie fuhr | sie ist gefahren |
| fallen | du fällst | er fiel | er ist gefallen |
| fangen | du fängst | sie fing | sie hat gefangen |
| fliehen | du fliehst | er floh | er ist geflohen |
| fließen | du fließt | es floss | es ist geflossen |
| frieren | du frierst | er fror | er hat gefroren |
| gelingen | es gelingt | es gelang | es ist gelungen |
| genießen | du genießt | sie genoss | sie hat genossen |
| geschehen | es geschieht | es geschah | es ist geschehen |
| greifen | du greifst | sie griff | sie hat gegriffen |
| halten | du hältst | sie hielt | sie hat gehalten |
| heben | du hebst | er hob | er hat gehoben |
| heißen | du heißt | sie hieß | sie hat geheißen |
| helfen | du hilfst | er half | er hat geholfen |
| kennen | du kennst | sie kannte | sie hat gekannt |
| können | du kannst | er konnte | er hat gekonnt |
| kommen | du kommst | sie kam | sie ist gekommen |
| lassen | du lässt | sie ließ | sie hat gelassen |
| laufen | du läufst | er lief | er ist gelaufen |
| leiden | du leidest | sie litt | sie hat gelitten |
| lesen | du liest | er las | er hat gelesen |
| liegen | du liegst | er lag | er hat gelegen |